邓子基资深教授在
厦门大学家中书房

　　邓子基，男，1923年6月生，福建沙县人，汉族，中共党员。厦门大学《资本论》研究生毕业（1952年）。现任厦门大学资深教授（院士待遇），博士生导师，博士后导师，访问学者导师，财政科学研究所名誉所长，全国重点财政学科总学术带头人。著名经济学家，财政学家，教育家，中国财政学界主要学派"国家分配论"主要代表人物之一。已从事教育与科研65周年，培养了大量高级专门人才，其中数以千计本科毕业生，300多名硕士，107名博士（包括博士后4人）。他（她）们多数成为国家机关高级领导干部，著名财政经济学家、教授、博士生导师，大学校、院长，国家专业银行总行行长、证券公司董事长等。曾任厦门大学经济学副院长、顾问，福建省政协常委兼经济科技委员会副主任，国务院经济学科初审组成员，国家教委经济学科评审组成员，福建省高校职称评委会委员，文科评委会主任兼经济学科评审组组长等职务。现兼任中国财政学会顾问、中国国际税收研究会顾问、中国国有资产管理学会顾问、英国剑桥国际传记中心副总裁和美国传记协会副总裁等职务。学贯中西，治学严谨，勤奋拼搏，开拓创新，著作等身，自成体系。公开出版《财政学原理》、《财政理论与财政改革》、《财政理论与财政实践》、《国家财政理论思考》、《财政与宏观调控研究》和《国有资本财政研究》等著作、译著、教材 75 多本（含合作），发表论文 400 多篇。其理论观点与政策主张多为政府所采纳，成为制定政策的依据。多次组织与参加国际学术交流，先后到法国、英国、美国、加拿大、日本、新加坡和肯尼亚等国家访问、讲学；在 1990 年 6 ～ 7 月，应邀访问英国剑桥国际传记中心；出席在肯尼亚内罗毕召开的第 16 次人文与通讯国际大会。1989年 5 月在厦门主持召开"财政金融政策与宏观调控 1989 年中国国际学术会议"；1993 年 10 月出席美国第 13 次可持续发展国际学术会议；还组织、出席国内各种财政、税收与国有资产管理国际会议。荣获国家、省部级荣誉奖励 50 多项。其名字被列入《世界 500 名人传》（英国）、《国际500 名有重大影响人物传》（美国）和《伟大的中国》、《伟大的复兴》、《中流砥柱》、《一代名家》、《中华骄子》、《东方之子》等 60 多项国内外名人传记、画册、辞典之中，荣获"国际荣誉勋章"、"世界 500名人勋章"（英国）和"终身杰出成就金人奖"（美国）等。

中央电视台科教频道于 2007 年 7 月 22 日、29 日在《大家》栏目以《邓子基：财政学界"老兵"》为题，作了 45 分钟的专访报道，第 1、第 4、第 7 频道予以重播。

《光明日报》2007 年 8 月 8 日在《走进大家》栏目以整版篇幅，刊载了《邓子基：自称"老师"和"老兵"》的专访报道。

2011 年 8 月 13 日《中国财经报》以《心灵的守望——访厦门大学资深教授邓子基》为题，以整版篇幅刊登了专访报道。

唐文倩近照

　　唐文倩，女，1986 年 8 月出生，安徽合肥人，厦门大学经济学院财政系 2010 级硕博连读研究生，研究方向财政理论与政策。攻读博士期间，获"海右"全国博士生论坛优秀论文奖，"福建省大学生暑期'三下乡'社会实践先进团队"，厦门大学 90 周年校庆奖学金，厦门大学科研成果二等奖，邓子基奖学金，并多次荣获厦门大学"三好学生"、"优秀党员"等。2012 年编著出版《邓子基财政学术思想研究》，并在导师邓子基资深教授指导下在《财政研究》、《税务研究》、《厦门大学学报》、《涉外税务》、《东南学术》、《福建论坛》、《中国税务报》（理论版）等学术刊物发表多篇论文和经济随笔。

土地财政理论与实践

TUDI CAIZHENG LILUN YU SHIJIAN

邓子基　唐文倩　著

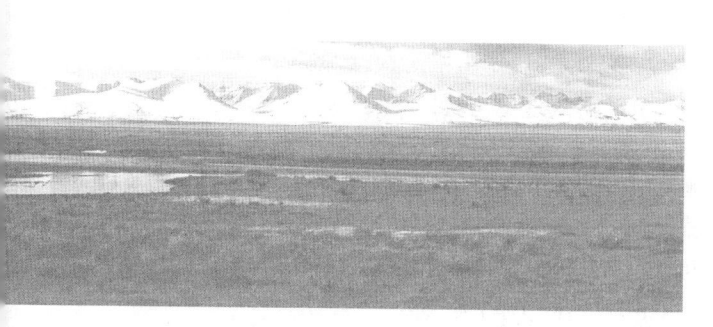

经济科学出版社
Economic Science Press

图书在版编目（CIP）数据

土地财政理论与实践/邓子基，唐文倩著 . —北京：
经济科学出版社，2012.6
ISBN 978 - 7 - 5141 - 1852 - 0

Ⅰ. ①土⋯　Ⅱ. ①邓⋯②唐⋯　Ⅲ. ①土地制度 - 研究 - 中国
Ⅳ. ①F321.1

中国版本图书馆 CIP 数据核字（2012）第 078073 号

责任编辑：柳　敏　宋　涛
责任校对：郑淑艳
版式设计：代小卫
责任印制：邱　天

土地财政理论与实践

邓子基　唐文倩　著

经济科学出版社出版、发行　新华书店经销
社址：北京市海淀区阜成路甲 28 号　邮编：100142
总编部电话：88191217　发行部电话：88191537
网址：www. esp. com. cn
电子邮件：esp@ esp. com. cn
北京汉德鼎印刷有限公司印刷
德利装订厂装订
710×1000　16 开　23 印张　340000 字
2012 年 6 月第 1 版　2012 年 6 月第 1 次印刷
ISBN 978 - 7 - 5141 - 1852 - 0　定价：39.00 元

序　言

管子曰："地者，万物之本源。夫民之所生，衣与食也。食之所生，水与土也。"可见，土地资源关系到国计民生和民族发展，是"民生之本、发展之基"。中国是古老的农业国家，五千年文明史其实就是农耕文明发展史。在华夏这片古老的土地上，悠悠中华文明历经数千年传承，凝结成丰富多彩的农耕文化，也孕育出丰富的土地经济理论和政策思想。"地者，政之本也，是故地可以正政也"。自辛亥起百年来，关于土地问题的讨论、思考从未停止。100年前的旧中国，孙中山"平均地权"的思想主张虽然没有付诸实施，但无疑具有极大的进步意义。中国共产党人承继孙中山的土地理想，立足现实，清醒地认识到土地问题是民心所向的重大民生问题。因此，在中国革命的不同时期，中国共产党适时制定了土地政策。"平分土地，实现耕者有其田"，号召动员了中国民主革命最广大的主力军，获得了民族独立和民主革命的伟大胜利。1978年，安徽省凤阳小岗村农民的"大包干"，再次在中国土地上奏响改革乐章的序曲。农村家庭联产承包责任制和国有土地有偿使用制度的确立，是推动我国新时期改革开放的重大举措。在此基础上，我国逐步建立起中国特色社会主义土地管理制度，土地也由此释放出巨大产能。1982年到1991年的10年间，中国粮食产量年递增8%，成为全球最大的粮食生产国，困扰国人已久的十多亿人的吃饭问题从此得以缓解。中国以占全球8%的耕地总面积，养活了全球20%的人口。

迄今，土地仍是我国当前多种社会问题之源。胡锦涛总书记用"最严格的土地管理制度"、"最严格的耕地保护制度"和"最严格的节约用地制度"来强调、推行中国的土地管理制度。中国共产党90年的发展历程表明，要促进生产力的发展，就要尊重中国最广大人民的根本利益，尊重中国的国情，从实际出发，才能制定出正确、完善的土地制度，利用土地"杠杆"撬动社会发展。

目　　　录

第一篇　土地资源与国家财政

第二篇 中西模式比较及"土地财政"转型

第三篇 "土地财政"相关重大民生热点问题

第一篇

土地资源与国家财政

引　论

土地——中国的稀缺性资源

中国的国土面积为 960 万平方公里，仅次于俄罗斯和加拿大位居全球第三，占地球地表陆地面积 1.49 亿平方公里的 6.5%。中国耕地总面积为 1.218 亿公顷（折合 18.27 亿亩），占全球耕地面积的 8% 左右。中国人口总数已经达 14.1 亿，占全球人口总数的 20%。中国的人均国土面积和人均耕地面积则仅为全球人均数的 31.6% 和 40%。研究表明，发达国家每年人均消费粮食 1000 公斤，亚洲人均 500 公斤，中国人均只有 400 公斤。到 2015 年，中国按照 400 公斤标准需要增加粮食供应 1.5 亿吨，而现在全世界粮食贸易只有 2 亿吨。另外，中国还需要建设大量基础设施，如公路、铁路、港口、机场等。960 万平方公里的土地，严重水土流失的近 360 万平方公里，彻底荒漠化的沙漠、戈壁、冰川、石山、高寒荒漠达 300 万平方公里，只剩下 300 万平方公里可供居住和耕种。与 20 世纪 50 年代相比，中国人口翻了一番，水土流失和荒漠化土地却翻了一番半，人均生存空间被压缩到了原来 1/5。

土地是大自然赐予人类赖以生存的基本资源之一，是人类生存发展的重要物质基础。中国是一个人多地少、耕地资源稀缺的发展中大国。20% 的地球人口生活在中国这片土地上，他们的吃饭、穿衣、饮水、居住、交通等这些最基本的人类生存都离不开土地。中国的基本国情决定了土地资源的稀缺性。"物以稀为贵"，我们必须合理利用好每一寸土地，充分发挥社会主义土地公有制的优越性。

改革开放以来，我国土地管理事业快速发展，初步建立起符合国情、适应社会主义市场经济体制要求的土地管理制度基本框架，为经济社会发展提供了有力支撑（见图1）。同时，我国土地管理也面临着不少新情况、新问题。我国的发展，既要考虑满足当代人的需要，更要为子孙后代留下生存发展空间。社会发展的含义要比单纯的经济增长广泛得多，"发展"不仅包括物质财富的扩大，还包括实现劳动就业充分、社会保障完善、卫生发达、教育普及、科技发展、文化繁荣、秩序井然等方面，而且还包括社会经济结构和制度安排的调整、完善和创新。如果经济增长没有带动整个社会诸要素之间的关系协调发展，那么这样的发展就难以为继。建立和完善最严格的土地管理制度，坚持节约集约用地，是贯彻落实科学发展观的题中之意，是确保国家粮食安全的战略举措，是造福子孙后代、实现中华民族伟大复兴和永续发展的长远大计。我们一定要以对国家和人民高度负责、对子孙后代高度负责的精神，紧紧围绕以科学发展为主题、以加快转变经济发展方式为主线，加强土地资源节约和管理工作，十分珍惜和合理利用每一寸土地，促进经济社会发展与土地资源利用协调发展。

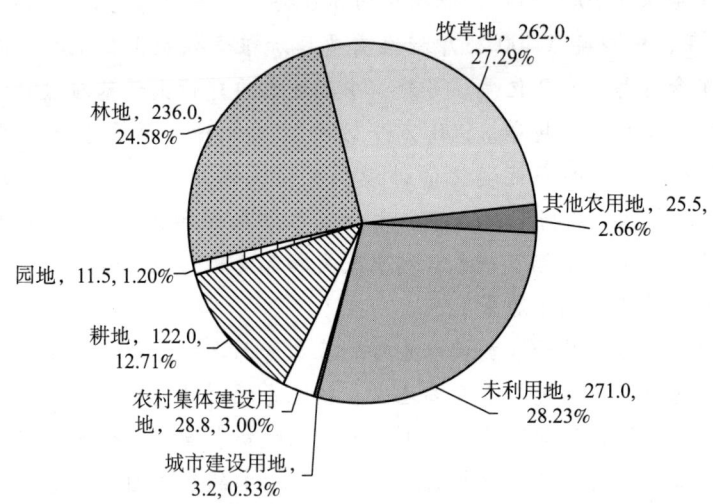

图1 全国土地资源构成（单位：万平方公里）

资料来源：《全国土地利用总体规划纲要（2006~2020）》。

中共中央政治局就完善我国土地管理制度问题研究进行了第三十一次集体学习。中共中央总书记胡锦涛在主持学习时强调，要落实节约优先战略，进一步完善符合我国国情的最严格的土地管理制度，坚持各类建设少占地、不占或少占耕地，以较少的土地资源消耗支撑更大规模的经济增长；坚持经济效益、社会效益、生态效益协调统一，不断提高土地利用效率；坚持统一规划、合理布局，促进区域、城乡、产业用地结构优化；坚持当前与长远相结合，提高土地对经济社会发展的保障能力，努力建设资源节约型、环境友好型社会。

一、新中国成立 60 年来土地制度及土地政策的演变

新中国成立 60 多年来，我国农村土地经历了从新中国成立初期的国家有限管制到人民公社时代的国家全面管制，再到改革开放后以家庭为单位的产权结构的变迁，可以说我国农村的土地制度改革见证了整个农村的经济体制改革。我国在城市土地制度建设方面也取得了两个伟大的成果：改革开放前 30 年，建立了城市土地国家所有制；改革开放以后的这 30 年，建立了与社会主义市场经济体制相适应的城市土地产权制度。今后我国应在坚持城市土地国有的基础上，进一步完善城市土地产权制度，优化城市土地资源配置，提高城市土地使用效益，巩固和发展社会主义市场经济体制建设的成果。在此，我们将中国的土地政策以改革开放和分税制改革为界大致划分为三个阶段。

（一）1978 年之前的土地政策演变

1. 农村土地集体所有制度

新中国成立之初，中央政府就依据《中华人民共和国土地改革法 (1950)》在全国实行了农村土地改革。土地改革后的中国虽然仍旧实行的是农地私有制（1949～1952 年），但由于取消了地租，土地的分配不平衡问题得到一定程度的缓和，获得农地的农民，产权得到法律保护，农村土

地的权属明晰。这次中国历史上最大规模的土地改革，彻底消灭了封建土地所有制，解放了农业生产力，进一步巩固了工农联盟，使 3 亿多无地少地的农民，无偿获得大约 7 亿亩土地和其他生产资料，免除每年交给地主的 700 多亿斤粮食的地租。人民翻身成为土地的主人，从而极大地调动了农民生产积极性，促进了农业生产发展。据统计，1952 年全国粮食产量比 1949 年增长 42.8%。这为国民经济的恢复和发展，为国家社会主义工业化和对农业的社会主义改造创造了条件。

随着土地制度改革的完成，国家对包括农业、资本主义工商业和手工业在内的三大行业进行了社会主义改造，其中包括历时 5 年（1953～1957年），通过互助组、初级社、高级社以及规模更大的人民公社等形式进行的农业改造。随着 1958 年农村人民公社制度的正式确立，农村土地由私有制转为公社所有制或农村集体所有制，农民成为公社或集体的一员，不再独立享有农村土地所有与使用权（仅留有适量自留地），实行统一计划、经营和分配。尽管此时国家的《宪法》明确规定，"农民的土地所有权"受国家法律保护。此后二十年间，由于各种因素影响（如 1962 年的自然灾害），乃将部分农村土地使用权归还农民，而所有权一直留在集体。此时的国家最高法律《宪法》（1954）也明确规定，农村土地集体所有制实行"队为基础，三级所有"，在法律规定条件下，国家有权收归国有。由此，形成了"农村土地由集体统一经营，国有土地由计划配置、行政划拨"的用地制度。

2. 城市土地国家所有制度

在城市，在对生产资料进行社会主义改造时，根据土地私有制的不同情形，采取了不同的改造方式。对于帝国主义、官僚资本和反革命分子占有的城市土地，采取了没收的方式；对民族资本主义工商业、私营房地产公司和私有房地产业主占有的城市土地实行了赎买的政策。此后，国有土地实行"无偿、无期限、无流动"的使用制度，企业占有使用的土地均作为企业的资产，不必向国家交纳租金。机关、军队、学校等行政、事业单位经政府批准占用的土地不交纳任何费用，国有土地基本处于无偿使用状态。城市土地的社会主义全民所有制或国家所有制的建立，不仅消灭了城市土地私有制以及依靠对土地的垄断占有剥削城市劳动人民的制度基础，而且为国家有计划利用城市土地进行社会主义建设提供了相应的土地制度基础，有力地推动了国民经济和城市经济的发展。

（二）1978～1994 年的土地政策演变

1. 农村土地承包经营制度

1978 年党的十一届三中全会确定了以经济建设为中心，实行改革开放的方针。改革首先在农村推开，实行家庭联产承包责任制，其核心内容就是改革农村土地使用制度。这项改革赋予农民生产决策权和收益权，因而极大地调动了农民生产积极性，促进了农业经济增长和农村经济发展。以土地改革为核心的农村改革，极大地解放了社会生产力，促进了农民收入和生活水平的提高，粮食和副食品供应也得到保障，还激发了 80 年代开始的乡村非农产业大发展。

20 世纪 80 年代中后期，为稳定农民对土地制度的预期，中共中央明确提出，土地承包关系 15 年不变。从 1984 年中央 1 号文件开始，就允许"土地承包经营权可以依法采取转包、出租、互换、转让或者以其他方式流转"。1982 年《宪法》修正案明确规定：农村土地、农村和城市郊区土地，除由法律规定属于国家所有的以外，属于集体所有。但是对集体的界定是非常模糊的，宪法只是对农业用地转为建设用地做了严格的限制。所以，从这个角度看，农村土地的所有权和非农使用权全部在国家而不在农民手中。

2. 城市土地产权制度

在高度集中的计划经济体制和以重工业优先增长为特征的工业化发展道路的条件下，土地的合理流转和市场转让被明令禁止。1982 年的《宪法》明确规定城市土地归国家所有，但由于传统计划经济体制否认商品经济和市场机制的作用，改革开放前城市土地由用地单位"无偿、无限期、无流动"的使用，实际上形成了土地的部门或单位所有制，不存在土地市场。随着经济体制改革的深入，企业逐渐成为自负盈亏的市场主体，无偿、无限期使用土地的弊端逐渐暴露："无流动"不利于城市土地资源优化配置，造成了土地使用方面巨大浪费的现象：由于土地无偿取得，用地不受制约，导致多占少用、好地劣用、占而不用的行为普遍发生，土地资源浪费严重。与此同时，许多用地单位随意转让、出租土地，体现土地所有权的应由国家征收的巨额地租大量流失，国家得不到来自土地的任何收益，不利于完整的城市土地国家所有制和土地所有权在经济上的实现。另外，国家的基础设施建设缺乏稳定的资金来源，城市建设欠账越来越多，财政越来越困难。因此，无论是城市土地使用状况，还是城市土地使用制度存在的问题，都要求对城市土地使用制度进行改革。

建立社会主义市场经济体制，为城市土地使用制度改革提供了理论基础，指出了发展方向。1987年，深圳率先以协议、招标、拍卖方式试行土地使用权批租，引入市场机制，土地使用者通过竞争并支付地价款才能获得土地使用权。深圳敲响了国有土地使用权拍卖的第一槌后，这一改革逐步推向全国。在经济特区等地试点的基础上，1988年4月12日，七届全国人大一次会议通过《中华人民共和国宪法》有关修正案，把第十条第四款"任何组织或者个人不得侵占、买卖、出租或者以其他形式非法转让土地"，修改为"任何组织或者个人不得侵占、买卖或者以其他形式非法转让土地。土地的使用权可以依照法律的规定转让"，从而使国有土地使用权的出让有了坚实的宪法依据。依据《宪法》的规定，《中华人民共和国土地管理法》随后也作出规定："国家依法实行国有土地的有偿使用制度"，"国有土地可以依法确定给全民所有制单位或集体所有制单位使用，国有土地和集体所有制土地可以依法确定给个人使用"，并且将土地补偿的收取主体明确为地方各级人民政府。通过法律确立的这种城市土地所有权和使用权的分离，为城市土地使用制度改革奠定了法律的基础。目前我国建立的与社会主义市场经济体制要求相适应的城市土地产权制度基本上就是由两个"权利束"构成的，即城市土地"所有权权利束"和城市土地"使用权权利束"（见图2）。这就改变了与计划经济体制相适应的城市土地"无偿、无期限、无流动"的土地使用制度，建立了与社会主义市场经济体制相适应的城市土地"有偿、有限期、可以流动"的使用制度。至此，国家根本大法和部门法的调整为地方政府通过出让土地获取土地出让金收入打通了道路。

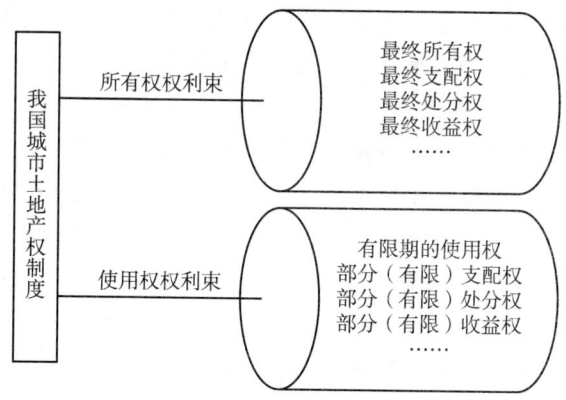

图 2　我国城市土地产权制度示意图

（三）分税制改革后的土地政策演变

1. 农村承包权法定

对于农村土地，20 世纪 90 年代中后期，国家又提出土地承包权 30 年不变，并于 2003 年通过《土地承包法》加以确定。2008 年 10 月 12 日，中共中央十七届三中全会通过了《中共中央关于推进农村改革发展若干重大问题的决定》，"健全严格规范的农村土地管理制度"，"依法保障农民对承包土地的占有、使用、收益等权利。加强土地承包经营权流转管理和服务，建立健全土地承包经营权流转市场，按照依法自愿有偿原则，允许农民以转包、出租、互换、转让、股份合作等形式流转土地承包经营权，发展多种形式的适度规模经营"，土地承包关系长久不变。

2. 构建城市土地使用权市场

这是改革开放 30 年城市土地使用制度建设又一个伟大成果，通过改革城市土地使用制度，建立了与社会主义市场经济体制相适应的城市土地产权制度和城市土地使用权市场。通过城市土地使用权市场，实现了城市土地资源优化配置，提高了城市土地使用价值。

1990 年 5 月 19 日，国务院发布《中华人民共和国城镇国有土地使用权出让和转让暂行条例》，确立了出让土地使用权的产权地位，对土地使用权出让、转让、出租等作了规范化的法律规定，从而构造了我国土地市场制度的基础框架，对土地市场建设具有重大意义。

1992 年出台的《划拨土地使用权管理暂行办法》强化对划拨土地的管理，使划拨土地有偿纳入使用范围并进入市场有法可依，有章可循。

1994 年，《中华人民共和国城市房地产管理法》进一步明确了国有土地的现阶段实行城市国有土地有偿使用制度，城市国有土地在批租期限以内的各项权能已经相当完备，主要形式有出让、出租、入股、资本金挂账，等等。

1998 年，《中华人民共和国土地管理法》经全面修订后颁布，对土地管理、土地市场建设新形势、新问题进行了深入认识和全面总结，并把它们上升到法律制度的层面。相关法制、规范的建立，实现了土地管理制度一系列重大突破和转变，也对市场起了规范性的作用。

在这段较长的时期内，土地市场存在一个突出特征：土地配置在制度格局上仍呈行政划拨与有偿出让并存双轨制，虽然有偿使用的比重逐渐加大，但划拨制度的作用面还相当大。在土地出让市场中，协议出让的方式长期占据主导地位，而招标、拍卖出让等市场公开竞争方式的比例只占 5% 左右。土地使用权出让方式，这个新一轮改革的关键性问题正等待破题。进入 21 世纪，土地有偿使用制度又翻开了新的一页。

2001 年，国务院出台《关于加强国有土地资产管理的通知》（15 号文）明确要求："为增强政府对土地市场的调控能力，有条件的地方政府要对建设用地试行收购储备。"这就确定了市场在配置经营性用地中的基础地位。15 号文还明确规定，"除法律规定可以采用划拨方式提供用地外，其他建设需要使用国有土地的，必须依法实行有偿使用。为体现市场经济原则，确保土地使用权交易的公开、公平和公正，各地要大力推行土地使用权招标、拍卖"。

2002 年，国土资源部发布《招标拍卖挂牌出让国有土地使用权规定》，明确要求商业、旅游、娱乐和商品住宅等各类经营性用地，必须以招标、拍卖或者挂牌方式出让。

2004 年，国务院《关于深化改革严格土地管理的决定》提出，"工业用地也要创造条件逐步实行招标、拍卖、挂牌出让"。

2006 年，国务院《关于加强土地调控有关问题的通知》进一步明确，工业用地必须采用招标拍卖挂牌方式出让，其出让价格不得低于公布的最低标准。

2009年，《国土资源部、监察部关于进一步落实工业用地出让制度的通知》明确要求，各地要严格执行工业用地招标拍卖挂牌制度，凡属于农用地转用和土地征收审批后由政府供应的工业用地，政府收回、收购国有土地使用权后重新供应的工业用地，必须采取招标拍卖挂牌方式公开确定土地价格和土地使用权人。

二、土地资源对现代国家以及现代经济发展的意义

（一）土地在国家工业化和城市化进程中的角色

在国民经济以乡村经济为主、就业人口中的大部分人在农业部门就业、乡村经济以农业为主要收入来源的情况下，中央政府和乡村地方政府财政收入的主要来源均是土地产出，因此土地在国家开始工业化之前的阶段具有重要的意义。在这一阶段政府财政收入的主要来源为土地农业利用的相关税收。在国民经济由农业社会向工业社会转换阶段，公共交通、城市基础设施建设、医院、学校和图书馆等成为政府提供公共产品的主要内容。尤其是城市化的初级阶段和加速阶段，政府财政的主要内容是连接城市之间的交通，为建设新城区筹集资金。这一阶段与以维护和更新设施阶段的老城市不同，不仅需要资金，更需要大量新的土地投入。这就涉及因为土地使用目的改变而出现的土地所有权和土地使用权变更相关的财政问题。一方面财政需要投入资金，对于原来的土地所有者进行补偿，同时需要投入资金对这些土地进行城市化开发。因此，在这一阶段，无论是中央政府还是地方政府的财政活动，往往都与土地有关，都是关于土地投入和产出、土地非农化利用产出利益分配的活动。由于城市化的实体是城市本身，因此市镇地方政府与土地有关的财政活动在比例上要多于中央政府与土地直接相关的财政活动。

在计划经济体制下，所有土地都只是作为自然资源和资产而存在。改革开放前，我国国有土地的占有和使用都是无偿的。改革开放以来，我们在土地产权制度方面进行了大胆改革，农村土地的所有权和使用权分离，

国有土地的使用权有偿使用，国有土地使用权流转、抵押、出让等，逐渐唤醒了"沉睡资本"。从现代国家角度考察，土地作为资产要素通过房地产在经济发展中的作用与影响越来越凸显；土地同时作为制度载体对经济发展也会产生影响。以土地产权安排为核心的土地制度则通过政策、制度的渠道对增长与福利产生影响，甚至关系到一个经济体的工业化起飞时点与发展水平。土地上述两个方面的作用也体现在了中国 30 年的改革与发展过程中，在此我们要正视和强调土地资本化产生的巨大土地红利和回报①。

(二)"土地财政"是中国特色经济发展模式的固有特征

从理论上说，土地是自然或天然生成物，不是劳动产物；土地资源是有限的，是人类生存和发展的基本条件；不应当成为一些人的所有物，即私有财产。土地公有或共同占有是土地本身自然或经济性质所要求的，或者说，只有土地全民所有制，才更加符合土地自然与经济的特性。在实践上，不仅城市土地国家所有制与市场经济不矛盾，而且市场经济发展本身也要求实行土地公有制，在当代市场经济发达的国家，土地的公有制不仅没有妨碍市场经济的发展，而且正是土地的公有制解决了土地资源不足与市场经济发展的矛盾；在实行土地私有制的一些西方国家中，许多经济学家也不否认城市土地私有制与市场经济存在着矛盾，并认为克服这种矛盾的办法：一是加强对私人土地的公共管理；二是在某些场合把私人土地变为公共土地。

我国目前正处于城市化的加速阶段，地方政府财政活动实际上是以"土地财政"为特征。尽管所得税和其他税收收入在总税收收入中的比例较高，但是在政府的财政活动中，与土地相关的事务仍占较大的比例。1978 年中国经济改革是从农村土地制度的变革开始其伟大进程的，过去30 年经济高速增长在一定程度上又是与农地转为城市用地和建设用地分不开的。从宪法上看，我国实行的是国家和集体所有的二元土地制度。国家与集体土地所有权的法律地位应该是平等的，但宪法同时又规定了只有国家才具有土地征收和征用权，即政府征收和征用是改变集体土地所有权

---

① 发展中国家拥有以资产形式存在的巨量僵化资本，这些僵化的资本必须通过一套关于财产使用和转让的规章制度才能转化为活跃的资本，带来丰厚的资本回报。详见赫尔南多·德·索托《资本的秘密》。

和农地用途的唯一合法途径。这样，政府依靠其垄断的土地征收权，就可以在支付征地补偿费用后强制性地将集体所有的土地转为国有土地，然后再按照建设用地规划许可的土地用途予以统一供应。我国《物权法》第四十二条进一步明确规定："为了公共利益的需要，依照法律规定的权限和程序可以征收集体所有的土地和单位、个人的房屋及其他不动产。征收集体所有的土地，应当依法足额支付土地补偿费、安置补助费、地上附着物和青苗的补偿费等费用，安排被征地农民的社会保障费用，保障被征地农民的生活，维护被征地农民的合法权益。"可见，征收集体土地的补偿主要以原土地用途收益为计算标准，并适当考虑了被征地农民的今后生活费用，而政府供地则按照建设用地定价，由此产生的征地和售地之间形成的级差地租被政府占有，构成了"土地财政"的重要组成部分。把国有土地的使用权分离出来并推向市场，实行有偿占有和使用制度，是传统计划经济走向中国特色社会主义市场经济的巨大进步。国有土地的使用权走向市场后，带动了城市居民住房制度的改革，又推动了城镇化的快速健康发展。多年来，地方政府的土地出让收入主要投向城市建设，刺激了建筑业、房地产业的大繁荣，带动了建材、民用电器、民用五金、民用化工等产业的发展，房地产业的迅猛发展还带动了工业化进程和整个国民经济的发展；地方政府来自于土地出让、转让以及房地产开发的财政收入越来越多，为征地补偿安置、城市基础设施建设和廉租房建设等提供重要的资金来源。所以，土地要素市场及土地制度其本身就是中国高速增长的经济发展模式的不可分割的一部分，"土地财政"是中国特色经济发展模式的固有特征。

三、何谓"土地财政"

（一）"土地财政"内涵

1. 土地价格是地租资本化的价格

城市土地"有偿"使用的基本要求，就是在使用国家所有的城市土地时要付费，或者说要支付报酬。在市场经济体制下，向土地所有者支付使用土地的报酬必须遵循等价交换的原则。要实现等价交换，土地使用权就必须商品化，土地就必须具备两个条件，即使用价值和价值。土地使用价值是清楚的、无须论证的，关键是土地使用权价值和价格的确定。土地使用权商品的价值就是地租，地租是土地使用权的租赁价格。土地买卖只有通过价格才能实现。土地不是劳动商品，本身没有价值，因此土地价格是地租资本化的价格。根据马克思关于土地价格的定义，土地价格就是地租的资本化，地租又分绝对地租和级差地租。这里所说的土地增值、土地溢价，其本质就是级差地租的资本化收益。马克思的级差地租是针对于农业生产而言，是由于土地有肥沃程度、地理位置等方面的差别而产生的超额利润。如果把级差地租的概念拓展到城市空间和产业空间布局，其特征更加明显。用来居住的同样面积大小的土地，在不同的区域、不同城市、不同地段、不同的产业使用，由于其级差地租的差异，其收益往往差别巨大。我国城市土地市场是土地使用权市场，土地价格即土地一定时期的出让金，实质上是一定时期土地使用权的总价格。

2. "土地财政"是政府围绕土地进行的财政收支活动和利益分配关系

说到财政就离不开政府。一个国家是不能没有政府的，生活在这个国家的居民需要秩序，需要有规律的生活，需要保护属于自己的财产，需要抵御外来敌人的入侵，必须要由政府来为本国居民做这些单个居民想做而难以实现的事情。中国一共有五级政府，即中央、省（直辖市、自治区）、市（州、旗）、县、乡（镇），按照一级政府一级财政的规定，中国有五级政府就有五级财政。财政是以国家为主体的分配关系，是政府的钱袋子，为政府行使职能筹措资金。纳税人以缴税的方式来购买政府的服务。政府用纳税人缴纳的税款可以履行保靖安民的政府职责，为本国居民的生活和生产经营提供良好的外部环境。当然，财政的收入并非全部都是税收收入，也有一些非税收入，比如，财政还有国有企业利润上缴收入、罚没收入，还有政府资产的转让收入等。国内学术界"土地财政"是对"以地生财"的地方政府财政收入结构的一种戏称，地方政府通过出让土地获得土地出让金收入，作为地方政府财政收入的重要补充来源。在此，我们认为，"土地财政"是指以政府为主体、围绕土地所进行的财政收支活动和利益分配关系。具体来看：

（1）从财政收入角度看，我国"土地财政"包括土地及其相关产业的税、费、租三种不同性质的收入：土地房产税收是国家凭借政治权力以社会管理者的身份，参与土地收益分配的形式。目前，地方政府重点征收的是房地产税、耕地占用税和建筑业的营业税、土地增值税。房产收费是行政事业单位或代行政府职能的社会团体提供特定公共服务、准公共服务而取得的资金，是政府参与土地收益分配和再分配的重要形式，如新增建设用地有偿使用费、耕地开垦费、新菜地建设基金等；租是同税收性质不同的公共收入类别，地方政府通过出让土地获得土地出让金和各种形式的年租金。广义上，"土地财政"还包括政府以土地储备中心、政府性公司和开发区为载体向银行进行土地抵押融资的收入。

（2）从财政支出角度看，土地所有权作为国有产权的一部分，同其他自然资源以及新中国成立后积累起来的经营性、非经营性国有资产一样，都具有国有资产收益的性质。因此，"土地财政"收入是一种公共产权收入，这是土地的国家所有权在经济上的实现。实践中的财政支出运行格局大体是：一般预算收入保运转，即维持政府基本运转和公共支出的需要；土地出让收入保障和推动基础设施投资、经济建设和社会事业发展。作为财政收入的一个组成部分，"土地财政"收支差额出现结余是一种常态，而"土地财政"平衡和"土地财政"赤字现象仅在局部地区偶尔发生。从国际经验来看，政府财政从土地经营中获得的收益也大多用于其他方面的支出。例如美国的财产税，就是作为地方政府财政来源的一部分，主要用于地方公共产品的供给。

（3）从财政运行管理角度看，"土地财政"收支管理分为"两条腿走路"：税收收入和部分收费收入纳入一般预算管理，土地出让收入则全额纳入基金预算管理。同时，由于土地抵押融资需要以未来的土地出让收入来偿还，因此有的地方也把土地抵押融资资金纳入项目支出管理，改变过去直接切块给项目公司支配的做法。

（4）从财政政策手段运用角度看，政府既可以直接组织土地出让收入，用于城乡基础设施、公共事业等建设；也可以通过土地相关税收优惠政策，或有区别地低价投放产业用地，推动经济结构调整和加速特定产业发展；还可以通过土地收益权质押等方式，放大土地未来收益的杠杆效应，加速推动经济社会发展。

（二）我国土地"第二财政"的兴起

在改革开放前，我国城乡土地实施的是单一权利制度，即国有城市用地和集体所有的农业用地，其所有权与使用权都是无法分割的。改革开放后，城市建设用地与农村集体土地均实施了所有权与使用权的分离，城市土地使用权被允许通过土地市场出让或转让。1986 年颁布并经 1998 年和 2004 年两次修订的《土地管理法》，将通过土地市场出让使用权的行为合法化，并规定只有地方政府有权将农业用地征收、开发和出让，以供应日益紧缺的城市建设用地。2002 年 4 月国土资源部发布《关于通过招标、挂牌、拍卖国有土地使用权的规定》，进一步规定城市经营性（商业与居住）用地出让必须通过招标、挂牌和拍卖等方式进行，但该文件却未对土地溢价的收益分配做出规定。

1994 年开始的分税制改革将增值税划为中央和地方共享税，其中企业增值税的划分比例为中央占 75%，地方占 25%，2002 年共享税又增加了个人所得税和企业所得税，比例为中央占 60%，地方占 40%，营业税和预算外收入留归地方财政①。分税制改革之后，中央财政收入占国家预算内财政收入的比例从之前的 22% 迅速提高到 56%②，与此同时，地方政府所负担的教育、医疗卫生和基本社会保障等支出却并未减少，这造成了地方政府财政收支的巨大缺口，2009 年这一缺口达到了国家预算内财政收入的 32.4%。面对如此巨大的财政收支压力，地方政府逐步将税收增长的重点由传统的增值税和企业所得税转向以房地产和建筑业为代表的营业税，将财政收入的重点由预算内收入转向以土地出让金为代表的预算外收入。无论是营业税还是土地出让金都与土地密不可分。至此，地方政府将收入和经济发展的重点转向了以土地为核心的出让和税收收入。

在中国住宅市场改革的早期，"土地财政"并没有像今天这样成为一个显著的问题，也没有给政府带来每年数以万亿计的收入。伴随我国财税制度改革、土地使用有偿化改革、住房商品化改革等一系列改革措施的推

---

① 资料来源：中华人民共和国国家税务总局网站。
② 资料来源：根据《中国统计年鉴》、《中国财政年鉴》计算得出。

行，特别是近几年来随着社会经济的发展、城市化进程的加速，居民住宅消费需求呈急剧上升趋势，我国的房地产行业正进入一个高速发展的时期。在这样的高速城市化、工业化进程中，土地产生了巨大的增值收益，因而地方政府与土地相关的税费及土地出让金收益迅速增加。这其中增长最快、为社会和理论界诟病最多的就是大幅增长的土地出让金收入。

近10年来，各地土地出让金收入迅速增长，其在地方财政收入中比重不断提升（见图3）。财政部最新数据显示，2010年全国公共财政收入达到83080亿元，同比增长21.3%。2011年国家统计局公布的最新数据显示，2010年全国土地出让金总收入达到2.94万亿元，同比增加70.4%，占财政收入26%，而同期地方政府预算内财政收入不到4万亿元。实际土地出让面积42.8万公顷，同比增加105%。土地出让金占国家预算内财政收入的35.4%，占地方政府预算内财政收入的74.3%。而在15年前这一数字分别为3.5%和7.4%，10年前也只是4.4%和9.2%。2001年，全国土地出让收入占地方财政收入的比重只有16.6%。1995～2009年的14年间，土地出让金收入由220亿元增长到29400亿元。其中，北京、上海、大连3个城市已成为千亿成交金额城市，2010年北京市地方财政收入完成2353.9亿元，而同年北京市土地出让金收入则高达1636.72

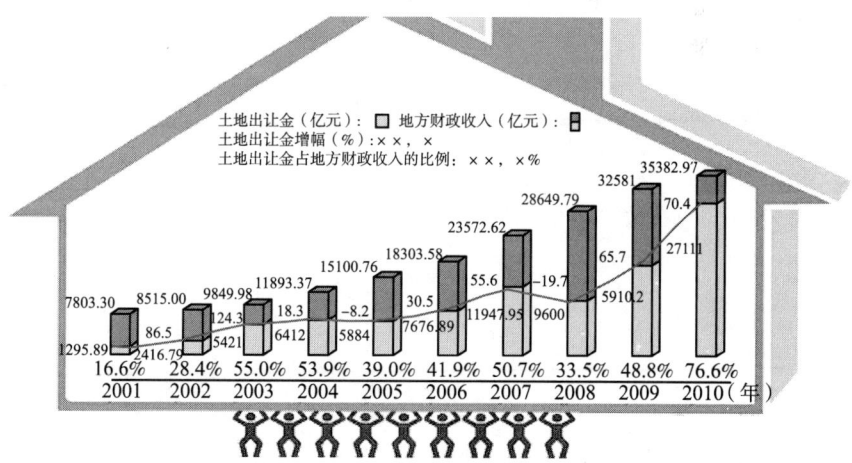

图3　土地出让金收入近十年变化趋势

注：历年土地出让金数据来自国土资源部。2001～2009年地方财政收入数据来自国家统计局，2010年数据来自财政部。

亿元（全国最高），相当于北京市一般预算收入的70%；排名第二的上海2010年土地出让金达到1477.25亿元，占全年上海财政收入（2873.6亿元）的51.4%。武汉、南京等的土地出让金收入增长率纷纷超过100%。尤其是2000年之后，土地出让金收入直线上升。在过去5年中，土地出让收入总额超过了7万亿元。我国的"土地财政"主要是依靠增量土地创造财政收入，而这其中以大规模征收和出让农村土地进行城市规模化扩张是土地出让金收入增加的核心因素。

第一章

"土地财政"解构和地方财政风险考量

第一节　我国政府"土地财政"收入解构

一、"土地财政"Ⅰ：土地相关税收收入

新中国成立以来，我国税收制度经历了数次大的变革，土地税制也随之几经变动，税种由繁到简又由简到繁，逐步建立起以土地税和房产税为主体，其他税种相辅助的多税种、多环节、多次征的复合土地税制体系。在取消农牧业税、停征固定资产投资方向调节税、取消城市房地产税后，目前我国与土地使用权的取得、持有、交易、投资经营行为和收益等相关的税种有10个，土地税制结构的具体情况见表1－1。

表1－1　　　　　　　　　土地相关税收一览

税种	计税依据	纳税人	税率
1. 耕地占用税	纳税人占用耕地的面积	占用耕地建房或从事其他非农建设的单位和个人	人均<1亩：10~50元/m²； 人均1~2亩：8~40元/m²； 人均2~3亩：6~30元/m²； 人均>3亩：5~25元/m²①
2. 城镇土地使用税	纳税人实际占用的土地面积	在城市、县城、建制镇、工矿区范围内使用土地的单位和个人	大城市：1.5~30元/m²； 中城市：1.2~24元/m²； 小城市：0.9~18元/m²； 县城、建制镇、工矿区：0.6~12元/m²②

续表

税种	计税依据	纳税人	税率
3. 房产税	房产的计税价值或房产的租金收入	房产产权所有人（现不分内外资）	从价：房产原值一次扣除 10%～30%，1.2%； 从租：实际租金收入，12%； 个人按市场价格出租：4%
4. 土地增值税③	转让国有土地使用权、地上建筑物及其附着物的增值额	转让国有土地使用权、地上的建筑及其附着物并取得收入的单位和个人	≤50%：30% 50%～100%：40%； 100%～200%：50%； ≥200%：60%
5. 契税	不动产的价格	境内转移土地、房屋权属，承受的单位和个人	3%～5%
6. 印花税	合同或具有合同性质的凭证；账簿；证照	订立与土地相关合同、凭据的单位或个人	比例税率或定额税率
7. 城市维护建设税	实际缴纳的"三税"税额	负有缴纳消费税、增值税、营业税"三税"义务的单位和个人	市区：7%；县城、建制镇：5%； 不在市区、县城或建制镇：1%
8. 营业税	转让土地使用权和销售不动产价值额	转让土地使用权和不动产的单位和个人	5%
9. 个人所得税	房地产出租、转让收入	中国境内所得的个人	20%
10. 企业所得税	应纳税所得额	我国境内，企业和其他取得收入的组织	基本税率25%；低税率20%④

注：①经济特区、经济技术开发区和经济发达、人均耕地特别少的地区，适用税率可以适当提高，但最多不得超过上述规定税额的50%。

②根据国务院颁布的《城市规划条例》中规定的标准划分，人口在50万以上者为大城市，人口在20万～50万之间者为中等城市，人口在20万以下者为小城市。

③土地增值税的税率是超率累进税率，按增值额超过扣除项目的部分适用相对应的税率计算。

④25%的税率适用于居民企业和在中国境内设有机构、场所且所得与机构、场所有关联的非居民企业；20%的税率适用于在中国境内未设立机构、场所的。或者虽设立机构、场所但取得的所得与其设机构、场所没有实际关联的非居民企业，但在实际征税时适用10%的税率。

（一）按照土地税的开征目的与税收结构划分

当前，我国与土地相关的税种，根据设计目标的不同可分为：

（1）促进土地资源节约、合理利用的税种：耕地占用税、城镇土地使用税、土地增值税；

（2）组织财政收入，调节社会经济活动的税种：企业所得税、房产税、营业税、印花税、城市维护建设税以及其他的附加收入；

（3）调节社会财富分配，促进社会公平与平等的税种：土地增值税、个人所得税、契税等。

（二）按照土地开发利用、保有、取得和转让环节划分

（1）土地开发利用环节：目前主要通过土地增值税、所得税、营业税进行调节，土地增值税在 2007 年前普遍实行预征，2007 年后实行清算制。

（2）土地取得和转让环节：有印花税、契税、耕地占用税、所得税、营业税等进行调节。

（3）土地保有环节：主要有房产税、城镇土地使用税、土地增值税进行调节。

（三）按照与房地产、建筑业的直接税和间接税收入划分

1. 土地直接税收入：城镇土地使用税、土地增值税、耕地占用税、契税。

2. 土地间接税收入：房地产业房产税、营业税及其附加，建筑业利税总额（营业税、企税、个税、城建税、印花税等）。

我国现行的税制结构中，直接与土地有关的税种是耕地占用税、城镇土地使用税和土地增值税、契税。土地间接税收入主要包括房地产业房产税、营业税、城建税、印花税以及房地产业企业所得税和个人所得税。从近 10 年来土地直接、间接相关税种的税收收入增长及其占地方财政比重来看（见图 1-1），我国与土地相关的税收占地方本级财政收入的比例仍然比较低，随着房地产业的发展，这些税收还有较大的提高空间，如表 1-2 所示。

表1－2　　　　　土地直接税各税种收入及占地方本级财政收入比重

年份	城镇土地使用税（亿元）	土地增值税（亿元）	耕地占用税（亿元）	契税（亿元）	土地直接税收总计（亿元）	地方财政收入（亿元）	土地直接税占地方财政收入比重（%）
2001	66.2	10.3	38.3	257.1	371.9	7803.30	4.77
2002	76.8	20.5	57.3	239.1	393.8	8515.00	4.62
2003	91.6	37.3	89.9	358.1	576.8	9849.98	5.86
2004	106.2	75	120.1	540.1	841.5	11893.37	7.08
2005	137.3	140.3	141.9	735.1	1154.6	15100.76	7.65
2006	176.8	231.5	171.1	867.7	1447.1	18303.58	7.91
2007	385.5	403.1	185	1206.3	2179.9	23572.62	9.25
2008	816.9	537.4	314.4	1307.5	2976.2	28649.79	10.39
2009	921	719.6	633.1	1735.1	4008.8	32602.59	12.30
2010	1004	1276.7	888.3	2464.8	5633.8	40613.04	13.87

资料来源：历年《中国税务年鉴》和《中国财政年鉴》。

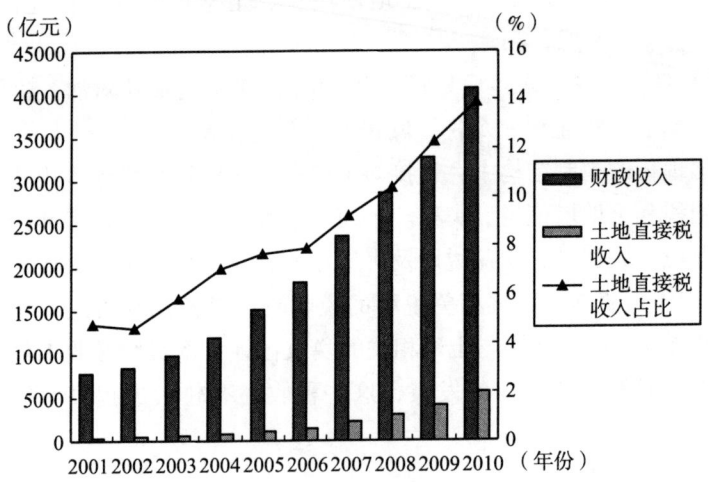

图1－1　土地直接收入占财政收入份额示意图

资料来源：历年《中国税务年鉴》和《中国财政年鉴》。

房地产相关税费占地方财政的比重全国平均略高于10%，除辽宁、北京、上海、广东占比较高之外，其他省（市、区）相差不大，如图1-2、表1-3、图1-3所示。

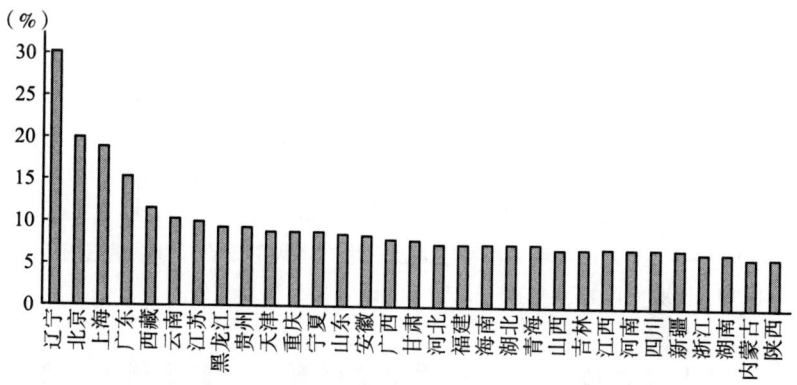

图1-2　各省（市、区）房地产直接税费占地方财政收入比重

资料来源：2010年《中国税务年鉴》。

表1-3　　　　　土地间接税各税种收入及占地方本级财政收入比重

年份	房地产业城建税（万元）	房地产业营业税（万元）	房地产业企业所得税（万元）	房地产业个人所得税（万元）	房地产业房产税（万元）	房地产业印花税（万元）	土地间接税合计（亿元）	地方财政收入（亿元）	土地间接税占地方财政收入比重（%）
2002	205893	4153911	1293404	222854	241469	39553	615.7084	8515.00	7.2
2003	287613	6174124	1913033	332496	320838	59578	908.7682	9849.98	9.2
2004	389989	8161531	3603440	407527	383910	88988	1303.539	11893.37	11.0
2005	478270	9968713	5159859	547236	492729	102977	1674.978	15100.76	11.1
2006	622414	12843737	6864921	681406	619736	136247	2176.846	18303.58	11.9
2007	867678	17911225	10577696	1066236	719518	239747	3138.21	23572.62	13.3
2008	928889	17193317	12533278	1379449	998977	341443	3337.535	28649.79	11.6
2009	1277956	23687958	12110205	1927205	1215448	374999	4059.377	32602.59	12.5

资料来源：历年《中国税务年鉴》和《中国财政年鉴》。

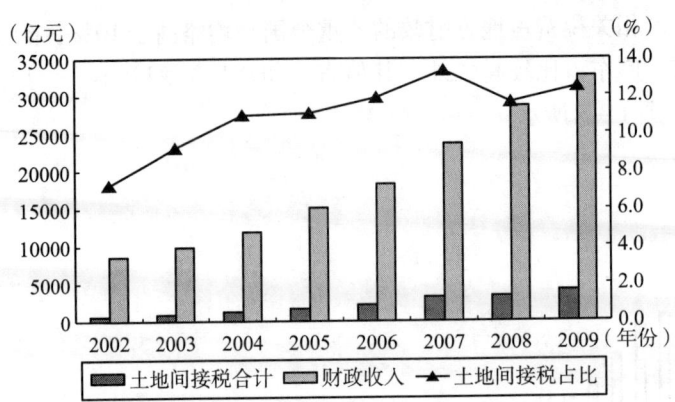

图1-3 土地间接税各税种收入及占地方本级财政收入份额示意图

资料来源：历年《中国税务年鉴》和《中国财政年鉴》。

二、"土地财政"Ⅱ：在"土地财政"Ⅰ的基础上，加入非税收收入

（一）土地出让金

土地出让金，是指各级政府土地管理部门将土地使用权出让给土地使用者，按规定向受让人收取的土地出让的全部价款。1986年6月25日第六届全国人民代表大会常务委员会第十六次会议通过《中华人民共和国土地管理法》，确定实行国有土地有偿使用制度。1987年开始在部分省市试点，1990年国务院颁布《中华人民共和国国有城镇土地使用权出让和转让暂时性条例》，以行政法规的形式确立了有偿使用制度并开始在全国推广。对于住宅等项目，采用招标、拍卖的方式，通过市场定价。对于经济适用房、廉租房、配套房等项目，以及开发园区等工业项目，则往往不是依靠市场调节的方式。土地出让金带有税费性质，是定价。土地出让金核心部分是土地使用权的出让价格，即属于土地租金性质的地价款，也就是除去成本费用后的出让金净额。出让金的另一部分是成本费用，它包括征用农地费用、"七通一平"[①] 等土地开发费用、改造旧城的拆迁费以及其

① 指通水、通电、通路、通邮、通讯、通暖气、通天燃气或煤气、平整土地。

他税费等支出。

自从实行国有土地有偿使用制度以来，国有土地使用权的出让规模不断扩大，出让金收入也随之增加。据国土资源部统计，1993～2000 年，全国共出让土地 825228 宗，出让面积 350751.9 公顷；2001 年出让土地宗数比 1993 年增加 24674 宗，年均增加 3525 宗。2001 年起，全国通过招、拍、挂方式出让国有土地使用权的数量急剧增加。2001 年，通过招、拍、挂方式出让的土地面积为 6600 公顷，所占比例仅在 8% 以下；2006 年时这一比重提高至 28.54%，再到 2010 年这一比例已经迅速上升至 88.3%。除了土地出让面积大幅增加之外，土地出让的平均出让价格也从 2001 年的 143.4 万元/公顷升至 2010 年的 1010.49 万元/公顷。随着经济的快速发展，各地土地出让金收入的增加幅度远高于财政收入的增加幅度，其在地方政府财政收入中所占的比例也越来越大。据官方统计，1992 年至 2003 年之间，全国土地出让金收入累计达 1 万多亿元，其中 2001 至 2003 年三年累计达 9100 多亿元。2004 年，全国土地出让金高达 5894 亿元；2005 年土地出让金总额仍有 5505 亿元；2006 年 7000 多亿元，2007 年底已经达到 9100 亿元。2001 年时，全国土地出让总价款占全国地方本级财政收入的比重 16.7%，到 2010 年这一比例已经上升至 66.7%，如表 1-4 所示。

表 1-4　　　2001～2010 年国有建设用地土地出让"招、拍、挂"
面积及相应收入比例

年份	土地出让面积（万公顷）	招拍挂面积（万公顷）	招拍挂面积占总面积的比例（%）	土地出让总价款（亿元）	招拍挂出让价款（亿元）	招拍挂收入比例（%）	地方财政收入（亿元）	土地出让占地方财政比重（%）
2001	9.04	0.66	7.30	1295.89	483.37	37.30	7803.3	16.61
2002	12.42	1.81	14.57	2416.79	968.55	40.08	8515	28.38
2003	19.36	5.19	26.81	5421.31	3225.68	59.50	9849.98	55.04
2004	18.15	5.21	28.71	6412.18	3253.68	50.74	11893.37	53.91
2005	16.56	5.72	34.54	5883.82	3920.09	66.62	15100.76	38.96
2006	23.3	6.65	28.54	8077.64	5492.09	67.99	18303.58	44.13
2007	23.5	11.53	49.06	12216.72	9551.00	78.18	23572.62	51.83
2008	16.59	13.36	80.53	10259.8	9528.74	92.87	28649.79	35.81
2009	20.9	17.8	85.17	15910.2	15098.5	94.90	32602.59	48.80
2010	29.15	25.73	88.30	27100	26000	96	40613.04	66.73

资料来源：根据 2001～2010 年《国土资源公报》整理计算。

1987 年 7 月 1 日，深圳市政府提出以土地所有权与使用权分离为指导思想的改革方案确定可以将土地使用权作为商品转让、租赁、买卖。9 月 8 日，深圳市以协商议标形式出让有偿使用的第一块国有土地；9 月 11 日以招标形式出让第二块国有土地；12 月 1 日又以拍卖形式出让第三块国有土地使用权，这是中华人民共和国成立后的首次土地拍卖活动。

地方政府获得的土地出让收益随着土地出让制度的不断完善而增加。图 1-4、图 1-5 和图 1-6 显示了全国地方财政预算内收入与土地出让收入的变化趋势，2001 年是土地出让收入高速增长的起点，从此，其占地方财政收入的比重也开始急剧增加。通过对相关政策的梳理，可以发现这是地方政府对 2001 年发布的《关于加强国有土地资产管理的通知》的积极响应，通过大力推进经营性用地公开出让，进一步显化了土地市场价值。2005 年土地出让收入有所跌落是因为 2004 年出台的《关于继续开展经营性土地使用权招标拍卖挂牌出让情况执法监察工作的通知》要求，2004 年 8 月 31 日后各地不得再以历史遗留问题为由协议出让土地。这是土地公开出让制度改革的转折点，全国大部分地区出现集中批地的现象，全国土地出让收入占地方财政收入的比重达到峰值。可见，土地出让制度建立完善过程中，中央政府发布的各种政策会极大地影响地方政府土地出让行为，进而对地方财政收入产生影响。

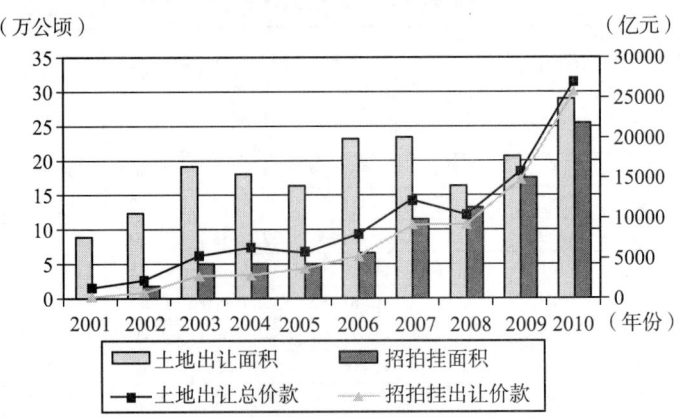

图 1-4 2001～2010 年度土地总体出让与"招、拍、挂"出让情况

资料来源：根据 2001～2010 年《国土资源公报》整理计算。

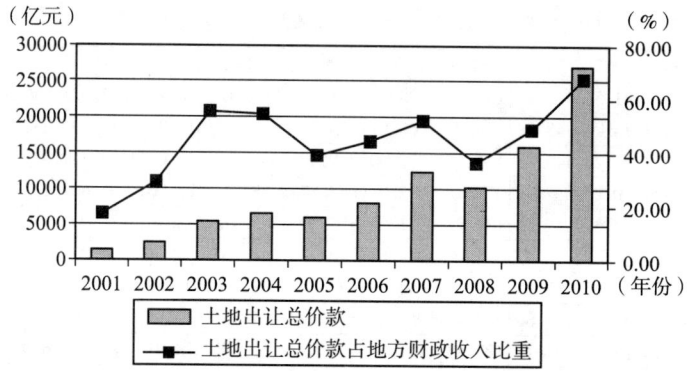

图1-5　2001～2010年度土地出让收入占地方财政收入比重

资料来源：根据2001～2010年各年度《国土资源公报》、《中国财政年鉴》整理计算。

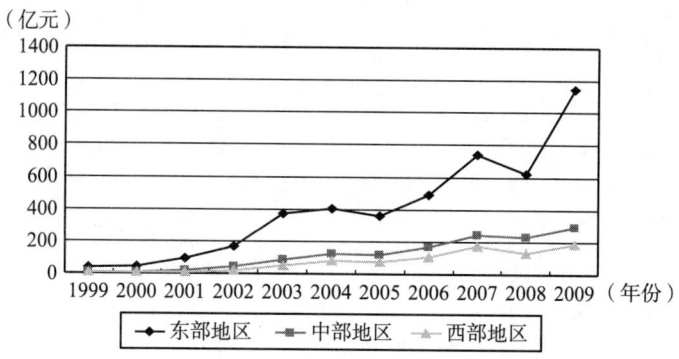

图1-6　分地区年度平均土地出让金收入对比图

资料来源：根据2000～2009年《国土资源公报》整理计算。

　　由于各地区经济发展及政策落实存在差异，地价水平和土地市场发育状况各异，因此各省土地出让收入相差很大。一般来说，经济发达地区土地出让收入多，2001年前后进入高增长期；经济欠发达地区不仅土地出让收入偏少，而且大幅上涨时间普遍延迟至2003年。土地出让收入对地方财政收入的贡献也同样是经济发达地区高于经济落后地区，2004年土地出让收入占地方财政收入比重超过30%的7个省份中，有4个是东部经济发达省份。而新疆、青海、西藏、内蒙古等经济相对落后的地区，地方财政收入较少依赖于土地出让收入，如表1-5、表1-6和表1-7所示。

表 1-5   我国各省（市、区）1999~2009 年土地出让金收入   单位：亿元

年份	1999	2000	2001	2002	2003	2004	2005	2006	2007	2008	2009
北京	85.81	71.56	119.74	135.73	328.49	631.34	99.00	195.15	375.07	686.54	692.94
福建	12.57	32.76	43.28	99.60	166.57	204.31	240.19	519.79	711.89	232.90	659.89
广东	138.53	65.22	145.41	134.22	217.00	239.00	353.24	616.02	1132.21	675.44	1332.37
海南	2.92	0.20	7.57	7.07	7.51	8.86	28.81	22.06	55.60	122.66	132.03
河北	18.33	21.33	59.73	121.71	151.56	191.99	165.97	233.76	384.90	322.58	566.42
黑龙江	3.03	4.49	4.97	15.10	38.67	46.37	43.27	57.04	95.23	98.42	188.42
吉林	3.78	5.95	13.85	19.31	34.18	41.21	58.50	99.69	123.48	110.54	148.51
江苏	44.21	81.79	216.06	454.58	959.26	674.49	1007.34	1197.15	1502.26	1318.54	2621.95
辽宁	16.81	21.21	71.19	103.83	181.57	273.45	269.89	378.07	708.21	620.51	895.48
山东	12.49	22.87	37.67	178.34	400.24	448.84	498.59	702.11	847.41	865.98	1588.58
上海	42.95	34.83	83.31	128.25	294.24	492.18	389.75	378.78	380.47	570.26	975.66
天津	14.28	7.79	17.22	26.68	209.52	419.67	128.45	166.56	375.86	393.59	571.96
浙江	37.11	117.76	243.21	462.25	1170.66	874.27	806.40	1010.25	1679.47	1033.89	2546.26
安徽	6.22	10.43	26.70	67.57	175.10	230.38	217.66	313.69	494.57	457.75	614.88
河南	5.91	12.77	18.41	35.82	77.44	121.37	128.10	205.53	238.84	335.55	370.59
湖北	3.83	0.76	21.08	50.18	142.22	196.41	164.27	271.74	374.19	325.73	354.66
湖南	8.34	9.65	31.15	87.39	118.67	185.25	158.18	171.50	321.27	252.79	206.44
江西	2.86	3.78	23.96	60.00	87.93	127.07	150.98	175.79	188.93	153.47	293.22
山西	1.41	2.90	5.35	27.02	45.96	47.84	48.98	58.23	106.92	130.48	169.76
甘肃	1.68	1.34	2.15	6.86	12.39	15.36	18.96	48.87	37.21	51.43	61.65
广西	8.78	8.82	16.55	30.82	66.27	130.20	84.61	127.55	211.74	135.46	218.29
贵州	2.50	5.65	7.88	11.00	20.35	28.51	33.99	75.02	81.37	80.49	81.77
内蒙古	1.37	2.33	4.84	9.97	13.22	27.13	51.64	57.50	163.19	122.80	207.92
宁夏	0.57	2.12	0.88	1.92	16.18	19.98	13.76	21.06	50.98	30.41	64.86
青海	0.11	0.71	1.08	2.58	1.79	2.24	3.39	2.55	1.64	3.31	46.94
陕西	4.72	5.05	13.62	16.02	43.38	113.36	66.99	119.14	201.50	159.15	176.59
四川	17.42	20.25	32.52	66.52	256.43	360.73	394.24	470.54	844.10	469.97	703.95
西藏	0.05	0.05	0.05	0.57	0.71	1.91	4.62	5.99	3.76	7.81	1.19
新疆	1.73	3.50	6.66	10.63	25.16	28.86	21.45	35.58	61.29	61.58	58.77
云南	5.95	8.30	9.80	14.78	69.17	75.33	71.41	97.49	104.21	195.97	238.90
重庆	8.07	9.41	10.01	30.46	89.47	154.29	161.20	243.44	358.96	233.81	388.67

资料来源：根据 2000~2009 年《国土资源年鉴》整理计算。

表 1-6   我国东中西部地区年度均值对比   单位：亿元

年份	1999	2000	2001	2002	2003	2004	2005	2006	2007	2008	2009
东部	38.73	43.39	94.94	168.39	371.51	405.31	362.51	492.70	741.21	622.08	1143.96
中部	4.42	6.34	18.18	45.30	90.02	124.49	121.24	169.15	242.93	233.09	293.31
西部	4.41	5.63	8.84	16.84	51.21	79.82	77.19	108.73	176.66	129.35	187.46

资料来源：根据 2000~2009 年《国土资源年鉴》整理计算。

表1-7　1999～2009年全国及各省（市、区）土地出让面积

单位：万公顷

年份	1999	2000	2001	2002	2003	2004	2005	2006	2007	2008	2009
全国	45390.68	48633.22	90394.12	124229.84	193603.96	181510.33	165586.08	233017.88	234960.6	165859.68	220813.9
北京	8262.39	1148.32	2572.52	3416.58	4681.60	6225.38	1606.36	2515.51	2438.92	2218.92	1810.74
天津	630.63	455.75	619.65	1719.98	5380.07	5298.31	4449.33	3867.07	3949.27	3419.22	5693.72
河北	1348.00	2213.22	3702.77	6069.84	7094.47	7311.44	6451.34	9272.67	8838.24	8524.65	13776.46
山西	180.97	309.62	574.04	1848.38	2846.07	1935.30	2105.92	2544.95	4591.68	2394.88	3767.64
内蒙古	341.46	874.63	2088.13	1277.57	2333.78	3386.17	3067.26	3144.41	8247.91	5780.40	10830.14
辽宁	1565.59	1707.54	3016.21	3783.42	6237.57	7895.61	7319.62	21333.78	10956.67	7887.86	14841.00
吉林	450.50	1207.88	1428.19	1297.41	2013.93	2157.89	3042.52	4879.02	4098.89	3706.06	3208.74
黑龙江	361.26	506.73	797.10	1153.00	1923.51	2364.03	1809.46	3594.87	3230.53	2579.20	3750.98
上海	2006.74	2252.76	5228.33	6729.94	6985.85	7135.04	6491.31	7680.13	2180.60	2468.15	2460.24
江苏	2212.15	3300.14	8891.47	14447.22	30653.19	16462.10	22679.68	25918.33	29784.79	21666.67	26106.93
浙江	3560.23	6135.59	10038.30	21571.29	31538.45	18018.44	14029.88	18588.41	18196.06	10667.84	12675.99
安徽	819.13	1335.71	1489.14	4115.03	7263.89	8345.82	5671.14	13329.42	12844.78	9815.49	9235.18
福建	1334.94	1184.94	2363.83	2766.24	5146.29	7883.02	5705.49	11100.36	9952.23	4001.98	4588.30
江西	672.91	662.79	840.31	2503.89	3214.79	4392.56	4344.84	5952.05	6175.72	4475.04	7640.70
山东	2241.13	3907.72	5971.83	14672.79	23784.82	19359.94	17959.49	24379.87	20196.41	15578.85	31812.02
河南	1504.41	1467.07	3542.72	3048.91	4826.33	6197.83	4503.20	7046.85	8206.81	7254.50	8408.82

续表

年份	1999	2000	2001	2002	2003	2004	2005	2006	2007	2008	2009
湖北	768.69	158.78	2799.86	3112.80	5068.35	7296.13	4791.80	7830.92	8579.70	6555.76	7007.06
湖南	840.36	1139.21	3274.45	3834.81	4792.09	6816.59	6075.81	5840.31	8117.52	4751.56	4565.58
广东	5119.15	3712.49	6604.61	6769.79	10270.01	10694.00	13374.56	14460.27	17550.77	8204.39	9692.56
广西	1139.09	2528.19	8704.15	2342.96	2978.23	4733.51	3297.39	4792.18	5815.48	4432.98	5667.99
海南	1351.38	81.11	1100.07	988.34	747.54	371.99	721.41	980.58	1768.17	2031.95	1630.97
重庆	1048.00	1065.03	1973.90	2002.58	3548.40	4295.07	4036.05	5950.95	6080.09	2775.71	3684.93
四川	2447.23	2426.75	4596.66	6746.05	8472.86	8384.99	8549.71	8844.37	9766.90	7417.06	9871.01
贵州	184.51	387.54	724.18	682.19	1195.29	1400.02	882.11	1546.40	1884.23	1633.95	1752.00
云南	654.03	1082.82	1619.66	2784.63	3507.42	3465.66	2509.22	3815.81	6030.30	4801.89	5613.68
西藏	10.80	1435.08	43.21	65.86	34.45	67.01	217.97	257.74	142.88	241.29	109.39
陕西	1077.88	3393.73	1589.19	1590.04	2145.49	2900.02	2076.86	2354.16	3004.02	2602.86	2952.05
甘肃	245.52	419.15	490.93	923.20	1246.73	1654.13	3098.30	2471.88	2325.27	2216.35	1715.42
青海	189.71	224.03	120.21	195.35	344.09	209.15	500.66	691.56	121.14	551.21	709.55
宁夏	149.91	582.10	283.38	340.44	567.96	859.59	792.63	1637.68	4235.69	1806.15	1760.43
新疆	2671.98	1326.80	3305.12	1429.31	2760.44	3993.59	3424.76	6395.37	5649.10	3396.86	3473.68

资料来源：根据 2000~2009 年《国土资源年鉴》整理计算。

（二）土地年租金

相对于一次性收取国有土地使用权的出让金制，年租金制则是改出让金的一次性收取为分年收取。以深圳为例，该市是最早实行土地年租金制的城市之一。该市从20世纪80年代初期就开始征收土地使用费，并数次发文对土地使用费的征收标准进行调整。对临时用地收取年度租金也早在20世纪90年代中期就开始了。1994年，市政府以会议纪要和"深规土字[1994] 92号"文规定了临时用地年度租金标准。但是在实践中，深圳市土地管理部门没有注意两者之间的协调使用，以至于出现划拨用地与出让用地的利益不协调，以及因改变用途、增大容积率而发生的土地级差收益无法征缴等问题。为了进一步完善城镇土地的有偿使用制度，解决单一的地价体系所带来的一系列问题，深圳市开始把土地使用费与临时地租作为与地价具有相同性质的手段来运用，统称为年地租。《深圳市年地租条例》于2000年10月经深圳市政府常务会议通过，率先在全国以立法的形式推出"年地租"，目前年地租按三个标准区分计收。湖北省襄樊市襄阳县也较早地试行土地年租制，有些做法后来在其他地方推广。2006年，国土资源部根据各地的实践经验，对年租金收取管理做出了统一规定。依据《土地管理法》和《城市房地产管理法》"以营利为目的，房屋所有权人将在以划拨方式取得使用权的国有土地上建成的房屋出租的，应将租金中所含土地收益按年上缴国家"的规定，对收取年租金的范围和对象、计收办法、面积界定等进行了统一的规范。目前这一块收入所占比重虽然不大，但随着管理制度的日益完善，其规模将会有一定的增长。

（三）行政划拨土地收入

行政划拨用地往往只是征收一些成本费用（代征、代收费用），对于组织财政收入而言意义不大。但是，近几年来，有许多原来无偿划拨的土地使用单位，将土地非法出租和转让，干扰了政府土地一级市场的管理与控制，也导致国有土地权益大量流失。另外，原有部分划拨用地，在企业改革、城市改造中需要征收上来重新出让。这就带来原行政划拨用地的财税管理问题。按照政府垄断一级市场的要求，原行政划拨地必须经过国家收回，再进行土地一级市场投放，出让金全部归国家所有。在实践中，原土地使用者对此并没有积极性。为此，上海等地提出了财税"空转"的解决办法，即将现有无偿划拨占用的土地，无论是行政、事业单位还是国有企业，可以对其所占有的土地进行清理、作价，有关单位如数交给财政，作为财政收入；同时由财政部门又如数拨给单位，作为固定资产投资和支出，由单位入账，列作政府资金和资本金收入。一收一支，经过财政转账处理，单位的土地占用，就有了价格。今后如有转让和出租等行为，就可以按国家规定办理。该归财政的归财政，该归单位的归单位。这种方法既承认了原土地使用者的既得利益，又促进了土地资源的自由流转和有效利用。

（四）国有土地使用权作价出资入股后的分红或股利收入

这部分收入一般都进入了国有企业或国有投资机构的利润里面，通过国有经营资本预算进行安排，这里暂不讨论。

（五）主要的土地收费项目

与土地相关的多数土地收费收入还游离于财政预算之外，开支使用透明度低，缺乏统一规范的管理，1999 年，《土地管理法》中规定有 8 种土地收费，国家有关文件规定 5 种收费和地方政府规定收取的有 14 种收费。经过几次清理整顿后，各地收费项目依然千差万别。除了国土部门的收费之外，其他还有房管、水电等多个部门的收费，而且各地在这些收费的名称、内涵和收费标准上都不尽相同。鉴于土地收费项目种类繁多、内容复杂，各个地区又不一样，又没有完整、准确的统计数据，加上对地方政府财政收入的影响较小，故对其规模暂做如下梳理，如表 1-8、表 1-9 和表 1-10 所示。

表 1-8　　　　　　　　　厦门市土地收费项目和收费依据

序号	收费项目名称	收 费 标 准	依　据
1	223 定金保证金预付款	按厦门市地价征收管理若干规定（厦府 ［2007］315 号）执行	厦财综 ［2007］7 号文
2	224 土地出让金	按厦门市地价征收管理若干规定（厦府 ［2007］315 号）执行	厦财综 ［2007］7 号文

序号	收费项目名称	收费标准	依　据
3	225 增容地价	按厦门市地价征收管理若干规定（厦府［2007］315 号）执行	厦财综［2007］7 号文
4	226 土地闲置费		厦财综［2007］7 号文
5	227 其他补缴的土地出让金	按厦府办［2008］26 号执行	厦财综［2007］7 号文
6	228 配套费	按厦门市地价征收管理若干规定（厦府［2007］315 号）执行	厦财综［2007］7 号文
7	229 使用储备土地成本结算款		厦财综［2007］7 号文
8	230 其他划拨土地收入	按厦门市地价征收管理若干规定（厦府［2007］315 号）执行	厦财综［2007］7 号文
9	231 违约金或利息		厦财综［2007］7 号文
10	233 其他土地收入	按厦门市地价征收管理若干规定（厦府［2007］315 号）执行	厦财综［2007］7 号文
11	702 耕地开垦费	按闽政［2000］98 号文执行	闽政［2000］98 号文

表 1-9　　　　　　厦门市征地拆迁收费项目和收费依据

序号	收费项目名称	收费标准	依　据
1	103 征地管理费	按闽价（2002）房 237 号执行	闽价（2002）房 237 号
2	104 城市房屋拆迁管理费	按闽价（2001）房字 277 号执行	闽价（2001）房字 277 号

表 1-10　　　　　　　　其他收入项目和收费依据

序号	收费项目名称	收费标准	依　据
1	232 房屋、土地租赁收益	按厦府办［2006］103 号文执行	厦府办［2006］103 号
2	408 房屋、土地租赁收益	按厦府办［2006］103 号文执行	厦府办［2006］103 号
3	407 公房租金	按厦府［2004］144 号文执行	厦府［2004］144 号

资料来源：厦门市国土资源与房产管理局。

1. 按照部门划分

（1）土地部门的收费，主要包括耕地开垦费和新增建设用地有偿使用费，还有管理费、业务费、登报费、房屋拆迁费、折抵指标费、收回国有

土地补偿费等;

(2) 财政部门的收费,如土地使用费、土地租金;

(3) 其他部门的收费,如农业、房产、水利、交通、邮电、文物、人防、林业等部门,多数都是以当地政府文件或部门规定的形式在土地资源流转的某一环节进行收费。

2. 收费性质划分

(1) 行政事业性收费:土地管理费、征地管理费(拆迁管理费)、新菜地开发建设基金、农业重点开发建设资金、耕地开垦费、土地复垦费和土地闲置费;

(2) 服务性收费:工本费、土地权属和用途变更费、土地评估费、土地登记费(分初始登记和变更登记)、土地测量和规划等相关收费,即对原用地进行地籍测量、调查、验线、登记和发证时收取的费用等。

(3) 资源性收费:外商投资企业场地使用费(或土地使用费)①;

(4) 其他代征代收费:公告费、土地补偿费、安置补偿费、地上附着物和青苗补偿费等。

征用土地管理费的收取标准:②

(一) 实行全包征地方式的,按征地费总额的以下比例收费:

1. 一次性征用耕地在 66.67 公顷 (1000 亩) 以上 (含 66.67 公顷)、其他土地 133.34 公顷 (2000 亩) 以上的 (含 133.34 公顷),征地管理费按不超过 3% 收取;

2. 征用耕地 66.67 公顷以下、其他土地 133.34 公顷以下的,征地管理费按不超过 4% 收取。

(二) 实行半包方式的,按征地费总额的以下比例收费:

1. 一次性征用耕地在 66.67 公顷以上 (含 66.67 公顷)、其他土地 133.34 公顷以上的 (含 133.34 公顷),征地管理费按不超过 2% 收取;

2. 征用耕地在 66.67 公顷以下、其他土地 133.34 公顷以下的,征地管理费按不超过 2.5% 收取。

(三) 实行单包方式征地的、按征地费总额的以下比例收费:

---

① 土地使用费的实质是地租,是对出让金和增值税调节的一种补充。

② 国家物价局、财政部《关于发布土地管理系统部分收费项目与标准的通知》(1992 年 11 月 24 日 价费字 [1992] 597 号)。

1. 一次性征用耕地在 66. 67 公顷以上（含 66. 67 公顷）、其他土地 133. 34 公顷以上的（含 133. 34 公顷），征地管理费按不超过 1. 5% 收取。

2. 征用耕地在 66. 67 公顷以下，其他土地 133. 34 公顷以下的，征地管理费按不超过 2% 收取。

三、"土地财政" Ⅲ：土地隐形收入

这是范围最广的概念，它在"土地财政" Ⅱ 的基础上，增加了土地抵押收入和其他收入。其他收入主要指制度外收入，这部分收入是非常难以进行估算的。例如，划拨出让和协议出让，以及土地抵押融资所得等。

第二节　城市化快速扩张下的政府 财政和经济总产出风险

地价易受市场供求因素影响，建立在地价基础之上的土地出让收入本身具有随经济周期波动的不稳定性。地方财政过于依赖持续性和稳定性欠佳的土地出让收入，不利于地方公共财政的稳健运行。

一、财政风险指标考量

（一）财政收入（支出）弹性系数

财政收入（支出）弹性系数，是指财政收入（支出）增长速度与 GDP 增长速度的比率，在此我们选用这一宏观经济指标的意图是分析和判断地方财政收入和财政支出与地方 GDP 之间的增长是否同步以及协调程度如何。当财政收入或支出的弹性系数大于 1 时，反映财政收入或支出的增长快于 GDP 的增长，表明财政收入或支出对 GDP 的增长富于弹性，即 GDP 的增长对财政收入或支出的影响较大；当弹性系数小于 1 时，反映财政收入或支出的增长慢于 GDP，表明财政收入或支出对 GDP 的增长缺乏

弹性，即 GDP 的增长对财政收入或支出的影响较小。财政收支弹性系数
的高低具有重要的政策含义：财政收支弹性系数越大，表明财政收支系统
越容易受经济周期的影响，对经济发展的反作用力也越大。在经济高涨时
期，财政收入和财政支出随经济的发展而大幅增加，如果财政支出弹性系
数大于财政收入弹性系数，即财政支出随经济增长提高的幅度大于财政收
入，且由于财政支出乘数大于财政收入乘数，使财政支出带来的需求扩张
超出财政收入带来的需求收缩，使总需求出现扩张，最终导致财政扩张，
而财政扩张又将进一步加剧经济过热和通货膨胀压力，推动经济向更热
的方向发展。政府的财政收支行为受经济周期摆布，从而违反了财政政
策"反周期操作"这一稳定经济的基本原则，这将影响地方财政的长期
稳定和可持续发展，这才是财政风险的真正所在。虽然经济总量的不断
扩大为各地财政收入的提高提供了广阔的收入来源，但不可否认的是，
在地方财政收入超常增长中，仍有相当一部分收入具有明显的不确定性
和不可持续性。这部分不确定和不具有可持续性的收入主要为非税收收
入，其中又以土地出让收入为最主要部分。从前述数据可以看出，土地
出让金已成为地方政府非常重要的收入来源，如图 1 - 7、图 1 - 8 和图
1 - 9 所示。

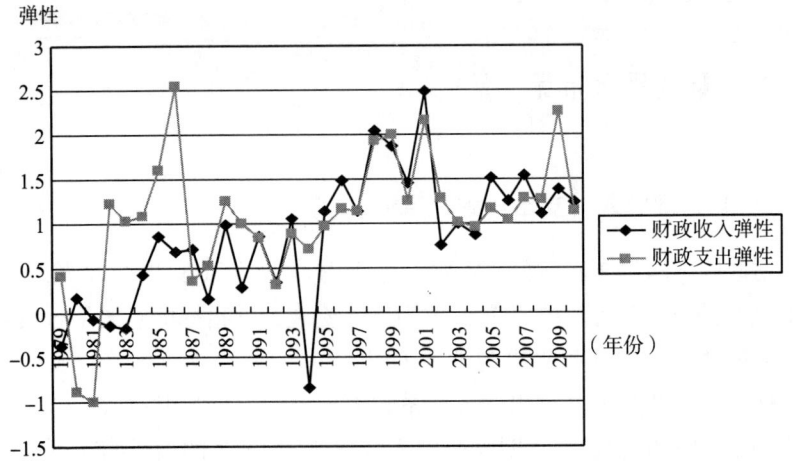

图 1 - 7　东部地区 1979 ~ 2010 年省级地方财政收入（支出）对 GDP 的弹性

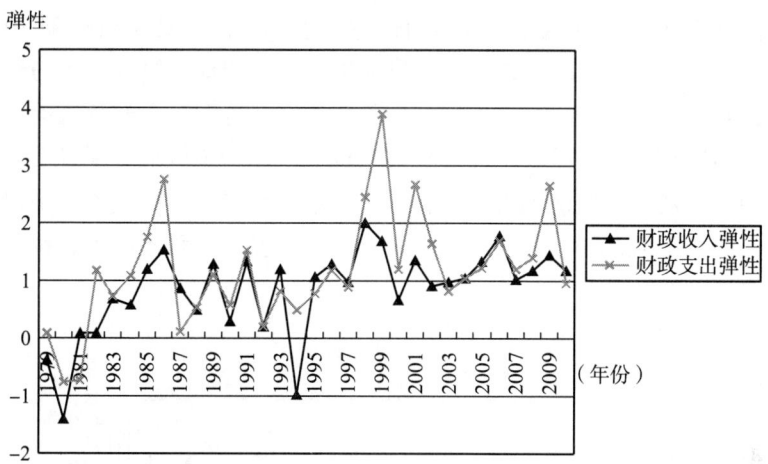

图 1 − 8 中部地区 1979 ～ 2010 年省级地方财政收入（支出）对 GDP 的弹性

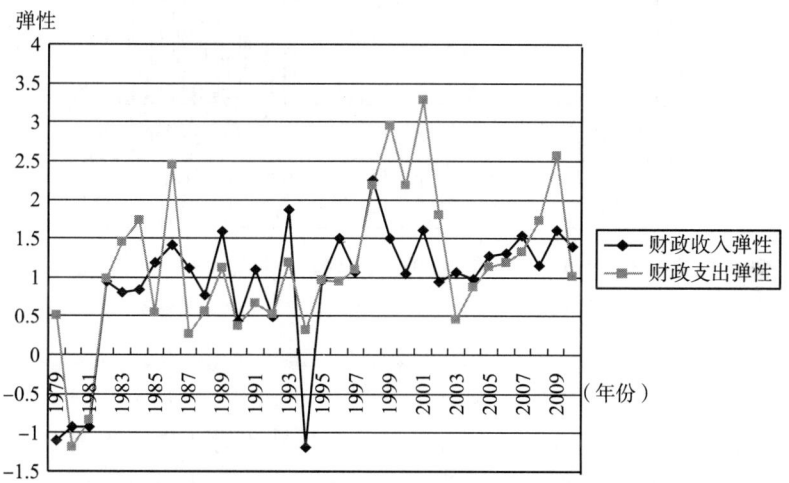

图 1 − 9 西部地区 1979 ～ 2010 年省级地方财政收入（支出）对 GDP 的弹性

资料来源：本节采用张焕明（2005）的东中西部区域划分方法，东部包括北京、天津、河北、辽宁、上海、江苏、浙江、福建、山东、广东和海南 11 个省市，中部包括山西、吉林、黑龙江、安徽、江西、河南、湖北、湖南 8 省，西部包括重庆、四川、贵州、云南、西藏、陕西、甘肃、青海、宁夏、新疆、广西、内蒙古 12 个省（直辖市、自治区）（张焕明：《我国经济增长地区趋同性的短期性与长期性的实证分析》，载《经济科学》，2005 年第 5 期）。

（二）中央和地方财政收入、税收收入以及非税收入增长情况

从图 1 − 10 可以看出：1995 ～ 2010 年财政收入，财政税收收入增长速

度，基本都在 20% 上下浮动。只有极个别年份上下限大约达到 10% 和 30%，主要还是由当时的宏观经济形势决定的，即地方财政收入与经济波动保持相似变化趋势。以 2008 年国际金融危机为例，金融危机前，我国的经济情况较好，财政收入和税收收入较快增长。金融危机爆发后，中国政府为了应对宏观经济趋紧的形势，实行结构性减税，税收收入增速由此放缓，但仍不能改变在我国经济率先复苏的情况下，财政收入、税收收入绝对量增加的总趋势。

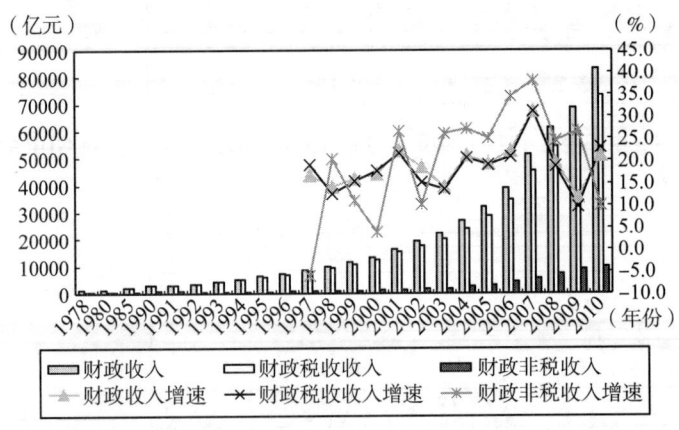

图 1 – 10   1978 ~ 2010 年财政收入（税收、非税收入）及其增速

资料来源：根据历年《中国统计年鉴》、《中国财政年鉴》和《中国税务年鉴》整理。

20 世纪 80 年代以来，我国改革开放不断深入，政府非税收入规模一直呈上升趋势。这突出表现在两个方面：一是政府非税收入规模不断扩大，其占财政收入的比重不断攀升；二是地方政府非税收入规模超常增长。政府非税收入占财政收入的比重不断上升，意味着政府非税收入已经成为政府财政，特别是地方政府财政的重要收入来源，说明政府非税收入对实现财政特别是地方财政收支平衡，促进社会经济发展起到了十分重要的作用；同时也表明政府财政特别是地方财政越来越多地依赖于非税收入。从世界范围来看，我国政府非税收入的这一变化趋势与其他发展中国家的情况是吻合的，但也要看到这一时期的政府非税收入的超常增长是在 1994 年实行分税制财政体制以来的这一段时期，因为在总财力（财政收入占 GDP 的比重）既定的条件下，中央财政宏观调控能力等额增强，意味着地方政府财力的减少，为了弥补因财力不足带来的财政支出缺口，非税收入自然就成了地方政府的首选渠道。

改革开放以来，我国政府非税收入增长速度大大高于同期税收收入和 GDP 的增长速度，特别是自 20 世纪 80 年代中、后期以来，非税收入年均增长速度一直保持在两位数以上，1988 年达到 25.03%，较之同期税收收入高出了近 4 个百分点。随后非税收入和税收收入增长速度除了个别年份以外，差距越拉越大，1994 年政府非税收入的增长速度达到了 44.92%，而税收收入增长速度仅为 20.48%，前者是后者的两倍多。此后，非税收入增速在 1991～1998 年这段时间内变化幅度较大，1999～2010 年趋于稳定，基本上维持在 30% 左右。这说明了非税收入渐趋稳定性和可控性。总的来说，我国的财政收入、税收收入、非税收入在 1996～2010 年这段时间趋于稳定，没有太大的振动，且三者之间的变化趋势相同，而非税收入的增长速度较快。为此，我国必须进一步控制非税收入的规模和增长速度。

从图 1-11 可以看出，中央财政非税收入增长率在前期震荡较大，尤其是在 1996 年至 2003 年间，频繁调整，在极高的正增长率与较低的负增长率之间跳动。整体趋势是振幅变小，显示出逐步的可控性。在 2003 年后，该增长率维持在比较平稳的水平，直到 2010 年出现较大变化，为负增长。中央财政非税收入的增减变化相比，地方财政非税收入增长率则要

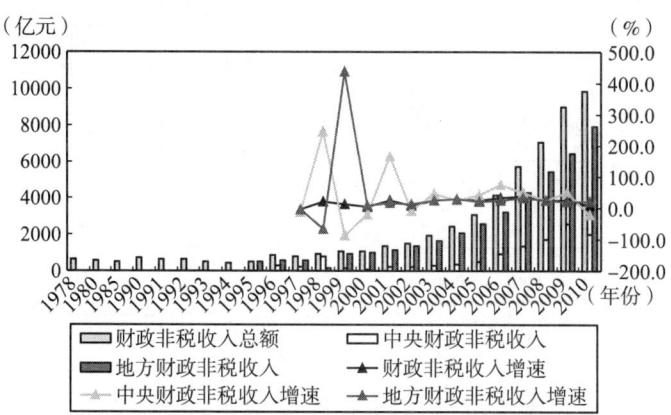

图 1-11　1978～2010 年财政非税（中央、地方）收入及其增速

资料来源：根据历年《中国统计年鉴》、《中国财政年鉴》和《中国税务年鉴》整理。

平稳得多。在 2000 年之前，其震荡区间也较大。但在之后的 10 年，其增长率曲线呈现弧形，大致维持在 20%，且有进一步平稳的倾向。综合中央和地方财政非税收入的变化，可以看出地方数据比中央数据更为稳定，且更早体现出平稳趋势。两者的相同之处是，都在剧烈的震动之后，逐渐走向相对的稳定。

从图 1-12 可以看出，税收收入在 1997 年亚洲金融危机后基本上维持在 20% 左右增速，在 2007 年发生了很大的变化，达到了 30%，在 2009 年回落，这主要跟当时的宏观经济走势相关。在 2010 年，税收收入增长率又恢复 20% 的增长率。中央税收收入在 1998 年达到了 30% 以上，在 2000~2006 年基本上维持在 20% 左右。2007 年达到 30%，2009 年回落，2010 年又恢复到 20% 左右的增长率。这基本上与当时的经济状况相符。地方税收收入与总的税收收入和中央税收收入相比，波动的幅度较大，但基本上这三者的波动趋于一致。

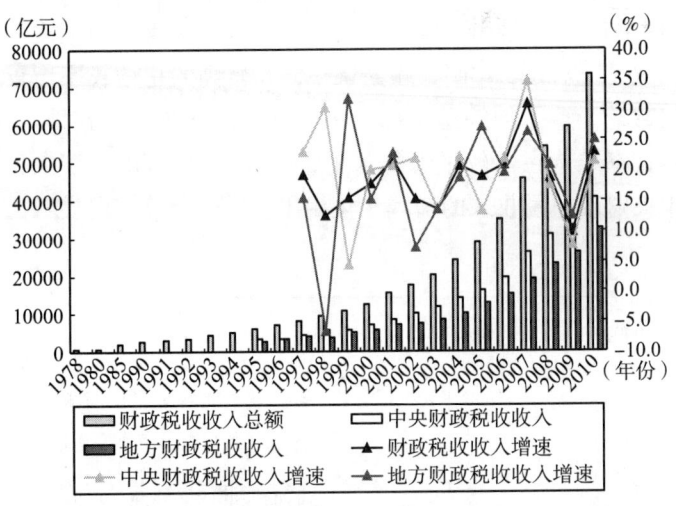

图 1-12　1978~2010 年财政税收（中央、地方）收入及其增速

资料来源：根据历年《中国统计年鉴》、《中国财政年鉴》和《中国税务年鉴》整理。

二、政府公共支出与经济总产出的波动考察

这里我们要着重强调中国经济发展的两个重要事实：第一，中国自

1992 年确立社会主义市场经济体制以来，市场化程度大为提高，但谈及中国与西方发达国家之间经济运行体制的差异，政府主导型的经济增长模式仍是中国经济发展的典型特征。在这种增长模式下，政府公共支出对宏观经济的作用可能会呈现出复杂的影响。一方面，遵循凯恩斯需求管理理论以及补偿性财政政策的思想，在经济景气时期或萧条时期，政府公共支出的减少或增加将产生熨平经济周期波动的作用；另一方面，政府公共支出具备投资属性，由于政府充当经济增长的主体，因此，政府公共支出的减少或增加会引起整个社会投资的下降或提升，进而带动宏观经济的周期波动。换言之，在政府主导型的经济增长模式下，政府公共支出有可能成为经济周期波动的源泉。第二，政府主导型经济的主要载体是地方政府部门，而众多研究表明我国中央政府与地方政府的行为目标是不一致的。这样，尽管中央政府的支出可能具备稳定经济的职能，但对地方政府而言，在政绩考核"GDP 至上"思想的指引下，其行为并不一定会遵循"逆势而动"的凯恩斯经济周期理论要求，反而有可能一直保持刺激性的财政支出政策，造成"只有扩张，没有紧缩"的半个凯恩斯需求管理政策。而中央政府为遏制地方政府的投资冲动，往往又不得不绕开市场手段，而采用一些非市场手段，如直接叫停、开会训导、信贷规模限制等，其结果是导致地方政府支出的波动加剧，最终不仅无法起到稳定经济的作用，反而造成经济波动的源泉之一。

（一）增长率波动

从增长波动率看，从过去 30 年来我国基础设施建设支出、地方财政支出以及产出的经济周期波动，可以发现（见图 1－13）：（1）地方财政支出增长率和基础设施建设支出增长率周期波动变化趋势基本一致，基建支出增长率的振幅要大于地方财政支出。（2）从振幅波动的前后变化看，样本期间内，基建支出增长率的波幅基本保持同样幅度的上下变化；地方财政支出增长率的波动则波幅变小，波长变长，渐趋稳定；实际产出增长率波动的变化反而是变大，如 1978～1986 年，实际产出增长率的上下变动波距约为 0.1，而 1987～1997 年，该数值放大到 0.25，为原来的 2.5 倍，1998～2006 年也仅是略有下降。可见，自 20 世纪 90 年代以来，实际产出增长率的波动变化是在加剧的。（3）分时段看，1990 年以前，三个序列的周期变化趋势几乎同步，即同时到达波峰同时趋于波谷，但地方财政支出和基建支出的振动幅度要明显大于 GDP；1990 年以后，基建支出与 GDP 的变化不再同步，比 GDP 变化要滞后数年；而地方财政支出则依然保持与 GDP 近似同步，并且波幅明显收窄，反而要小于 GDP 的振幅。这说明：随着市场化经济体系的逐步建立，基建支出与经济波动的关联度在下降，而地方财政支出却依旧与经济波动保持相似变化趋势。

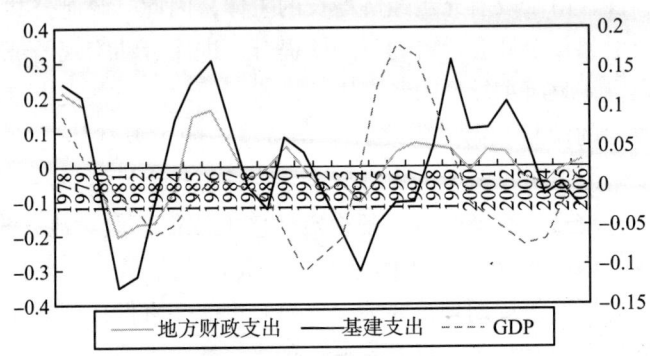

图 1-13   相关变量的周期波动趋势对比*

注：*（1）图中三个变量均为实际值；（2）处理的方法是先取对数值，然后再用 HP 滤波分离序列，得到周期波动的成分；（3）为了清晰地显示实际 GDP 的周期波动趋势，我们采用双坐标轴的图形，其中，左边纵坐标对应的是地方财政支出和基建支出的周期波动，右边纵坐标对应的是 GDP 周期波动。

资料来源：整理自 CEIC 中国经济数据库。

（二）条件波动性

利用条件波动性来度量序列的波动变化情况。为了将经济周期波动的短期性质突出体现出来，我们采用固定样本时间长度的滚动时窗方法（Blanchard and Simon，2001）来计算各序列的条件波动性。对时间序列 $\{y_t\}$，$t = 1$，Λ，T，在样本观测区间 $\{1, L, T\}$ 上给定滚动时窗长度 m，则其在 t 时（其中 t 从 m 到 T 变化）的滚动标准差分别定义为从 $t - m + 1$ 时到 t 时 m 个样本的标准差。计算公式为：

$$\sigma_t = \frac{1}{m} \sum_{i=t-m+1}^{i=t} (y_i - y_t), \quad y_t = \frac{1}{m} \sum_{i=t-m+1}^{i=t} y_i$$

显然，滚动标准差度量的是数据生成过程中的历史波动性，它是一种描述固定时间区间内动态波动性的简单方法。

为使得序列之间可比, 我们进一步进行量纲化处理, 即将固定时窗内标准差除以其均值, 以消去水平差异对标准差的影响。其计算公式为:

$$\sigma_t^* = \frac{\sum_{i=t-m+1}^{i=t} (y_i - y_t)}{y_t}, \quad y_t = \frac{1}{m} \sum_{i=t-m+1}^{i=t} y_i$$

为了描述实际产出序列轨迹的波动性, 我们利用滚动标准差代表产出变化过程中的条件波动性, 其中选取滚动时窗长度为 5 年[①], 样本时间跨度为 1960 ~ 2010 年。具体计算可以得到图 1 - 14 给出的滚动标准差轨迹。可以看出: 过去 50 年间, 我国实际产出条件波动较大的年份分别为 1960 ~ 1964 年、1968 ~ 1974 年、1978 ~ 1983 年、1985 ~ 1991 年、1992 ~ 1996 年、2001 ~ 2008 年, 并且从 1985 年之后, 实际产出的滚动标准差迅速增长, 一路上升到 1996 年的历史最高点, 随后开始迅速下降, 到 2000 年基本回到 20 世纪 80 年代的水平, 但 2001 年以后, 滚动标准差再次出现较快增长, 直到 2008 年以后才开始回落。通常高增长都伴随着高波动, 而高波动则意味着高风险。因此, 1985 ~ 1991 年、1992 ~ 1996 年以及 2001 ~ 2008 年间产出出现了很高的波动性, 实际上是由这些时期经济增长率水平决定的。可以说, 产出滚动标准差的变化路径比较恰当地描述了我国自 20 世纪 80 年代中期以来持续的经济扩张、1996 年 "软着陆"、2003 年新一轮的经济高增长的过程。

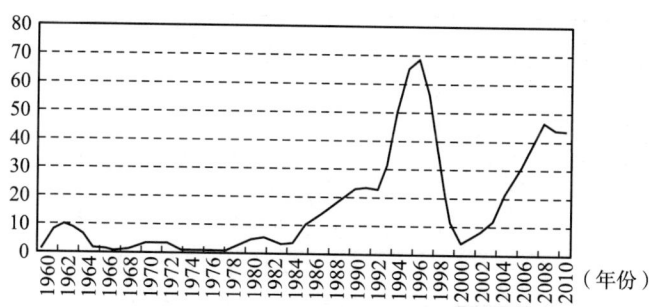

图 1 - 14　我国实际产出的条件波动变化

资料来源: 整理自 CEIC 数据库。

---

① 契合国家每五年一次的发展计划或规划。

为比较基建支出、地方政府支出与实际产出波动性之间的关系,我们进一步运用量纲化处理后的各序列滚动标准差来分析。由图1-15可以看出:(1)在绝对水平上,多数年份,地方财政支出和基建支出的条件波动变化都要明显大于产出的波动性;(2)在变动趋势上,1986年以前,三个序列基本是相同;而1986年以后,实际产出的波动呈现出"先快速上升,后快速下降,再平稳上升"的势头。对比20世纪80年代中后期以及整个90年代,2000年以来尽管实际产出的波动在上升,但整体规模相对较小,因此,实际产出的波动性是在下降的;基建支出则呈现出"先平稳下降,后迅速上升,再持续下降"的变化,明显与产出波动的方向相反。如1992~1996年实际产出位于高波动时期,同期基建支出的波动则处于低谷;1997~2000年实际产出的波动下降,同期基础支出的波动在上升,这说明基建支出存在逆向政策调整的倾向;而地方财政支出则呈现出独立的变化,从1990年起,不论实际产出波动是涨是跌,其一路维持增长的势头,充分显示了地方财政支出的半个凯恩斯政策指向。因此,在实际产出波动总体水平下降的时期,地方财政支出的波动性非但没有出现下降,反而是进一步增加。综上,尽管基建支出的逆向波动可以用来部分解释产出波动性的下降,但地方财政支出的波动性变化说明地方政府支出变动无法用来解释产出波动性的降低。

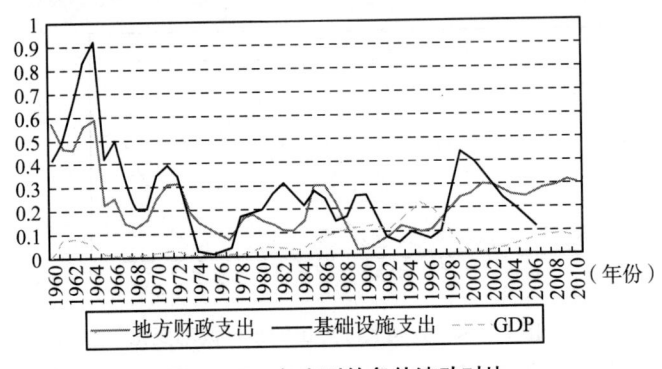

图1-15　各序列的条件波动对比

资料来源:整理自CEIC数据库。

三、"土地财政"下潜在的财政风险

（一）过度依赖土地出让收入，财政有不可持续风险

土地作为一种资源，无论采取何种开发方式，在一定期限内其可以利用和使用的总量是有限的。土地资源的有限性决定了一次性土地出让收入也是有限和不可持续的。超前获取的土地出让收入，虽然能够保证当前地方政府对资金的需求，但在土地资源耗费到一定时期后，财政收入的增长就难以保障，给形成支出依赖的地方政府带来较大的冲击。特别是近几年土地出让收入逐步纳入公共财政支出安排，加大了民生领域的支出比重，如果收入增长得不到保障，就会带来现实的财政风险。

（二）土地抵押融资的财政偿还风险

城市基础设施投资对土地金融的过度依赖，会加大了政府的财政风险。在目前的土地抵押贷款中，通过土地抵押进行融资，其背后都有地方政府的还款承诺，即政府信用的支撑，其实本质上是政府利用本身的行政权力进行贷款。各地方政府通常都是以土地储备中心、政府性公司和开发区为载体向银行进行土地抵押融资。

审计署2011年6月发布《全国地方政府性债务审计结果》：

1. 地方政府性债务基本情况。截至2010年底，全国地方政府性债务余额107174.91亿元，其中：政府负有偿还责任的债务67109.51亿元，占62.62%；政府负有担保责任的或有债务23369.74亿元，占21.80%；政府可能承担一定救助责任的其他相关债务16695.66亿元，占15.58%。在2010年底的地方政府性债务余额中，有51.15%共计54816.11亿元是2008年及以前年度举借和用于续建2008年以前开工项目的。

2. 债务产生发展情况。我国地方政府负有偿还责任的债务最早发生在1979年，有8个县区当年举借了政府负有偿还责任的债务。此后，各地开始陆续举债。

3. 债务规模分年度变化情况。1997年以来，我国地方政府性债务规模随着经济社会发展逐年增长。1998年和2009年债务余额分别比上年增

长 48.20% 和 61.92%。2010 年的债务余额比上年增长 18.86%，但增速下降 43.06 个百分点。

4. 债务余额结构情况。一是从政府层级看，截至 2010 年底，全国省级、市级和县级政府性债务余额分别为 32111.94 亿元、46632.06 亿元和 28430.91 亿元，分别占 29.96%、43.51% 和 26.53%。二是从区域分布看，截至 2010 年底，东部 11 个省（直辖市）和 5 个计划单列市政府性债务余额 53208.39 亿元，占 49.65%；中部 8 个省政府性债务余额为 24716.35 亿元，占 23.06%；西部 12 个省（自治区、直辖市）政府性债务余额 29250.17 亿元，占 27.29%。三是从举借主体看，2010 年底地方政府性债务余额中，融资平台公司、政府部门和机构举借的分别为 49710.68 亿元和 24975.59 亿元，占比共计 69.69%。四是从借款来源看，2010 年底地方政府性债务余额中，银行贷款为 84679.99 亿元，占 79.01%。五是从债务形态和资金投向看，2010 年底地方政府性债务余额中，尚未支出仍以货币形态存在的有 11044.47 亿元，占 10.31%；已支出 96130.44 亿元，占 89.69%。已支出的债务资金中，用于市政建设、交通运输、土地收储整理、科教文卫及保障性住房、农林水利建设等公益性、基础设施项目的支出占 86.54%。六是从偿债年度看，2010 年底地方政府性债务余额中，2011 年、2012 年到期偿还的占 24.49% 和 17.17%，2013 年至 2015 年到期偿还的分别占 11.37%、9.28% 和 7.48%，2016 年以后到期偿还的占 30.21%。

在截至 2010 年底的地方政府性债务余额中，有 54816.11 亿元是 2008 年及以前年度举借和 2009 年以后举借用于续建 2008 年以前开工项目的，占 51.15%。其中：2008 年及以前年度举借 31989.04 亿元，占 29.85%；用于续建以前年度开工项目和偿还以前年度债务本息 22827.07 亿元，占 21.30%。

此次审计的范围是：所有涉及债务的 25590 个政府部门和机构、6576 个融资平台公司、42603 个经费补助事业单位、2420 个公用事业单位、9038 个其他单位、373805 个项目，共 1873683 笔债务。审计发现了不少问题，譬如地方政府举债融资缺乏规范；地方政府性债务收支未纳入预算管理，债务监管不到位；部分地区和行业偿债能力弱，存在风险隐患等。地方政府负有偿还责任的债务余额中，承诺用土地出让收入作为偿债来源的债务余额为 2.5473 万亿元，共涉及 12 个省级、307 个市级和 1131 个县级政府。从审计结果看，至 2010 年底，负有偿还责任的债务余额与地方政府综合财力的比率为 52.25%，如果加上地方政府负有担保责任的债务全部转化为政府偿债责任计算，债务率为 70.45%。总体看，我国地方政府性债务负担尚未超出其偿债能力，不过个别地方政府负有偿还责任的债务负担较重。总体上，我们认为，地方政府债务问题风险不大：一是债务规模适中，地方政府偿债能力有保障；二是债务增长已趋缓；三是还款时间分散，地方政府集中还款压力不大；四是从可供偿债的公共资源来看，地方政府资产负债匹配较为合理。我们还估计地方政府贷款中潜在的坏账可能有 3 万亿元。由于这些坏账只会在相当长时间内逐步显露，因而不会对银行系统稳定性构成明显危险。

土地储备中心、开发区和政府性公司这些依托政府信用的贷款，其还款能力既取决于政府对经营性用地的运营收入，又取决于当地政府的财政收入状况。这些贷款多以短期为主，一般为 1~2 年，因此，当土地出让顺畅且行情看涨时，政府可以通过丰厚的土地出让收入归还银行贷款，但是，这类完全依赖于卖地收入的贷款易受宏观政策的影响。各地政府将土地出让收入作为政府债务还款的主要来源，把政府债务防范模式建立在土地资源不断增值的基础之上。随着地方政府土地抵押收入的增长，风险逐步加大。据中国银监会 2010 年通报，仅商业银行的地方融资平台贷款已达 7.66 万亿元。而且目前存在严重偿还风险的贷款占比达 23%。"土地财政"的收入结构模式对经济周期的依存度高，一旦土地价格下行，政府重大投资项目资金周转将出现困难，政府偿债能力将必然下降。在土地出让收入不足还款时，应由政府财政兜底，因此，地方政府背景贷款的规模如何与当地财政状况相匹配，是防范金融风险中要面对和解决的问题。

（三）土地评估的不规范

土地抵押贷款的评估费是根据评估价值的固定比例来收取的，由于受到经济利益的诱惑，个别中介机构按照评估人的要求设定土地的评估值，导致评估数据严重失真。这是土地抵押贷款最大，也是最隐蔽的风险。

四、"土地财政"间接引致的金融体系风险

(一) 高房价下个人房贷风险

1998 年的房改为中国的土地资源以及老百姓未来劳动收入的资本化开了大门。土地以两种方式实现资本化，第一种是各地政府每年将部分土地出售，供房地产开发或者工业建设，这是土地的直接资本化；第二种是在房地产商品化和住房私有化下，房产又可拿来作抵押借贷，通过住房按揭贷款，将房产所占用的土地、房子本身的资产以及业主自己的未来劳动收入作金融资本化，这是土地引致的资本化。与个人收入状况相背离、同房价上涨预期相联系的住房贷款快速增长，给金融风险带来了隐患：（1）住房贷款比重上升很快；（2）居民住房消费信贷的增长速度远远超过城镇居民人均可支配收入的增长速度；（3）绝大多数居民家庭经济收入与现行高企的房价不相称；（4）银行对购房者的信贷资信无从甄别。尽管总行要求商业银行给居民的放贷要："有稳定的职业和收入，信用良好，有偿还贷款本息的能力。"但是，银行根本无法获取个人收入和信贷能力的真实信息。如若银行和居民都有对房价上涨持乐观预期，不去细究个人还贷能力。一旦出现房价下跌，居民还贷能力就影响整个房地产市场的运营和整个金融体系的稳定。

(二) 房地产业融资风险不断向银行集中

随着社会经济的发展，我国的房地产行业正进入一个高速发展的时期，居民住宅消费需求呈上升趋势，房地产业正成为国民经济的支柱产业之一。但是，与国外相比，我国房地产业发展水平还较低，房地产企业的主要业务还在于房地产开发，基本归属于第二产业；而国外的房地产业已成为标准的第三产业，房地产金融和服务业务发展大大超过建筑业务。在发达国家，房地产金融产品很丰富，有股权融资、项目融资、基金、发债、信托、抵押等，风险相对分散。相比之下，在我国的金融市场上，不仅产品少，仅有信托、上市、企业发债等方式，且发展非常有限。目前中国房地产业不得不成为一个与银行业高度依存的行业，银行信贷资金贯穿

于土地储备、交易、房地产开发与销售的整个过程，这种高度集中的贷款投向使房地产融资风险集中在银行贷款。

房地产企业投资自由资本比例过低，通过土地抵押等手段获得的银行贷款所占比例过高。资本金是企业的立业之本，也是向银行借款、与银行共担风险的基本保证。我国房地产企业的融资结构相对单一，开发资金70%左右直接或间接来自于银行，企业对银行的依赖程度非常高。除银行贷款之外的融资方式所占比例仅占20%~30%，例如房地产信托只是房地产企业资金来源的很小一部分，所占比例为1%，目前债券融资占房地产企业全部资金的比例不足1%，虽然偏好股权融资的企业不在少数，但目前房地产上市企业占房地产企业总数还不到1%。房地产企业融资结构单一会引发很多问题。（1）增加了银行的风险与压力。融资方式太过单一，资金来源都向银行集中，很容易造成银行资金周转的困难。假如企业亏损，开发企业的开发失败，银行便收不回贷款，容易引发金融危机。（2）增加了企业的负债率。依赖银行贷款的房地产企业，直接融资比重很小，自有资金不多，资产负债率很多，给企业的成长带来很大的风险。（3）不利于我国房地产业和金融业的发展。加入 WTO 以来，外资不断涌入中国，外资企业在融资方面具有先发的优势，他们懂得采取最方便、最有效的融资方式，在中国开设的外资银行也推出了各种各样的金融产品。随着近几年房地产的火热发展，人民币升值趋势凸显，大批的行业外资金、海外"热钱"纷纷涌入房地产业，这不仅加剧了房地产业的竞争，在促使其利润率不断下调的同时，也增大了房地产业的风险，进而升级银行风险。

造成我国房地产企业融资结构单一也有客观条件限制的原因——我国资本市场快速发展，但企业融资门槛也逐步抬高。房地产企业改善资本结构单一问题最好的途径是参与资本市场，如 IPO、债券、私募、信托等。然而目前我国房地产金融政策调控力度很大。国内 A 股市场对房地产企业的上市审批非常严格，商务部对企业进行境外上市的审批同样如此。信托曾经是房地产企业寄予很大希望的一个融资手段，但"212 号"文件的出台使得信托融资的门槛比银行贷款还要高。私募相对而言受到国家限制较少，但这种融资对企业的实力、胆识要求很高，目前依然是少数企业的资本游戏。

(三) 现行金融调控政策

1. 差别化信贷

2010 年政府工作报告中指出："抑制投机性购房。加大差别化信贷、税收政策执行力度，完善商品房预售制度。"差别化信贷，即对不同信贷采取差别对待的办法。这是国家对经济进行宏观调控的重要手段，通过差别化信贷促进经济结构调整和产业升级。最初的差别化信贷是基于目前房价飞涨中信贷宽松流动的因素而提出的，主要体现在二套房贷，即首套房是按照政府的优惠政策向银行借钱买，如果想继续向银行借钱买房，房贷必须坚持"首付四成 + 利率 1.1 倍"的政策。如果没有这样的差别买房人就有可能拿银行的钱去炒房。因此，国家在满足人们基本住房要求的同时又要限制投机性购房，如表 1 – 11 所示。

表 1 – 11　　　　　　　2010 年中央政府主要差别化信贷政策

时间	颁布单位	主要内容
2010. 1. 7	国务院办公厅	对已利用贷款购买住房、又申请购买第二套（含）以上住房的家庭贷款首付款比例不得低于 40%
2010. 4. 17	国务院	对购买首套自住房且套型建筑面积在 90 平方米以上的家庭，贷款首付款比例不得低于 30%；对贷款购买第二套住房的家庭，贷款首付款比例不得低于 50%，贷款利率不得低于基准利率的 1.1 倍
2010. 6. 4	住建部、央行、银监会	对能提供 1 年以上当地纳税证明或社会保险缴纳证明的非本地居民申请住房贷款的，贷款人按上述规定执行差别化住房信贷政策。对不能提供 1 年以上当地纳税证明或社会保险缴纳证明的非本地居民申请住房贷款的，贷款人按第二套（及以上）的差别化住房信贷政策执行；商品住房价格过高、上涨过快、供应紧张的地区，商业银行可根据风险状况和地方政府有关政策规定，对其暂停发放住房贷款
2010. 9. 29	央行、银监会	各商业银行暂停发放居民家庭购买第三套及以上住房贷款；对不能提供一年以上当地纳税证明或社会保险缴纳证明的非本地居民暂停发放购房贷款；对贷款购买商品住房，首付款比例调整为 30% 及以上；对贷款购买第二套住房的家庭，严格执行首付款比例不低于 50%、贷款利率不低于基准利率 1.1 倍的规定
2011. 1. 26	国务院	政策共八条，其中包括强化差别化住房信贷政策，对贷款购买第二套住房的家庭，首付款比例不低于 60%，贷款利率不低于基准利率的 1.1 倍

资料来源：根据国务院、中国人民银行、银监会以及住建部等颁布相关文件资料整理。

2. 上调法定存款准备金率

以 2010 年为例，从 1 月 12 日至 12 月 10 日，央行六次上调法定存款准备金率。尤其是临近年末，一个月内三次上调存款准备金率，央行收缩整体流动性的意图明显。目前，大型金融机构存款准备金率已高达20%的历史高位。存款准备金率的上调，减少了商业银行的可贷资金，对于房地产市场而言，购房者从银行申请的购房贷款会趋严，而开发商从银行获得的开发贷款将面临紧缩。2010 年，全年累计新增贷款 7.92 万亿元，虽然同比减少了17.4%，但却突破了全年 7.5 万亿元的投放计划。此外，全年的货币投放同比增长 19.3%，在整体流动性宽松的大背景下，数量型紧缩力不从心。

3. 央行加息：降低通胀预期，增加持有成本，进一步抑制需求

中央银行加息意在管理通胀预期和抑制资产泡沫，会对房地产市场产生较大影响。短期来看，一方面将直接增加个人房贷和房地产开发贷款的利息成本，进一步抑制住房需求，并加大房企资金压力；另一方面，将进一步强化公众对政府坚持房地产市场调控的决心，公众的观望情绪将进一步聚集，进而影响公众需求。因此，综合来看，加息主要通过增加个人购房和房企信贷资金成本、改善公众通胀预期来抑制需求。长期来看，一旦加息周期得到确认，随着加息的累积效应，将对房地产市场需求产生显著影响。

4. 国家连续出台宏观调控政策严格商业银行对房地产信贷

为控制银行房地产信贷业务，遏制过度的房地产投资，防范金融风险。2003 年 6 月 5 日，中国人民银行发布了《关于进一步加强房地产信贷业务管理的通知》（以下简称"121 号"文件），从房地产企业开发贷款、建筑企业流动资金贷款、消费者按揭贷款等方面，控制房地产企业的银行融资。这些措施很大程度上遏制了房地产企业对银行贷款的过度依赖，要求房地产企业积极寻求新的融资方式来满足房地产开发对资金的渴求。2005 年 9 月，银监会发布《加强信托投资公司部分业务风险提示的通知》（以下简称"212 号"文件），直指房地产信托的金融风险，要求房地产企业信托必须同时满足"四证"（土地使用权证书、建设用地规划许可证、建设工程规划许可证和施工许可证）、自有资金超过 35% 以及开发企业必须具备二级以上开发资质。按照"212 号"文件规定，房地产信托甚至比

银行贷款还要严格。2006 年 8 月，银监会又以"特急文件"形式下发了《关于进一步加强房地产信贷管理的通知》（以下简称"54 号"文件），房地产信托再次面临重大政策调整。该通知要求对房地产贷款业务进行规范，进一步收紧房地产开发、土地储备等贷款的发放。到 2007 年为贯彻落实全国城市住房工作会议精神，防范金融风险，人民银行、银监会于 9 月 27 日联合发布了《关于加强商业性房地产信贷管理的通知》，12 月又下发《关于加强商业性房地产信贷管理的补充通知》进一步严格房地产开发贷款管理和规范土地储备贷款管理。

第二章

"土地财政"兴起的经济、制度环境

第一节　经济体制改革与财政分权

中国由计划经济体制向市场经济体制的改革是一种渐进式改革，其核心内容是市场的扩张和政府从经济领域有选择地退出。"土地财政"产生的原因和作用机制与中国渐进性改革的重大制度变迁高度相关，"土地财政"并非地方政府单纯卖地生财的行为，而是地方政府在"标尺竞争"格局之下的理性行为选择。因此，全面审视并聚焦制度症结才是可选的治本之策。财政分权改革是我国改革开放以来在政府治理结构领域所进行的最为重要的改革，使地方政府在政府权力结构中的地位和角色发生重大改变，也大大地改变了地方政府的行为模式。在改革过程中，中央政府和地方政府之间形成了一种特殊的分权关系，这一关系在实施分税制后得到进一步强化。

一、基础理论：财政分权评述

地方公共财政得以存在的理论基础是财政联邦主义，财政联邦制是处理政府间财政关系的一种规范制度，强调各级政府在财政支出上的独立性和自主性。这个理论的核心就是财政分权①，马斯格雷夫提出了财政职能

---

① 财政分权，即中央政府给予地方政府一定的税收权和支出责任范围，允许地方政府自主决定其预算支出规模和结构。

分配的基本框架，适当财政分权有利于经济效率的观点为许多学者所接受。巴罗（Barro，1990）、Kin 和 Rebelo（1990），以及 Jorgenson 和 Tun（1990）有关内生性经济增长的文献指出制度安排会影响经济增长，奥茨（Oates，1993）、Liu（1997）认为，财政制度从集权向分权的转变，能提高经济的长期增长率。特里西（Ricard W. Tresch）用"偏好误识理论"解释地方政府存在的合理性。认为地方政府更接近居民，在了解本地居民的消费偏好方面更具有信息优势，往往掌握着更多的信息，更容易了解本地居民的偏好，从而将本地居民个人的偏好集合为公众的共同偏好。国外学者从公共产品的层次性与空间性特征来论证多级政府及财政分权的必要性。Oates（1972）、Bahl 和 Linn（1992）、Bird（1995）则认为，财政权力和责任向各级地方政府的转移有助于提高经济效率，因为和中央政府相比，各级地方政府在资源配置上具有信息优势。换言之，地方政府可以更好地提供各种公共产品的服务以满足本地需要。而 Shah 和 Qureshi（1994）认为，当地方政府的官员承担起提供公共产品和服务的责任时，他们也就处于当地居民更严密的监督之下，从而也更有动力去行使他们的财政职能，为公众谋求最大利益。按蒂布特模型的理想状态的预期，地方政府会竭力提供最佳的公共服务以留住那些具有较高税负能力的居民和投资者，这同样为地方政府提供公共产品和服务方式的创新提供了激励。当然，地方税权的存在是居民自由选择和政府提供公共产品和服务的必要前提。

一些国外学者基于中国地方政府没有税收立法权和举债权，严重依赖中央政府的转移支付来平衡年度财政收支的情况，认为中国没有地方财政。笔者认为，确切地说，中国的地方财政独立性与发达市场经济国家相比，独立性较弱。中国学者林毅夫、刘志强利用了省级数据来估算中国自20 世纪 80 年代开始的财政分权在经济增长上所产生的作用。通过利用生产函数进行回归分析发现，在控制了同时期其他各项改革措施的影响后，财政分权提高了省级人均 GDP 的增长率。这与财政分权可以提高经济效率的假说一致。

财政分权理论认为，地方政府可以更好地提供各种公共产品和服务以满足本区域居民和企业需要。而且，当地方政府的官员承担起提供公共产品和服务的责任时，他们也就处于当地居民更严密的监督之下，从而也更有动力去行使他们的财政职能，为公众谋求最大利益（见 Shah 和

Qureshi，1994）。刘尚希、邢丽（2008）认为，中国改革开放 30 年的财政体制改革路径，基本上是按照"让利—放权—分权—非对称性分权"这样一个脉络展开。中央和地方财政"分灶吃饭"首要目标就是借助政府内部的分权，通过赋予地方更大的财政管理权限，提高政府运作效率，以使地方政府利益的相对独立性意识随之增强，调动地方政府增收理财的积极性，发展地方经济。同时，提高地方对中央的财政贡献，缓解中央的赤字压力。财政分权也会给经济增长带来动态效益，制度安排会影响经济增长，可以预计财政制度从集权向分权的转变，会提高经济的长期增长率。另外，财政分权硬化了地方企业的预算约束，从而可以提高地方企业的效率，并导致快速、持续的经济增长。财政分权的一个重要作用是提供地方行政当局更多的资源，从而能增加它们的投资和支出，支持地方工业企业发展，与地方企业之间形成一种互动关系和互动模式。可以说，分权化的财政体制改革的是推动 20 世纪 80 年代中国经济发展，尤其是地方工业高速增长的一个重要因素。通过赋予地方政府更大的财政管理权限，推行旨在硬化地方财政预算约束的包干式收入划分体制，成功地调动了地方政府和官员的理财积极性。许多学者认为，地方政府的投入，推动了地方经济发展的事业（Byrd，1990；Oi，1992、1996；Wong，1992；Bahl & Wallich，1992；马戎等主编，1994；Walder，1995；Naughton & Yang，2004）。杨志勇（2009）从地方政府可支配财力来源演变的视角，分析了地方财政与中央财政的关系，也指出不明确中央政府和地方政府的边界造成了非规范化的财政秩序。刘乘礼（2008）对当代中国中央与地方关系演进过程归结为阶段论、集权与分权论、博弈论以及主线论，指出中央与地方关系在调整中出现的问题主要有行政性分权与经济性分权不匹配、中央与地方政府政策目标不一致、中央与地方事权和财力不对称等。高培勇（1999）认为，应在集权与分权之间需要建立一个稳定的规则，在国家机构内部建立相互制衡的税权机制，建立与市场经济相适应的规范化政府收入机制。傅勇、张晏（2007）运用 1994～2004 年间的省际面板数据，通过构造财政分权指标和政府竞争指标实证检验了我国财政分权下的政府支出结构偏向，得出结论：中国的财政分权以及基于政绩考核下的政府竞争造就了地方政府公共支出结构"重基本建设、轻人力资本投资和公共服务"的明显扭曲；政府竞争会加剧财政分权对政府支出结构的扭曲，竞争对支出结构的最终影响则取决于分权程度；1994 年之后包括科教兴国、西部大开发在内的现行重大政策并没有缓解这种状况。这意味着，中国式分权在推动市场化和激发地方政府"为增长而竞争"的同时，伴随而来的是成本上升。

二、新中国财政管理体制变迁

（一）计划经济时代"统收统支"的传统财政格局

20 世纪 50 年代早期，新中国财政体制是在借鉴苏联财政体制的基础上建立起来的，呈现出中央高度集权的特征。各级地方政府没有自己单独的预算，财政部不仅负责统一财政预算的编制，而且负责批准省级政府的财政收支计划，同时下达转移支付的额度。另外，这种财政安排也把国有企业包括进来，国有企业须向国家上缴所有利润或剩余，而国家则通过财政拨款来满足国有企业的各项支出。1958 年的财政体制改革虽是新中国成立以来传统体制下的第一次财政分权，但是由于财力下放过度，中央财政收支所占比重锐减，于是在 1959 年开始实行"收支下放，计划包干，地区调剂，总额分成，一年一变"的财政体制，即各地的财政收支相抵后，收不抵支的部分由中央财政给予补助，收大于支的部分按一定比例上缴中央财政。"文革"中，中央与地方财政体制变动频繁，1969～1978 年的 12 年间，中央共出台了六种不同的体制安排，给高度集权的财政体制引入了一定的分权化体制因素。1959～1970 年，以及 1976～1979 年实行的"总额分成"的管理体制存续了 16 年。

自新中国成立至 1979 年以前的中国财政体制，经历了从集中到较为分权又到集中的改革历程，但其基本形式没有大的改变。在体制的约束之下，各级政府的利益高度一致，地方政府没有独立的利益空间和追逐利益的内在冲动。在计划经济下，中央与地方的分权只是经济管理的行政性分权，而且是在"放权让利"和"调动积极性"的思想指导下进行的。当时财政体制存在着内在缺陷，即一方面需要发挥地方积极性，另一方面又缺乏有效途径控制因财政分权带来的混乱局面。因此，难以从根本上解决财政体制带来的各种问题。通过控制所有地区和行业的资金分配的高度集中的收入和支出管理模式，为推动工业尤其是重工业的发展提供了有力的支持，有利于经济的发展，但也产生了一定的负面后果：如割裂了地方财政收入和财政支出之间的关联，导致了地方财政的软预算约束，造成了资源配置的低效率和浪费。因而也难以激发地方政府理财和管理企业的积极性，导致长期的财政压力，最终造成了集权体制下的制度性普遍短缺。这种集中的财政制度与中国在改革前所采取的集中的生产和资源分配模式是相一致的，但与1979开始的市场化改革并不相容。因为在市场化改革过程中，分权应该是经济性分权，目的是实现稀缺资源的有效配置。应该指出，在我国社会经济发展中有三个重要动力推进了中国财政制度的变化：一是非国有企业（乡镇企业、联营企业和私营企业）的快速增长，改变了国有企业一统天下的局面。亏损的国有企业越来越多，造成国家财政的沉重负担，政府不得不去寻找其他的收入来源。二是经济改革使地方当局的政治权力得到了增强，这自然使得各级地方政府会在财政领域提出相应的决策权要求。三是经济利益会大大地影响个人乃至政府的行为。因此，为了使地方政府努力提高财政收入和推动经济增长，必须改变集中的财政制度。

（二）市场化改革、两步"利改税"与分权包干财政体制

1979年以前的中国财政表现出中央高度集权的特征：各级地方政府没有自己单独的预算，"统收统支"割裂了地方财政收入和财政支出之间的关联，难以激发地方政府理财和管理企业的积极性。在这段相当长的时期内，我国实行土地无偿使用制度，土地资源的配置通过行政方式划拨，土地使用无年限，土地使用权无流动性。党的十一届三中全会做出了改革开放的战略决策，我国经济开始由单一的封闭式产品经济向多样化的开放型商品经济转变，与整体经济体制改革相适应，财政体制也在处理中央和地方政府间财政关系方面进行了多次改革。从一种单一的由中央政府完全控制收入的集中预算分配制度变为一种相对分权化的制度安排。

把国营企业向国家上交的"利润"改为缴纳"税金"，将所得税引入国营企业利润分配领域。在国营经济为主导、多种经济形式并存的政策引导下，城乡集体所有制经济迅速发展，个体经济也日益活跃。随着经济体制改革的整体推进，作为国家现代化建设的重要力量以及国家财政收入主要来源的国营企业，特别是大中型企业，面临着许多困难和问题。为增强

企业活力，国家推行了一系列放权让利的改革。在实行"利改税"前，国家对各部门和企业实行不同的利润留成制度，允许企业按规定留用一部分利润供其支配。在利润留成制度实行的 1978 ~ 1982 年间，留给企业的利润共有 352.50 亿元，其中，1978 年为 10.3 亿元，1982 年达到 127.6 亿元，留用利润占实现利润的比重从 2% 提高到 21.1%，企业自主财权的扩大调动了企业和职工的积极性，增强了职工的责任感，对搞活经济、促进发展起到了积极的作用。但是，利润留成制度的缺点也在实施过程中逐步暴露出来。由于企业情况千差万别，利润留成只能"一户一率"，常常发生地方、企业与国家争利的扯皮现象。为了解决这些问题，"利改税"应运而生，即把国营企业向国家上交的"利润"改为缴纳"税金"，将所得税引入国营企业利润分配领域，税后利润全部留归企业，以使国营企业逐步走上自主经营、自负盈亏的道路，把更多的企业经营决定权留给企业。1983 年开始的这次税制改革，从根本上改变了我国税制的整个面貌，形成了中央固定收入、地方固定收入和共享收入，改变了以前主要是根据对国有企业的所有权来划分，新的划分标准则与税种相联系①。

让利同时实行放权。如 1980 年实行"划分收支、分级包干"的分灶吃饭体制，1985 年实行"划分税种、核定收支、分级包干"和 1988 年实行的财政大包干。这三次财政体制调整，打破了"吃大锅饭"的传统财政格局，承认了中央和地方财政各自的利益和地位，扩大了地方政府在组织收入和在预算中安排支出方面的自主权，这是走向分权财政的开始，也由此调动了地方政府发展经济的积极性。财政分权的影响并不仅仅是对中央和地方关系的简单调整，在一定程度上是对二者关系的重构，使得地方政府从传统财政体制之下对上级政府高度依赖的一级行政组织，演变为具有独立经济利益目标的公共事务管理主体。地方政府开始根据制度环境的约束与激励同上级政府展开利益博弈。

包干制把中央财政收入的增长给"包死"，增量大部分留给了地方政府，因而中央财政收入在全国财政收入中的比重不断下降；地方各级政府

---

① 财政收入按来源被分为中央固定财政收入（包括关税、由中央直接拥有的国有企业上缴的财政收入）、地方固定财政收入（包括盐税、农业税、工商所得税、由地方政府所拥有的国有企业上缴的财政收入、其他税收收入以及地方特产税）和中央地方共享收入（包括由中央和地方政府共同领导的大型企业的利润、工商税或营业税）。

自主支配的财力大大增加，由此有力地调动了地方政府发展经济的积极性，提高了地方政府的固定资产投资积极性和支出责任感。中央政府也把更多的公共支出责任下放给地方政府，而地方政府则通过非预算收入来解决资金来源问题，这在客观上助长了低水平重复建设和投资膨胀。1994 年分税制财政体制改革主要是由中央政府的预算压力驱动，着眼于调整中央和省级政府间的财政分配关系，并未明确省以下各级地方政府之间的财政关系，所以省以下各级政府的事权、财力是不确定的。恰在此时，土地使用制度改革取得实质性进展，1988 年经过深圳的以协议和拍卖方式有偿出让土地的试点后，我国的土地使用权转让制度也初步确立，① 土地出让金制度也相应确立和推行。由于财政包干体制的不完善，未能完全理顺中央和地方的财政关系，政府间财政多体现为讨价还价的博弈，土地出让收益在中央和地方政府间的分成比例一直在频繁调整。1994 年分税制改革时，土地出让金作为预算外财政收入不参与体制分成，而作为地方固定收入全部划归地方。1998 年中央又将存量建设用地收益全部留归地方，新增建设用地部分按平均土地纯收益与地方进行三七分成。②

（三）"分税制"改革与地方政府预算内财力不足

1994 年的分税制财政管理体制改革是新旧财政体制的分水岭，是中国建立现代税制国家的真正开始。1994 年分税制出台之前，我国财政制度采用的是中央与地方政府一对一谈判的方式开展。如此制度安排一个明显的缺陷是稳定性差，在频繁的制度变迁和"契约修订"中损失了制度成本和效率。具体来看，在经济增长条件下，"定额分成"使得中央财政收入出现实质性的累退。为保持应有的宏观调控能力，中央政府必须时常与各地方政府对分成额度进行讨价还价，既有失中央政府的权威又加大了制度成本，还有可能损害地方政府发展经济、组织税收的积极性。正是在这样的大背景下出台了分税制。改革后，按税种划分中央和地方的财政收入，地

---

① 1988 年 4 月 12 日七届全国人大第一次会议通过了《中华人民共和国宪法修正草案》，删除土地不得"出租"的规定，并明确规定"土地使用权可以依照法律规定转让"。1988 年 12 月 29 日通过的《中华人民共和国土地管理法》修改议案，增加了"国有土地和集体所有的土地的使用权可以依法转让"和"国家依法实行国有土地有偿使用制度"的内容。

② 1998 年修订的《中华人民共和国土地管理法》第五十五条规定："新增建设用地的土地有偿使用费，30% 上缴中央财政，70% 留给有关地方人民政府"。

方固定收入主要包括：营业税和城市维护建设税（不包括铁路运输、国家邮政、国家商业银行、国家政策性银行等集中缴纳中央的部分）、地方企业上缴利润、土地增值税、城镇土地使用税、房产税、车船税、印花税、耕地占用税、契税、国有土地有偿使用收入。从税种划分来看，1994 年分税制改革后，除了房地产企业的所得税需与中央政府分成外，其他与房地产有关的所有税费和收益都归地方政府。

分税制改革是由中央政府主导的渐进式财政制度变迁，以财政收入集权为基本特征，不仅在保持政府间支出责任划分不变的前提下显著向上集中财力，还通过税种划分和国税地税系统的分开，大大压缩了地方政府通过税收工具扶持当地企业的机会。这为地方政府发展"土地财政"，从土地获取财源提供了直接的财务激励。在分税制财政管理体制和预算管理制度两项改革的双重"挤压"之下，地方政府转向在财政体制边缘的"土地"，谋求预算内的土地税收与预算外的土地出让金收入和相关收费。从统计数据不难发现，实施分税制后，无论中央还是地方，其财政收入都得到了长足的增长，正是分税制有效地抑制了中央财政下降的趋势，及时消除了税收结构中的扭曲因素，也增加了透明度。正是分税制改革，加强了国家宏观调控和大规模基础建设的能力，也加强了应对亚洲金融危机、1998 年抗洪、汶川大地震乃至全球经济危机的能力。但是，分税制财政管理体制也存在着制度缺陷与问题，分税制使得我国财政体制进入了"双轨制"，即中央与省级政府之间采取分税制，而地方政府之间仍然采取"承包制"或者采取具有承包制特征的财政体制。1994 年的分税制改革主要就财权和财力这两个体制要素作了新的组合，中央财政和地方财政的分配关系，从体制上实现了规范化，即通过划分税种重新界定财权，通过转移支付制度重新配置财力，而事权则未做正式调整。改革之后，中央财政收入下滑势头得到遏制，从机制上保证了中央财政收入的较快增长。这样，政府间财政关系一个突出的特点是从"对称性分权"走向"非对称性分权"。"收入集权、支出分权"的"非对称性分权"财政体制使中央政府逐渐掌握更多的财政资源，从而强化了中央政府的政治控制能力，如图2-1 所示。

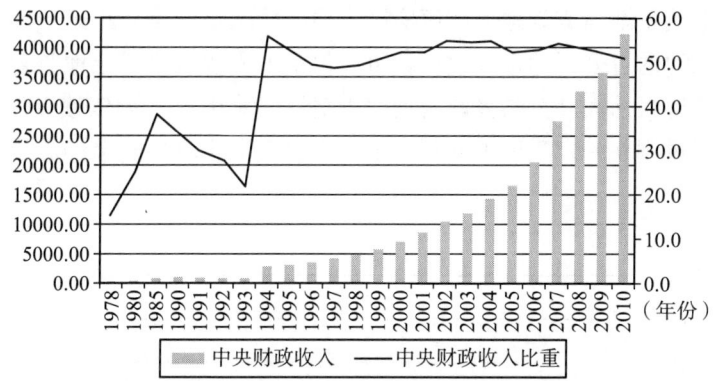

图 2－1 1978～2010 年中央财政收入及其比重变化情况

资料来源：1978～2009 年数据来自中国国家统计局网站《2010 中国统计年鉴》；2010 年数据来自中国国家财政部网站。

同时，1994 年分税制出台时，明确划分了中央和省（市、自治区）的收入范围。省以下体制是各地仿照分税制体制自主安排，明显带有层层集中财力的倾向。然而，在行政集权和财政分权体制下，事权层层下移，地方政府不仅需要承担建设性、行政性支出等，还要承担各种社会保障支出、企业亏损补贴和价格补贴等。基层财政的事权在扩大，财力却在缩小，在非对称分权改革的过程中，县、乡财政困难的矛盾越发突出，出现了基层财政普遍困难的局面。地方政府基础设施建设依赖于地方可支配财力的增加，而在缺乏发债权的背景下，只能依靠实行一系列土地制度改革来筹集收入，这就为"土地财政"的兴起提供了很好的条件，如土地征收制度、土地收购储备制度、土地的集中供给制度，以及土地的"招、拍、挂"制度等，都或多或少地为地方政府通过土地创造收益提供了实现的可能。2001 年 4 月，《国务院关于加强国有土地资产管理的通知》明确提出："为增强政府对土地市场的调控能力，有条件的地方政府要对建设用地试行收购储备。"在事权边界不清晰和地方政府财政行为缺乏法治约束的双重作用下，"一级政府，一级事权，一级财权"的规则势必会助长地方政府追求本级财政利益最大化的行为。随着土地资源的资产和资本性质日益显现，预算外的土地收益对地方政府日益重要，地方政府以地生财的冲动逐步得以扩大。新增建设用地取代城区存量土地成为土地储备主要来源，土地储备渐渐成为地方政府实施土地经营策略的重要渠道。同时，这些入储土地通过公开的市场化出让可以保证地方政府获得土地收益的最大化，也使得目前大部分县乡政府的财力对"土地财政"的依赖极强。由此可见，新税制在一定程度上增加了地方政府获取预算外资金的激励，如图2-2所示。

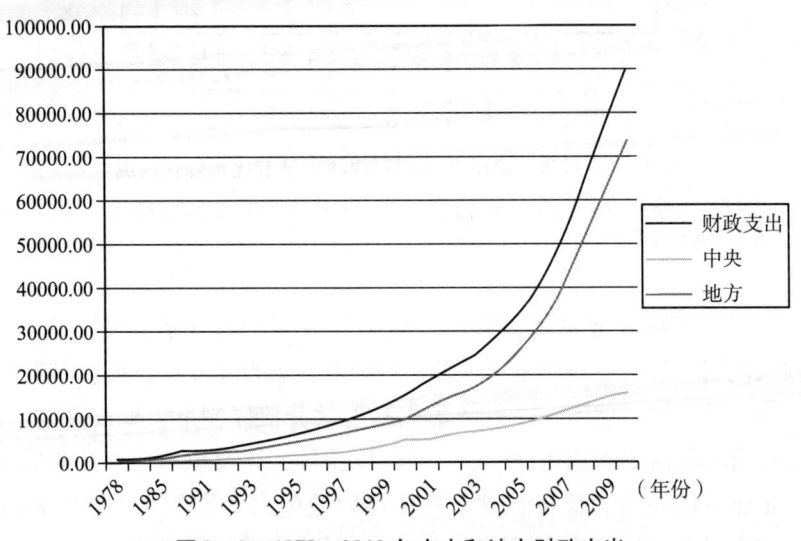

图2-2　1978～2010年中央和地方财政支出

资料来源：1978～2009年数据来自中国国家统计局网站《2010中国统计年鉴》；2010年数据来自中国国家财政部网站。

　　20世纪80年代中期到1994年分税制改革这一阶段是中央政府不断调整财政收入分配阶段，收入和支出所占比重呈现上下往复变化。1994年分税制后，中央和地方预算收入比重相对稳定，但却形成了地方财政收入和支出间的巨大缺口。分税制改革前，地方财政收入占总财政收入的比重接近80%，分税制改革后维持在45%左右，而地方财政支出比重在分税制改革后一直维持在65%以上，且中央财政支出占比反而有所下降，而地方政府财政收入占比不断下降，财政支出却有所上升，近几年有增大的趋势。可以说，分税制改变了中央和地方政府的财权分配格局，如图2-3所示。

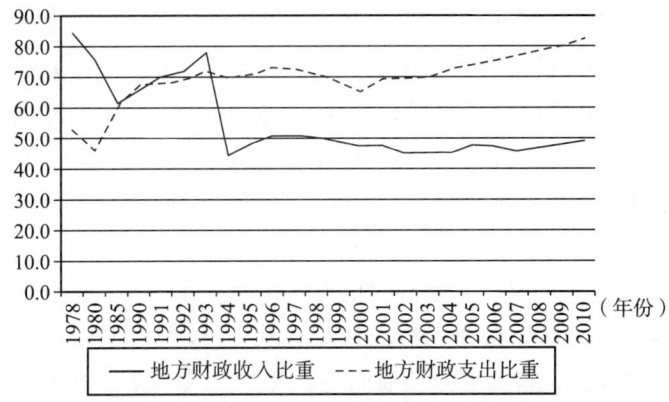

图 2 - 3　1978～2010 年地方财政收入和支出比重变化情况

资料来源：1978～2009 年数据来自中国国家统计局网站《2010 中国统计年鉴》；2010 年数据来自中国国家财政部网站。

第二节　发展地方经济的内在激励与辖区间的横向竞争

"地方竞争"这一尚未被深入解读的巨大内生性发展动能，是观察中国强劲增长的另一种视角。改革开放以来，不同类型的地方政府竞争不仅存在，而且还对当地乃至中国的经济社会发展产生了重要的影响。地方政府直接介入到经济活动中，通过经济绩效的相互竞争，带来了中国经济的持续高增长，但也产生了一些不利的影响。因此，要理解我国改革开放 30 多年的增长奇迹及其存在的问题，必须从地方政府竞争着手，才能够真正得以揭秘。同时，要适时地规制地方政府的各类竞争行为，维护良好的地方政府竞争秩序，推动中国改革发展的持续前进。

一、地方政府竞争理论评述

（一）地方政府竞争基础理论脉络

地方政府竞争理论有时也被称为管辖权竞争理论（interjurisdictional competition），是财政分权理论的一个重要分支，主要分析分权背景下不同地方政府之间的财政相互作用，更偏重于研究地方财政之间的横向关系，并通过对这种关系的分析为适当的财政分权提供依据。关于地方政府竞争的最早论述可以追溯到亚当·斯密。斯密从人们对资本税差异的反应视角分析了要素可移动性对于政府间税收制度竞争的影响[1]。美国经济学家蒂布特（Tiebout）继斯密以后，明确地对地方政府竞争进行研究。他在《一个关于地方支出的纯理论》（A Pure Theory of Local Expenditures）中提出了著名的"用脚投票"理论。[2] 蒂布特的地方竞争模型发表后，受到了广泛的关注。几十年来，学术界对地方政府竞争都基本上在蒂博特模型的基础上加以扩展和应用。但前人的思想并没有被严格地证明，直到 Oats 等继承并模型化[3]，得出地方政府间对域外生产要素竞争的结果是效率促进的。也就是说，均衡情况下的税率和公共产品数量将是帕累托有效的，看不见的手可以用在市场上类似的机制引导公共产品的有效配置。但这些假定显然与现实情况有一定的距离，税收竞争类的模型很快得出了与之不同的结论。税收竞争类的模型以 Zodrow MieszKowski（1986）和 Wilson（1986）的资本税竞争模型为代表。与上述模型相比其最明显的特征是，地方政府是通过对可流动的资本征税来为公共产品融资，而不是利用一次总付的方式对不流动要素进行征税。本区域对可流动资本的征税将导致域内资本向其他区域的流动，其他区域将因为流入资本的增加而出现税基的扩大和更快的经济增长，资本流动存在正的外部效应，所以均衡条件下本区域将会产生低于有效水平的税率和公共品供应，地方政府竞争是非有效的。

（二）转型经济下的地方政府竞争

20 世纪 90 年代以后，一些研究中国改革的学者也尝试应用该模型来

---

① 《国富论》中提出："土地是不能移动的，而资本则容易移动。土地所有者，必然是其地产所在国的一个公民。资本所有者则不然，他很可能说是一个世界公民，他不一定要附着于哪一个特定国家。一国如果为了要课以重税，而多方调查其财产，他就要舍此他适了。他并且会把资本移往任何其他国家，只要那里比较能随意经营事业，或者比较能安逸地享有财富。"

② 用脚投票，也被称为"蒂布特模型"（Tiebout Model），自由流动的居民将迁移到那些财政收入与支出结构令自己满意的地区，为了避免本区域有税收创造能力的居民流失，地方政府将提高财政的运行效率并提高公共产品的供应的满意程度，地方政府间的竞争是有效率促进的，以此形成围绕公共产品供给的竞争。

③ Oates（2001）假定政府通过财政工具最大化代表性居民的效用，并通过对不流动要素进行一次总付的征税方式为公共产品融资，公共产品不存在地方外部性，政府是资本市场上的价格接受者，或者说地方政府不能影响资本的税后收益率。"Fiiscal competition and European Union：Contrasting? perspectines"，Regional Science & Urban Economics，33：133–145.

解释中国经济改革与经济转型的成功。其中最典型的就是华裔经济学家钱颖一的观点，他认为财政分权可以是约束政府和促进市场形成的一种制度安排，中国存在着一个事实上的财政联邦主义，如此在各个地方政府之间形成了竞争关系。Yuanzheng Cao、Yingyi Qian 和 B. Wingast（1999）认为，中国的转型过程是一个具有自身特征的、财政联邦主义推动的市场经济转轨的过程。国内学术界从 20 世纪 90 年代开始，从理论上关注中国地方政府行为对经济增长的影响，这些研究主要集中在财政分权的经济后果上。何梦笔（Hemmannpillath 1999）① 认为，地方政府竞争的分析框架应该首先分析初始的经济结构条件、政治体制及文化等环境条件因素，然后分析行为主体需求的内容、路径演进的方式和政治的相互作用等，政府竞争的关键在于获得和控制这些竞争的因素。他强调采用演化的角度来分析与税制改革相伴随的地方产权制度。就地方政府竞争的总体特征而言，一方面政府竞争体现为纵向分配冲突产生时非正规约束和解决途径的出现；另一方面也可以看做是政府竞争推动下的制度创新、学习的过程。周业安（2002）按地方政府在竞争中的行为将地方政府分为进取型、保护型和掠夺型三类，不同竞争行为将导致不同的结果；他还对中国地方政府竞争所经历的阶段、制度与环境特征、主体特征、竞争后果等做了描述与分析，认为中国的地方政府竞争是在单一制的政治体制下展开的，谋求优惠政策和特殊待遇在竞争中占据了重要的内容，竞争手段也主要体现为非正式制度方面的竞争，相反要素流动对竞争施加的限制较少，这些竞争更多体现为负面的影响。

（三）政府间战略互动模型

按照竞争的性质划分，辖区竞争又可分为溢出效应、财政模仿和标尺竞争三种方式。所谓溢出效应式的竞争，主要是指某个地方政府增加某项公共服务支出，就可能惠及周边辖区的居民，这就是所谓的正溢出效应或者正外部性，结果可能促使周边辖区"搭便车"。而财政模仿式的竞争主

---

① 在没有仔细分析中国的地区经济结构、政策变化的前提下就引用与联邦制有关的"market preserving federalism"过于草率，采用民众和政府之间委托—代理关系的分析方法也使人误入歧途，采用政府竞争的概念才是分析中国和俄罗斯等转型经济的恰当出发点。详见何梦笔（Canten Hermann-math）《政府竞争：大国体制转型理论分析范式》。

要是指辖区之间相互模仿竞争对手的财政政策和其他公共政策，从而可能导致各地区之间公共政策趋同。标尺竞争则是指选民会比较自己所在辖区和其他辖区的经济政策，以此来决定自己手中的选票，结果其他辖区的政策就被选民当作标尺，来考核自己所在辖区的政府，基于这种原理，各地方政府的领导人为了获得连任，就需要展开标尺竞争。

近些年来，政府间战略互动模型（Strategic Interaction Model）在公共经济领域的应用越来越被重视。奥茨（1972）等学者提出，溢出效应可能会导致政府间财政互动（Fiscal Interaction），即某一辖区的居民可以消费周边辖区提供的公共产品。在实证研究方面，西方学者研究政府间战略互动的实证文献主要包括：溢出模型（Spillover model）和资源流动模型（Resource-flow model）。这两类模型都利用辖区间的反应函数，检验地方政府间的策略互动（Strategic Interaction），即说明某一辖区政府的决策会受到其他地方政府决策的影响。无论是溢出模型还是资源流动模型，都会推导出反应函数。Case、Hines 和 Rosen（1993）关于各州间财政政策相互依赖的论文，被认为是寻找美国内陆所有州竞争的一个初步尝试，他们估计了美国内陆从 1970~1985 年一个横截面时间序列模型：一个州的支出被假定为是它自己的特性和一些处在相似情形州支出的函数，发现斜率显著为正，证明辖区政府在横向地区间竞争中存在明显的策略性博弈行为。

基于 Case（1993）由于受到溢出效应的影响，每个辖区 i 选择一个决策变量 Φ_i，会受到其他地区决策变量 Φ_{-i} 和其他特种集 X_i 的影响。因此，辖区 i 的目标函数为：

$$V(\Phi_i, \Phi_{-i}; X_i) \tag{1}$$

最大化其一阶条件是： $\partial V/\partial \Phi_i = V_{\Phi_i} = 0 \tag{2}$

而 Φ_i 取决于 Φ_{-i} 和 X_i，即 $\Phi_i = R(\Phi_{-i}; X_i)$，如果反应函数 R 斜率为 0，则表明不存在溢出效应。在资源流动模型中，辖区 i 目标函数为：

$$V'(\Phi_i, S_i; X_i) \tag{3}$$

其中 S_i 是辖区 i 可以享用的资源，该资源的分配受到各辖区决策变量 Φ 和特征变量 X_i 的影响 $S_i = H(\Phi_i, \Phi_{-i}; X_i)$，代入得：

$$V'(\Phi_i, H(\Phi_i, \Phi_{-i}; X_i); X_i) = V(\Phi_i, \Phi_{-i}; X_i) \tag{4}$$

以上尽管两种模型的框架不同，但最终目标方程是相同的。根据策略性博弈原理，一个地方政府在做出相关决策时，会受到其他竞争省份决策的影响。如果每个省政府都是以纳什均衡竞争者的身份对外部决策做出反应，某一辖区 i 的决策变量 Φ_{-i} 取决于其他辖区的决策变量 Φ_{-i} 和该辖区的特征变量 X_i。

（四）中西地方政府竞争制度环境、模式比较评述

只要存在财政分权的国家，就会存在地方政府之间的竞争。地方政府竞争其实在发达的市场经济中也普遍存在。发达经济体都采取不同程度的财政分权，每个辖区（无论是州县还是一些大区）都拥有自己独立的税权。各个辖区为了自身的利益，会通过公共政策的策略制定来吸引资本和劳动等生产要素流入本辖区。给定资源的有限性，辖区之间就存在某种竞争关系。当然，西方地方政府竞争理论并不完全适用于解释中国的地方政府竞争现象。西方地方政府竞争理论更多地关注税收竞争。在联邦制的制度背景下，地方政府一般具有一定调整税率的权力，从而税率调整可以作为地方政府吸引要素流入的重要手段，与此同时，对可流动要素收益征税也是地方政府最重要的税收来源。而在中国分税制财政体制改革后，虽然省一级政府具有了一定调整税率和制定税收实施细则的权力，但可以调整的范围有限，而且这种调整必须受到中央政府的约束，此外，我国税收主要采取流转税的形式，缺乏税收竞争的基础。

中国对地方政府竞争的研究更多注意制度竞争。这种制度竞争既可以是减少国有企业补贴、硬化预算约束，主动进行国有企业改制、推进民营经济发展等积极方面，也可能是采用各种行政手段和技术壁垒来分割市场等消极方面。但总体特征是，制度竞争多体现为非正式规则而不是正式的制度安排，地方政府更多采用影响实际制度环境来进行竞争，如对地方自由裁量权的不同发挥、制度试验、差异化制度实施程度等。如在地方市场分割中，地方政府既不会通过明确的政策法规限制域外产品的进入，也不会正式对域外流入的产品征收额外的税收，但地方政府完全可以通过许可证、质量标准、弹性管制等手段来实现遏制外地产品流入的目的。西方侧重于地方政府竞争的财政方面，而转型国家的地方政府竞争更多与制度联系在一起。笔者认为，两者结合考虑可能具有更大的合意性，制度本身也可以看做是一种公共产品，其提供和维持都需要相应的财政收入，从而可以纳入到地方政府的财政约束之中。

二、地方政府间"为增长而竞争"

(一) 我国地方政府间横向竞争格局的形成

在权力高度集中的计划经济时代，地方政府作为一级行政单位，主要是代理中央政府对地方进行行政管理，其自身基本不存在独立的经济利益，因此，也基本不具有内在的、强烈的发展地方经济的驱动力。尽管自1978年改革开放以来，我国开始由计划经济向市场经济转型，但是在1994年分税制改革之前，我国大多数省份经济发展水平相对较低，税收制度尚不完善，经济市场化程度依然不够高。伴随着我国财政分权的深化尤其是分级财政管理体制的建立和分税制改革的推进，地方财政自给率相对于改革前大幅下降。与此同时，地方政府除了面临财政上的压力外，还面临着发展当地经济的压力。在改革开放初期，中国处于社会主义初级阶段的基本国情决定了经济发展在中央政府的各项政策目标中居于核心和主要的地位。当然，地方政府作为一个多任务目标的机构，还担负着辖区经济发展、民生安定和促进社会进步的责任，只是中央政府对于地方政府的诸多任务目标都难以衡量，唯独经济发展指标较易评估。因此，以经济发展指标代替其他指标的相对绩效考核便被采用。这也就形成了地方政府间"为增长而竞争"的发展共识和强大激励。

地方政府利用其可控资源相互追赶经济发展水平，是分权改革后地方政府利益觉醒的一个必然结果。应该说，各级政府之间都存在着相对紧张的竞争关系，包括横向竞争（Interjurisdictional Competition 或 Horizontal Fiscal Competition）和纵向竞争（Intergovernmental competition 或 Vertical Fiscal Competition）。在我国中央集权体制下，纵向竞争不具有公平性，所以一般达不到较大的规模；而横向的竞争则存在于同一个等级之间，在所属权、责、利及资源相对平衡的情况下，竞争就成为一个关键的变量。这里要指出的是，在中国经济发展成为主要的竞争要素的情况下，县作为区域经济的基本单位，其相应的县级政府往往会成为该地区经济发展的主导者，这样伴随着市场化改革下经济竞争的发展，县级以及相连的地级就成为竞争程度最激烈的层级所在。地方政府间横向"标尺竞争"格局的确立，不仅仅源于经济上的分权，政治集权也是一个极为重要的关键因素，也就是说与中国经济分权相对应的是高度集中的政治体制，中央拥有任命地方官员的绝对人事权。从理论上说，政治依从一定的经济利益是符合逻辑的，一个地区的经济增长确实在很大程度上反映出这个地区的公共管理水平。尽管各地区在经济发展的资源条件、资产存量、技术构成、基础设施、市场发育等各个方面有很大差别，但是出于地方经济利益和政治利益的综合考虑，都无一例外地把实现就业、提高本地居民生活水平、建立比较完善的地区产业结构、扩大地区对外开放的程度等，尤其是地区经济总量的高速增长作为本地区经济发展要实现的重要目标。这样，"以经济建设为中心"的全局发展模式演变成事实上的以经济绩效为主体的地方政府考核体系，给地方政府提供了发展地方经济的强烈激励，从而使地方政府由主要依赖上级政府的资源扶持，逐步转变到主动追求资源以促进本地区经济发展，地方政府逐渐成为一个独立的经济利益主体，并促使地方政府在"GDP 锦标赛"的标尺下继续展开对资本的支出竞争。

（二）地方"为增长而竞争"的成效

地方政府的竞争成效主要表现在三个方面：一是客观上有利于公共产品的有效供给；二是为制度创新提供了动力和环境；三是地方政府的竞争可能导致本来应由市场机制引导的资源被扭曲配置。同时，地方政府间竞争也使得地方政府反而无力提供本应提供的公共产品，进而陷入了某种"囚徒困境"。奥茨（1972）认为，地方政府竞争是否增进效率关键在于如何看待政府的行为方式。即使在多数选票的情况下在采取多数规则作出公共选择时，偏好不一致的少数选民将不可能得到其希望的公共产品，如果其试图通过政治组织来影响公共产品的提供则成本将会是高昂的，而如果其能够施加影响，则政府可能沦为利益集团的代言人。而政府竞争可能使得少数偏好不一致的居民可以通过较少的迁移成本来满足自己的公共产品需求。在不同政府组织框架下，使居民的偏好与公共产品供应相匹配是需要付出成本的，地方政府竞争是否影响这一成本，对这种成本产生何种影响等，将会直接影响对地方政府竞争合意性的判断。

地方政府竞争对于中国经济增长的促进作用仍然是非常明显的。地方之间为增长而展开的充分竞争导致地方对基础设施的投资和有利于投资增长的政策环境的改善，加快了金融深化的进程和融资市场化的步伐。尽管地方为增长而展开的竞争可能导致过度投资，但是地方间的竞争却从根本上减少了集中决策的失误；同样，地方为增长而展开的竞争让中国经济在制造业和贸易战略上迅速迎合和融入了国际分工的链条与一体化的进程。外商直接投资的增长和中国经济的深度开放是地方为增长而竞争的结果。

三、"二元"土地出让政策

财政分权程度越高，则地方政府通过竞争吸引外部流动性资源的动力也越强。在中国，地方政府对流动性税基的争夺主要表现为地方政府的招商引资行为。不同城市间资本接近充分流动，地方政府需要在地区间的资本竞争中赢得引资的机会创造 GDP。地方政府竞争就是通过各种合法的方式吸引资源流入本地，在资源有限的前提下，每个地方政府必须采取有效的制度和公共政策，才能够做到对资源的吸引（周业安等，2004）。这样，既可以通过提供不同的公共产品数量和类别来展开竞争，也可以通过降低资源的使用成本来竞争。以"招、拍、挂"出让为标志的高价商业用地供应和以"协议出让"为特征的低价工业用地出让，是地方政府在权衡财政收入和 GDP 目标后做出的一个理性政策组合：

首先，城市经济的发展和地区 GDP 的增长主要取决于当地企业的发展状况。就地方政府而言，随着市场化改革的深入，民营企业成为市场经济的中坚力量，必须要大量引入其他外来资本才能带动当地经济发展。从这个意义上而言，招商引资便成为地方政府间一种最为典型的竞争方式，而"外来资本"就扮演了相当于 Tiebout 的分权治理模型中的可以"用脚投票"的选民角色。地方政府用以竞争的手段除了做好辖区的配套服务之外，可供选择的资源就是土地。当稀缺的土地资源成为地方政府招商引资的政策工具，在地方政府间"标尺竞争"的非合作博弈格局下，地方政府就会总是沿着比竞争对手提供更为优惠的土地供应的路径而行。工业用地的出让尽管在短期内无法带来大量的土地出让金，但在长期却能够创造较为稳定的税收收入。

与此同时，政府和国土部门也对新增建设用地进行总量控制。从土地资源稀缺的角度，中国通过各级政府控制农业用地转非农用地的行政审批以确保对耕地的严格保护。我国目前的土地中绝大部分是农用地，由于严格的耕地保护制度以及土地城乡二元结构，强化了建设用地的稀缺性。在此背景下，地方政府工业用地的大量供应必然压缩商业用地的可用额度。有限的商业用地供应，在市场化的"招、拍、挂"竞买手段下，价格大幅推高。城市土地资源对地方政府推进城市化进程作用巨大。大规模的城市基建投资正是地方政府在"二元"土地出让政策下地区间竞争的表现。一方面城市面貌和基础环境的改善，城市配套设施的提升又能吸引更多的投资，对地方经济有极大的促进作用，相应也提升了城市土地价值。

第三节　财政预算软约束的制度环境和转移支付制度问题

一、土地出让金预算管理①

各级政府获取国有土地使用权出让金，实际上是一种国有资源的产权收益，理应将土地出让金的收支活动纳入到统一的政府预算中来。虽然政策有如此规定，但实际执行中各地存在不同程度的分散占用、挪用现象。全国 1992 ~ 1995 年土地出让金收入 1857 亿元中，实际上缴财政预算的只有 87.11 亿元，仅占 4.69%。其余大部分收入未通过预算管理而直接用于城市基础设施建设、返还企业、提取土地出让业务费以及其他预算外支出等。1996 年中央责成财政、审计、监察、纪检委各部门组织人力到各地区开展调查，进行清理整顿，并再次明确规定，从 1997 年起国有土地出让金必须全部上缴财政专户储存，纳入财政预算管理，加强收支监管。1998 年 8 月根据《国务院关于加强预算外资金管理的决定》，土地出让金陆续改为财政专户管理。但对是将全部价款还是净收益纳入财政专户，财政与国土部门却有不同的意见。当时，财政部门认为应当全额缴入专户，并已明令各地执行。而国土部门则主张将净收益缴入财政专户，成本费用部分

①　《中华人民共和国国有城镇土地使用权出让和转让暂时性条例》第八章第五十条规定：依照本条例收取的土地使用权出让金列入财政预算，作为专项基金管理，主要用于城市建设和土地开发。具体使用管理办法，由财政部另行规定。

仍由国土部门掌握使用。直到 2006 年 12 月 17 日，国务院办公厅在《关于规范国有土地使用权出让收支管理的通知》中，再次明确"土地出让收入总价款进入基金预算管理"才有了进一步的结果①。

我们看到，土地出让金是国家作为土地所有者获得一项国有资源性收入，天然地具有国家公共收入性质，属于国家各级财政收入的组成部分，应当纳入政府公共预算收支管理的范畴。而实际情况是，土地出让金一直没有纳入正式的财政预算监督体系，中央政府对其监管力度仍然较弱。虽然 2007 年 1 月 1 日国务院发布通知将土地出让金收支纳入地方预算，建立出让金收支专户，但对这部分资金的安排使用仍然没有细化，相对于预算内资金而言，土地出让收益的使用仍然要宽松许多。土地出让收入由本级政府"自收自支"，长期缺乏收支规范与监督机制，导致土地经营部门、房屋经营部门和其他生产部门所有企业对财政收入的分配进行寻租竞争，该过程影响着财政的支出结构。

中央政府在集中一定财力的基础上，一方面在税种的划分上设置中央独享税、中央地方共享税和地方独享税；另一方面却默许"给予地方政府一定的非正式税收自主权，比如各种非正式税收的收费权和以控制土地之类的稀缺资源获取租金的隐性抽税权"（陶然等，2007）。财权上收的强势改革与默许软预算约束相互配套，正好维系了制度变迁的动态平衡，推动着改革的前进。政府掌控体制外资源的倾向性和软预算约束的客观存在，使得这种将资源转化为体制外财政收入的做法客观上缓和了制度变迁的阻力。这在很大程度上保证了分税制改革的成功。

二、转移支付制度不规范影响财政分配均等化

财政转移支付是各级政府间按照财权（力）与事权相匹配的原则合理划分财政收入的一种分配形式，一般指上级政府对下级政府的财力补助。转移支付是中央政府促进地区间基本公共服务能力均等化的重要制度安排，是国际上通行的做法。整体上说，地方财政收支应该通过中央再分配

---

① 通知规定，土地出让收支全额纳入地方基金预算管理，收入全部缴入地方国库，支出一律通过地方基金预算从土地出让收入中予以安排，实行彻底的"收支两条线"。

得以平衡。目前我国的财政转移支付制度，虽然在调节各级、各地政府间财力差距方面发挥了一定作用，但仍然存在很多不合理之处：首先，转移支付种类过于烦杂，既有一般性的转移支付，又有税收返还和多种形式的补助，且存在资金双向流动，不便于进行规范化管理。其次，转移支付结构不合理。转移支付应以实现地方财政收支平衡为首要目标，而我国的转移支付辐射面过宽，数量过大，其中还保留了旧体制中的不合理因素，并没有很好地实现公共财政的均等化的初衷。最后，转移支付透明度不高，监督机制不健全。中央转移支付数额的确定缺乏科学依据，带有很大程度上的随意性，为"寻租"现象的发生留下了空间。而且，由于现行的分税体制在中央与地方收入划分方面没有根本性的变化，导致了有指定用途、分配透明度不高的专项拨款有增无减。

2010 年全国公共财政收入中，中央本级收入（即中央财政收入）42488.47 亿元，地方本级收入 40613.04 亿元，中央本级支出 15989.73 亿元，地方财政支出（包括地方用本级收入以及中央对地方税收返还和转移支付安排的财政支出）73884.43 亿元；其中，中央财政对地方税收返还和转移支付 32341.09 亿元，比上年增加 3777.3 亿元，增长 13.2%。中央对地方税收返还和转移支付相当于中央财政收入的 76.1%、中央财政支出的 66.9%，相当于地方财政支出的 43.8%，也就是说，43.8% 的地方财政支出是来源于中央财政的税收返还和转移支付。中央对地方一般性转移支付为 13235.66 亿元，其中东、中、西部的比例分别为 11.3%、44.1%、44.6%；中央对地方专项转移支付为 14112.06 亿元，其中东、中、西地区所占的比例分别为 19.4%、39%、41.6%。

这是近 10 年中国政府支出结构的常态。2010 年中央财政收入占全国7.7 万亿元财政收入的 52.4%，然而支出却只占全国财政支出的约两成，中央本级财政产生的相当于其收入 2/3 的大量结余，绝大部分会被转移到地方政府，以弥补它们的支付缺口。对地方来说，这种高度依赖转移支付的支出结构，即使是全国最富的广东省也不例外。根据广东省 2010 年财政预算报告，省本级的财政总收入中，有高达 40% 是中央的补助收入（全省财政总收入是 1567 亿元，其中省本级收入 758 亿元，中央补助收入超过 624 亿元）。而相对欠发达的省份更是必须依赖中央的补助收入，贵州省 2010 年财政预算报告显示，省本级一般预算收入约为 104 亿元，而中央各项补助收入超过 606 亿元。省级政府得到的中央补助收入又层层下发到更低层级的政府。例如，根据预算，2010 年广东省本级财政得到的 624 亿元的中央补助，又以转移支付等方式分配给广州市 134 亿元，广州市又把其中的 100 亿元再分配给区、县级市财政。

根据预算，2010 年中央本级支出中除了 65.6% 是对地方的税收返还和转移支付，第二大项支出就是占比 11.1% 的国防（国防虽然是中央本级支出的最大项，但是国防支出仍然要各级地方政府分摊）。而省本级财政的支出，以广东省 2009 年为例，最大的支出项是教育 119 亿元，约占省本级所有支出的 16%，第二大支出是交通运输，约 114 亿元，占比 15.4%。2003 年中央决定取消农业税之后，中央财政开始对县乡政府进行相关的转移支付，保工资、保运转。但由于省以下各级政府的财权和事权没有清晰固定的划分，一些公共服务的支出责任，比如对教育等一些公共服务的支出责任，又不断下压给县乡政府，导致县乡政府的赤字越来越大。上述措施并未真正缓解地方财政的困局，反而由于割裂了地方政府财政收入与本地企业、居民的直接关联，导致其涵养税基、增收减支的动机减弱，"等靠要"之风渐长，"跑部钱进"、拉大项目的动力增强。而且，纳税人在各制度环节话语权的缺失，使各级财政用于民生的支出比例，远远少于其用于扩权增收的投资比例。

促进转移支付规范化、法制化，这是一项有利于促进地区间基本公共服务均等化的重大制度建设，对构建社会主义和谐社会有十分重要的意义。

第四节　房改政策为商品住宅市场的繁荣提供终端需求支撑

由于城市传统国企负担社会保障尤其是住房的情况因国企效益下降而难以为继，1998 年，国务院正式宣布停止住房实物分配[①]，逐步实行住房

---

① 我国的住房在政府的主导下由计划分配走向市场供应的蜕变中关键性的指导文件包括：《国务院关于深化城镇住房制度改革的决定》，住房由实物分配转为货币分配，出售公有住房。《国务院关于进一步深化城镇住房制度改革加快住房建设的通知》，停止住房实物分配，实行住房分配货币化。《国务院关于促进房地产市场持续健康发展的通知》，任何单位不得以集资、合作建房名义，变相搞实物分房或房地产开发经营。

分配货币化，福利分房的旧体制被迅速打破。轰轰烈烈的住房制度改革打破了原来的住房供给制，房产作为商品被推向了市场。同年，"建立和完善以经济适用住房为主的多层次城镇住房供应体系"被确定为基本方向。当时规定，经济适用房要覆盖的群体约占到城市人口的 60% ~ 70%。但是，之后房地产业被定位于经济支柱产业，我国的房地产业迅猛发展，并且在推动国民经济与地区经济发展、带动其他产业发展以及改善人民的居住条件方面，发挥了不可或缺的作用。与此同时，城市地价不断创出新高，房价年年攀升，经济适用房的建设在房地产业巨大的利润压力下，自然被忽略。

此外，自 1998 年住房货币化改革启动以来，在银行按揭贷款的支持下，居民购房的资金壁垒大大降低，商品住宅市场高速发展，低成本征用的土地得以实现较高的增值。这为地方政府经营土地、发展"土地财政"提供了终端市场支撑。1998 年 6 月国土资源部转发杭州等地成立土地储备中心的经验后，全国大小城市纷纷成立土地储备机构。2001 年 5 月，国务院发出《关于加强国有土地资产管理的通知》。各级地方政府迅速组建了土地储备中心等土地经营实体，确立了"一个口子进水，一个池子蓄水，一个龙头放水"的土地收购储备制度。这为地方政府经营土地、发展"土地财政"提供了组织保障。

2010 年中国的总人口为 13.41 亿人，城镇化率为 47.5%。根据城市与区域经济发展的一般规律，城镇化率在 30% ~ 70% 区间时，城镇化会快速推进。如果中国的城镇化率达到 70%，动态考虑人口变化，未来还有至少 3 亿农村人口转化为城镇人口，按人均居住面积 30 ~ 35 平方米计算，对住房的需求为 100 亿平方米左右。这一需求还没有考虑城镇原居民的购房需求。因此，可以做出这样的判断，只要中国的现代化脚步不停止，城镇化就不会止步，因而在未来相当长一段时期内都会存在旺盛的房地产需求。

伴随房地产市场的发展，土地持续升值并具有良好的变现能力，成为商业银行可以接受的贷款抵押品。地方政府以土地为核心，围绕土地经营、城市建设和公路建设组建了各类融资平台，获得了商业银行大量的信贷资金支持。从某市土地储备中心近年的相关数据来看，其土地出让价格与土地直接收购成本（不包括补偿性支出、银行贷款利息和各项规费）的比例一般不低于5∶1，部分城市甚至可以达到并超过10∶1。土地收购成本和土地出让收入之间的"剪刀差"为地方政府"经营土地"提供了强劲的财务激励。需要补充的一点是，地方政府不仅从"土地财政"直接获得财源，而且借助于土地杠杆的撬动，以非常高的放大倍率扩大了可支配财务资源。综合来看，土地成了地方财政的重要支柱，也是地方政府推动经济增长的关键所在。

这些条件的综合，塑造了地方政府经营土地推动地方经济发展的方式。形成了收入"第一财政靠工业，第二财政靠土地"，支出上"吃饭靠第一财政，建设靠第二财政"的局面，而且第一财政也越来越依靠土地。另据中国土地政策改革课题组（2006），在发达地区的一些县市，除了难以准确统计的土地收费外，土地直接税收及由城市扩张带来的间接税收占地方预算内收入的40%；出让金收入又占政府预算外收入的60%。以上几项加总，从土地上产生的收入占到地方财政收入的一半以上，发达地区的地方财政成为名副其实的"土地财政"。

第五节　土地公有、征用、储备及有偿使用制度

一、土地公有制度

我国土地的所有形式有两种，一是土地的国家所有制，二是土地的农村集体所有制。我国的《宪法》第十条规定：城市的土地属于国家所有。农村和城市郊区的土地，除由法律规定属于国家所有的以外，属于集体所有；宅基地和自留地、自留山，也属于集体所有。国家为了公共利益的需要，可以依照法律规定对土地实行征收或者征用并给予补偿。任何组织或者个人不得侵占、买卖或者以其他形式非法转让土地。土地的使用权可以依照法律的规定转让。一切使用土地的组织和个人必须合理地利用土地。《物权法》的第四十五条至五十七条均是规定国家财产的权益，其中第四十五条中规定：国有财产由国务院代表国家行使所有权。第四十七条规定：城市的土地，属于国家所有。法律规定属于国家所有的农村和城市郊

区的土地，属于国家所有。

"土地财政"是建立在中国特有的土地产权制度之上的。按照 1982 年的《宪法》，我国的土地均为公有，然后再划分为国有土地和集体所有土地。后者不能自行随意变更用途，只能通过先转为国有再出让的办法变成住宅、工矿、商服或其他基本建设用地。《土地管理法》明确规定，建设单位使用土地，须经土地行政主管部门审查，报经本级人民政府批准，还应当在缴纳土地使用权出让金等土地有偿使用费和其他费用后才可使用土地。这些规定实际上赋予了国家对土地使用权流转（即土地一级市场）的独占权，使得政府垄断了土地的一级市场，独享土地出让收益，土地的国家所有实际上也就演变为土地为各级地方政府所有。相反，村集体所有的土地，包括村民承包经营的土地和居民、村民使用的宅基地及其他非农用地，其所有权内容则是不完整的，受到法律及政策很大的限制。

在现代经济条件下，土地影响经济发展最重要的方面就是其用途的转移。因此，从实质上说，我国只有一个一元的土地产权制度，政府代表国家成为土地的供给者和最终用益权人。在成熟市场经济体中，政府管理部门不能同时又是市场经营主体。然而，现行土地管理体制允许政府经营土地，政府以管理手段实现农地转化为建设用地而获得级差收益，实际当中地方政府把土地"分级管理"变为事实上的"分级所有"。在我国的土地交易体系中，特别在土地使用权的初次出让时，最大的主体是各级政府、国有企业、事业单位等公共部门，它们掌握了大量土地资源的使用权，也相应成为土地交易的主要参与者。

二、土地征用制度

（一）内涵、相关法律规定

土地征用亦称征用土地，是指国家为了社会公共利益（兴建厂矿、铁路、公路、港口、水利、国防工程等）的需要，依据法律规定的程序和批准权限批准，并依法给予农村集体经济组织及农民个人相应的补偿后，将农民集体所有土地使用权收归国有的行政行为。征用土地时，由用地单位向被征用单位支付土地补偿费和安置补助费。从此，被征用者即丧失了土地所有权，被征用土地属国家所有，用地单位只有使用权。

《土地管理法》第四十四条规定：建设占用土地，涉及农用地转为建设用地的，应当办理农用地转用审批手续。《城市房地产管理法》第九条规定：城市规划区内的集体所有的土地，经依法征用转为国有土地后，该幅国有土地的使用权方可有偿出让。综合这些条文可以看出，村集体所有的土地，除供村民承包经营和建房自用以外，不得擅自流转、买卖。但国家所有的土地，其使用权却可以依法流转。如果建设用地涉及到使用村集体所有的土地，则必须经过政府征收程序，将集体所有的土地转变为国家所有的土地以后，才可进行该土地使用权的转让。

我国《土地管理法》规定："国家为了公共利益的需要，可以依法对集体所有的土地实行征用。"土地征用作为一种行政行为，在法律关系上具有以下几个特征：（1）土地征用法律关系主体双方是特定的，征用方只能是国家，被征用方只能是所征土地的所有者，即农民集体；（2）征用土地具有强制性；（3）征用土地具有补偿性，征用土地时用地单位必须按规定向被征用单位支付土地补偿费和安置补助费，妥善安置农民的生产和生活；（4）征用土地将发生土地使用权转移，土地所有权仍然属于农民集体，征用条件结束需将土地交还给农民集体。

（二）原则、补偿范围及标准

行政征收与行政征用的区别主要是：行政征收取得的是财产所有权，而行政征用取得的是财产使用权。我国《宪法》和《土地管理法》2004年修正或修改前，没有区分土地征用和土地征收，统称"征用"。从实际内容看，《土地管理法》既规定了农民集体所有的土地"征用"为国有土地的情形，实质上是征收；又规定了临时用地的情形，实质上是征用。为了理顺市场经济条件下因征收、征用而发生的不同的财产关系，2004年国家立法机关对《宪法》作了修正，紧接着又对《土地管理法》进行了修改，除个别条文外，《土地管理法》中的"征用"全部修改为"征收"。这是2004年8月28日第十届全国人民代表大会常务委员会第十一次会议通过关于修改《中华人民共和国土地管理法》的决定。

我国集体土地征用应遵循的原则包括：

（1）十分珍惜，合理利用土地和切实保护耕地的原则；（2）保证国家建设用地的原则；（3）妥善安置被征地单位和农民的原则；（4）谁使用土地谁补偿的原则。

我国集体土地征用的补偿范围和标准包括：

（1）土地补偿费；（2）安置补偿费；（3）地上附着物和青苗补助费。

我国土地征用程序

国家建设征用土地，应当按规定的程序进行。根据《土地管理法实施条例》和《建设用地审查报批管理办法》，征用土地一般是按照申请选址、协商征地及安置方案、核定用地面积以及划拨土地等四个工作程序办理的。具体程序是：

（一）申请用地

建设单位持经批准的设计任务书或初步设计、年度基本建设计划以及地方政府规定需提交的相应材料、证明和图件，向土地所在地的县级以上地方人民政府土地管理部门申请建设用地，同时填写《建设用地申请表》，并附下列材料：

1. 建设单位依法设立的有关证明；2. 项目可行性研究报告批复或其他有关批准文件；3. 土地行政主管部门出具的建设项目用地预审报告；4. 初步设计或者其他有关材料；5. 建设项目总平面布置图；6. 占有耕地的，提出补充耕地方案；7. 建设项目位于地质灾害地区的，应提供地质灾害危险性评估报告；8. 提供地价评估报告。

（二）受理申请并审查有关文件

县级以上人民政府土地行政管理部门负责建设用地的申请、审查、报表工作，对应受理的建设项目，在30日内拟订农用地转用方案、补充耕地方案、征地方案和供地方案，编制建设项目用地呈报说明书，经同级人民政府审核同意后报上一级土地管理部门审查。

（三）审批用地

有批准权的人民政府土地行政管理部门，收到上报土地审批文件，按规定征求有关部门意见后，实行土地管理部门内部会审制度审批土地。

（四）征地实施

经批准的建设用地，由被征用土地所在地的市县人民政府组织实施。1. 征地公告。公告的内容包括：批准征地的机关、文号、土地用途、范围、面积、征地补偿标准、农业人员安置办法和办理补偿的期限等；2. 支付土地补偿费、地上附着物和青苗补偿费；3. 安置农业人口；4. 征收用地单位的税费；5. 协调征地争议。

（五）签发用地证书

1. 有偿使用土地的，应签订土地使用合同；2. 以划拨方式使用土地的，向用地单位签发《国有土地划拨决定书》和《建设用地批准书》；3. 用地单位持使用土地证书办理土地登记。

（六）征地批准后的实施管理

建设用地批准后直至颁发土地使用权证书之前，应进行跟踪和管理，其主要任务是：1. 会同有关部门落实安置措施；2. 督促被征地单位按期移交土地；3. 处理征地过程中的各种争议；4. 填写征地结案报告。

（七）颁发土地使用证

用地单位向当地土地管理部门提出土地登记申请，经测绘部门测绘，核定用地面积、确认土地权属界限，地籍管理部门注册登记后，由人民政府颁发土地使用证，作为使用土地的法律凭证。

三、土地储备制度

政府储备土地，是我国国有企业制度改革和城镇土地使用权制度改革的产物。土地储备机构一般由市、县财政注资启动，受政府委托从事土地收购、储备活动。国家推行土地储备制度，是为了加强土地出让市场的统一管理和调控，严控建设用地供应总量；盘活低效的存量土地资产，为国企改革提供资金来源；优化土地资源配置，落实土地利用总体规划和城市规划的用地要求。

1997年8月，杭州市在全国最早成立了土地储备中心，其主要意图是依靠银行贷款和财政拨款，收购（回）破产或效益不高的国有企业的划拨土地，盘活闲置、低效利用的土地，解决下岗职工的生计和出路，推动企业改制。1998年6月，国土资源部以内部通报的形式，向全国转发了杭州等地的经验，全国大小城市纷纷成立土储机构，土地储备的目的已超越为国企改制盘活土地资产的目的，收储范围也扩大到市区内所有需要盘活的存量土地。

2001 年 5 月，国务院发出《关于加强国有土地资产管理的通知》强调，"坚持土地集中统一管理，确保城市政府对建设用地的集中统一供应"，要求"对已经列入城市建设用地范围的村镇建设和乡镇企业用地要按城镇化要求，统一规划、开发。"特别提到，"为增强政府对土地市场的调控能力，有条件的地方政府要对建设用地试行收购储备。市、县人民政府可划出部分土地收益用于收购土地，金融机构要依法提供信贷支持"。国家实行国有土地储备制度的初衷是要盘活城市存量土地，这个通知得到地方政府的积极响应，产生两方面的效应：一方面加大了土地的收储力度，纷纷将征用农民的集体土地纳入储备范围，新征用地取代城区存量建设用地成为入储的主要来源；另一方面又积极推进商业、娱乐、旅游、住宅等经营性用地的招标、拍卖和挂牌的出让制度，进一步显化了土地的市场价值，实现了土地涨价归公，减少了桌下交易产生的权力寻租，增加了政府在商业及房地产等经营性用地的土地级差收益。

随着土地资源的资产和资本性质日益显现，预算外的土地收益对地方政府日益重要，在土地征收制度和城市土地出让制度的呼应下，土地储备范围日渐扩大，新增建设用地取代城区存量土地成为土地储备主要来源，土地储备渐渐成为地方政府实施土地经营策略的重要渠道。同时，这些入储土地通过公开的市场化出让可以保证地方政府获得最大化的土地收益。在经营性用地的集中市场化供应制度的配合下，一些地方政府将所储土地视为"储地即生财"的钱袋子。负责土地储备的机构既有由地方政府主要领导人牵头、由财政局或土地局直接负责的土地储备中心、各类园区管委会，也有为政府控股的投资公司，其中以土地储备中心手中掌握的土地为最多。地方土储中心的运营呈现如下特点：

（一）入储的土地越来越转向主要通过行政手段征用农民集体土地

随着工业化、城市化的深入推进，城市建设用地日益稀缺，征地制度安排又进一步加剧了"土地财政"的火热局面，在农村土地集体所有制框架下，农村集体建设用地只有通过征地变为国有土地以后，才能进入一级市场①进行流通，集体所有建设用地不能直接进入一级市场流通，农民仅有土地承包经营权。在地方政府依法代表国家因公益或建设需要征用农村土地以及农村官员调整土地承包的过程中，农民没有按市场原则要求对价的权力。这最大限度地削减了农村土地征用的阻力，降低了土地征用的成本，为地方政府发展"土地财政"提供了软约束标的。或者说，土地资本化过程是完全由政府来主导进行收益分配的。

（二）收储的土地全部通过"招、拍、挂"② 进行市场化出让

以 2001 年 6 月国土资源部发布《关于整顿和规范土地市场秩序的通知》为开端，之后又在 2002 年和 2004 年连续出台相关文件，最终是以国土资源部与监察部联合通知的形式，确定了我们今天熟知的"8·31"土地大限。中国的所有经营性用地一律采取"招、挂、拍"公开竞价的方式出让。土地的"招、拍、挂"制度所实现的是政府的土地账面形式收入最大化，从而把原来由开发商和部分官员内定的土地租值，转变为公开透明的政府财政收入。"招、拍、挂"，成为土地有偿使用制度改革中一面闪亮的旗帜，也为经济社会发展带来丰厚的回报。近 20 年来，土地有偿使用的比例逐年大幅提高。

据国土资源部最新数据，2010 年全年出让国有建设用地面积 29.15 万公顷，出让合同价款 2.71 万亿元，同比分别增长 32.0% 和 57.8%。其中通过"招、拍、挂"出让土地 25.73 万公顷，出让合同价款 2.60 万亿元，分别占出让总面积的 88.3% 和总价款的 96.0%，如图 2-4 所示。

---

① 土地一级市场，是土地使用权出让的市场，即国家通过其指定的政府部门将城镇国有土地或将农村集体土地征用为国有土地后出让给使用者的市场。

② 招标出让国有土地使用权，是指市、县人民政府土地行政主管部门发布招标公告，邀请特定或者不特定的公民、法人和其他组织参加国有土地使用权投标，根据投标结果确定土地使用者的行为。

拍卖出让国有土地使用权，是指市、县人民政府土地行政主管部门发布拍卖公告，由竞买人在指定时间、地点进行公开竞价，根据出价结果确定土地使用者的行为。

挂牌出让国有土地使用权，是指市、县人民政府土地行政主管部门发布挂牌公告，按公告规定的期限将拟出让宗地的交易条件在指定的土地交易场所挂牌公布，接受竞买人的报价申请并更新挂牌价格，根据挂牌期限截止时的出价结果确定土地使用者的行为。

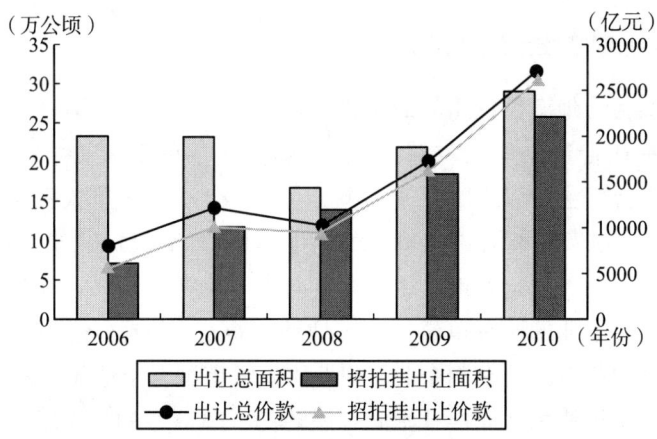

图 2 – 4 2006 ~ 2010 年国有建设用地出让面积及成交价款情况

资料来源：中华人民共和国国土资源部网站《2010 国土资源公报》。

（三）土地抵押融资

除了将收储的土地转让收取土地出让金之外，土地储备机构的一个基本功能是土地抵押融资。由于土地自身所具有的不可再生性、不可移动性和自然增值性，土地抵押在世界各国都是最为重要和最具担保信用的融资手段，我国也不例外。无论是开发区建设还是城市基础设施投资，金融贷款是其主要资金来源。政府在从银行获得贷款时，土地成为银行最为青睐的抵押品。新一轮的城市扩张主要由银行资金投放支撑，而银行贷款又是通过土地撬动的。各地方政府通常都是以土地储备中心、政府性公司和开发区为载体向银行进行土地抵押融资。

截至 2010 年末，全国 84 个重点城市处于抵押状态的土地共有 12.94万宗，抵押面积 25.82 万公顷，抵押贷款 3.53 万亿元，抵押面积和抵押贷款同比分别增长 19.0% 和 36.3%。全年抵押土地面积净增 3.74 万公顷，同比减少 26.9%；抵押贷款净增 9206 亿元，同比增长 18.8%。

四、土地有偿使用制度

我国土地有偿使用制度改革几乎与土地出让制度改革、土地价值的显化同步，经历了从无到有、不断完善的过程。

（一）探索征收土地使用费

中国实行土地有偿使用的最初实践是对外开放后向外国投资者收取的场地使用费和合资供地的收益分成①，随着改革的深入，中央政府发布《关于中外合营企业建设用地的暂行规定》（1980）、《中华人民共和国中外合资经营企业法实施条例》（1983）、《关于鼓励外商投资的规定》（1986）进行详尽的说明，规定场地使用费按年向当地政府交纳。1980 年深圳率先开始对兴办企事业的所有单位征收土地使用费②，土地有偿使用的范围从外资合资企业扩展到公有制企业，由此引发城市国有土地使用制度的全面改革，国有土地使用从无偿开始向有偿转变。1980 年的全国城市规划工作会议讨论了国家建委和城建总局草拟的《关于城镇建设用地综合开发的试行办法》和《关于征收城镇土地使用费的意见》两个草案，正式提出征收城镇土地使用费，认为"实行综合开发和征收城镇土地使用费的政策，是用经济办法管理城市建设的一项重要改革"，对土地有偿使用收益的用途规定为"征收城镇土地使用费，是城镇建设和维护的一个固定资金来源"，地方政府对土地收益有完全自主的使用权利。这些信号极大地调动了城市政府显化土地收益、探讨土地有偿使用途径的积极性，深圳、抚顺、广州等地先后开征了土地使用费。

（二）土地出让及有偿使用制度的形成

1986 年深圳市借鉴香港经验推行拍卖、招标与行政划拨相结合的特区土地管理制度，并对相应条例进行修改③。中国土地出让制度首次以地方法规的形式提出，受到国务院高度重视。此后，国家在《中华人民共和国宪法修正案》（1988）中删去禁止土地"出租"的条款，增加了可以依法转让土地使用权的内容；对《中华人民共和国土地管理法》（1988）有关条款也作了相应修改，增加了第二条的第四款和第五款，从法律角度肯定了国有土地使用权的有偿使用，土地出让制度具备了合法性。1990 年发布

---

① 《中华人民共和国中外合资企业经营法》（1979）第 5 条。深圳市建设委员会房地产公司与香港妙丽集团签订《建设与出售深圳华侨新村楼宇协议书》，获得深圳市出让土地的利润分成。

② 《深圳特区土地管理暂行规定》（1981）第 3 章第 19 条。

③ 《深圳经济特区土地管理条例》（1988）。

实施的《中华人民共和国城镇国有土地使用权出让和转让暂行条例》结束了单一的行政划拨供地制度，确立了土地出让制度，收取土地使用权出让金是土地有偿使用制度的主要形式。1988 年颁布的《中华人民共和国城镇土地使用税暂行条例》，停止了各地执行的土地使用费征收，调整为土地使用税，纳入预算管理。在土地出让制度的形成期，国家获取土地权利收益具有了合法地位，形成税收与出让金收入并重的土地收益来源。但土地公开出让制度还处于起步阶段，土地资产价值并不明显。截至 1989 年底，全国城市土地使用权有偿出让计 250 起、面积 1030.03 公顷，成交总价 8.9858亿元（杨重光、吴次芳，1996）。1989 年国务院发出《关于加强国有土地使用权有偿出让收入管理的通知》之前，出让收入的分成方案一直没有明确，一般由各城市自行使用。20 世纪 80 年代末 90 年代初土地出让收入逐渐增多，中央政府开始参与土地出让收入的分配和管理，实行中央与地方土地出让金收入四六分成，① 约束地方政府土地收益使用权利。但是由于信息不对称无法核实土地开发成本，中央实际所得收入很少，如表 2 – 1 所示。

表 2 – 1　　　　　　　国有土地有偿出让收入分成比例的变动

时间	发文机关、文件名称	关于土地出让收入分配的规定
1989.05.12	国务院《关于加强国有土地使用权有偿出让收入管理的通知》	土地使用权有偿出让收入，40% 上交中央财政，60% 留归地方财政
1989.07.01	财政部《国有土地使用权有偿出让收入管理暂行实施办法》	人民币部分：城市财政部门先留下 20% 作城市土地开发建设费用，其余部分 40% 上交中央财政，60% 留归取得收入的城市财政部门；外汇部分：出让国有土地使用权所取得的外汇收入均应上缴财政，其外汇额度，上交中央财政 60%，留地方财政 40%
1990.09.26	财政部《关于国有土地使用权有偿出让收入上交中央部分有关问题的通知》	1990 年和 1991 年，地方上交中央出让收入后，根据不同地区收入上交情况，分批酌情返还，年终结算。大连、秦皇岛等 10 个城市返还比例为 95% 至 99%；上海浦东另行规定；厦门按部（90）财综字 86 号文件规定；深圳、珠海、汕头、海南经济特区，返还比例为 85% 至 90%；其他一般城市由地方逐项申报，由中央财政逐笔核定拨给

————————

① 《关于国有土地使用权有偿出让收入预算管理问题的通知》（1989）；《关于加强国有土地使用权有偿出让收入管理的通知》（1989）；《国有土地使用权有偿出让收入管理暂行实施办法》（1989）；《关于国有土地使用权有偿出让收入预算管理问题的通知》（1989）；《关于国有土地使用权有偿出让收入上交中央部分有关问题的通知》（1990）。

续表

时间	发文机关、文件名称	关于土地出让收入分配的规定
1992.09.21	财政部《关于国有土地使用权有偿使用收入征收管理的暂行办法》	土地出让金总额的5%应上交中央财政，土地转让交易额和土地出租收入的5%作为上交中央财政的土地收益金或土地增值费；连同地面建筑物一同转让的土地使用权，应根据房产评估价格，经财政部门核定，在交易总额中扣除合理的住房价款，其余额的5%作为土地收益金或土地增值费上交中央财政。国有土地使用权有偿使用收入中的外汇收入按外汇额度，上交中央财政40%
1993.12.15	国务院《关于实行分税制财政管理体制的决定》	从1994年1月1日起，城镇土地使用税、房产税、耕地占用税、契税、国有土地有偿使用收入等划入地方固定收入
1997.04.15	中共中央、国务院《关于进一步加强土地管理切实保护耕地的通知》	原有建设用地的土地收益全部留给地方；农地转为非农建设用地的土地收益，全部上交中央
1998.08.29	九届全国人大四次会议《中华人民共和国土地管理法》	新增建设用地的土地有偿使用费，30%上交中央财政，70%留给有关地方人民政府

资料来源：全国人大、国务院以及财政部颁布法律和相关办法、规定等整理。

（三）制度调整力促土地公开市场化出让

在土地出让制度形成初期，法律法规还不尽完善，市场制度也不够规范。中央在《划拨土地使用权管理暂行办法》（1992）、《关于进一步加快土地使用制度改革的通知》（1992）、《协议出让国有土地使用权最低价确定办法》（1995）以及《关于进一步推行招标拍卖出让国有土地使用权的通知》（1999）中均要求加强土地的有偿使用，但地方政府出于招商引资带动地方经济发展考虑，更多的是低价出让吸引投资。即使1992年中央政府将土地出让收入分成比例降至5%，赋予地方政府更多土地出让收入支配自主权，2000年前行政划拨仍是最主要的供地方式。即使有偿出让，协议形式也占据主导地位。直到2001年出台《关于加强国有土地资产管理的通知》，才充分调动起地方有偿出让土地使用权的积极性，土地有偿出让率开始大幅提高，而公开出让率到2003年《协议出让国有土地使用权规定》发布后才从2002年的11%上升到近

20%。可见，中央政府针对土地出让方式《招标拍卖挂牌出让国有土地使用权规定》（2002），有力地促进了土地公开出让市场的形成。在土地出让制度调整期，各种政策法规试图调整不规范的国有土地使用权获得方式，显化土地资产价值。虽然土地出让收入管理存在很多漏洞，但为巩固和完善土地出让制度，中央政府较少干预和影响地方政府土地出让收益使用权，十多年间仅出台《关于加强土地使用权出让金征收管理的通知》（1995）；《国有土地使用权出让金财政财务管理和会计核算暂行办法》（1996）。土地成为地方财政越来越重要的部分，"土地财政"现象逐渐显现。

（四）管理、监察相关制度健全

随着土地和房地产市场的发展，土地资产价值成倍上涨，地方政府拥有的土地管理权限及其获取的大量土地出让收益日益成为关注焦点。以 2004 年《关于继续开展经营性土地使用权招标拍卖挂牌出让情况执法监察工作的通知》为起点，土地管理制度进入以中央政府对地方土地管理权力监督检查为重点的阶段，并于 2006 年建立国家土地督察制度，规范化地监督检查地方政府土地利用管理情况，土地出让制度也在监督作用下更加健全。[①] 这一时期，中央政府加强了土地出让收入的管理，不仅限制土地出让收入的使用范围，还特别重视土地出让金征收、管理和使用情况的监督清理，包括出台《关于规范国有土地使用权出让收支管理的通知》（2006）、《关于开展国有土地使用权出让情况专项清理工作的通知》（2007）、《关于继续开展国有土地使用权出让情况专项清理和检查工作的通知》（2008）、《关于加强土地出让收支预算编制工作的通知》（2008）等，于是"土地财政"的管理成为健全土地出让制度的一个重点，如图 2 - 5 所示。

---

① 相关文件为《关于进一步加强国土资源执法监察工作的通知》（2005）；《关于加强土地调控有关问题的通知》（2006）；《关于进一步开展查处土地违法违规案件专项行动的通知》（2007）；《关于落实工业用地招标拍卖挂牌出让制度有关问题的通知》（2007）；《关于建立健全土地执法监管长效机制的通知》（2008）。

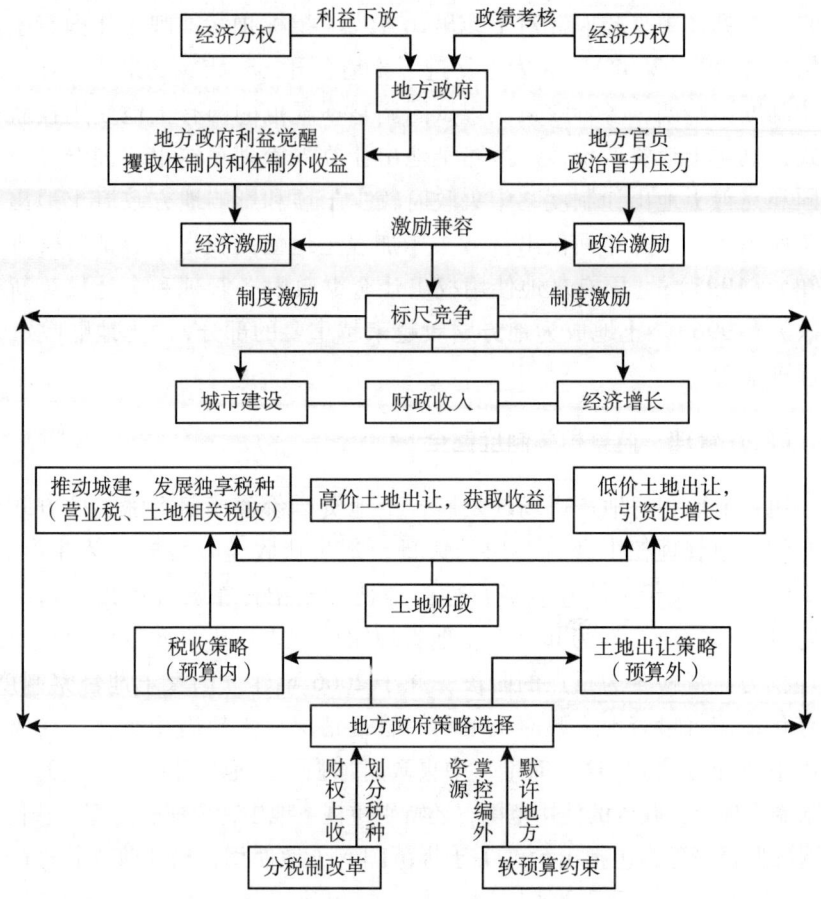

图 2 - 5   制度变迁角度考量"土地财政"成因*

注：* 刘锦：《"土地财政"问题研究：成因与治理——基于地方政府行为的视角》，载《广东金融学报》2010 年第 11 期。

分税制及税收调整导致地方政府追求财源行为变化，预算内收入重心逐步转向地方独享税，预算外收入则以土地出让金为主，原因就是实行分税制后，土地出让金作为地方财政的固定收入全部划归地方所有。中央政府要求从土地出让净收益中提取廉租住房保障资金的比例不得低于 10%；征地和拆迁补偿支出不低于土地出让收入的 20%；支农支出不低于土地出让收入的 15%，如图 2 - 6 所示。

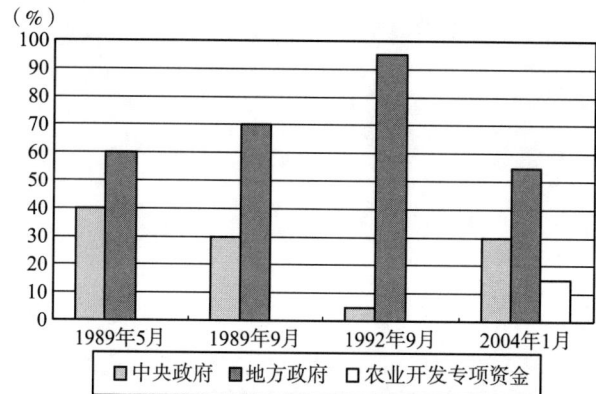

图 2 - 6 中央政府与地方政府土地出让收入分配变化

资料来源：根据《关于加强国有土地使用权有偿出让收入管理的通知》（1989）、《国有土地使用权有偿出让收入管理暂行实施办法》（1989）、《关于国有土地使用权有偿使用收入征收管理的暂行办法》（1992）、《关于将部分土地出让金用于农业土地开发有关问题的通知》（2004）相关内容整理。

第二篇

中西模式比较及
"土地财政"转型

第三章

"土地财政"是中国经济高速发展的实际发展模式

　　根据西方经济学原理，在一个私有产权清晰的社会，当交易成本为零时，土地作为一种固定供给的资源，在经济增长中的作用应当是逐渐降低的。发达国家的经济发展经验也验证了土地份额递减的规律。但是，一个处于发展中和体制转型的经济大国，在其产权关系和各种制度还没有清晰到一个市场经济所要求的标准的时候，土地产权制度和土地管理制度处于不断完善的过程，土地要素资本化所带来的土地租金从另外一个角度看还是制度改革的红利，它可以充当经济起飞的一笔启动资金，甚至在较长的一段时期内经济发展都需要不断汲取土地红利，直到经济体进入到现代经济增长阶段。中国作为一个新兴和转型并存的经济体，就经济增长模式来说和早期的东亚模式类似，强调政府这只"有形之手"的作用，注重出口导向，注重投资的核心地位，等等。然而，中国的发展模式和东亚模式之间还有一些本质差别，除了政府和国有部门对资源的控制以外，政府介入经济增长的方式和途径也完全不同。其中，"土地财政"对地方经济发展的激励，有力地推动经济发展和加速工业化、城市化进程，间接维护了我国现行的分税制财政体制，对中国经济发展发挥了重要贡献。诸如中国城市建设的突飞猛进，城市经济的飞速发展，市民生活质量的不断提高，周边农村经济的转型与发展，大量外地农民的进城务工，都得益于"土地财政"。可以说，"土地财政"对缓解地方财力不足、公共产品供给融资，创造就业机会和提升城市化水平等都起着很大促进作用。因此，我们要正视"土地财政"的功绩。应该肯定，"土地财政"在一定程度上助推了中国地方经济的发展，支撑了中国持续的经济高增长，拉开了中国与其他发展中国家经济增长速度的差异。

第一节 "土地财政"支撑中国持续的经济高增长

一、"土地财政"是中国特色社会主义市场经济改革"路径依赖"的自然产物

中国经济增长奇迹来自于三个方面：一是，中国的 GDP 增长速度高、持续时间长。从增长速度来讲，目前还没有任何一个大国能在 30 年间保持每年将近 10% 的增长速度，日本战后的高速经济增长也只持续了 20 年。而且，按照中国目前的发展趋势，许多学者估计，中国的高速增长还可能持续较长一段时期，这不能不说是一个"奇迹"。二是，从经济理论的角度看，这个奇迹的神秘之处在于其"非常规"的性质，经济增长理论所强调的若干增长条件，如自然资源禀赋、物质和人力资本积累以及技术创新能力，中国与其他国家相比并无独特之处，甚至处于低水平阶段（如人均资源禀赋、技术创新水平）。也就是说，按照这些理论的预言，中国不应该有经济奇迹发生。三是，中国的经济增长是在制度不完善的转型过程中取得的。就是说，中国改革没有按照西方主流经济学的理论逻辑展开，没有按照"华盛顿共识"所描绘的蓝图进行，但取得了比按照主流经济学逻辑和"华盛顿共识"要求的苏联东欧改革更大的成就。

改革开放以来，我国经济政府主导型的跨越式发展，需要大量的资本投入。就地方政府而言，在对地方国有企业控制权大幅削减的背景下，劳动力供大于求，必须大量引入外来资本才能带动当地经济发展，外来投资是实现跨越式发展的关键。从这个意义上说，招商引资便成为地方政府间一种最为典型的竞争方式，因而"外来资本"就扮演了相当于 Tiebout 的分权治理模型中的可以"用脚投票"的选民角色。地方政府采用的竞争手段除了做好辖区的配套服务之外，可供选择的资源就是土地。土地资源成为政府主导型跨越式发展的重要依靠，于是，政府需要"土地财政"作为

基本工具和重要手段，来直接或间接地吸引外资进入，加快本地发展。当稀缺的土地资源成为地方政府招商引资的政策工具后，在"标尺竞争"的非合作博弈格局下，地方政府总会沿着比竞争对手提供更为优惠的土地供应的措施。因此，在推动工业化的过程中，土地收益的很大部分被作为优惠政策的一部分来招商引资或补贴企业。最为典型的做法是，政府将土地免费或低价提供给投资方，来吸引外来资金加快本地发展。地方政府从最初的免税、减税，到现在的政府直接融资、优惠，对产业采取的财政支持越来越多。

"土地财政"是我国工业化、城市化和市场化进程中的一种客观现实，这种现象的出现和存在具有一定的合理性和必然性。工业化和城市化的快速推进对城市基础设施建设形成了巨大的资金需求，由此造成的资金缺口促使地方政府寻找新的资金来源，形成对投资需求的螺旋式增长。土地出让收入作为地方政府最重要的预算外收入来源，具有较强的灵活性，可以有效地弥补地方财政收入的不足。在特定的制度环境下，"土地财政"收入恰恰满足了地方政府的投资需要，于是土地资源和土地相关的财政收入成为政府主导实现跨越式发展的重要手段。当然，随着工业化、城市化进程的逐步完成和政府手中存量土地的减少，这种投资强度会逐渐下降。

二、加快国有企业改制进程

1994年的分税制改革给地方政府造成了很大财政收支压力，这种压力的一个主要体现就是地方政府的财政自给率显著下降。中央政府向上集中财权的动机给地方政府财政预算造成压力，地方政府救助亏损国有企业的意愿降低（即所谓的"甩包袱"），并转而通过发展非国有经济扩大税基和收入。一个城市有多少话语权要看辖区内微观经济体的经济实力。要推进国企改制步伐，首先要正视并想办法推倒三座沉重的"大山"：改革成本高、职工安置难、困难企业资产盘活难。21世纪初，很多国企面临严重的安置富余职工、破产失业职工所需资金来源不足的问题。然而，国有企业政策性负担的剥离还没有建立一个相对健全的社会保障体系，企业进入"破产程序"，补缴社会保险费用、职工安置费用很难一次性到位，这导致具备破产条件的企业因资金困难进不了"程序"；有的进了"程序"，职工却得不到及时安置；部分已破产和清算退出市场的国有、集体企业退休职工，又没有办理医保。这些问题必须加以解决。土地市场作为经济转型发展的保障和服务平台，能带来资产变现，是解决国有困难和破产企业问题的重要途径。

在市场化进程中，土地是国有企业有形资产中唯一不断升值的资产，但这种资产只有在产权交易中才能实现其价值。汤玉刚（2011）认为对于身处亏损的中小国有企业，只有通过产权交易（民营化）才能实现其不断增值的土地价值，使"沉淀"的收益变为现实的收益，使土地有可能成为国有企业政策性负担的"吸收器"。土地在社会保障体系尚未健全之时非常隐蔽地起到了非正式社会保障的作用。当土地升值足以弥补企业改制所产生的社会负外部性时，国企产权改革便大规模展开。地方政府要充分利用土地收购储备制度为企业改制服务。通过土地收购储备制度对一些资产变现容易、增值明显的土地进行统一收购，然后按有关规定在公开、公平、公正的原则下组织出让，通过土地资产变现，可盘活存量土地，防止国有资产流失，为安置职工提供资金支持。据不完全统计，1996 年至 2001 年年底，原国家土地管理局、国土资源部直接为 240 多家国有改制企业处置土地资产9.7 万多宗，涉及面积 17.42 万余公顷，实现土地资产价值 1600 亿元。

三、房地产业带动经济高速增长

衣食住行是人的基本需求，住房是家庭的基本生活必需品。房地产行业是涉及面广、带动力强的行业，上游可以带动钢材、水泥、砖瓦等建材行业的发展，下游可以带动电视机、空调、冰箱等家电行业的发展。房地产业上下游产业链长，涉及行业多。据统计，我国每年钢材的 25%、水泥的 70%、木材的 40%、玻璃的 70% 和塑料制品的 25% 都用于房地产开发建设中。近些年来，房地产业投资额占城镇投资总额比重一直保持在 20%以上。房地产业是国民经济的重要支柱产业，对金融业稳定和发展至关重要，对于推动居民消费结构升级具有重要作用。住房作为消费品，消费者的心理是"买涨不买跌"。住房市场化以来，我国城市住房价格直线上涨，一线城市的房价从最初的每平方米几百元到几千元，再到现在的几万元，这除了城市化带来的大需求带动了住房的大发展外，也和"土地财政"有着千丝万缕的联系，因为土地价格是房价的重要组成部分。政府的土地出让金增加了住房的价格，刺激了住房的需求，推动房地产的发展，而房价的高涨又刺激了土地价格的飞涨，增加了地方政府的收入，"土地财政"和房地产业相辅相成，共同发展，如图 3－1 所示。

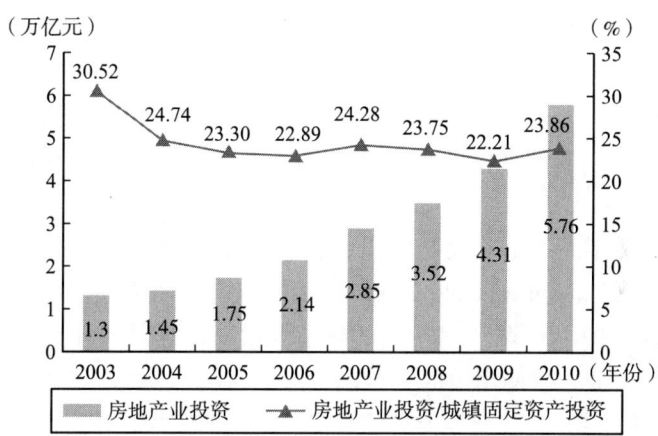

图 3－1　房地产行业固定资产投资及其占城镇固定资产投资比重

资料来源：国家统计局。

第二节　"土地财政"持续支撑税收收入高增长

一、补贴企业，涵养税源，改善地方财政

城市经济的发展和地区 GDP 的增长主要取决于当地企业的发展状况。地方政府低价出让工业用地，与制造业部门投资的高流动性紧密相关。相比较而言，为本地消费者提供服务的商业、服务业部门，绝大多数制造业部门均缺乏区位特质性（Location non-specificity），大部分制造业企业生产的产品可以提供给全国乃至其他国家消费者。那么，在国内甚至全球争夺制造业生产投资的情形下，企业因对生产成本非常敏感，很容易进行生产区位的调整。许多企业都把政府的补贴作为选择投资城市的重要条件。实

际中，地方政府以低地价和补偿性基础设施为主要工具进行的大规模招商引资，是地方政府扩大本地税基，争夺制造业投资的重要途径。甚至像高速铁路这样的国家项目，也都有地方政府的巨额补贴。这些补贴有的是以减税形式出现，有的是以地价形式出现，有的是以配套基础设施员工住房形式出现，还有直接注资入股的形式。而这些变相的补贴以及进入产业的资金，很少来自税收，绝大多数直接或间接来自于土地收益。没有"土地财政"，地方政府很难有如此规模的融资能力。从现金流来看，这等于是政府以土地出让收入的"一次性土地收益"，换取工业化之后产业税收增加带来的"分年度税收收益"，是把转变为经常性可持续的税收收入传递给未来的政府。

与制造业不同的是，大部分商业、服务业提供本地居民消费的服务（非贸易品服务，non-tradable goods）。地方政府垄断土地一级市场，可通过"土地储备中心"调节商住地的供给规模，在提供商住地上谈判力很强。相对于工业、仓储用地的"全国性买方市场"，商住用地形成了众多"局域性卖方市场"。政府职能的实现需要财政的支撑，住房商品化、市场化改革以后，土地交易频繁、商住楼房价格高企，土地出让收入迅速增加，土地出让金在预算外收入中"一枝独秀"。政府财政范围的扩大、财力的不断增长，确保了政府职能的实现。政府的理财范围是随着财政范围的扩大而不断扩大的，很大程度上缓解了地方财政的困难，使不少地方政府有能力扩大公共财政的覆盖范围，来统筹城乡经济社会发展，协调区域均衡发展，推进基本公共服务均等化。

二、扩充地方税源，间接支持中央财政的超增长

1994 年，中国实行分税制改革增加了中央财政收入，相应地削减了地方财政收入。从税制设置上来看，在制造业税收的大部分被由中央政府分享的情况下，地方政府固定收入的税收仅剩下土地使用税、耕地占用税、土地增值税、房地产税等小税种。因此，土地相关的税种成为地方政府扩充税源的首要途径。在现行分税制下，增值税的 75% 上解中央，25% 留与地方，近几年来增长较快的所得税也改为共享税。相比之下，地方政府由城市扩张和土地带来的除了直接征收土地相关税收外，还包括依附土地的

建筑业和房地产业的营业税和所得税及耕地占用税等。营业税虽然属于央地共享税种，但是除了铁道部、银行总行和保险总公司集中缴纳的部分归中央外，其余部分都归地方所有。因此房地产业和建筑业的营业税成为了地方税收的重要税源。

第三节　"土地财政"支撑中国高速城市化和工业化进程

一、"土地财政"是中国特有的城市化道路的核心

（一）中国特色融资模式——土地融资杠杆撬动城市扩张

政府出让的土地一般分为三类：公益性用地、工业性用地和经营性用地。公益性土地作为公共产品的主要载体之一，政府有责任对其进行基本的开发；地方政府为了实现招商引资的目标，对工业性用地和经营性用地，需要进行所谓的"三通一平"，这就意味着政府的财政支出要把很大一部分资金投到城市基础设施的建设中来。如果仅靠中央政府的转移支付投入，估计只有少数的几个大城市能够发展起来，全国城市化进程速度肯定会比现在慢得多。因此，从地方政府对出让土地的分配和城市建设投资来源看，"土地财政"为城市化的发展确实做出了突出的贡献。在"土地财政"的推动下，地方经济得到发展，城市建设也有长足进步。土地融资杠杆撬动城市的建设，为城市公共建设提供用地和资金保障，使得各地城市特色进一步突出，人居环境持续改善，市政基础设施逐步完善。地方政府得以关注城市化质量，以高水准的公共服务保证城市化的成果。

城市化发展了规模经济、集体消费，提高了公共服务水平。人口密度是公共服务的函数，人口集聚，是提高公共服务的效率的前提，唯有大规模的空间集聚，才能降低公共服务的平均成本，获得递增的报酬。在城市化的初期，资金短缺，需要融资是普遍性规律。按照科斯定理，如果不考虑制度背景（没有交易成本），不同的融资模式应当是等价的。中国城市化初期，地方政府没有财产税，又禁止地方政府抵押财政收入发债，在此

情况下，只有土地融资一条途径。垄断的一级土地市场正好为"土地财政"提供了制度环境。地方政府通过土地使用权转让一级市场，将土地从农民手中低价征购，再以"招、拍、挂"的形式高价出让，这种土地利益激励机制为我国地方政府集聚了一笔巨额的可支配财力，有力地推动了我国工业化、城市化的进程。建立在垄断土地一级市场上的"土地财政"是中国特有的城市化道路的核心。计划经济下，基础设施建设的规模，完全取决于"过去"劳动剩余的积累。政府财政虽然没有负债，但公共基础设施却"欠账累累"。地方政府的"土地财政"，某种程度上可说是中国快速城市化的一大"奥秘"："土地财政"把今后50年或70年的收益一次性收取，以土地为抵押物而获取城市开发建设的巨额贷款，通过房地产开发提高GDP和增加大量税收。

宏观经济的血脉是金融，房地产形式是产业，核心是土地，本质是金融。笔者认为，广义的"土地财政"还应包含第三部分内容，即政府土地抵押的融资所得。新一轮的城市扩张主要由银行资金投放支撑，而银行贷款又是通过土地撬动。银行信贷作为房地产投资和居民个人购房的后盾，一方面促成了房地产业成为这一轮经济高速增长的主导产业，另一方面也为土地市场的繁荣和政府土地出让收益最大化找到下游出口。银行的放贷连接土地和房产供需双方，将地方政府、房地产企业和居民个人有机捆绑，形成了政府向房地产企业供地——房地产企业向居民个人供房的土地供应链；居民个人向房地产企业购房——房地产企业向政府购地的资金供应链。三者唇齿相依，在银行的媒介作用下，创造了这一轮城市扩张的奇迹。城市基础设施贷款的抵押品是土地，而背后的真正保障是政府信用。人民银行规定不允许地方政府直接从银行贷款，地方的应对办法是成立各种政府性公司，受政府委托进行城市基础设施建设或旧城改造，获得贷款的工具也还是政府储备的土地。这些公司名称各异，功能明确，就是为城市的基础设施投资进行融资贷款。"土地财政"作为中国特色融资（发展）模式，通过"土地财政"实现了地方融资平台在风险可控范围内的负债增加，极大地扩张了地方政府的信用，盘活了"未来"的资产，增加了政府的负债能力，有力地推动了城市化高速发展。

银行在提供贷款时，除了要求有土地抵押品外，还要求政府财政出具还款承诺函，要向银行提供的文书资料包括：（1）政府批文，用来证明这些储备的土地得到了政府的批准；（2）抵押贷款协议，由双方约定贷款金额、还款期限、利率、抵押物等；（3）还款承诺书，即政府承诺并保证以储备土地供应收益还本付息的书面文件；（4）评估报告，即由中介评估机构提供的该幅储备土地的市场价格报告。

（二）为城市化提供持续动力，形成巨大存量资产

土地出让收入中20％的土地储备投资配额对地方政府土地一级开发的滚动模式具有很重要的"种子"作用。当年土地储备投资分为两部分：（1）30％作为政府自筹资本金，连同银行70％的贷款份额，构成本年土地一级开发投资总额；（2）另外70％用于归还此前年份的银行贷款，如图3-2所示。

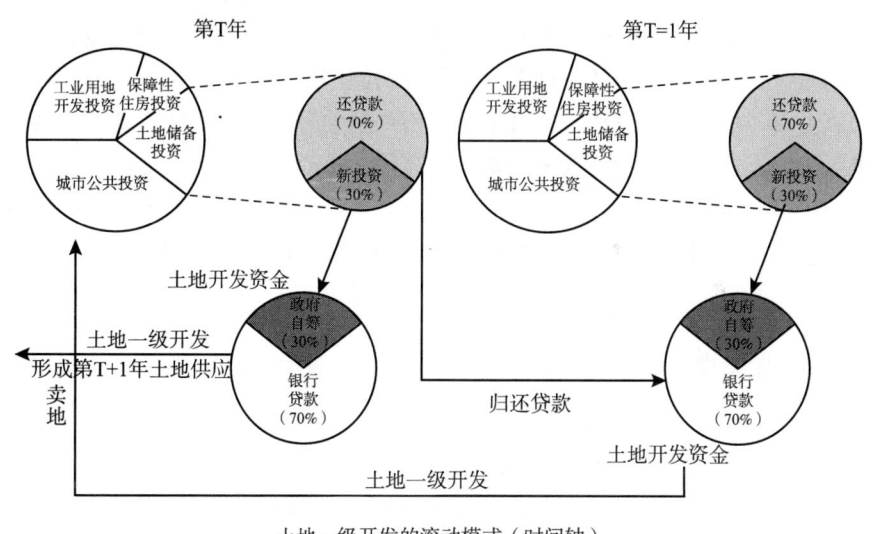

图3-2　土地一级开发滚动模式

1994年全国财税体制改革后，财政收入向中央集中的趋势明显。在这种情况下，特别是在中西部地区，地方财政收入只能维持低水平的运转，没有能力解决城市基础设施的建设资金问题。地方政府通过土地资源的合理布局，优化城市的生产生活功能结构，以土地出让收入或通过土地收益

权质押等获得建设资金，用于基础设施和公共设施建设。全国各地方土地收入中平均40%被用于城市公共投资（包括城市基础设施、学校等公共目的投资），这部分资金是地方政府城市公共投资的重要来源。全国每年城市公共投资中，约有35%来自地方自筹（其他主要来自银行贷款以及一部分中央配套资金），而地方自筹资金中，36%源于土地出让收入，个别年份甚至超过40%。北京、上海、天津则均超过55%，个别年份甚至高达70%~80%，二三线城市略低。可以说，地方政府通过土地出让收入对城市公共投资的直接支持，推动城市环境的升级，提高城市功能服务水平，进而提高周边房地产档次，都发挥了重要作用。

"土地财政"加快城市公共投资，形成了巨大的存量资产。城市土地既是城市经济运行的载体，也是最大的存量资产。在此基础上，学者们提出了"经营城市"的观点，把城市建设市场化，认为通过对城市桥梁、道路、铁路、机场等进行公共投资，会在未来几十年内发挥巨大的效益，使城市的基础设施建设、总体承载能力和服务功能产生飞跃式扩张，走过了西方国家近百年的城市化进程；并且推动城市环境的升级，提高城市功能服务水平，使原来农地的低价变为城市土地的高价，进而提高周边房地产档次。

二、"土地财政"是中国特色的工业化进程的优越条件

（一）土地整理开发

地方政府为了保持经济增长，促进工业经济集聚的形成，土地利益的部分减免就自然成为了协调投资的成本。因为，只有让投资者相信地方政府做出的承诺，才会考虑投资，这就要求政府先期进行一笔固定投入，进行土地整理，并且在各种有关政策上实行优惠。地方土地出让收入中平均30%被用于工业用地开发。工业用地的开发成本并不比住宅等其他用地低，但出让价格却较低（有时为吸引工业投资甚至采取"零地价"），同时，以工业用地为筹码的招商引资所产生的效益（工业产值、相关财税等）也往往体现于长期。因此工业用地属于短期投入大、收益见效慢的项目。土地出让收入形成了对工业用地前期开发投入的可持续支持，是地方政府扩大工业项目招商引资的重要依靠。

（二）基础设施和公共服务事业投入

此外，社会基础设施，包括公共交通、通信系统、社会管理等制度和各项社会保障、公共服务事业等的积累，在经济发展的初期是不可或缺的。公共资本投资具有门槛外部性，也就是说社会基础设施投资具有一次性固定投入的特征。当基础设施投资额达到一定的量以后，社会基础设施才可能会对私人的经济活动产生持续的贡献。公共基础设施投资有一个门槛值，当公共投资额超过这个门槛值的时候，私人部门的生产率才能够显著增加，出现经济起飞与现代经济增长。市场对基础设施的需要不可能由企业来提供。对发展中的外部性进行补偿，包括人力资源、基础设施建设、金融体系、法制体系等方面，都要政府出面进行协调。因为投资成功与否还和地理区位和历史因素等社会经济因素相关。1994 年以来，在分税制体制下，中国各个地方政府追求经济增长最大化的目标受到了财力的约束，随着土地要素开发利用资本化的加快，地方政府很快找到"坐地生金"的方法。在过去的十年里，中国的基础设施改善和建设的速度很快。全国公路里程在 1978 年只有 87 万公里，1998 年为 128 万公里，2007 年跃升到 358 万公里。公路的质量也大有改观，高速公里数由 1990 年的 500公里增加到 2007 年的 5.4 万公里。所以，在工业化中期阶段，区域经济增长所需要的公共基础设施需要政府进行公共投资，在现有的财政体制内，土地资本化形成的土地增值是其可以动用的建设基金。

（三）土地抵押融资，提供流动性支持

土地是银行最优良的抵押担保品，在土地资本化阶段，政府通过种种方式储备大量土地的同时，又通过现有银行体系进行抵押贷款，把土地增值变成货币资本，完成土地资本化的最后形式。根据金融发展与经济增长的相关理论，经济起飞和工业化阶段，往往需要金融支持。根据相关研究，德国、意大利在早期的工业化阶段，正是靠着垄断竞争的银行结构为工业化提供了强大的资金支持。根据我国东部沿海地区以土地让利为核心政策的招商引资取得巨大成功的现实，即把土地资本化获得的巨大收益投入到基础设施和公共服务，并结合优惠政策来吸引巨大的产业资本的进入，从而可以实现地方经济快速起飞。

第四节 "土地财政"改善民生，推动社会事业发展

一、人力资本投资，补贴就业

教育是须由政府进行公共投资的领域，特别是对大量需要转移的农村劳动力的培训投资。通过教育培训和创造就业，将城市化的好处转移给没有被征地的农民。随着经济的发展，产业结构的升级和技术进步的要求，人力资本水平必须和技术水平互补才能带来经济的内生增长。我国现阶段面临的产业结构调整难题之一就是劳动力技能与产业升级要求不匹配。这就需要政府加大对劳动力的再就业培训、转移培训，提升人力存量的水平。所以，为了在发展中积累人力资本，现阶段地方政府必须依靠土地资本化来对教育、公共卫生等公共服务与社会保障进行投资。近些年来，各地出现的"土地换保障"现象就是这方面的体现。比如，成都市温江区率先实行城乡统筹试点改革，2007 年年底 4000 多位农民通过"双放弃换社保"方式变成市民。具体来说，就是他们自愿放弃土地承包经营权和宅基地使用权，在城区集中安排住进新房，并享受与城镇职工同等的社保待遇。"双放弃换社保"政策落实到位，地方政府的投入也不少。据测算，成都市政府先期投在每位"双放弃"农民身上的资金达到 12 万元。成都市上述做法的核心还是"土地财政"。如果不允许地方政府利用土地出让在城市化进程中获利，向农民提供新房、社保和养老金的承诺就不会兑现。

二、推动建立覆盖城乡的社会保障体系

近些年来在推进城乡统筹和城市化进程中，政府通过出让土地集中大量财力用于城乡低保、住房保障等民生领域，迅速推动建立覆盖城乡的社会保障体系。土地收入增加使得政府以成本价提供住宅的范围和规模就会越大，即使商品房价格升高，全社会的住宅"均价"也会拉低；也会带动从家具、电器到装修一系列内需市场的扩张。近几年，我国每年的保障性住房投资完成额与土地出让收入中用于保障性住房建设的部分基本持平，

说明我们的地方政府在保障性住房建设问题上采用了量入为出的方式，土地出让收入是地方政府目前最重要的可以依赖的保障性住房建设投资来源，如图 3-3 所示。

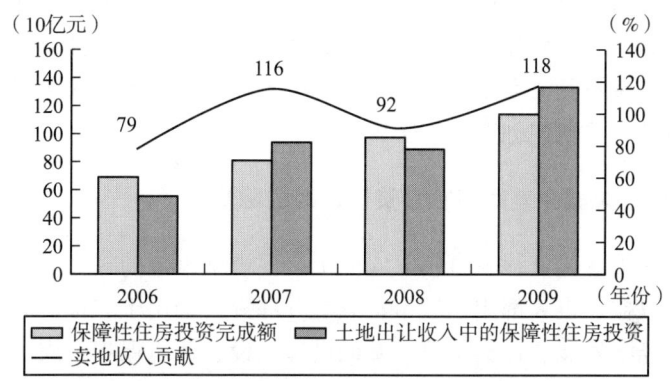

图3-3 土地出让收入对保障性住房建设的贡献

资料来源：CEIC，中金公司研究部。

第五节 "土地财政"与可能的社会公平、安定隐忧

一、土地收益分配的社会公平隐忧

在社会主义市场经济条件下，土地收益主要由土地所有权形成收益、土地开发建设形成的投资收益、土地使用过程中形成的价值增值收益等构成。规范土地收益分配关系，就是根据土地经济关系，使地租归土地所有者所有，土地投资利润归土地开发经营投资者所有，由土地使用权构成的财产以及由于社会发展形成的土地价值增值，应当以税收的形式归国家或地方政府所有。我国目前在土地收益方面存在的主要问题是地租和土地增值收益归属不规范，以及由此造成了收入分配不公等经济社会问题。

（一）二次分配公平性的隐忧

现在住房的核心问题，是大规模解决城市新增就业人口（包括农民工）的居住需求，一般地说，城市的经济适用房、社会保障房，大多只是针对本地居民提供的。只要诸如公共租赁住宅、保障房无法进入市场，就无法利用融资手段大规模地解决建设资金的来源问题，于是就会迫使政府将住宅问题的解决局限在"本地户口"这一可控的范围。特别是如果保障房没有完整的产权，新增城市居民就依然不能变为城市的"有产者"，就依然无法通过二次分配分享城市财富的增长，贫富分化就依然挥之不去。政府要向进城农民、大学毕业生、复员军人以及其他低收入的新增就业人群降低门槛，给他们创造第一次置业机会。

（二）拉大城乡差距与社会贫富差距的隐忧

我国的工业化进程一直是以农养工，促进城市化的扩张。地方政府出让土地的收益，也大都用在城市，只有一部分资金用于农地的开发上，而对农村的经济发展、社会保障、基础设施建设、环境保护、农业生产支持等方面则投入很少。这与国家以工补农的反哺思路是相违背的。大量土地尤其是农村建设用地被征收，"土地财政"收入占地方财政收入以及 GDP 的比重过高等，都会造成国民收入分配格局扭曲：在政府、企业和居民三大部门的初次分配关系上，劳动者报酬占国民收入比重不断减少；农民收入增长更加缓慢，城乡差距进一步扩大。同时，社会和民间投资也相应减少。

地价是公共服务的函数。在"土地财政"模式下，只要拥有不动产，政府改进公共服务就会推动地价的上升，社会新增财富就会转移给不动产所有者；反之，如果没有不动产，就无缘参与以不动产升值为特征的财富转移。由于这种途径转移的财富无论在规模上还是在速度上都远远大于工资性收入的转移，因而导致了近年来社会财富的迅速分化。樊纲提出，地产业的发展实际上已使中国农民分化为两大群体：城乡接合部以经营地产为主要收入来源的"地主"，以及远离城镇仍以务农为生的传统意义上的"农民"。为此，应当改进二次分配的"再私有化"，使社会财富在更大的范围内共享，而不是像矿产资源那样，把公共产品带来的土地溢价直接送给被拆迁人。

缩小社会贫富差距的途径应当是：（1）对不动产征财产税，抑制通过不动产转移社会财富的速度。对低收入者来讲，房价可能降低，但持有的成本加大；（2）帮助没有不动产的居民通过"房改"获得不动产。地价上涨的过程，不仅不应当是掠夺居民财富的过程，而且应当成为分享财富的过程。居民置业成本大幅降低，不仅不会"成为中国内需不振的最大的罪魁祸首",相反,会带动从家具、电器到装修一系列内需市场的扩张。土地收入越高,政府成本价提供普通住宅的范围和规模就会越大,即使商品房价格再高,全社会的住宅"均价"也会拉低。

(三)不同用途城市建设用地的不同定价机制造成内外不公的隐忧

根据全国城市地价监测组的报告,2009 年全国地价水平值中,商业用地最高,为 4712 元/平方米;居住用地次之,为 3824 元/平方米;工业用地最低,仅为 597 元/平方米。从这一组地价数据中我们能够明显看出,对于不同用途的建设用地实行的是不同的"土地财政"政策。商业用地最终主要是为国内消费者服务的,而居住用地最终主要是被国人所购买的,工业用地最终是为国内国外市场服务的;国内民众虽然享受了工业用地上的政策优惠,但由于其受损于商业用地和居住用地上的"土地财政"政策,最终真正得益的是国外的消费者。"土地财政"政策的不公平,实际上是起到了一种国与国之间的财政转移支付的作用,虽然这种转移支付是极为隐蔽的。再加出口退税和对外资的超国民待遇,这些政策合力筑就了一条对外输送国民财富的"渠道"。从战略层面讲,乃是以牺牲环境、资源、人民健康为代价的过度追求 GDP 的外向型发展战略。

二、粮食安全潜在的社会风险

粮食问题是关系经济发展、国计民生、社会稳定、国家自立的重要战略问题,是社会稳定的重要基石。耕地资源是粮食生产的重要基础。在农业科技没有重大突破的情况下,确保国家粮食安全,必须要以足够数量和质量的耕地作为保障。改革开放以后,我国经济社会发展驶入快车道,不可避免地占用了大量耕地,1985 年,我国耕地减少高达 1500 万亩。从那时起,我国采取了一系列措施遏制耕地急剧减少的趋势并取得了明显成效。然而与此同时,农村劳动力虽转移到了城市,但只能从原来的制度空间中寻求社会保障。所以,农民进城并不放弃耕地和宅基地,耕地撂荒造成了粮食减产,宅基地的闲置形成了"空心村"。土地闲置和抛荒的现象频频上演;或者土地虽未抛荒,但并未实现规模化经营,土地利用集约化程度不高,产值较低;或者人多地少,人地矛盾较为严重。这在很大程度上造成了土地资源浪费。在高速工业化、城市化浪潮席卷之下,形势更不乐观。全国耕地面积从1995年的19.51亿亩减少到2008年的18.26亿亩，人均耕地只有1.39亩。近些年来，我国耕地面积和粮食产量同步下降，耕地的质量总体上也有所下降。尽管按照耕地占补平衡制度的规定，在占有耕地的同时，通过土地整理和土地复垦新补充了一定数量的耕地，但是补充耕地的质量往往赶不上被占耕地的质量，如图3-4所示。

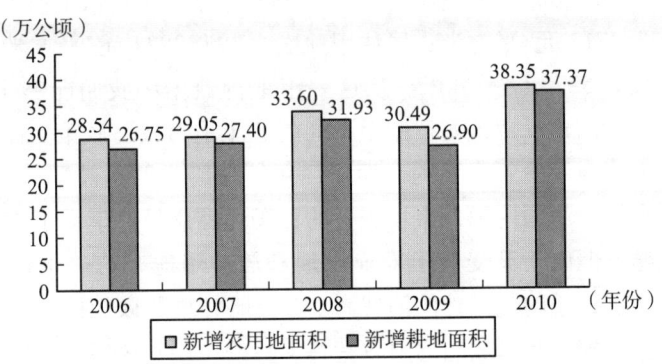

图3-4　2006~2010年农村土地整治新增农用地和新增耕地情况

资料来源：中国历年《国土资源公报》。

　　1998年，我国粮食产量达到51229.5万吨，之后连续五年（即到2003年）都是减产，每年都要依靠消耗库存来填补缺口。2003年共消耗粮食9760亿斤（原粮），产量为8614亿斤，缺口达1146亿斤。粮食减少的原因很多，但耕地面积减少是最直接的原因。2001年到2008年的7年中，因生态退耕、农业结构调整、建设占用和灾害损毁共减少耕地0.97亿亩，其中建设占用2599万亩。全国耕地面积已从2001年的19.23亿亩减少为2008年的18.26亩，人均耕地已不到1.40亩的水平。作为保命田的基本农田也跌破16亿亩的保底线。耕地面积的减少也相应引起粮食播种面积的降低。2001年，全国粮食播种面积为17.07亿亩，此后连续五年下降，到2003年减到15亿亩以下，降到了新中国成立以来的历史最低水平。虽然2003年后有所回升，但直到2009年全国粮食播种面积也只有16.22亿亩，比1998年减少了0.85亿亩。而从保障粮食供给需要考虑，我国现阶段粮食播种面积不得低于16亿亩，这是公认的不可逾越的红线。

　　我们以1998年为基准，当年的粮食产量为10246亿斤，粮食播种面积17.07亿亩，以当年人口12.5亿计，可以得到1998年每亩粮食产量为600

斤，粮食年人均占有量为820斤。到2009年，粮食产量只有10616斤，粮食播种面积16.22亿亩，人口大概为13.4亿，则粮食亩均产量655斤，粮食年人均占有量为792斤。粮食的亩均产量有所提高，这主要归功于农业科学技术的发展，但在短时期内想要靠科学技术的发展而使得产量大幅提高是不大可能的。随着人口的日益增长和耕地的减少，我们面临的粮食压力越来越大。打个比方，假设2030年的人口为16亿，粮食播种面积保持2009年的水平，亩均产量以2009年的亩均产量计算，人均占有量以800斤计，则届时我们共需要粮食12800亿斤，粮食总产量只有10616亿斤，缺口将达2184亿斤。

为促进耕地保护，增加高产稳产基本农田和改善农村生产生活条件，近年来，国土资源部在全国重点划定的15.6亿亩基本农田范围内，有计划地对田、水、路、林、村进行土地综合整治。"十一五"期间，全国通过土地整治新增耕地150万公顷，超过同期建设占用耕地的面积，保持了耕地面积基本稳定，对坚守18亿亩耕地红线起到了至关重要的作用。特别是2008年以来，国土资源部会同财政部部署实施了黑龙江三江平原东部土地整理等10个重大工程和湖北仙洪等10个农村土地整治示范建设，今后每年还将安排3~5个示范省份的土地整治重大工程和项目，如图3-5所示。

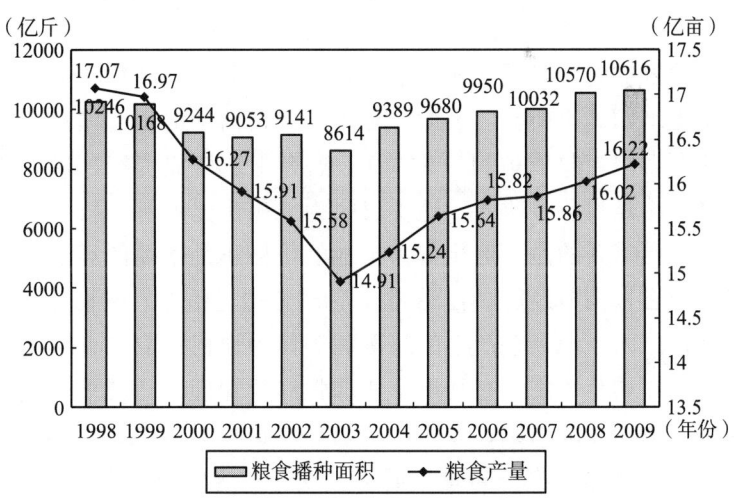

图3-5　我国粮食产量和粮食播种面积变化趋势

资料来源：历年《中国统计年鉴》。

第四章

"私有土地 + 税收财政" 与 "国有土地 + 土地财政" 中西模式比较研究

美国州政府在其财政事务讨论中，涉及地方政府出于增加财政收入的目的而进行土地开发时，使用了"土地的财政化利用"（Fiscal Land Use）的表述，这一提法与我国现阶段出现的"土地财政"现象有些相似。由于土地所有权制度的本质不同，国外并不存在中国语境下的"土地财政"问题。国外不具备我国"土地财政"的基础，因此盲目进行中外比较不具说服力。在中国，"土地财政"是一个客观事实，是一个制度安排。中国不同于西方国家的特殊性是土地实行公有制，《中华人民共和国宪法》规定，城市土地归国家所有。因此，凡用于经营活动的国有城市土地，国家作为所有者应当收取地租（地价）。国有土地变成资产，形成资产性收入，这必然是财政性收入。这不仅因为地租是土地所有权在经济上的实现形式，更重要的是，地租作为土地的价格还是重要的经济杠杆，国家可以运用它来调节经济。在不同级差的土地上经营，企业的利润会有很大差异，把因土地级差产生的超额利润作为地租收取，有利于平均利润率规律发挥调节作用，有利于企业加强经营管理，开展平等竞争。然而，完善的市场经济国家，城市政府这一级的财政收入的 70% ~ 80%，主要是来源于土地税收。同时我们也发现，北美地方政府的财务破产，特别是近来的欧洲国家主权债务危机，暴露出民选制度下，政府的机会主义行为导致过度负债和盲目承诺，加税十分困难。建立在土地国有上的垄断一级市场是中国城市融资的最大优势，虽然近几年来征地拆迁摩擦也急剧增加，但就整体融资而言，效率要高于实行"税收财政"的国家。

第一节　中外土地产权制度比较

一、土地产权制度的内涵

土地产权是指以土地作为财产客体的各种权利的总和，土地产权主要包括土地的所有权，以及构成土地所有权权能的各种其他权利，包括使用权、收益权、处置权、抵押权、赠与权、地上权和地役权等。土地产权制度是指一切经济主体与土地的关系。换句话说是由于经济主体与土地的关系而引起的不同经济主体之间的所有经济关系的总称，主要包括土地权能制度和土地收益制度，前者主要是指经济主体对土地采取某种行为的权利制度，后者主要是经济主体行使他的这种权利所能得到的收益如何的制度。土地的产权制度是与本国的土地政策相吻合，并与经济体制相适应的。

早在 19 世纪末，世界各国的仁人志士就开始对资本主义国家的土地私有权的绝对性进行批判，并提出许多行之有效的"社会化"方案。例如，法国革命家卢梭在其名著《论人类不平等的起源》中具体分析了土地私有制的弊端。马克思在《共产党宣言》一书中指出"剥夺地产，把地租用于国家支出"。霍华德（1898）主张城市政府应是土地的所有者和经营者，不承认土地私有；城市土地的使用应该由政府管理，按城市规划进行建设，实行城市土地收益公有化为中心内容的城市社会变革。[①] 孙中山先生曾提出一定要实行"平均地权"的伟大思想，他在"民生主义"中指出："解决土地问题应在工商业未发达之前，将增值当公——共未来的产。"他提出平均地权的四大纲领，即"规定地价"、

---

① 埃比尼泽·霍华德（Ebenezer Howard，1850～1928），英国社会活动家、城市规划学的创始人，代表作为《明日的田园城市》（Garden Cities of Tomorrow）。

"照价征税"、"照价收买"、"涨价归公",即地价共享的思想①。英国在推行土地公有制方面曾经有过积极的尝试。第二次世界大战后,英国工党政府执政,为了推行规划管理,避免土地私有对社会整体利益规划和土地开发控制的不利影响,工党政府计划拿出3亿英镑作为收购全国土地开发权的赔偿金,把土地开发权"收归国有"。从此,国家可按规划原则去协调全国的土地开发,而无须考虑对个别业主的赔偿责任。但由于随后保守党上台,取消了工党政府的做法,此项计划以失败告终。

二、国外的土地产权制度

(一) 土地所有权的主体

土地产权制度的核心是土地的所有权制度,其他的权利都是由土地的所有权派生出来的。进而,土地的所有权主体又是土地所有权的核心。以下将要介绍的几个国家实行的土地所有制都基本以土地私有为主,并且对产权的界定清晰,在一定程度上促进了土地的流转。

英国的土地产权制度是建立在私有制的基础上,主要包括两个层次:土地的所有权和保有权。全部土地在法律上都归英王或国家所有;英王将土地分给功臣和国民,他们拥有的是土地保有权。

法国也是实行土地私有制的国家,与英国不同的是,农民拥有土地的所有权,可以对土地进行买卖,实现土地的直接流转。

日本实行的土地所有制是以个人为主体,国家所有、公共所有、个人与法人所有并存的一种土地制度。同法国一样,日本的农民拥有土地的所有权,可以租借和买卖土地,进行土地的直接流转。

美国土地以私有制为主,私人所有的土地占60%;联邦政府所有的土

① 早在1905年,孙中山成立中国同盟会时就提出了"驱除鞑虏、恢复中华、创立民国、平均地权"的十六字纲领;同年11月,孙中山在创立的同盟会机关报《民报》发刊词中第一次把同盟会的十六字纲领概括为三民主义,即民族主义、民权主义、民生主义。而民生主义的基本内容就是"平均地权、节制资本"。当时孙中山先生倡导的平均地权的具体办法是:"核定天下地价,仍属原主所有;其革命后社会改良之增价,则归于国家,为国民所共享"。1924年,中国国民党第一次全国代表大会通过的《宣言》,对三民主义的阐释中,"所谓平均地权就是私人所有的土地,由地主估价呈报政府,国家就价征税,并于必要时依报价收买之;农民之缺田地,沦为佃户者,国家当给以土地,资其耕种"。

地占32%；州及地方政府所有的土地占8%。美国法律规定土地私有权神圣不可侵犯，再加之对土地产权界定清晰，故美国的土地也可以自由买卖。上、下级政府之间，若需要使用不同级次政府的土地，只能购买；私人之间的交易也只能通过购买来实现。

俄罗斯的土地产权制度为联邦所有、俄罗斯联邦主体所有和市政当局所有，各所有者均拥有一定的农地和建设用地。

（二）土地所有权的权能

土地产权以土地所有权为基础，具有多权能、多分支、多层次特点。土地所有权权能的明确界定和划分是西方土地所有权的共同特点。以英国为例，英国的产权制度是由土地所有权、土地保有权以及其他各项土地权利构成。但英国的土地权能实质上体现在土地保有权。英国的土地保有权大致分为以下三个层次：土地所有权、自由保有权和土地使有权，相互之间的权能的界定十分清晰。其法律规定，土地保有权的拥有者称为土地的持有者或租借人。土地保有权有两种形式：一种是自由保有的地产权，即通常所说的永业权，自由保有权为保有权人永久持有；在他人土地上居住或使用12年，称为使用者保有。另一种是租用保有地产权，它具有一定的期限，大多是通过协议的方式达成。租用保有权有125年、40年、20年和10年之分，在租赁期内，确定的土地权利和内容不能随意更改，自由保有权人不能随意干涉。

日本是通过一系列的改革，最终实现土地自由流转的，尤其是农村土地。1952年政府颁布了《农地法》，把农地的产权严格限定在实际耕作者的手中，这样不利于土地的流转，限制了生产力的发展。此后日本政府进行了一系列的改革，逐步修订农地法。1961年，日本政府制定了《农业基本法》推动农地产权的自由流动；1970年修改《农地法》解除了对农户拥有土地的土地面积和农户之间租借、买卖土地之间的种种限制，允许通过市场进行租借和买卖，进一步加大了农民对土地的使用权、处分权和收益权。之后更进一步推进农地产权的流转，包括鼓励农地产权向大规模经营农户集中；允许股份公司竞标农地产权和参与农业经营。可见，日本对土地所有权主体的各项权利的规定很明确。法国、美国等其他国家在土地所有权及权能的划分上也有着明确的规定。

（三）土地所有权的限制

土地所有权的限制是指在私人利益与国家利益相互冲突时，国家为了维护公共利益，对私人的土地所有权的内容和所有权的形式进行限制的行为。国内外学者认为这种行为是违背宪法精神的，但对土地所有权进行限制的公共目的性使这种行为具有合法性，而且土地资源与人民的生活、国家的建设和发展密切相关，对其权利进行限制很有必要。世界上大多数国家都对土地的所有权进行明确的限制。但是，这种行为必须在法律的规定范围内进行，而且对土地的征用必须给予合理的补偿。居民可以对国家的这种强制征地行为提出申诉，如果发现国家的征地行为的目的与公共利益相背离，则禁止政府征地。

英国1947年制定了《城乡规划法》，该法规定，一切土地的发展权，即变更土地用途的权利，归国家所有。英国政府是通过支付一定的补偿金获得这种权利的，使土地的发展权国有化。英国通过对土地发展权的垄断保证了土地开发的有序进行。

法国法律规定，土地转让不可分割，只准整体出让，在继承上只允许一个子女继承，这就保证了土地流转的整体性，防止了土地在流转过程中的流失。法律还规定，私有土地只能用于农业，不准弃耕、劣耕和在耕地上搞建筑。如果违反的话，国家有权征购其土地。

美国土地所有者的所有权也是不完整的，联邦政府和州政府享有土地的发展权。在美国，土地发展权依靠土地发展权转移和土地发展权征购来运行。土地发展权转移就是土地所有者将其使用权受到限制的土地上的土地发展权转让给受让人，受让人由此获得土地发展权并支付对价。土地发展权受让人将购得的土地发展权与自己已有土地上的土地发展权进行累加，可以对自己拥有的土地进行额外的开发。土地发展权征购是由美国各州及地方政府出资，用公共资金从土地所有者手中购买土地发展权，从而将该土地发展权掌握在政府手里。国家通过控制土地的发展权来合理地引导土地的开发、流转和征用。

荷兰土地资源稀缺，不仅土地用途管制十分严格，而且规定任何土地交易，政府都可以优先购买。同时，法律又规定，政府不得从土地获取任何收益。政府购买土地的目的，是为了控制房价，解决居民的住房问题。

就是说，荷兰政府的唯一职能就是公共管理，不从事任何经营活动，政府收入的主要来源还是税收。其他西方国家也大体如此。国际经验表明，在成熟市场经济体中，政府管理部门不能同时又是市场经营主体。这应成为中国下一步改革借鉴的方向。

日本的土地所有权同样是被限制的，不仅国家可以对土地进行征收和征用外，对土地的交易也有着严格的限制。

（四）国外土地产权制度的发展趋势

1. 产权制度的核心从土地归属到土地利用

现代土地产权制度经历了从所有权为核心向土地的利用为核心的转变。在资本主义早期，主要资本主义国家把个人的所有权置于核心地位，同样也是强调土地的所有权，忽视土地的利用。这主要是出于资产阶级挣脱封建社会经济锁链的迫切需要。但是随着经济的发展，这种以所有权为核心的产权制度日益难以满足土地的加速流转和规模化经营的需要，因为这种产权制度的立足点始终在于保护所有物的静态归属和支配。产权制度的功能有二：一是确认权利主体对财产的占有和支配，二是促进财产的动态利用。所有权只表明主体对财产的支配或控制状态获得法律的认可和保障，并不意味着财富的增值。社会财富的增长是以财产的不断运动和合理利用、优化配置为前提的。为此，各国都开始对土地的所有权进行限制，转而重视土地的利用。如日本就从重视土地所有者的利益转向重视非土地所有者的利益，在第二次世界大战以前代表归属的土地所有权远远强于代表利用的土地租赁权；在第二次世界大战后则是限制土地所有者的权利，强调土地的租赁权。英国早期的封建土地制度以庄园为单位构成，庄园的土地分为农民保有地、领主直营地及共有地三种，土地承租者的身份很低。在1925年之后，逐渐重视土地的租用权。

这里要说明的是，世界各国土地产权制度从以所有为核心转向以利用为核心并对所有权加以限制，这并非说明土地的所有权不重要。因为人们对土地资源的利用是为了得到地上的利益，如果对所有加以否定的话，也就是说不再保护人们得到的利益，那么任何人都不会去强调利用。再加之，土地的流转以所有权为基础，否定了土地所有者的"所有"，就会造成流转的混乱和无次序，从而阻碍社会、经济的正常发展。

2. 土地产权从地表向空间发展

在工业革命以前，人类对土地的利用主要以对地表的平面利用为主。因此，也只规定了所有者以地表为对象的上下垂直的支配权利。工业革命后，科技水平大幅度提高，有很大的能力和必要去利用空间。无论在城市和农村，发达国家都加强了对空间的利用。如在城市，高架铁路、地下商场；在农村，航空飞行和地下隧道，无疑都说明了这一点。所谓地上权指以在他人土地表面、上空及下空拥有工作物为目的而使用他人土地及空间的权利。这种在空中或地下横切一断层而享有独立的权利，称为空间权，属于不动产权利的一种，包括空中权和地中权。空间权制度的确立，是土地产权的制度的重要发展，它可以明晰土地在空间上的产权，有着非常重要的意义。

最早就空间设立单独权利（Air rights、Airspace rights）的是美国。1927 年，美国伊利诺伊州制定的《关于铁道上空空间让与与租赁的法律》，是美国历史上关于空间权问题的第一部成文法。1938 年新泽西州也进行了类似的立法。1958 年，议会承认州际高速道路（Inter State High Way）的上部空间与下部空间可作为停车用的空间而予以利用。从此以后，空间权概念开始得到美国社会的普遍承认。

1966 年，日本修正民法典时，追加规定了空间权（即区分地上权）制度，规定："地下或空间，固定上下范围及有工作物，可以以之作为地上权的标的。于此情形，为行使地上权，可以以设定行为对土地的使用加以限制。"可见，此时日本也对土地产权的空间权加以重视。

德国有关空间权的规定最早见于 1896 年《德国民法典》第 1012 条的规定：土地得以地上权方式"设定其他权利，使因设定权利而享受利益的人，享有在土地的地上或地下设置工作物的可转让或可继承的权利。"1919 年，德国单独制定了共计 39 个条文的《关于地上权之命令》，并赋予该命令与法律同等效力。

三、与中国土地产权制度的比较和启示

（一）明晰土地产权的所有权主体，严格界定主体边界

《中华人民共和国土地管理法》第八条规定，城市市区的土地属于国

家所有，农村和城市郊区的土地，除由法律规定属于国家所有以外，属于农民集体所有；宅基地和自留地、自留山，属于农民集体所有。可见我国的土地产权的主体是国家和集体，而外国土地产权的主体大多是私人。从上述的规定来看，产权主体规定的似乎很清晰，其实不然。我国存在着三个土地产权主体：土地所有者、土地宏观管理者、土地使用者。无论城市还是农村都不同程度的存在所有权主体不明晰的问题。城市土地是国家所有，但是哪级政府代表国家并没有界定清楚。由于产权主体不明晰，导致了多头批地、越权批地的现象。

我国农村土地所有权主体不清。现行法律规定不统一，主要表现为三种所有权主体：乡农民集体、村农民集体和村民小组农民集体。虽然都是农村土地所有权归集体，但实际上并没有明确的主体边界。《土地管理法》第十条规定："农村集体所有的土地依法属于村农民集体所有的，由村集体经济组织或者村民委员会经营、管理；已经分别属于村内两个以上农村集体经济组织的农民集体所有的，由村内各该农村集体经济组织或者村民小组经营、管理；已经属于乡（镇）农村集体所有的，由乡（镇）集体经济组织经营、管理。"然而，现行的立法模式并没有为"集体"作出严格界定，对所有权主体多级性和不确定性的规定，造成了集体土地所有权主体的虚位，导致集体土地人人所有却人人无权。因为农村实行家庭承包经营为基础，统分结合双层经营体制以后，农村集体经济组织大多解散，原来属于乡（镇）、村集体经济组织所有的土地已经分给各村内小组的农户承包经营，而且当初分地的时候土地权属登记手续大多不健全，在土地未被征收时这种潜在的权属不清问题一般不太引人注意，但是当面对补偿金问题的时候，潜在的问题就充分暴露出来，三个主体都争抢土地补偿金，属于村内小组所有的土地被征收后，乡（镇）、村克扣、截留补偿金的不正常现象大量存在，补偿金落实到真正土地权利人手中时已所剩无几，如表 4-1 所示。

表 4-1　　　　　　　　　中国农村土地产权制度变迁

时间	进程	土地所有权形态	土地经营权形态
1953~1958	初级社	农民个体所有	初级社内劳动群众集体统一经营
	高级社	劳动群众集体所有	高级社内劳动群众集体统一经营

续表

时间	进程	土地所有权形态	土地经营权形态
1958～1983	人民公社	先后经历公社—大队—生产队三级所有	先后经历公社—大队—生产队三级劳动群众集体统一经营
1983～2009	后人民公社时代	村农民集体所有	村集体经济组织或者村民委员会经营、管理
		村内两个以上农村集体经济组织的农民集体所有	分别属于村、由村内各该农村集体经济组织或者村民小组经营、管理
		乡镇农民集体所有	乡镇农村集体经济组织经营、管理

资料来源：程雪阳：《公法视角下的中国农村土地产权制度变迁：1920～2010年》，载《甘肃行政学院学报》2010年第1期。

（二）加大土地所有权权能的分离程度

我国《土地管理法》规定：国有土地和农民集体所有的土地，可以依法确定给单位或者个人使用；农民集体所有的土地由本集体经济组织的成员承包经营，从事种植业、林业、畜牧业、渔业生产。可见农民享有对土地的承包经营权，并且从我国的实际来看农民同时有对土地的占有、使用和收益等权利。在城市，人们享有土地使用权、收益权、占有权和抵押权等。在国外主要资本主义国家土地的所有权权能与所有权之间的分离相当成熟。譬如，土地的开发权、土地的抵押权和土地的租赁权。在我国，土地所有权权能的分离并没有国外那么完全，尤其是在农村，实际上农民并不享有土地的处分权，只享有土地的使用权以及使用权之上的占有权和收益权。农民的土地用途不能改变，只能通过国家的征用改变土地的用途，这大大阻碍了土地的流转程度。故我国需要加强土地所有权权能建设，使土地的所有权能与所有权分离，并能独立地在市场上进行交易。

在社会主义市场经济条件下，随着农地使用方式日益多样化，农地所有权以外的产权制度的建立和完善至关重要。如上所述，用"土地使用权"或"承包经营权"来概括农地利用的产权关系是不够的。可以在此基础上加以改进：

（1）设立一个物权性质的权能，即耕作权，以反映农民根据家庭承包制依法从集体中取得但不以偿付为条件的土地使用权利。

（2）根据实际经济关系，对原来的"土地使用权"的概念进行分解。

农地利用的权利可以分为：建筑工作物的权利、种植的权利、对邻地利用的权利、开垦荒山荒坡的权利、矿产勘探和开采时对农地利用的权利等。种植权利又可分为根据家庭承包制从集体中直接获得的权利和从农地流转中获得的权利。其中，前者就是耕作权，后者可以用"农地使用权"概念来反映。在这里，"农地使用权"是一个债权性质的权能，比较符合习惯上使用的"土地使用权"的内涵。根据这样的设想，借鉴国际的惯例，原来的"土地使用权"可以分解为6个权能，即地上权、耕作权、农地使用权、相邻权、地役权、垦拓权、矿地使用权等。

（3）土地处分权及其归属可细分为出让权、转让权、出租权、转租权、回收权、担保权、赠与权等。此外根据社会主义市场经济发展和农地流转的客观要求，对新出现的或可能出现的经济关系设立了新的产权权能，包括借用权、抵押权、承包权、入股权等。

（三）完善我国的土地所有权的限制方式，加强对公共利益的界定

国外和我国对土地所有权的限制都是出于公共利益，但二者对土地所有权的限制方式却存在很大的区别。国外的土地产权制度主要是土地的私有制，私人拥有土地的所有权能。国家通过对土地的一两项权能进行限制，以达到国家合理利用土地的目的。而我国主要是把一两项权能分离出来赋予人们，而国家掌握着其余土地的权能，而且我国对土地所有权的限制会更加严格。因此减少土地所有权的限制，加快土地的流转是日后我国改革的必然趋势。另外，对土地的征用，国外和我国都是出于公共目的对土地的产权加以限制，但是实际上对它的界定却截然不同。国外对公共目的的界定存在或多或少的差别，但基本上都是相当精确的。但是我国却把公共目的的范围扩大和模糊了，不仅包括公共目的，而且还包括商业建设需要，实际上是把出于公共目的的征地扩大到了其他经济领域的建设中去。所以我国应该加强对公共目的的界定，把商业建设用地等的征地行为排除在外。

（四）加强对土地利用的重视

借鉴西方的经验，土地产权是从以所有权为核心到对土地利用的重视。我国目前的土地产权忽视对土地的利用。譬如，严格限制农民改变土

地用途，农地改变用途只能通过国家征用。目前国家虽然加强对集体建设用地的市场化，但是成效不大。为了加强土地的流转，我们必须进一步重视对土地的利用，推进集体建设用地流转的市场化。改变目前"泛粮食安全政策"①，突出保护基本农田，放开其他农村土地的管制。目前我国的泛化的粮食安全政策，把农村所有的土地都划入严格管制范围，大大降低了稀缺土地的使用效率，在某种程度上弱化了农民的土地权利，导致城乡土地"同地不同权"。实际上在我国广大农村，除了种粮之外的地，还包括农村宅基地、四荒地等，这些土地目前在泛化的粮食安全政策下，也不能进行抵押贷款与商用，不能够进行自由流转。其实农民的宅基地与粮食安全关系不大。未来国家应该对承担粮食安全的基本农田进行严格限制，除此之外的土地经营应该放开，这样也能够激活农村土地使用效率，让农民获益。

（五）重视我国土地空间权的建设

目前我国城市土地归国家所有，这部分空间权理应也是属于国家的。但是对于农村土地的空间权，有些学者认为也应该归于国家所有，笔者认为这不一定有利于农业的发展。因为随着农业现代化的发展，地表上的农用工作物不断增加，如架设或铺设农用管线等，因此农用土地空间也会不断增加；如果集体土地所有权仅仅限于地表，空间发展权属于国家，那么农村集体组织和农户利用空间就必须向空间所有者支付租金。电信、航空、电力等部门行使空间使用权而损害或基于安全考虑要求清除树木、农用地上工作物时，却不需要向农村集体组织和农户支付补偿。而农民需要用集体建设用地的空间权，则需要向国家交纳一定的费用。

笔者认为，对农村土地空间所有权的界定，除国有土地空间所有权和地下矿藏等自然资源所有权归国家外，其他集体所有的土地，其空间所有权应遵循物权法中的先占原则，先占即取得所有权。那么根据先占原则，国家已经铺设管线、架设高压线、开辟航路、划定机场净空保护区、建成为桥梁隧道等的土地，其空间所有权归国家所有，农村任何集体组织和个人不得妨碍空间所有人和利用人行使权利。相反，农村集体组织和农民已

① 郑风田：《主粮安全比泛粮食安全更靠谱》，三农中国 http://www.snzg.cn。

经种植、建成地上工作物等的土地，其占有的空间所有权属于农村集体，国家因为公共目的需要征用的，需要向农民付出一定的补偿费，才可实行征用。若是企业或国家不是因为公共目的需要使用土地空间权的，则需要和农民协商，通过协议出让的方式出让空间权。

第二节　土地流转制度的中外比较与借鉴

一、农用土地流转制度的国际比较

土地流转制度是土地制度中的重要内容。根据土地制度的不同，土地流转的含义也不一样。一般来讲，土地流转是指权利主体把土地权利全部或部分转让给其他主体的行为。根据土地流转的范围不同，人们对土地流转的理解有所不同。一是土地流转在农业内部发生，主要是指土地在不同的耕种者之间流转，土地的用途没有改变。人们通常将这个范围内的土地流转称为狭义的土地流转；二是土地流转从农业外部发生，主要是指土地从农业转变为非农用及其之后的土地交易。无论是从哪个范围内来讲，判断土地流转是否实现的标准只有一个，就是看土地权利的主体是否改变。而我国在农业内部集体用地的流转方面受到了很大的限制；在农业外部发生的流转，只能通过国家的土地征用制度实现。比较研究日本等发达国家和我国的香港、台湾地区的土地流转制度，借鉴它们在土地流转方面的有益经验，对我国大陆的土地流转制度的完善有着重要的意义和参考价值。

比较国际通常情况，我国农地流转制度具有非常独特的性质和结构。图4-1描述的是国际上通行的土地流转制度，图4-2描述的则是我国农地非农化的途径，箭头表示权利的流向，虚线表示活动被禁止。从国际视角来看，农村土地转化为城市商业用地，是一个较为纯粹的市场过程，代表的是一种土地交易关系，城市土地使用者必须与农地所有者就土地转让进行谈判，待土地转让完成后才能对土地进行商业开发。市场机制在这里表现为一种利益保护机制，它通过谈判转让的方式保证了农民在土地上的利益决定于自己的意愿和选择。在城市化进程中，土地所有者通过直接参与土地交易，凭借其谈判权可以分享城市化带来的收益。在图 4-2 中，代表的关系是一种土地征收与被征收的关系。从土地供求关系来看，它是行政机制替代了市场机制。从取得土地方式来看，征地取代了买地。一般地，土地征用是国家为公共需要或公共用途行使其最高土地所有权（终极所有权），强制获取私有土地（我国主要指农村集体土地）并给予补偿的一种行为。可见，土地征用制度是对土地所有权的一种限制形式，它具有四个特征：公共目的性、强制性、权属转移性、补偿性。

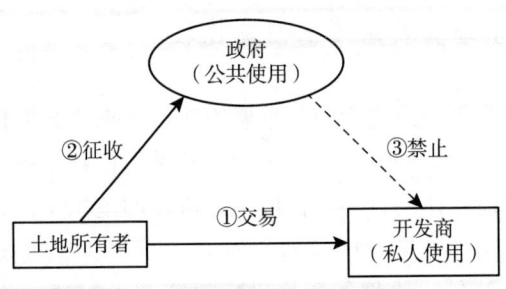

图 4-1　国际通行的土地流转制度

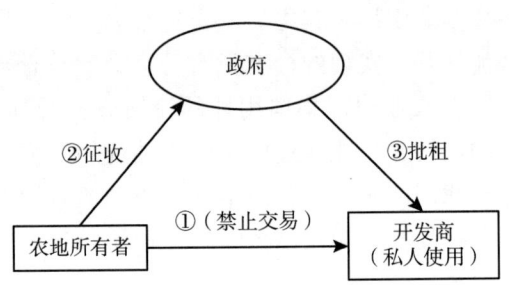

图 4-2　我国农地非农化途径

二、国外的土地征用制度

（一）土地征用的必要条件

公共目的性是土地征用权合理行使的唯一标准。土地征用制度的核心在于无须取得土地所有人同意而强制取得。由于土地征用权的法律规则与土地所有权受法律保护的规则之间发生冲突，因此土地征用权是否合宪以及是否被滥用，长期以来在理论上备受争议。但是由于公共利益的正当性以及土地征收权行使的公共目的性，使得土地征收权的合宪性得以成立，而且还成为评判征收实践中一项具体征收行为是否合法的根本标准和防止征收权滥用的重要措施。为此，世界各国宪法中通常都将公共利益的需要明确定义为财产征收的必要条件。立法上，公共利益需要除了直接为公共使用外，还包括具有公共利益的用途，范围较为广泛，且具有一定的弹性。

在法国，公共目的的需要最初主要是指公共工程建设的需要，到20世纪，公共目的的需要已扩大到社会经济生活的各个领域，不仅指公共的、大众的直接需要，而且包括间接的能够满足公共利益需要的需要，以及行政主体执行公务和政府进行宏观调控的需要。

在日本，有关法律规定的公共、公益事业，及住宅用地开发建设事业等，都可以成为征收土地的公共目的。具体是指与国家社会生活、生产和科学研究等基本公共利益相关的各种用地，包括公路建设、路外停车场建设、消防设施、博物馆、图书馆、中央批发市场、地方批发市场等35种公益事业项目。

在加拿大，公共利益范围严格限制在为公共服务的交通能源、水利、环境保护、市政建设、文物遗迹保护、学校、医院以及社会福利等方面。

在美国，凡公共建设需要，都可实行土地征收，如果一些私有企业①能给它所在的城市，乃至给国家经济发展、安置就业、政治稳定都带来益处，支持这样的企业也具有公益性。

（二）土地征用的补偿原则

宪法作为根本大法，是一国法律、法规等规范性文件的立法基础，应该对基本的问题做出规定。考察国外的大多数宪法，无论是"完全补偿"、"公正补偿"、"公平补偿"还是"相当补偿"，基本上对土地征收补偿的

---

① 这些企业通常指，为了实施公益事业或公共需要的项目，或为了从事公益事业所进行的商业活动，由民间法人组织起来并在一定程度上受到政府控制的、具有一定垄断性的机构。

原则做出了明确的规定。它们对征地补偿制度所采取的立法体例，往往是在宪法中对土地征收补偿的原则规定基本的条款，然后在单行法律中以土地征收补偿原则为基础，分别规定具体的标准。我国宪法对征地补偿应依据何种原则进行补偿并没有明确。虽然在2004年的宪法修改中明确了补偿条款，但是对补偿的原则却没有明确，征地补偿原则缺乏宪法基础。

(三) 土地征用的补偿范围

从补偿范围来说，国外土地征用制度的补偿范围较广，从各个不同的角度对征用人遭受的损失给予全方位的补偿。从各国补偿项目看，主要有两项共同点：地价补偿、地上物补偿。当然还有连带损失经常也能得到补偿，但是对其进行补偿的范围各国存在一定的差别。而对土地征收的间接损失则通常不予补偿；因征收引起的精神损失，各国往往也因其具有很大的主观性，不易计量，没有将其纳入补偿的范围。笔者认为，对间接损失不予补偿是合理的，但是对精神损失不予补偿还有待进一步探讨。故从长远角度，未来的补偿范围的发展趋势是：除了对有形的损失进行补偿外，还将考虑对精神损失进行补偿。

加拿大土地征收补偿制度规定，补偿的范围包括：(1) 被征收部分土地价值的补偿；(2) 有害或不良影响补偿，主要针对被征收地块剩余的非征地，因建设或公共工作对剩余部分造成的损害，可能还包括对个人或经营损失及其他相关损失的补偿，这种补偿不仅包括被征地，还包括受征地影响的相邻地区的非征地；(3) 干扰损失补偿，被征地所有者或承租人因为不动产全部或基本征收，因混乱而造成的成本或开支补偿；(4) 重新安置的困难补助。

日本的土地征收补偿有：(1) 征收损失补偿；(2) 通损补偿 (对权利人因征地而受到的附带性损失进行补偿)，如搬迁补偿、歇业、营业规模缩小等赔偿；(3) 少数残存者补偿，对因征地使得人们脱离开生活共同体而造成的损失的赔偿；(4) 离职者的赔偿，对土地权利人的雇佣人员因土地被征收而失业时发生的损失进行的赔偿；(5) 事业损失赔偿，对公共事业完成后造成的噪声、废气、水污染等损失的赔偿。

英国土地征用补偿的范围包括：(1) 土地 (包括建筑物) 的补偿；(2) 残余地的分割或损害补偿；(3) 租赁权损失补偿及因征用而引发的

损害；（4）迁移费、经营损失等干扰的补偿；（5）其他必要费用支出的补偿（如律师或专家的代理费用、权利维护费用等）。

德国的土地征用补偿范围包括征收补偿的范围，即"权利损失及其他财产上之不利益"。所谓权利损失是指被征收土地或其他征收标的物的价值损失（即实质损失）；所谓其他财产上之不利益（即结果损失），包括营业损失、因分割造成不动产价值的降低、迁移费、必要的法律咨询费、权利维护费用等。与不动产联系在一起的财产性或者强制性权益，如抵押、公务负担、租赁关系等，原则上因征收而终止，但必须予以补偿。而间接的后果损失则不在补偿范围之内。

我国台湾的土地补偿项目包括：（1）地价补偿；（2）改良物补偿；（3）改良物迁移费；（4）连接地的损害补偿。但未将因征地而附带引起的营业损失、离职者赔偿、事业损失赔偿等列入补偿范围。

（四）土地征用的补偿标准

各国对土地价值的补偿价格都是以被征用土地或类似性质的附近土地的市场价格为依据。有些国家还规定了土地估价的基准日期，在土地转让之前一定期间的实际用途来确定土地的补偿价格，有效地防止了土地投机行为，对土地市场的健康运行起到了很大的作用。

根据美国财产法，合理补偿是指赔偿所有者财产的公平市场价格，包括财产的现有价值和财产未来盈利的折扣价格。美国土地征用补偿根据征用前的市场价格计算标准，它充分考虑到土地所有者的利益，不仅补偿被征土地现有的价值，而且考虑补偿土地可预期、可预见的未来价值。另外，在土地征用补偿时，还必须考虑补偿因征用而导致邻近土地所有者经营上的损失。

德国《联邦建设法》第95条规定，土地征收补偿费"依被征收土地之交易价格算定之。"交易价格以征收机关就申请征收为决定时之交易价格为基准。即使在提前占有的情况下仍以决定时的价格为准。该法规定，所谓交易价格是指在一般交易上依公平条件、事实状况、其他特性及土地状况等标准所估定，而不考虑特殊及个人之关系所查得价格而言。这种标准在德国联邦最高法院的判词中有生动的表述：补偿金应可以购买到同样种类和质量的财产，从而平衡被征收人的损失。

加拿大对于土地征收的补偿一般通过法定征地单位与被征地的非正式谈判来解决，如果双方不能达成协议，则在取得土地前的一定期间，由征地机构为被征地者提供"法律出价"。如果还达不成协议，双方可以向谈判委员会（如安大略省市政委员会就是这种特别行政法庭）提出诉讼、要求谈判、请求仲裁。谈判委员会作出仲裁决定。如果依旧不同意谈判委员会的仲裁，任何一方可以向法院提出申请并作出最后的判决。

英国对土地补偿的估价日期做出了严格的限制。英国的土地征用评估准则规定，加入补偿金额为双方所同意时，则以土地征用通知日期为估价日期。加入土地征用补偿争议上诉时，则以土地法庭听证的最后一日为估价日期。这样规定主要是由于土地在征用时往往需要通知土地所有权人及其他权利人，在取得土地时往往需要几个月的时间，而在这几个月的时间里，物价上涨也是可能出现的情况，如果土地估价的日期不加以规定的话，就会造成征用者和被征用者之间的矛盾。

日本规定补偿金额需要以被征用土地或附近类似性质土地的市场交易价格为准。土地估价日期为契约缔结之时。

法国的土地征用补偿价格是以征用裁判所一审判决之日的价格为基准计算的。同时为了防止土地投机行为，应以土地转让前一年的实际用途为准。

（五）土地征用补偿的方式

各国的土地补偿方式有两种：（1）以现金发放为主，实物补助为辅；（2）完全以现金发放。主要是考虑：一是，现金是社会的一般等价物，是一种社会财富；并且是流动性最强的资产，可以灵活使用；二是，现金在物价上涨，通货膨胀严重的情况下，贬值很快，财富流失。为了缓解被征地者的情绪和满足他们的生活，可以实行实物补偿辅助的方式。

法国规定原则上用货币支付，近年来也出现实物补偿方式。实务上依据受补偿对象的不同，补偿的方式有些差异：（1）征收从事工业、商业和手工业人使用的承租房屋时，征收单位对于主要的补偿可以选择给予金钱补偿方式或同样条件房屋补偿方式。（2）征收生活用房时，征收单位必须为承租人安排住房，新的住房应符合房客的生活需要，费用和规格不超过低房租住房标准，同时补偿他们的搬家费、安置费和其他损失，卫生设备、照明设备的折旧费。对于房东则没有安置住房义务，可以选择下列方式给予补偿；重新安排住房；给予优先得到低房租房屋所有权的待遇；给予优惠的建筑贷款。（3）家庭耕作土地公用征收时，征收单位应为家庭成员提供同样条件的土地。

德国法律规定，征用地单位可以用金钱或其他方法予以补偿。这里的其他方法主要是指土地或其他权力（土地的共有权、类似土地的权力等等）。但是在德国，金钱补偿是原则，金钱以外的补偿方法须有法律的明文规定并以被征收人的申请为条件。

日本的土地补偿方式经历了从金钱补偿到以金钱补偿为原则，实物补偿为例外的发展模式。这种方式实际上是借鉴德国的做法形成的。目前的实物补偿有现物给付、迁移地代行补偿、替代地补偿和耕地造成补偿等。

我国台湾地区的土地补偿制度也是以现金发放为主体，在例外情况下，可以搭发土地债券或发给土地债券、搭发土地债券及公营事业股票、抵价地补偿。

（六）土地征用程序

从各国的征收程序来看，为了保护被征地者的合法权益，对土地征收的程序都有着严格的限制，大致包含四个阶段：（1）土地征用是否符合公共目的的认定；（2）土地征收范围的确定，一般由需用地人向政府机关申请，再由政府机关予以公告并通知被征地人；（3）补偿标准的确定，在此阶段如果双方达不成协议，则可以通过裁定乃至上诉加以解决；（4）征收的完成。一般来说补偿金的支付，征收便发生物权效力。

加拿大通常的征地程序包括：征地者向征地审批机构提出申请；征地者通知被征地的所有者；在当地媒体上发布公告；审批机构派调查员调查；发送审批证明；土地所有者申请补偿；与征地者达成补偿协议；征地者进入土地等。

美国征地程序是：具有审核资格的正式审核员审查；审核员在征得土地所有者同意后进行实地调查、汇总并提交审核报告给负责征地的机构；高级督察员进一步研究能否同意审核员提交的报告中的补偿价格；征地机构向土地所有者报价，若产权人与政府机关间有分歧则进行谈判；达成新的补偿价格；若仍不能达成一致意见，政府及有关机关可实施强制征收。

日本征地程序：申请征地；登记土地和建筑物；起业者与征地者达成

征购协议；如果达不成征购协议，申请征用委员会的裁定；土地裁定；让地裁定；征用终结。

我国台湾地区对于土地征收程序的规定主要为：需用土地人的征收申请；征收的核准及核准征收土地案的公告并通知；补偿金额的确定及发放；土地权利或使用的迁移完成。

（七）土地增值收益分配

在土地增值收益分配的实践方面，各国也都进行了有益的尝试。第二次世界大战后，为解决几百万军人家庭的住房问题，英国首相丘吉尔实施了新城计划，先后建设了 30 多个新城。在此过程中，政府设立的开发公司将新城规划区内的土地以农用地的价格收购，基础设施和新城建设所需的资金由财政以长期债券的形式提供，再由新城建设产生的土地增值收益来偿还。地方政府将城市发展最具潜力的土地预先收购储备，土地出让后的收益用于城市基础设施建设和提升社区环境等。最早由美国建筑设计师哈里森·弗雷克提出的公共交通导向型发展模式（TOD），主要思想是将城市交通建设与土地利用有机结合，通过规划预先控制轨道交通各节点周边一定范围的土地，其中包含了轨道交通建设所带来的土地增值收益归全民所有的理念。

三、对我国政府土地征用的启示与借鉴

（一）界定我国公共目的的外延，防止土地征用制度的滥用

我国《土地管理法》规定："国家为公共利益的需要，可以依法对集体所有的土地实行征用。"，"任何单位和个人进行建设需要使用土地的，必须依法申请使用国有土地，依法申请使用的国有土地包括国家所有的土地和国家征用的原属于农民集体所有的土地。"这些表明我国政府取得土地所有权方式的核心特征是具有强制性，它不以土地所有权人的同意为前提，是一种典型的"管理型交易方式"。我国的土地出让一级市场国家垄断，使得农地要进入市场，必须通过国家征收的程序；同时，任何单位和个人进行建设需要用地的，可以申请国家土地。

为了防止土地征收权的滥用，我国应当借鉴市场经济国家的经验，严格界定国家征地的"公共利益"的范围。同时，这里界定的公共目的也应该具有一定的弹性，包括直接用于公共利益，而间接带来公共利益的土地征收也应该包括在内。英国《强制征购土地法》规定征地部门必须证明该征地项目是"一个令人信服的符合公众利益的案例"，如需证明该项目带来的好处超过某些被剥夺土地人受到的损失。这一规定在帕累托最优的标准上，从全社会经济利益的角度对英国政府行使征地权形成制度上的限制。笔者认为，首先，可以对公共目的做列举性的界定：国防军事建设用地；能源、水利、交通、供暖供气、供水供电、电信等用事业和市政建设项目；文化、教育、卫生、体育、环境保护、城市绿化、文物保护等事业；政府机关用地；慈善、救助等社会福利事业建设用地等。其次，明确我国土地使用权的范围，各种非公共目的的用地需通过国家土地使用权市场进行，包括在农村集体使用权市场进行。

（二）转换土地征用的补偿原则，扩大补偿范围

我国《土地管理法》规定的征收补偿范围包括土地补偿费、林木补偿费、青苗及地上附着物补偿费、安置补助费、房屋补偿费和搬迁安置费等与被征用客体有直接关联的经济损失。该规定的补偿范围较为狭窄，无论是对难以量化的附着物损失还是对可以量化的财产损失都未列入补偿的范围。而西方国家的补偿范围不是以被征地人所获的收益，而是以他们所受损失的总和来确定的。故笔者认为需要扩大土地补偿的范围，逐步将残余地分割损害、经营损失以及其他各种因征地所致的必要费用等可确定、可量化的财产损失列入补偿范围。我国土地补偿制度可以理解为不完全补偿，在实务中是按照土地的原用途给予补偿，这一制度曾经适合我国经济发展情况，但随着我国工业化、城市化进程的加速和综合国力的提高，我们应该仿效西方国家并结合我国的具体国情实施合理补偿，提高补偿的力度，但不能一次性改革为完全补偿。若为完全补偿，则会加大我国财政压力，可能会制约国家和社会的发展。

（三）采用多元化补偿方式，提高我国土地征用的补偿标准

我国《土地管理法》规定土地补偿费用包括土地补偿费、劳动力安置

补助费以及地上附着物和青苗补偿费。我国目前的土地征收补偿标准是按照"产值倍数法"来确定补偿的，补偿原则是"维护农民原有的生活水平"。与西方国家以"市场定价"为核心的土地补偿制度相比，差距仍然很大。要改革我国的补偿标准，可以将"产值倍数法"改成以市场和区位相结合的补偿模式。对农民的补偿要以相同和类似土地的市场交易价格来确定，同时要考虑土地的地理位置对价格的影响。

我国的土地征收补偿方式以货币化为主，在特殊情况下也可以使用其他方式，如拆迁户的住房安置、农业人口转为非农业人口、实物产权调换、移民安置补偿等。笔者认为，可以赋予被征收人替代地补偿请求权和留地补偿请求权。留地补偿是指在征地时，为了保障被征地后农民的生产、生活，支持被征地的农村集体经济组织和村民从事生产经营活动所安排的建设用地。替代地补偿是指以国有宜农土地作为替代地补偿给农民，解决其就业问题。但是这种请求权是被征用人可以选择的，征用人不能强制。时机成熟时，还可以仿效我国台湾地区搭发土地债券或发给土地债券、搭发公营事业股票等措施。政府还可以提供就业指导，帮助农民就业。用土地的征用费中的一部分拿出来建立失地农民的社会保障体系，解决农民的后顾之忧。

（四）完善我国土地征用程序

我国的土地征收程序规定为：征收申请及批准、补偿方案的拟订及批准、拨付发证。与国外的征收制度相比我国缺失了对征用的公共目的的审批。但是这一环节却是整个征用土地程序的核心，它表明土地征用的合法化。而且国外这一审批权限是掌握在中央政府手中。笔者建议：要在土地征用过程中增加对土地征用的公共目的的审批，并把这种权限赋予国务院或省、自治区、直辖市人民政府。关于西方发达国家的被征用者及相关权利人参与土地征用的各个环节，并可以维护自己的权利。我国应该加以借鉴，不仅要坚持征用的公告制度，而且要在土地的报批前，对拟征用土地的用途、补偿依据、标准和地理位置等方面加以披露，并由政府对被征地农民进行直接补偿。当前，政府是建设用地的所有者，又是集体土地征用的管理者或执行者。如若缺乏有效的监督，易使相关部门发生不规范行为。通过设立全国性的土地征用委员会，实行垂直领导和同级政府领导相结合，但是以垂直领导为主，独立负责土地的征用和裁决征地双方的争议，以保证土地征用的合法和有效性。

（五）调整土地收益分配政策

前文曾提到，通过改进和完善对农民的征地补偿制度来适当缩小土地征、卖之间的价差，压缩征用农民土地后出让的差价空间，来调整政府与被征地农民之间的土地收益分配关系。此外，调整中央与地方政府之间的土地收益分配关系，还可以通过中央政府参与土地出让金的分享，来降低地方政府对土地出让收入的依赖。政府还可设立财政稳定基金，将政府在资源丰沛期获得的一部分"超额"收入存储起来，以备资源枯竭时使用，这是化解财政收支不可持续性和财政收支弹性系数过高带来的财政风险的一种有效办法。政府用"过剩"的或"额外"获得的资源收入形成的专门财政稳定基金，以保持政府预算的长期稳定。稳定基金不仅能保障财政制度的健全和稳定目标的实现，使反周期操作的财政稳定政策能够在财政健全的基础上进行：在经济衰退导致收入大量减少时，稳定基金能使政府维持必要的支出水平，而不必过分依赖削减支出或提高税率来维持预算平衡，可避免财政紧缩导致的宏观经济波动加剧。在经济高涨时期，增加的额外收入用于储备或偿债，可避免不合时宜的财政扩张。借助于财政稳定基金，使中央与地方政府具有新的财政决策机制，使财政收支系统能对经济周期带来的不稳定做出反应，修正财政收支对景气循环的恶化效应。

第三节　中外公有土地租赁制度的比较与借鉴

一、公有土地租赁目标设定的国际比较

国际上通行的土地批租制度与我国的土地出让制类似，是将土地使用权出让的土地供应制度，指承租人在租期开始时支付给政府一次性地价以获取、变更或扩展土地权利。土地批租主体主要有政府批租和私人批租两

种方式；对土地租金管理方式主要采取混合租金制度。政府批租首先先缴纳一笔土地出让金，再在使用土地的期间内每年都缴纳一笔租金。私人批租主要采取按年缴纳租金的方式，即所谓的年金制。有人认为香港的批租制度是英国专门为香港这个殖民地专设的，其实不然。实际上，在英美法系中的国家，特别是在发达的市场经济国家，这并不是个案，而是具有普遍性。在美国，批租制度主要是在一定的年限内，租借动产或不动产的安排，其中规定承租人有权使用该土地或产业，但出租人继续保持其所有权。从世界范围内来看，尽管相当多的国家实行土地私有制，但政府都或多或少地拥有一定数量的土地，并且在一些国家（或城市）建立了比较完善的公有土地有偿使用制度，或公有土地租赁制度。其中，实施历史较长的有芬兰、荷兰、瑞典、中国香港和澳大利亚堪培拉市等。按照各国（包括城市）政府收取地租的形式，公有土地租赁制度可分为土地批租制度和年租金制度。澳大利亚的堪培拉市和中国香港等地政府以实施土地批租制度为主；年租金制度是指承租人向政府按年支付地租，芬兰和瑞典实行的是年租金制度，荷兰则允许承租人在年租金和一次性地价之间进行选择。

公有土地租赁是一个有弹性的土地管理工具，它可通过把一系列相关的强制性合同条款与地租的结合来达到多方面的目标。各国政府实施公有土地租赁制度的一般性目标包括：回收政府基础设施投资带来的土地价值增值部分；获取财政收入；促进城市发展或改造；为政府机构用地或绿地等公共目的用地储备或保留土地以及稳定土地和住房价格等。但大多数政府很难同时实现上述所有目标，因为目标之间可能会存在排斥和冲突，一个目标的实现往往要以牺牲其他目标为代价。比如，对于打算为公共用途而保留或储备土地的国家（地区），政府会放弃将土地出租给私人用于商业或住宅开发的潜在收入。再如，政府的土地收益极大化目标与稳定土地和住房价格之间也可能存在矛盾，中国香港就是一个例证。多年来中国香港政府依赖土地批租收入为公共支出筹资，显然不利于房地产开发土地成本的降低，住宅市场上房地产价格的抬升使人们能支付得起的房子越来越少，中国香港的土地收益极大化目标已经与稳定土地与住房价格目标产生冲突。尽管政府把土地批租收入的很大份额投入于为低收入者举办的公共住宅项目，但仍然有许多家庭很难买得起住房。正因为政策目标之间存在矛盾和冲突，因此政府希望在公有土地租赁制度所要达成的诸目标之间进行权衡和协调。

比较而言，只有我国香港特区强调运用土地批租制度来筹集公共收入，这主要是因为中国香港的财政体制和税收制度有其特殊性。财政体制上，1997 年以前中国香港在财政上独立于英国，1997 年回归后也依然保持财政独立，这样中国香港政府没有政府间的财政补助作为辅助的收入来源；同时在税制设计上，中国香港的公司税和个人所得税等税种的收入有限，难以满足政府的开支需要，这样中国香港政府不得不依赖于土地批租筹集收入。而荷兰、瑞典、芬兰、澳大利亚等国家的地方政府因为有来自上级政府的转移支付作为财源补充，地方税收体系也相对完善，因此这些国家（或城市）公有土地租赁制度目标定位的特点是优先考虑调控土地开发、促进城市建设和稳定住房价格等公共政策目标。如澳大利亚的堪培拉市主要依靠公有土地租赁制度为澳大利亚的首都建设储备土地，芬兰出租公有土地的主要目标则是促进城市发展和住宅开发。尽管一些国家在公有土地租赁制度目标体系中也有增加财政收入的目标，如荷兰和瑞典等，但这仅仅是第二位的次要目标，并且从实际情况来看，公有土地出租收入在财政收入中所占的份额很小。1999 年瑞典土地出租收入占地方政府总收入的比重仅 5%，荷兰阿姆斯特丹市土地出租净收入只占地方政府开支的1.3%。国际经验说明，应该根据本国国情合理设定土地出让的政策目标，并在各目标之间按照轻重缓急的原则进行权衡与协调，一般而言，财政目标应服从于促进城市发展、满足公共目的用地需要以及稳定土地和住房价格等公共政策目标，如表 4-2 所示。

表 4-2　　　　　　　　　公有土地租赁制度目标的比较

国家和地区（城市）	目标
荷兰	调控土地开发；增加地方政府收入
瑞典	降低住房成本；增加财政收入
芬兰	促进城市发展和住宅开发；收回土地价值增值的公共份额
中国香港	筹集财政收入
澳大利亚堪培拉市	调控土地以建设澳大利亚首都

二、与香港公有土地租赁的制度比较

中国香港的土地产权是公有的，这与大陆的产权制度很相似，但是，中国香港的土地管理与土地批租（即经营），分属不同的部门，并且把政府的土地收益纳入基金管理，杜绝了支出使用的随意性。故本节接下来将二者进行比较，希望对我国的土地有偿使用制度的健全和发展有所启示和借鉴。

（一）土地出让的形式

土地的出让方式是建立在土地的产权之上的，土地批租主要有协议出让、招标出让和拍卖出让三种模式。政府部门主要采取招标和拍卖出让两种方式。私人批租因为私人产权界定清晰，再加上交易成本比较低，主要采取协议出让的方式。一般来说，从土地资源最佳配置，即土地利用结构最优化和经济效益最大化相结合的原则出发，土地批租的三种方式的适用范围是：凡以协议方式出让土地使用权的只限于社会公益性项目，如教育、科技、文化、卫生、体育等；凡采用招标方式出让土地使用权的，只限于准营利性和国家应大力扶植的项目，如工业、仓库、重大基础设施项目等；凡经营性项目，诸如商品房、楼堂馆所、商场等用地均以拍卖方式出让土地使用权。以中国香港为例，土地批租制度主要有四种形式：拍卖、招标、协议或临时租约。对于居住和商业用地，中国香港政府规定必须采用拍卖和招标，对于某些特殊的产业用地及非营利性用地，才采用协议方式，可以分期支付。香港政府的土地使用权的出让大都采用拍卖，其次才是招标，最后才是协议。

我国自1990年开始对土地使用权的出让采取协议、招标、拍卖的方式，与我国香港政府不同的是我国的土地使用权的出让大都采取协议方式，其次才是招标，最后才是拍卖这种形式。2000年前行政划拨仍是最主要的供地方式，即使有偿出让，协议形式也占据主导地位。直到2001年出台《关于加强国有土地资产管理的通知》，土地有偿出让率才开始大幅提高。而公开出让率在中央政府针对土地出让方式《招标拍卖挂牌出让国有土地使用权规定》（2002）发布后，要求所有商业、旅游、娱乐和商品住宅等各类经营性用地，必须以招标、拍卖或者挂牌方式出让，这样才逐渐培育起我国的土地公开出让市场。

(二) 土地使用年限

香港目前的土地使用年限大致有如下几种主要年期：999 年、99 年、99 年加 99 年、75 年及 75 年加 75 年共 5 种情况。英国政府与中国政府达成共识，所有在 1997 年 6 月 27 日前到期的租约，可在批出制基础上再延长 50 年，但所有的土地使用年限不得超过 2047 年。1997 年中国香港回归后，所有出售的土地都以 50 年为期限。一般来说，康乐用途用地契约不超过 15 年，汽油加气站不超过 21 年，公共事业机构、专利事业机构用地契约的时限和专利长度相约。

中国内地土地的最高使用年限是根据土地用途确定的。土地使用权出让的最高年限为：（1）居住用地 70 年；（2）工业用地 50 年；（3）教育、科技、文化、卫生、体育用地 50 年；（4）商业、旅游、娱乐用地 40 年；（5）综合或者其他用地 50 年。土地使用者通过转让方式取得的土地使用权，其使用年限为土地使用权出让合同规定的使用年限减去原土地使用者已使用年限后的剩余年限。

(三) 土地出让条件

香港政府对批租的土地有严格的限制和规定。租约的条件包括了密度、通路、汽车停泊、地块面积、用途、高度、强度和租期等。除此之外，还有"建筑规约"，承租人须在某个日期之前，至少建成一定面积的建筑楼面，否则对发展商实行罚款或没收土地。延迟一年罚 2%，两年罚 4%，三年罚 8%，依此类推，这样就有效地防止了土地的大量囤积，严重打击了土地的投机行为。

我国内地的土地出让条件包括了土地的现状、面积、规划设计及用途等，并且严格限制对土地出让合同的随便更改行为。但是与我国香港政府的批租制度相比，我国大陆的土地出让条件规定的不够详尽且随意性较大，给开发商突破出让条件、违规使用土地留下了空间。

(四) 土地出让金的交纳

在香港，土地受让人须交纳两部分费用：地价和年租，目前实行的是批租制和年租制的混合体制。首次拍卖时需交纳一次性土地出让金，以后每年还要交纳一定的租金，这项制度表明了土地的所有权是国家所有，其上面的增值收益可以通过地租加以课征，收为国家所有。这体现了"涨价归公"的思想。

在内地，土地使用者交纳的费用需要一次性付清，以后每年不需要交纳地租。一方面，一次性交纳土地出让金的方法可以为地方政府带来大量的财政收入，但是它给土地出让人的负担也较重，不利于土地市场的发展。另一方面土地的增值收益归使用权人，从而又会带来土地收入的减少。如果采用年租的方法，则可以很好地解决这个问题。

（五）出让期满后的处理

我国香港政府对租约期满后的土地处理，根据租约类型的不同而有不同的处理办法。一种为可更新的租约，承租人可选择延长租约而无须支付额外的地价，但需支付新的年租；另外一种是不可更新的租约，承租人可在租约到期前 20 年之内提出延长租约的申请。这样做的目的是为了防止承租人忽视对建筑物的维修。

内地规定土地使用权期满，土地使用权及其地上建筑物、其他附着物所有权由国家无偿取得。土地使用者应当交还土地使用证，并依照规定办理注销登记。需要续期的可以重新交纳土地出让金，办理登记手续。期约期满后对土地及建筑物实行无偿征收，这样会导致使用权人忽视对建筑物的维修，可以仿效香港的做法，实施不可更新租约制。在需要使用的一定年限内提出申请，政府经过严格的审批，如果没有特殊情况，不得拒绝使用权人的需要，这样可以促使使用权人对土地及建筑物的保护。

（六）住房的社会保障

我国香港地区的批租制度让香港的房价飞涨，许多家庭买不起房子。为此，政府为维护社会的稳定，建立了廉租房制度，为大约 200 万人口的低收入群体解决了住房问题，被世界公认为有效保障居住的典范。香港的社会保障房分公屋和居屋两类。前者相当于廉租房，覆盖人口 30.9%；后者相当于经济适用房，覆盖人口 18.3%，合计共覆盖总人口的 49.2%。香港建立有一套官民结合、集中协调的住房社会保障管理机制。主管机构是房屋委员会,是政府下辖的一个独立法定机构。香港"以房养房"的住房社会保障体制不但使低收入者有其屋,且起到调控房价作用。香港公共房屋计划的巨大成功,与香港政府的长期积极投入、公屋管理部门高效务实的专业运营和管理、有效的财政资金安排密不可分。

近年来,中国内地的房价节节攀升,加大保障房建设将是"十二五"期间政府工作重点,而保障性租赁房作为保障房的主体,需要大量的政府投入。中国政府拿出了土地出让收入的10%左右用来建设保障性住房。为了使大部分人"居者有其屋",我国应该加大廉租房的建设,同时要严格审批廉租房的申请工作,尽量使低收入群体申请到房子,高收入群体被排除在外。

三、改进我国的公有土地有偿使用制度

(一)对我国地方政府土地出让的目标,应予以重新定位

应借鉴国际经验并根据本国国情合理设定土地出让的政策目标,对我国地方政府土地出让的目标应予以重新定位。作为城市的公共管理者,地方政府应实现城市土地的合理利用,通过城市土地利用来促进城市发展、满足公共用地需要以及稳定土地和住房价格,实现经济、社会和环境的协调发展;作为国有土地所有者的代理人,维护国家土地所有者的收益权、获取土地收益也是地方政府的必要责任。实际操作中,这两个目标既有同一性,又有互斥性。目前,政府把土地资源合理开发利用作为处理土地收益分配关系的主要出发点,这是科学发展观的客观要求。一方面,"人多地少"是我国的基本国情,要实现土地资源的可持续利用,即在谋求经济发展和获取土地收益的同时要保护土地资源,实现当代人以及后代人的利益兼顾。另一方面,土地要素与资本、劳动不同,土地是稀缺资源,相对于土地需求方而言,土地供给者是在市场占据优势的一方,如果作为城市土地主要供给者的政府追求土地收益极大化目标,容易侵蚀资本、劳动要素所有者的利益,站在全社会的角度,这无疑会影响到经济和社会的协调和稳定。因此,从宏观和可持续的角度来看,城市土地资源的合理开发利用应是土地出让政策的首要目标,筹集财政收入目标应该退居次位。当然,在合理安排土地收益分配格局的前提之下,对应属于政府的土地收益

应该足额收取。

（二）合理制定我国的土地出让计划和严格限定我国的土地出让条件

我国香港政府的批租制度营造了繁荣的房地产市场，但同时也在某种程度上引致了房地产市场的泡沫。笔者认为，我国内地实施的土地储备制度的目的不在于为政府筹集财政收入，而是为合理确定土地的供应量和引导房地产市场的价格。我国的土地储备机构应以城市的中长期总体发展规划和土地利用规划为基础，制订详细、科学的土地出让计划，对未来做好足够的预期，充分应对未来土地市场的突发情况，使土地市场受到的干扰最小化，促使其健康运行。另外，我国应建立严格的土地出让条件的审批，严格限定土地的用途、密度、覆盖率等，让开发商严格按照城市的规划来建设，应严格执行对开发商囤积土地的惩罚机制，包括征收一定比例的土地闲置费或没收开发商的土地。

（三）改革我国土地出让金交纳，调整土地出让方式

目前我国一次性交纳土地出让金的方法与中国香港的年租制相比，至少存在以下几点劣势：地方政府为了地方经济建设和财政收入，可能会盲目出售土地使用权，土地资源的配置不够合理、优化；地价太高，会减少居民对土地的需求，不利于土地市场的正常发展；居民在土地上花费大量的财富，导致财富流向非生产领域，最终引起社会财富的消减，不利于经济的发展；一次性交纳土地出让金，商住物业的价格居高不下，而房屋是人们生活的必需品，这使得"住房难"的社会问题更为严重；土地未来的增值收益流入到土地使用权人手中，减少了政府的土地收入。因此，我国内地应该严格区分两种类型的需求，一种是投资性的需求，对其按现在的批租制度一次性征收较高的土地出让金；另一种需求是居民正常的居住需求，我国内地应该仿效香港的做法，对其实施年租制度，即首先交付一定数量的土地出让金，然后每年征收一定数量的租金，把土地的增值收益收归国有。具体来看，通过土地出让方式的区别对待和合理调整可以实现目标之间的协调和配合。一方面通过对非经营性的公共目的用地和普通住宅用地实行优惠地价以促进城市建设和住宅发展；另一方面对经营性用地实行市场化出让方式使政府获取适度的土地收益。为此，应对我国现行土地

出让的用地结构进行调整，对工矿仓储用地应纳入经营性用地，实行招、拍、挂等市场化出让方式，以促进集约利用土地和避免土地收益流失；对除别墅、高档公寓以外的普通住宅用地可以协议方式出让，并对房价相应设限，以利于降低普通住宅开发的土地成本和住宅价格，促进经济和社会的协调发展和稳定。

第四节　国外土地相关税制的比较与借鉴

目前世界上几乎所有的国家或地区均实行复合土地税制，但在各国的土地税系中税种设置、课税范围和环节、计税依据、税率的设计和征收管理制度等方面存在差异。对比分析不同经济体系下的土地税制，对于发现其土地税制中适合我国特定国情的规划，并加以借鉴具有重要意义。

一、土地课税环节

纵观世界上主要国家和地区的土地税制,其课税主要安排在以下三个环节。

（一）土地的保有环节征税

这是一定时期对法人、个人所拥有的土地资源课征的税。保有环节的课税的主要目的是平抑地价，确保土地保有的课税公平，防止纳税人大量囤积土地，获取投机收益，促进土地的流转和土地交易市场的健康运行。各国出于具体国情、观念和意识形态的不同，在土地保有环节对土地税种的设置，大致分为两种情况：一是将土地税合并在财产税中。譬如美国的财产税，加拿大、英国的不动产税等。还有些国家不把土地合并在财产净值中征收，而是单独设置土地保有税种，分别课征。实行这种税制的国家（地区）大约有30多个，例如我国的台湾地区就设立了地价税、荒地税、空地税，还有不在地主税，这些税收都是带惩罚性的税收。

（二）土地的有偿转移和增值环节课税

对土地所有者的土地增值部分课征的税，称作土地增值税。土地增值可分为土地有偿转让增值（即土地交易时转移价格超过原来价格的增值部分）和土地定期增值（由于地价的上涨土地拥有者的增值部分）两种。现在的一般做法是对土地的自然增值部分可以课重税，防止土地的投机行为，其课税原理在于土地的自然增值部分，并不是个人的努力引致的，而是由于社会的发展所形成的，故应将涨价的部分收为国有，这与中国台湾的"涨价归公"不谋而合。各个国家（地区）对税种的设置分为两种模式：综合征收和单独征收。所谓综合征收，就是把土地增值税归入到一般财产收益中，统一征收所得税，如美国的所得税性质的财产税。而单独征收就是把土地增值收入从所得税中分离出来，单独课征，如日本的土地增值税。根据课征对象的不同又可分为两种模式：第一，仅对土地增值收益课征，对其上面的不动产的增值不加以课税，如中国台湾和日本的土地增值税就是这种模式；第二，对土地及上面的不动产的增值收益都加以课税，我国就采用这种模式。

（三）土地取得和无偿转移环节税

土地取得税是对个人或法人在通过购买、接受赠与或继承财产等方式取得土地时课征的税，分为因购买、交换等有偿转移取得土地时课征的税和因接受赠与或继承遗产等无偿转移取得土地时课征的税两种情况。在有偿转移环节，如日本就设置了不动产取得税和特别土地保有税（取得部分），在无偿转移阶段，日本、英国、美国和世界上其他大部分国家（地区）都开征了遗产税和赠与税。而且大部分国家（地区）对土地转让价格的计算都有明确的规定。譬如，德国、意大利、荷兰等国都设有登记许可税，在土地所有权转移书立登记凭证时，按土地的转让价格计算纳税。有些国家和地区对土地等不动产在产权发生变动时，对不动产征收印花税和契税，如中国就是这样。

二、土地相关税种设置

（一）美国

美国是一个以所得税为主体的复税制国家。从税权划分上看，美国实行联邦、州和地方三级政府各有侧重，税种、税权彼此独立的课税制度。其中，联邦政府以所得课税为主，州和地方政府以销售税和财产税为主。土地税收在美国的联邦税收体系中并不占主导地位，主要是地方政府的收入。美国的土地税系中主要包括三个方面：所得税性质的税收、财产税的税收和财产税性质的税收。（1）所得税性质的土地税。所得税是美国最重要的一项税收，但这类所得税性质的所得税并非是美国独立的税种，只是所得税计税基础的一个组成部分而已。这类所得税性质的土地税主要包括地租税和土地改良物租金税。由于美国三级政府均课征所得税，所以，租金型土地税不仅是美国国税收入，也是州和地方税收收入的组成部分。（2）财产税的土地税。目前美国征收的土地税主要是指房地产价值税，它是美国地方政府的主要财政来源，其税率和课税办法由各地方政府自行决定，收入也由地方政府自行安排支出。（3）财产税性质的税收。目前美国税制中，这类税收主要包括遗产税和赠与税，联邦政府和州政府均开征这类税种。前者实行总遗产税，后者实行分遗产税。在这类税中，土地、房屋类的不动产是其中的一项重要的课税对象。目前美国征收土地税的目的主要是为地方公共服务筹措资金、调整收入分配，而土地税收的资源配置目的显然处于相对次要的地位。

（二）英国

英国的土地税制是一个包括许多税种的复杂体系，其中主要包括地方议会税、营业房产税、遗产税、印花税，以及所得税、增值税和差饷等。上述税种中地方议会税属于地方税，其他均为中央税。（1）所得税，是对所有者买卖、出租房屋和土地的收入而征收的一种税，由中央政府负责征收。（2）增值税，是对个人买卖不动产的增值收益向卖方征收的一种税，它的计税依据还要扣除通货膨胀率，以反映交易人实际的资本利得。（3）遗产税，课税对象是财产所有人死亡后遗留的财产总额以及亡者生前规定时间内（7年内）的赠与资产遗产税的纳税人在遗嘱执行人、遗产管理人和赠与人的遗产处理上，先税后分，征收不考虑继承人的负担能力。（4）印花税，是针对土地及相关不动产转让、典卖分割、租赁等事务征收的税种，税基是涉及的不动产价值和租金额，住宅和非住宅用地及房屋税率有所差异。（5）地方议会税，是目前英国与土地有关的主要税种之一。地方议会税的课税对象为居住房屋，包括自用住宅和租用住宅，纳税人为年满 18 周岁的住房所有者或承租者。（6）营业房地产税，课税对象为不用于居住的房屋，包括法人的营业用房和自然人的营业用房。它是由地方政府直接征收，但地方政府没有权利直接处理，必须全部上交中央政府，中央政府再根据一定的标准返还给地方。

（三）加拿大

由于土地是一种主要的不动产，加拿大的土地税是合并在不动产税内征收的。居民买了房屋就同时买了土地，所以计税时也把房屋建筑物等不动产包括在内。因此，加拿大的土地税也就是不动产税，其税基包括两个部分：一部分是土地；另一部分是建筑物和其他不动产。目前加拿大在税种的设计上分别对土地的保有和转移进行征税，主要包括不动产保有税、租金收入所得税、转让增值所得税、营业性不动产税。（1）不动产税属于地方税种，由省级政府和市政府开征，收入全部用于地方财政预算支出。通常市政府负责对市区内不动产进行征税，各省政府对市区以外的不动产征税。（2）营业性不动产税，它是在不动产税外额外征收的一种不动产税，是仅次于不动产税的地方政府第二大税收来源。它与不动产税不同，营业性不动产税是对不动产的占有者而不是对所有者征收的税。营业性不动产税税基的确定，通常是不动产的估计值和年租金总额。具体包括五种形式：按不动产评估值的一定百分比征收；按总租赁评估值的一定百分比征收；按面积征收；按储存能力征收；按总营业收入的一定百分比征收。（3）租金收入所得税，为房屋出租所得计入年收入所缴纳的税；（4）转让增值所得税，即当卖房者在销售房产后，销售所得的增值部分按照规定缴纳的所得税；（5）不动产转让税，由买方在办理产权过户时缴纳。

（四）我国台湾地区

我国台湾地区的"土地税制"是在"平均地权"理念的指导下构建的，不仅为政府筹集了巨额的财政收入，也有效地促进了土地的有效利用，抑制了土地投机炒作。土地的相关税赋共计有：地价税、田赋、土地增值税、空地税、荒地税、契税、工程受益费、遗产税、赠与税、财产交易所得税及印花税等。(1) 田赋，它是指土地作为农业用地使用期间征收的一种赋税。征收田赋的地要符合两个条件：一是农业用地，二是未规定地价。(2) 地价税，它是中国台湾土地税的中心环节，是对应课征田赋者以外的并已规定地价的土地课征的税收，是基本土地税，其特点是有地必有价，有价就有税。设置地价税的目的是要抑制土地的集中与囤积。(3) 土地增值税，它是对土地增值部分征收的税，具体征税办法为规定地价之土地，于土地所有权移转时，其移转现值减除原规定地价或前次转移时申报之现值，再减除土地所有人为改良土地已支付之工程受益费、土地重划等全部费用后，就其余额，亦即土地自然涨价部分，课征土地增值税。(4) 空地税与荒地税①。空地税是对城市空地征收的惩罚性地价税，它是在应纳地价税基本税额的基础上加征 2～5 倍，目的是防止对土地的垄断和投机，促进土地的合理利用。荒地税是对闲置的农业用地征收的惩罚性地价税，属田赋的性质，其规定是按应纳田赋加征 1～3 倍。目的是防止荒置农田，增加粮食和农业产品的生产。(5) 房屋税，房屋税是以附着于土地的各种房屋及有关增加该房屋使用价值的建筑物为课税对象，以房屋现值为依据征收的一种税。(6) 契税，契税是由于买卖、赠与、分割或占有而取得不动产所有权时所要缴纳的一种税。(7) 赠与税，课税对象为赠与总额扣除负担额及免除额的余额。(8) 遗产税，课税对象为遗产总额减去扣除额及免税额部分。整个中国台湾的财政收支中是"重中央轻地方"，绝大多数资源是给"中央政府"的，地方政府几乎有一半以上都必须要靠"中央"的补助才有办法继续维持下去。中国台湾地方政府能够动用的资源是通过"都市计划"（类似于城市改造）的手段，使土地价值增加，然后就有土地增值税，土地增值税是由地方政府来接受。

---

① 所谓空地，是指已完成道路、排水及电力设施，于有自来水地区并已完成自来水系统，而仍未依法建筑使用；或虽建筑使用，而其建筑改良物价值不及所占基地申报地价 10%，且经直辖市或县（市）政府认定应予增建、改建或重建之私有及公有非公用建筑用地。所谓荒地，是指编定为农业或其他直接生产用地而未依法使用的土地。

三、土地税制要素

(一) 课税范围

各国的土地包括经营用地、农业用地和住宅用地等，土地税收也分为广义和狭义两种。广义的土地税包括地上建筑物一并征收，狭义的土地税只是单独针对土地课税。譬如，上述四国（地区）将所有的土地都纳入了征税范围，也包括对农用地的征税。我国的台湾地区还规定了对荒地和闲置地征收惩罚性土地税。

(二) 计税依据

各国（地区）对土地征税主要采用两种模式：从量计税和从价计税。从量计税，是指按土地的面积和土地生产物的产量加以课税。因为其计征简便，税额固定，在古代被广泛采用，但具有不公平性，实际上具有累退税的性质，因而在现在很少被采用。从价计税是首先由加拿大于1873年开始征收，后来各国纷纷仿效。从价计税对土地的价格的计量提出了更高的要求。现在，各国对土地价格的计量主要采用土地的评估价格，也有极个别国家按年度租金价值课征。

(三) 税率的设计

一般来说，各国土地税率均采取三种形式：比例税率、累进税率和定额税率。美国、德国等经济发达国家多数采取比例税率。多数国家和地区根据不同的情况采用不同的税率。主要有以下四种情况：（1）根据土地的用途，设计不同的税率。例如菲律宾、牙买加、利比亚采用的就是这种模式。菲律宾依土地用途不同，按市场价格，采用不同比例税率，最高为商业用地，按土地市场价格的50%作为计税基础；最低为工业用地，按市价的15%作为计税基础。一般而言，其税率体现以下特点：农业用地低于城市用地，工业用地低于商业用地，住宅用地低于营业用地，宗教、社会福利、教育、体育用地低于其他用途的土地。（2）根据不同的地理位置来设计税率。如美国和丹麦就采用这种思路来设计税率。城市用地的税率高于农村用地，繁华地段土地的税率高于非繁华地段。（3）根据土地的开发程度来设计税率。譬如，中国台湾地区的荒地税、闲置土地税和不在地主税采用的就是这种思路。中国香港地区也采用了类似的原理，香港不动产税率，原则上是17%（新开辟地区为11%），但对供应不过滤水的地区为16%，无水道的地区为15%（新开辟区为9%）。（4）有些国家还按持有的时间来确定税率的高低。持有时间长的课以低税，持有时间短的课以高税。如日本这个土地资源短缺的国家就是这样，可以防止土地的投机行为。

（四）土地税收优惠制度

世界各国在征收土地税时都设立了大量的税收优惠制度。如美国对政府所有的房地产免税，用于宗教和教育的房地产也通常被免税。考虑到个人的情况，一些州也实施了较为灵活的优惠制度，如对低收入的老年人、退伍军人和残疾人一般提供部分的免税措施。在英国，政府所有的建筑是免税的。英国的地方议会税对学生、学徒、伤残病人的看护者的居住房屋免税；对伤残人住房，实施减税；此外英国还对纳税有困难的家庭实施家庭议会税福利计划帮助纳税人纳税，受到了民众的广泛欢迎。总的来说，大多数国家都实施了较为完善的土地税的优惠政策，它们的规定往往非常明确且具有明显的政策功能。

（五）土地税收的征收管理

土地税的征收管理权限，主要集中在地方政府，收入全部归地方政府所有，少数国家的税种是作为中央、地方共享税。这主要是因为，土地具有地理位置不变、税源分散等特点，不易于中央政府征收，而地方政府对其所在地区的情况比较清楚，让地方政府进行征收效率很高。在美国、英国、加拿大土地税收都是地方政府的重要财源。

第五节　中外土地市场及土地管理制度国际比较

土地国家管理制度是土地经济制度的主要内容之一，是指国家对全国的土地在宏观上进行管理监督调控的制度、机构和手段的综合。国家进行土地管理，主要包括土地权属管理和土地利用管理。土地权属管理，是指国家确认和保护土地所有者和使用者合法权益及调整土地所有权和使用权关系的一种管理。土地利用管理，是指国家通过一系列法律、法规和政策，采用行政的、经济的和规划、计划等手段，确定并调整土地利用结构、布局和方式，以保证土地资源合理利用的一种管理。从第一部分各国的土地产权制度可以看出，美国、德国、英国、澳大利亚的土地产权以私有为主；而新加坡的土地产权则以公有为主；我国台湾实行"平均地权"。尽管土地产权制度不同，但各国的土地市场运行并非完全市场化，总结国外采取的不同的土地市场管理模式，有以下两个突出特点：一是，注重发挥市场机制作用，合理配置土地资源。土地资源的配置主要应通过市场机制进行，企业和个人投资或建住宅需要使用土地，一般都采取购买或租赁政府土地或私人土地的形式。虽然政府在土地管理上有诸多行政权力，但这些权力的目的主要侧重于从宏观上控制、引导土地使用，而不是直接干预土地资源的具体配置，同时，这些权力的运行也必须通过市场手段，行政调控是建立在市场机制的基础之上的。二是，完善的土地资源管理体制。从国外的经验来看，多数国家实现的是土地资源的垂直管理体制，即土地市场的管理由独立机构进行。这种管理具有集中统一、精干高效、依法行政、具有权威的特点。

一、土地登记制度

（一）国外土地登记制度类型

土地登记是土地产权管理的核心环节，是国家依照法定程序，将土地权利及其他事项记载于专门的簿册，以加强政府对土地的有效管理，维护土地权利人合法权益的一项重要法律制度。目前，世界各国（地区）所采用的土地登记制度主要有三种类型：

（1）产权登记制度，其典型代表是德国。由城市不动产管理机构准备登记簿，记载土地等权利的得失、变更，使有利害关系的第三者可以从登记簿上得知土地及建筑物的权利状态。其特征为：第一，采取实质审查主义。主管机构对登记的申请及权利变更进行详细的合法性审查；第二，登记要件主义。权利的取得或变更必须经官方正式登记才具有法律效力；第三，登记有公信力。一经登记即具有法律效力；第四，注重静态性登记。即先应登记初始权利状态，变动时再行变更登记；第五，强制性登记。任何权利的发生及变更均以登记为生效的必要条件；第六，采用编成主义。按地号顺序进行排列，因此必须建立在严格的地级基础上。

（2）托伦斯登记制度。其是权利登记制度的改良，起源于澳大利亚，为英联邦国家、台湾地区等所采用。由政府做土地总登记（亦称第一次性登记，政府规定某一范围内已依法办理地界测量的土地及其附着物，必须在特定的时间内向土地登记机构办理登记，以确定土地权利关系），权源追溯依据官方的登记结果，并用政府颁发的凭证确认产权，利于不动产转移。其特点为：第一，初次登记自由，但登记后即进入强制状态。任何土地及地上建筑物经申请第一次登记后，其不动产权利的转移和变更，不经登记无效；第二，采取实质审查主义，并可采取公告程序；第三，在登记缴费的基础上建立保证基金，赔偿由于错误登记给当事人造成的损失；第四，登记的名称和产权，包括所有权和他项权利；第五，人的编成主义。不考虑地号，按登记次序编排登记簿；第六，登记时附土地及建筑物位置图。

（3）契约（据）登记制度。亦称登记对抗制度，起源于法国，为美国、法国、南美等国和地区所采用。其特点为：第一，采取形式审查主义，只要当事人提出申请即可登记；第二，登记无公信力；第三，属非强制性的自愿登记；第四，登记簿按登记人顺序编号；第五，以契约为生效要件，但未经登记，不得对抗第三人，采取意思主义，契约（据）一经订立即有物权变更效力；第六，权利以动态登记为主，仅在契约（据）上注记事实，且不发权利证书。

（二）各国的土地登记机关

在德国，土地登记的执行机构是地方法院内设立的土地登记局。各州地方法院所设的土地登记局依法登记土地，按照法律独立行使权力，不受政府和上级法院的限制。土地登记局的人员主要包括法律工作者、行政管理员和仲裁法官。法律工作者主要负责土地的登记册的填写、依法签证以及具体的审查、批准核实工作。管理人员主要负责来去行文的收发、登记册簿的管理等。仲裁机关主要负责处理一些产权纠纷问题。

在澳大利亚，各州一般都设有国土或类似的部门，统一管理土地等不动产，国土部门内设土地管理局负责土地登记。

在英国，土地登记局是统一管理不动产等事务，政府的土地登记局由英国内阁司法大臣领导，局本部及地方上局本部及地方上各登记处都有多名律师，局总登记师、地方上各登记处负责人必须由取得律师资格的人担任。地方上设置的登记处不属地方政府编制，不受地方政府领导，由登记局垂直领导，一切开支均由登记收费支付。

我国台湾地区土地登记机关是地政机关。台湾地区"土地登记规则"第4条规定："土地登记，由土地或建物所在地之市县地政机关办理之。但该市县地政机关在辖区内另设或分设登记机关者，由该土地建筑物所在地之登记机关办理之"。目前，台湾各县市均于辖区分设地政事务所，经常办理登记业务，即为最基层的土地登记机关。

（三）各国土地登记的内容

德国土地登记的内容主要包括：（1）土地所有者的基本情况；（2）所有权的基本情况，如它的起源、历次变更等；（3）土地自然状况，如面积大小、坐落位置等；（4）土地他项权利等情况。主要包括：地上权、地役权、土地收益权等；（5）抵押、租赁和登记管理所需要的其他情况，如登记册号、登记号、地块号等。

英国由于地上建筑物从属于土地，故它的土地登记即是通常所说的不动产登记，土地登记的内容主要包括：（1）土地权属性质；（2）土地的情况登记，包括地址，以及附属在该土地上的权利；（3）产权人的情况，包括姓名、地址和对该产权人的限制等；（4）是否有贷款、典押等情况。

澳大利亚所有土地的初始登记、土地的交易、转让、出租和抵押等改变土地用途等的变更登记都需要登记。房屋的流转不需要单独进行登记，而是连同土地一起到土地登记管理部门登记。每宗土地进行登记时，既要有文字表格还要有宗地地籍及建筑图等。

我国台湾地区土地登记的内容为土地所有权及六种他项权利，分别为：地上权、永佃权、抵押权、耕作权、地役权以及典权。台湾所称的土地包含了建筑物，故它的土地登记其实也就是不动产登记。

（四）我国的土地登记制度及其改进

我国采用的是德国式的产权登记制度。土地登记的内容主要有 8 项：（1）土地权属性质。我国土地实行国家所有和集体所有。因国家土地所有权不必登记，所以登记的土地权属性质分为：集体土地所有权、国有土地使用权、集体土地使用权及他项权利；（2）土地权利来源；（3）土地权利主体；（4）土地权属界址；（5）土地面积；（6）土地用途；（7）土地使用限制；（8）土地等级和价格。房屋登记的主要内容有：（1）所有权人；（2）所有权性质；（3）房屋坐落；（4）地号，即房屋所在的土地编号；（5）房屋状况；（6）契税交纳情况；（7）使用土地面积及土地登记证；（8）他项权利。

总结世界各国（地区），不动产登记机关主要有 3 种形式：（1）在地政部门内设专门的登记机构；（2）在司法机关内设立专门的登记机关；（3）在土地部门和司法部门之外成立独立的登记机关办理不动产登记。无论如何，有一个总的趋势就是土地的登记管理工作主要由一个部门完成。但是我国目前的土地登记工作一直没有统一起来，目前由土地、建设、林业以及农业等 6 个部门负责。管理部门各自都有一套规章制度，而且各部门之间的协调不够，对同一宗土地的处理不尽相同，有时甚至相反，其结果是导致产权人进行土地登记无所适从，造成了极大的不便。笔者认为，为了结束这种混乱局面，确保土地登记制度作用的发挥，我国可以仿效以上国家和地区成立一个统一的土地管理部门。世界各国（地区）绝大部分不对建筑物单独进行登记，而是将其合并在土地登记一同到土地管理部门进行登记。为此，笔者建议我国可以仿效西方国家，将土地主管部门与房屋主管部门合并，实行统一的土地房屋行政管理，实行不动产登记制度，这样可以更好地对房屋和土地进行监控，也可以减少产权人登记的不便。

二、土地交易制度

（一）国外土地交易管理

国外许多国家都或多或少地对私人土地交易进行制度规范。在这方面最具有典型代表的是日本和韩国，其次是法国和美国，都在一定程度上对土地交易进行管理，增进国家对土地资源的控制，优化利用土地资源。另外，各国对土地征用的各方面的规定都比较完善，这部分内容将单独讨论，在此不做赘述。

1. 日本

1947年，日本《土地利用规划法》中关于土地交易的规定：第一，监视土地交易的动向；第二，规定限制区域和实行许可制度。实行严格的许可制度，严密控制土地交易，抑制违规的土地交易和防止土地价格的大幅度波动和土地投机行为；第三，规定呈报劝告制度。对于规模较高的土地交易，必须将价格或利用目的上报，地方政府进行审查，确定其能否进行交易，若不符合交易的要求，则会劝告交易者停止交易。到20世纪70年代，又建立了一套系统的以限制土地交易为主要目的土地交易管理制度，其中最重要的是土地的交易审批制度，直接调控某些地区的地价水平和使用目的。在签订土地交易合同之前，由地方政府对土地交易的价格和目的进行审查，地价要符合类似土地的交易价格或政府的限制价格；目的是要符合国家规划的要求。另外日本各级政府也在自己的行政范围内规定了一定的土地使用禁区，这些土地没有政府的许可是不可以使用的。

2. 法国

政府通过建立土地的整治与农村安置公司和土地事务所来对土地交易进行有效的管理。土地整治与农村安置公司是一个不以营利为主要目的并由国家代表实施监督的股份有限公司，它的目的是为了土地资源的合理利用和满足国家的土地规划。该公司专门购买土地，具有收购土地和农场的优先权。它把分散的土地收买过来后，对其进行改良优化，使土地达到一定的规模，然后再将土地转让给需要土地的农民。通过这样一些废地、弃耕地、劣质地就转化成了可以耕种的农地，实现了土地资源的合理利用。该公司的资金主要由国家注入。法国通过建立土地事务所，可以对土地的转让和租赁实施有效的控制，因为法国规定土地的转让和租赁必须经过土地事务所批准后，方为有效。这样土地事务所就可以对土地交易的价格和目的进行审查，对不符合规定的土地不予批准，从而可以促进土地资源的合理分配和有利于土地的规划，使其符合国家的战略要求。

3. 美国

政府可以对土地使用权加以控制，土地所有权必须在合理的范围内，才受法律保护，对不符合目的的交易加以取缔。美国政府通过支付农民一定的补偿金取得了土地的发展权，并且法律对城市土地的功能和利用作出了规定，业主不得私自改变用途。对于合理的土地交易，美国政府是不会加以干预的，让市场来配置土地资源。与此同时，由于美国在城市化时期采取了建设用地自由交易的策略，其结果是城市的空间密度日趋下降，城市蔓延大量耕地被侵占。美国由于土地可以自由买卖，除了分区规划之外，城市郊区土地开发几乎不受限制，城市出现了严重的郊区化。在美国100 年的城市化进程中，城市空间人口密度降低了约 3 倍。郊区化带来了一系列社会经济问题，人均汽油消耗量高于欧盟 5 倍以上。而在中国，过去 60 年的发展过程中，城市人口密度始终保持在 1 万人/平方公里以上，如图 4 - 3 所示。

（二）规范我国土地交易，建立土地中介机构

中国土地所有权归国家和集体，与中国香港 100% 的土地公有性质相似，当前城市国有土地出让的模式在很大程度上也是学习中国香港经验的结果。但中国城市土地国有、农村土地集体所有的二元结构是有别于国际上其他国家的一大特色，相应地形成了城乡土地二元结构以及土地市场的三种基本类型：土地所有权市场、城市土地使用权初级市场（出让市场）以及城市土地使用权二级市场（转让市场）。

土地的流转必须要有国家的宏观调控和管理，国外土地的流转都或多或少地受到国家的管理和制约。目前我国的土地流转制度不是很健全，解决这个问题的关键主要是对土地进行严格的监管和完善土地登记制度，登记不仅要包括国有土地还要包括集体建设用地，且要求产权清晰。在此基础上，我国更需要加强对土地交易的监管，包括对其目的和价格的监管，以此促进土地市场的发展。为此，我国可以借鉴西方发达国家的做法，建立一个规范的土地交易中介机构，为土地提供良好的环境和配套的措施。

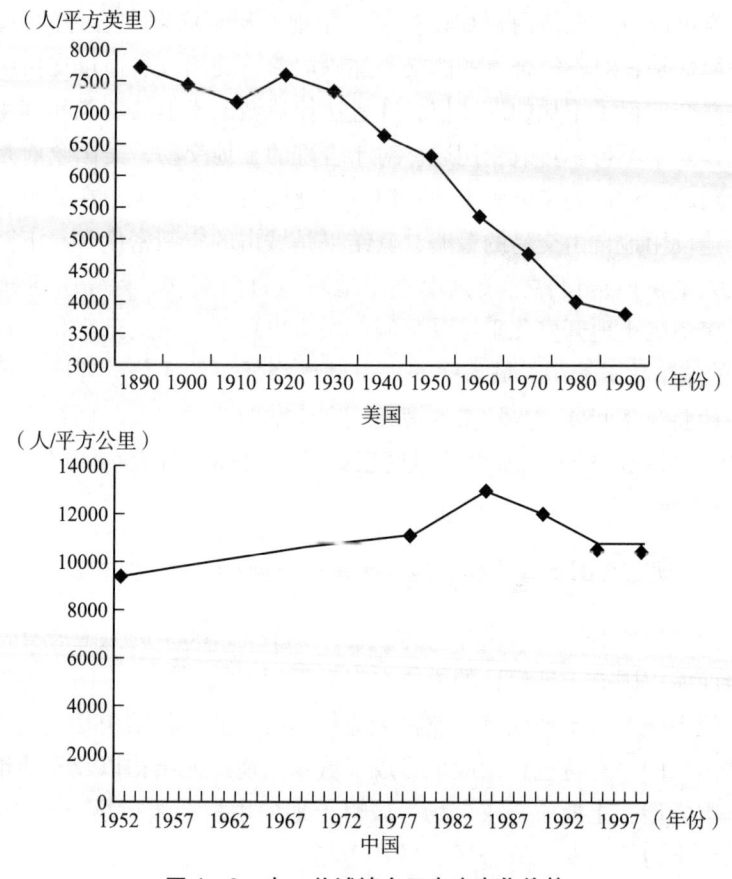

图 4 - 3　中、美城镇人口密度变化趋势

资料来源：Sukkoo Kim and Robert A. Margo, 2003 Historical Perspectives on U. S. Economic Geography, UBER Working Paper. No. 9594. 中国土地资源网 http：//news. mlr. gov. cn.

三、土地规划管理

（一）国外政府严格土地规划

国外主要通过制定规划来加强对土地的使用管理，促进土地资源的合理配置和城市规划。其具体的内容包括规定土地的用途、容积率、建筑覆盖率以及建筑物的高度等。

1. 美国

在美国，土地规划是由总体规划、区划规划、土地细分规则及发展控制策略等构成的，其规划大致形成了一个系统，主要是以总体规划为基础，以区划法规作为用地的法律约束，最后用土地细分规则加以控制。每一块土地都严格限定了土地的使用功能和用途，没有政府的批准，私人不可以随便更改土地用途。土地规划具有多方面的功能，例如，可以控制用地、管理基础设施、维护城市发展红线、保护耕地、管理基础设施等。美国对土地进行规划大致有以下几种形式：一是限制开发的密度，规定开发密度的上限；二是设定土地使用的类别，不同性质用地的价值不同。商业用地的价值高于住宅用地，住宅用地又高于农业用地；三是规定开发的标准，对低开发标准的项目不予考虑；四是影响开发的进程，例如在开发过程中可以对项目的审批和开发过程进行控制，对不符合要求的开发项目不予审批，等等。

2. 法国

法国现行的规划体系主要是由 1967 年 12 月 30 日颁布的《土地指导法》确定的，即：由"城市规划整治指导纲要"和"土地利用规划"组成的城市规划体系，同时规定国家和各级地方的代表共同组成专门的城市规划整治地方委员会或工作小组，对土地规划进行编制。法国的规划法是规定性的，明确规定了可以做什么和什么不能做，在执行时基本上没有自由裁量权。符合颁布的规划法规就会获得批准，否则就不予通过。例如，在土地占用规划中就有以下的事项管理规定：被禁止的土地利用形态；与邻地有关的建筑位置；以及同一块地上各建筑物之间的相互位置关系；确保林地、空地的义务等。法国规划体系主要有两个层面的规划：总体规划和地方性的土地利用分区规划。前者涉及广泛的领域，是对各种活动和基础设施的配置，它为下一层次的规划提供了基本的框架，其他的规划必须与之相协调。后者是建立规划覆盖范围内建筑和土地的基本规则，主要包括报告、分区图则以及一系列规章。并且在法国，进行一项规划前要征求公众的意见，主要采取书面陈述的方式。规划局会综合考虑公众的意见，最后做出决策。在开发控制决定之前他人不得自由申请查阅，在决定之后，受到侵害的一方可以向行政法院提起上诉，也可以要求赔偿。

3. 英国

英国通过建立城市开发公司，审核批准所辖区域内的"规划许可"，达到进行土地规划的目的。英国的土地开发和利用的最高决策机构是土地开发委员会，其负责制定土地长期发展战略与计划，评估土地开发规划，确定土地用途规划战略以及土地供应政策等。政府在土地批租过程中通过对密度、容积率、覆盖率、建筑面积和闲置空地的严格限制来达到土地规划的目的。

（二）科学规划，完善我国土地用途的管制

我国也对土地资源进行规划，包括建设用地的容积率、覆盖率、建筑面积和高度，但都规定得不够详尽，导致用地单位的随意性较大。根据国外的经验，我国需要对土地进行规划，严格限制土地的用途，形成分区管制和指标控制相结合的"立法——规划——许可——计划制度"的管理体系。首先，要提供土地用途管制的法律，严格限定土地的用途。其次，要对土地进行更为详尽的规划，避免土地使用的随意性，提高我国土地规划的合理性和刚性。最后，我国可以引进国外公众评议制度，防止少数政府官员的腐败行为，提高我国土地利用的透明度。

四、土地管理部门

世界上市场经济比较发达的国家对土地管理的类型主要有两种：一种是国有与非国有土地采取同一种模式，新加坡就是典型代表。另外一种就是国有与非国有土地分别采取两套不同的模式，美国、法国、澳大利亚采用的就是这种模式。而对国有土地管理往往都会在中央建立专门负责土地管理的机构，对一般的国有土地的横向管理多采用 1 + N 模式①，纵向管理多为垂直管理模式。横向管理可以更好地对国有土地进行资源、产业以及生态管理，充分利用国有土地的综合效益。但这一管理模式也有一个很突出的缺点：不利于地方之间进行协调、难以综合规划等。横向管理模式以美国为代表，美国内政部是最主要的国有土地管理机构，此外美国农业部、国防城市规划委员会、田纳西河流域管理局等机构也会协调内政部一起管理好土地的开发和利用。新加坡土地管理局作为全国最大的公有土地

---

① 一个主导的国有土地管理机构，还有多个相关的法定管理机构。

管理者和持有者，负责监督其他国有土地管理与执法部门的活动，如新加坡市区重建局、房屋开发理事会、裕廊集团一起保证土地出让的招投标程序公开透明。纵向垂直管理形式多以设立派出机构或分支机构为主，如美国联邦土地管理局就在全国设立了 13 个区域性办公室、58 个地区性办公室和 143 个资源区办公室。

1986 年，直属国务院领导的统管全国土地和城乡地政的国家机构——国家土地管理局宣布成立。同年 6 月，《土地管理法》审议通过。由此，我国长期以来主要依靠行政手段和多部门分散管理土地的局面结束了，城乡土地开始进入依法、统一运用综合手段的全面、科学管理轨道。目前我国形成了中央、省、地（市）、县（市）、乡（镇）5 级土地垂直管理制度，省以上实施国家土地总督察制度，在全国设立 9 个督察局，直接对中央负责。省以下土地管理部门是上一级土地部门的派出机构，主要人事任免由上级土地部门负责，不直接对当地地方政府负责，主要实行省长负责制，并把土地的使用情况纳入省长的政绩考核指标，这一制度一定程度上有利于我国土地资源的高效利用。但这一制度的弊端在运行过程中也显现出来：土地管理体制缺乏横向的相互制约作用，垂直管理只上收了领导的任免权，但是其他的人事问题和财政问题却留给了地方，所以在某种程度上来说，土地管理部门受到地方的牵制，难以独立行使职权，留给了地方政府一定的自主权，这也就导致了近年来我国地方政府土地贪污腐败现象时有发生。同时，实行垂直管理制度也就割裂了与同级政府之间的联系，加大了协调难度，甚至有时会有所冲突，不利于土地资源的综合规划和利用。为此，笔者建议改革我国的土地管理体制，实行横向管理和纵向管理相结合的方式，其中以纵向垂直管理为主。而且，为防止我国垂直管理制度中的执法强度不到位，要分离我国政府的经营权和管理权，并通过建立一个专门的土地监察委员会来对政府进行监督。

五、土地立法

（一）国外土地立法的演变和经验

1. 日本

日本的土地立法经过了一个从侧重土地所有权，到强化土地利用权，再到公法扩张的发展过程。这一演变过程突出了土地立法的最终目的不仅要保护土地所有权和土地利用权，更要促进社会整体的发展和进步。在日本，《新民法典物权》于 1898 年颁布，对土地的所有权、地上权、地役权和土地不动产的先取特权等一系列权利都进行了具体的界定。这一阶段，日本土地立法重点在于确认和保护土地所有权人的所有权，忽视了对土地利用权的保护。随着经济的发展和时代的前进，对土地所有权的过度保护不利于土地的流转，也不利于社会财富和经济实力的增长，社会上要求对土地利用权加以重视的呼声越来越高。在一片呼声中，日本也相应进行了改革，在土地立法上呈现出弱化所有权强化利用权的趋势。例如，日本在 1921 年就颁布了《土地租用法》，该法律通过提高土地利用权人的法律地位，使其可以对抗所有权人，权利甚至有时优于土地所有权人。土地利用权的强化极大地促进了土地的流转，但也产生了副作用，如租赁期的延长等措施严重阻碍了土地的规划利用和有效开发。于是在 20 世纪 70 ~ 80 年代，日本出台了《土地基本法》、《都市计划法》、《土地征用法》以及《国土利用计划法》，对土地的所有权和使用权都进行了限制，在上述法律中渗透了公共利益的因素。

2. 美国

美国在土地权益上的立法更是多种多样，在土地占有方面通过制定对抗占有法、地产所有权法、共存所有权法对土地的所有权进行保护。在土地的非占有性方面，通过制定土地转让法、土地登记法、抵押法等对土地的利用权人进行保护。此外，美国的土地立法呈现以下几个显著的特征：首先，美国的立法和决策过程有广泛的参与性，基本上所有与法律和政策有关系的个人或利益集团都参与了立法和决策的过程，各群体的利益在法律中得到了充分的表达；其次，美国的立法需要经过长时间的讨论，再加上广泛的参与度，具有高度的透明性；最后，每一个土地法律都必须指定专门的部门加以负责和贯彻落实，这样可以保证每一个土地法律的有效施行。

土地立法不能盲目照搬外国的经验，要根据各国具体的国情来安排，我国土地法系中最突出的矛盾是要解决土地所有权人和土地利用权人的关系问题。我国亟须解放土地使用权，尤其是农村集体建设用地使用权人的流转和增值问题。目前我国正在修改《土地管理法》，笔者认为可以以此为契机，仿效日本的做法（在《土地租用法》、《土地利用法》中单独设立土地租用权和土地利用权），在《土地管理法》中增加关于土地利用权和租用权的条款，强化集体使用权的流转，如表4－3所示。

表4－3　土地制度国际比较——土地产权制度、市场体系、价格及其他

代表国家（地区）	土地产权制度	土地市场体系	土地价格	其他
美国	60%私有，40%公有（联邦32%，州及地方政府7%）。法律严格保护土地所有权，但政府拥有土地使用权的终决权（如占有、先买权），因此土地并非绝对的"私有"。	土地所有权和使用权均可自由交换、买卖、租赁。	政府一般不干涉私有土地的交易，私有土地价格完全由交易双方根据土地经济价值进行估计，或由私人估价公司帮助达成协议，但政府可通过定价和先买权控制交易价格。	为发展公共设施和社会保障，为某些行业提供廉价土地，为低收入者供应优惠住房用地。
德国	绝大部分为私有，小部分公有。法律保护土地所有权，但政府拥有土地先买权，因此土地并非绝对的"私有"。	原则上，土地所有权和使用权可自由交换、买卖、租赁。政府具有先买权；一切土地交易必须向政府申请，政府审核后确定不行使先买权时，买卖才能成交。	征用土地的补偿价格计算标准以当时周边交易价格为准，但凡是因预测土地将被征用而引起的价格投机成分，不算在补偿价格中。因政府先买权的存在，土地价格实际上完全由政府掌握。如果协商价格超过一定水平，政府享有不承认此项交易的权限。	地上房屋建筑是土地的组成部分，从属于土地。居住用地使用权年限一般99年，工业用地70年，土地使用者每年向所有者交付土地出让金。使用期结束后，地上建筑物连同土地使用权一并归还土地所有者，后者支付一定的建筑补偿费。
英国	85%私有，15%公有。	土地所有权和使用权交易自由。政府享有征用土地的权利。	价格在律师参与下由买卖双方协商。政府征地补偿价格也为协商价格，但由于公共设施修建计划引起的地价上涨不予考虑。	

续表

代表国家(地区)	土地产权制度	土地市场体系	土地价格	其他
澳大利亚	72%私有，28%公有。	私有土地所有权和使用权自由交易。 政府可以在《地方政府法》规定范围内租赁、购买或收回土地，或通过拍卖和协议方式出让土地。	价格在律师参与下由买卖双方协商。 政府征地补偿价格也为协商价格，但由于公共设施修建计划引起的地价上涨不予考虑。	政府有权在一定期限内为公共基础设施规定保留用地，制定期内若未建设，到期失效。
中国台湾	"平均地权"制度：农地农民所有，市地市民所有，富源地全民所有。 土地私有权受法律保护，私人在当局法律及土地利用计划限制下拥有土地所有、使用、收益等权利。	土地所有权转让由政府垄断控制。 政府对公有土地无偿使用，对私有土地可有偿征收。 土地使用权分为政府公有土地使用权纵向出让和私有土地使用者横向流转两类。	以市场地价为基础，实行"规定地价"制。当局设定标准地价，地主在规定期限内申报土地价格，浮动区间不得超过20%。凡已被城市划定为公共设施保留地的申报地价不得高于标准地价。	
新加坡	20%私有，80%公有。	对公有土地，所有权与使用权严格分离，政府只出让土地使用权。对私有土地，允许买卖交易，但受政府严格控制。	政府出让公有土地使用权时，先确定标准价格，然后由土地局公开招标或拍卖。私有土地交易价格为协商价格。	政府很少将国有土地使用权出让给私人开发商，而是有偿有期地出让给住房发展局等法定机构，再由这些机构完成土地开发后，以招标等方式转租给私人开发商。私人开发商取得使用权后，其转让受政府严格控制。
中国香港	100%公有。	土地租用制，只租不卖，批租期一般为75年。 土地使用权由政府批租给土地使用者，土地使用权可在政府调节下横向流转。	根据房地产开发项目预期市场价值，估计土地价值，确定底价后采用招标或拍卖方式出让。土地（批租）价格为一次收取整个出让期限内各个年度地租的贴现值总和（也即"土地出让金"）。	实行土地登记、查阅制度，为公众所监督。

资料来源：互联网，中金公司研究部。

（二）严格和统一我国土地立法

我国在立法和决策的过程中公民参与度并不是很广，相关的权利并没有很好地表达，并且有时出现立法内容不统一的情况，如《土地管理法》第五条规定，城乡土地由土地管理机关统一管理，但第九条又规定："确认林地、草原的所有权或使用权，分别依照《森林法》、《草原法》、《渔业法》等有关规定办理"。这就产生了统一管理还是分别管理的矛盾，减弱土地法律执行的效力。为此，笔者认为，我国应该在法律的制定过程中广泛吸纳人民群众的意见，具体措施：在制定法律之前更为广泛地征求人民的意见；为了使法律有效的执行，我国应尽快统一土地立法，其他法律的制定必须在不与宪法和《土地管理法》相违背的前提下进行，且各部门之间应该相互协调，尽量避免对同一土地立法做出不同的规定。

第五章

尽快实现地方财政收入的平稳转型

任何一项政策在不同时点都有不同模式，偌大的中国，仅靠一个模式的"土地财政"政策是不切合实际的。因此，我们需要正确看待"土地财政"行为存在的合理性，同时要思考其不足之处与改进对策，使"土地财政"收入更好地服务于地方发展。土地不仅是一种资源，更是一种资产，地方政府财政收入内部结构的演变体现出政府对土地的认知从资源到资产的转变过程。目前，土地资产收益在大多数地方政府财政收入中起主导作用，这一方面说明通过市场手段实现土地的优化配置的政策已见成效，土地已经开始显现其本来价值；但另一方面也暴露出地方财政过度依赖于土地资产收益的弊端。地方财政过度依赖于土地资产收益很可能产生潜在的风险，是阶段性的、不可持续的，必须向不动产税方向过渡。土地及其相关财税政策也需要动态调整，中西部欠发达地区通过"土地财政"的借贷，启动地方跨越式发展，可以有效解决就业和脱离贫困，更快速度实现城市化，更早转入常规发展。发达地区在经历过土地政策下的经济腾飞之后，也应该让财政收入合理转型。在涉及民生问题上，政府应该尽可能地合理疏导财富分配。

第一节 "土地财政"是我国地方政府在
经济发展初期的阶段性依靠

一、"土地财政"较适于城市化初始阶段

"土地财政"问题并不是中国经济发展中所独有的。从国外的经验来

看，各国在现代化过程中大都经历了一个用土地资源换取财政收入的阶段，但其发展的总体路径却是土地相关税在财政收入中占主导地位。这一点很值得中国借鉴。在欧美等发达国家和地区，经济发展和城市建设初期，"土地财政"均是其城市和经济发展的最有力工具。以美国为例，如今美国的税收体制完善，"土地财政"收入主要通过征收财产税（property tax）实现，其财产税收入几乎占州政府财政和地方财政的40%以上。但是在其西部开发时期，为吸引基础设施投资和工业投资，美国政府采取过许多以土地为基础的优惠措施，比如对投资基础设施建设的单位，政府相应地赠与一定面积的土地同时给予税收上的优惠，通过优惠政策来招商引资和推动城市发展；这在当时的美国获得了很好的经济效果。不论是卖地还是实施财产税都是"土地财政"行为的表现形式，只是"土地财政"所处的发展阶段不同罢了。

在不同的经济社会发展阶段，"土地财政"收入相对地方财政收入的比重，即政府对"土地财政"的依赖程度会有所不同。工业化初期阶段，随着各项基础设施建设的铺开，固定资产投资开始加速，财政对"土地财政"收入的依赖程度逐步提高。至工业化深化阶段，城市化加速推进，基础设施建设规模扩大，需要政府在短时期内进行大量的投资，地方财政对"土地财政"收入的依赖程度达到峰值阶段。之后，随着工业化、城市化的继续深入推进，土地资源的消耗和土地管理相关制度的改革，必然会出现财政对"土地财政"收入依赖下降的一个自然转变过程。从这个角度看，"土地财政"的产生和发展具有明显的阶段性，把握这种阶段性的发展特征，对于客观认识和正确化解"土地财政"相关风险具有重要的意义。如果在工业化、城市化深化阶段后期，没有及时解决土地税收收入比重低、土地出让收入依赖程度高的问题，将会使潜在的财政收支风险迅速明朗化。从根本上说，社会经济发展到一定阶段后，最终市场化国家财政不会靠土地融资。在城市化基本完成后，就没有大规模城市基建任务和相关开支需求了；其次，工业和第三产业也已经成熟了，正常的财政收入将主要来自于此；再次，商业用地的使用权出让期限只有40年，城市化基本实现后，这一期限也差不多到期了，又将有新一轮的使用权出让收入。例如，深圳从最初的"土地财政"试点源头到如今不依赖土地出让，城市发展起来最终形成了良性循环。恰恰使得"土地财政""功成身退"。

案例分析

深圳"土地财政"的"功成隐退"

中国土地出让制度的前身，就是 1987 年在深圳进行的土地出让制度试点：1987 年 12 月 1 日，深圳在内地第一次举行国土有偿使用权拍卖会。深圳房地产公司以 525 万元的最高价获得了罗湖区东晓路一块 8588 平方米土地的使用权。深圳市 1991 平方公里的面积仅相当于北京的 1/9、上海的 1/3。但在 30 年高速发展期间，其开发比例却高得惊人，截至 2008 年，深圳已开发土地 46%，而北京、上海、香港分别只有 20%、30%、24%。

深圳作为土地资源匮乏的城市，土地出让备受瞩目。"十一五"期间，深圳市规划新建住房用地供应 13 平方公里，其中商品住房用地 11 平方公里（新供应 6 平方公里，利用存量 5 平方公里），保障性住房用地 2 平方公里。新供应商品住房用地 5.62 平方公里，完成规划新供应目标的 93.7%；保障性住房用地实际新供应 2.45 平方公里，完成规划目标的 122.5%。

在无地可卖的情形下，深圳市政府又需要保持经济的快速增长和财政收入的增加，于是大力发展高新技术产业，推进战略性新兴产业发展，以扩大税源。2010 年深圳地方一般预算收入完成 1106.8 亿元，居全国第三。与此同时，土地出让金收入 115 亿元，甚至不到上海的一个零头。

先看城市化。深圳因改革开放而崛起。自 80 年代以来，深圳市 GDP 增速一直居国内前列，产业结构中工业及第三产业的比重不断上升，基础设施日益现代化。这些都表现出明显的城市化特征。2010 年 7 月，深圳市正式扩容，龙岗、宝安被归入特区范围之内。2010 年 8 月，深圳前海区域规划获国务院批复，前海享计划单列市权限。城市化的不断升级，推动深圳部分区域的地产不断升值。

再看人均可支配收入。近三年深圳市人均可支配收入年均增长 10.07%，这一因素缓慢提升着人们的住房需求。

最后看城市人口数量。深圳市人口逐年增多（见图 5-1）。截至 2009 年末，全市常住人口 891.23 万人（同比增长 1.6%），其中户籍人口 241.45 万人，非户籍人口 649.78 万人。统计显示，2001~2009 年间深圳

市户籍人口平均每年增加 12. 16 万人、非户籍常住人口平均每年增加
34. 78 万人。人口不断增长，加大了对住房的自住型需求。

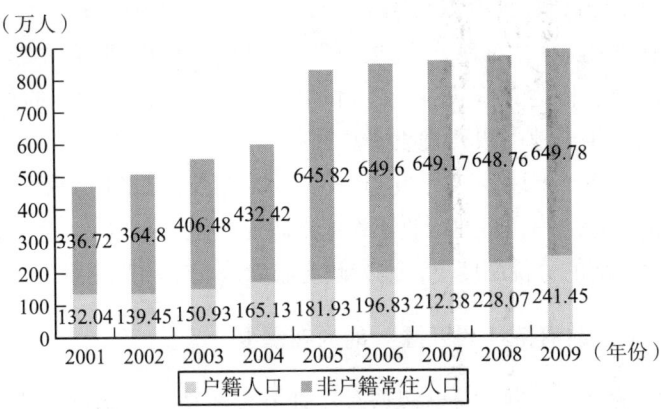

图 5 - 1　2001 ~ 2009 年深圳市常住人口结构

资料来源：2001 ~ 2009 年深圳市国民经济和社会发展统计公报。

二、中国地方财政一时难以脱离"土地财政"

(一) 土地出让收入现有支出结构

"土地财政"支出是地方政府为提供与土地资源相关的公共产品和服
务而进行的资金支付。我国的政策和制度框架催生了地方政府的"土地财
政"模式，我们不应把"土地财政"仅仅看成是政府获得财政资金的渠
道，而忽视其支出的必要性。"土地财政"收入本质上是通过对土地资源
的索取来实现的，获得的同时必然存在对土地资源原有用途的破坏。而
"土地财政"支出则表现出对这种破坏进行的补偿。

土地"招、拍、挂"净收益是地方政府最大的一块预算外收入，然而
"土地财政"对地方政府的作用，远远不止于卖地净收益，通过细分土地
出让收入的支出结构我们发现，土地出让收入对地方经济的贡献主要体现
在四个方面：

(1) 土地出让收入中 40% 被用于包括基础设施在内的城市公共投资；

(2) 土地出让收入中 30% 被用于工业用地开发。工业用地出让时往
往价格较低，甚至是"零地价"，这有利于招商引资，推动地方经济发展；

（3）土地出让收入中10%被用于保障性住房投资，是目前各地保障性住房投资的最主要资金来源；

（4）土地出让收入中20%被用于投入新一轮土地整理（除工业用地和保障性住房用地），对地方土地一级开发的滚动模式形成关键支持。地方政府以此资金作为自筹资本金，撬动银行贷款，形成3:7的权益/债务比例，构成本年土地一级开发投资总额。

除上述之外，土地一级开发过程中因拆迁伴生的住房需求也是带动GDP增长的力量之一，房地产业还为地方政府贡献了10%左右的税费收入。我们认为就目前的分税制度下，地方政府难以改变"土地财政"模式。

（二）地方政府持续"开源"的内在需要

地方守土有责，城市公共投资、工业开发投资、保障性住房建设、相关教育、基础设施建设、环境改善、补贴企业涵养税源都难以离开"土地财政"的支持。金融危机后，整体宏观经济形势趋紧，地方政府有保增长、保就业和保民生压力；在当前的通胀背景下又负有管住"米袋子"和"菜篮子"的责任；在经济转型和结构调整期还承担着通过固定资产投资发展战略性新兴产业的职能。2011年，国务院公布的《关于进一步加大财政教育投入的意见》，特别要求地方政府必须从土地出让收益中按10%比例计提教育资金；7月初，财政部、水利部正式印发《关于从土地出让收益中计提农田水利建设资金有关事项的通知》，要求各地贯彻落实《中共中央、国务院关于加快水利改革发展的决定》有关规定，确保10%的土地出让收益用于农田水利建设。还有当前热议的保障性住房建设，从最初土地出让金每年净收益的10%用于廉租房，到2010年要求土地出让金的10%用于公租房建设。

在不考虑建材成本呈现逐步上升趋势、不考虑土地成本，仅以每平方米建筑成本3000元计算，假设每套80平方米，则4000万套保障性住房建设全部投入将接近10万亿元，这意味着投资总规模将超过2009年财政投资计划的2倍。2011年1000万套保障房的建设目标，需要投入1.3万亿元，除了社会机构的投入，中央和地方政府需要筹集5000多亿元，资金缺口巨大。

在如此逐步提高的刚性支出背景下，地方政府具有持续"开源"的内在冲动，信贷和土地成为筹资的两大模式。一是银行中长期信贷需要的抵押品，主要体现为土地。二是地方财政的土地出让金收入连年攀升，2010年已经达到2.9万亿元。当土地出让金收入形成后，按照固定资产投资所需自有资金比例，地方又可以再度完成杠杆化，以此撬动银行信贷。

（三）现行土地直接税体系难当重任

从土地税收的征收来看，土地直接税数额小、名目繁杂且征税成本高。从发达国家和其他发展中国家的经验来看，随着经济的分权化，土地税及与土地相关的财产税成为地方财政收入的重要来源。在我国，目前土地直接税收却难当此任：

（1）土地税费的设置名目繁杂，功能重叠，各项税额很少，对地方财政的贡献很小。直接的土地税有耕地占用税、契税、城镇土地使用税、土地增值税；土地直接收费有耕地开垦费、新增建设用地有偿使用费。耕地占用税、耕地开垦费和新增建设用地有偿使用费尽管功能表述不一，但征收对象都是一个：新增建设用地，造成重复征收。

（2）土地税收主要集中于农地转为建设用地环节，从土地保有环节获得的税收很少。这样，一方面造成地方政府占地越多、税收越多的现实，另一方面也造成土地税收的可持续性及成长性差。城镇土地使用税尽管是针对占有国有土地的行为征税，但是，其征收标准极低，且占地单位很多为地方政府相关机构，无从征收；土地增值税尽管旨在对土地转让行为征税，但是由于对增值性收入到底有多少无从甄别，加上地方政府又担心这一税种的开征会影响当地房地产市场的发展，因此，这两个税种既不能让占用国有土地者支付代价，地方政府也失去了一块因土地增值应获得的重要税源。

三、当前"土地财政"形成机制上的问题

马克思的地租国债（国税）理论为我国的土地征收制度提供了理论基础，土地收归国有后，国家只能以土地批租的形式供应土地，并以国债或国税两种形式征收地租。至于地租采取国债还是国税形式，则取决于国家具体的经济状况以及地租要发挥的职能。目前我国实行的土地出让金制度，实际上是地租在发挥着国债的功能。中国市民花钱买房子，如同购买城市股份，在地价上与政府风险共担，与美国地方政府发行债券一样，都

是为了融资。但如同股票和债券的差异，中国未来的政府免费提供服务，无须返还欠款；美国市政债券需要偿还，违约就会破产。相应地，中国市民分享城市的财富增长，美国债券持有人只获得相应的利息。在我国，地方政府将50年或70年累计的地租进行一次性收取，政府实际上就不仅预收了未来50~70年的土地收益，而且也实实在在地预支了未来的土地收益。总体上看，土地出让金制度为我国地方政府集聚了一笔巨额的可支配财力，有力地推动了我国工业化、城市化的进程，间接维护了我国现行的分税制财政体制。

从理论上看，土地出让金是出让若干年期的土地使用权价格，它是一种按市场等价交换原则的市场交易行为，实际上是政府向企业一次性收取若干年的地租，是一次性预收并一次性预支了未来若干年限的土地收益总和，这就造成了"土地财政"的"代际"不公平问题；同时，随着土地使用权的不断出让，各级地方政府的"土地财政"收入也将随着可支配土地数量的减少而锐减。应该把"土地财政"与"土地财政"形成的机制区别开来，当前"土地财政"形成的机制是有问题的。目前，中国的"土地财政"主要依赖扩大新增建设用地规模，通过土地的出让来获取收益，地方政府主要的建设资金来源于土地出让收入。市场经济比较完善的国家"土地财政"主要来源于土地保有的税收环节，不是依赖土地的增量环节。未来，我国宜变以国债形式征收地租为国税形式，即采取税收的形式征收地租。这样，一方面，可以抑制地方政府征地卖地的冲动，实现"土地财政"的代际公平；另一方面，也可以规避由房地产过热带来的经济风险和社会风险。

第二节　重构地方政府竞争体系，由"投资型"向"服务型"转变

一、构建"民生服务"为"标尺"的考核体系

（一）重视失地农民的社会保障

随着征地制度的改革，征地补偿标准逐渐提高，政府对被征地农民在

就业、住房和社会保障方面的支出压力也将增大。失地农民和拆迁居民的利益难以得到有效保障的情况下，容易引发社会不稳定因素。应加大土地收入用于征地拆迁与补助征地农民的支出，保障住房建设、保障失地农民今后的生活，还要给予失地农民安家费、失业救济金、养老保险费、医疗保险费、学龄儿童教育保险费等。要非常重视对被征地农民的安置问题，对老年农民的养老问题、中青年农民的就业问题、农民子女的读书问题等，应该分门别类，逐家逐人进行分析考虑，把工作做细一点。对原有的集体经济应进行股份改造，使它适应新的环境。还要重视对已经以工商业为生的被征地农民的身份及心理转换问题。不能再以村、村民小组的组织方式，而应以城市居民社区的组织方式进行管理。通过教育，使他们适应现代的城市文明生活方式，从身份到心理及行为方式，真正成为城市居民。同时，应加大农村基础设施建设比例，尤其是保障房建设支出比例；应利用土地出让收入加大对"三农"和弱势群体、城市居民的支出，缩小城乡差距。

（二）地方政府收入、支出方式转变

中共十七大提出变"经济建设型"政府为"社会服务型"政府。随着进一步的改革发展，在土地产权清晰地界定到微观经济主体的基础上，内在要求地方政府在社会福利分配上向微观经济主体倾斜，培育以市场为主导的发展模式，财政收入也要同时逐渐从流转环节的税收转到不动产税上面，不能依靠卖地而须通过发展实体经济来增加税源；政府收入模式的转变必然要求政府职能要从现在的"投资性政府"变为"服务性政府"，土地收益由原来的以投资为中心向以民生为中心转型，政府职能由原来的投资型政府向服务型政府转型，土地产权制度由原来的城市为中心向城乡统筹转型，将地区公共服务水平以及公民满意度纳入地方政府官员的政绩函数，使其行为不依赖于政治锦标赛的约束。地方政府应关注城市化质量，以高水准的公共服务保证城市化的成果。政府退出对市场要素的垄断，让市场在资源配置中充分发挥基础性作用，形成多元化的城市公共投资机制。只有这样做，才能改变地方政府官员行为的激励方向，使地方官员既对上负责更应对下负责，建立真正的服务型政府。

（三） 财税体制和官员考核制度改革

政府收入方式由土地收入转向土地税和物业税的同时，还要改变原有的财政税收体制和官员考核制度。把土地税、物业税以及可能未来将会开征的财产税，按照国际惯例都划为地方政府收入，重新划分中央政府与省级政府、省级政府与省级以下各地政府的事权与财权分配，做到事权和财权相匹配。根据各地的实际情况，把民生指标、耕地保护和环境保护指标纳入政绩考核制度，以适应政府由投资型向服务型转变的要求。逐步建立一个组织结构顺畅、评价机制完善、考核主体多元的绩效考评机制，将经济增长、行政效率、环境保护、社会治安、公共设施、公民教育等纳入考核内容，通过经济、社会、人、生态四大板块建立落实科学发展观的政绩考核指标体系，实现官员绩效和政府绩效的有效整合。结合《全国主体功能区规划》，对于优化开发与重点开发区域，政绩考核不仅包含地区经济增长状况，还应该设置一定体现民生的社会性公共服务指标，例如环境保护、社会治安、应急管理等；对于限制开发区域，应该淡化经济考核，以社会性公共服务考核为主要内容；而对于禁止开发区域，则应完全以区域社会民生性指标考核替代经济考核。所以说，政绩考核应该根据不同地区的特点和情况，鼓励适度地方政府竞争，这有利于提高资源配置效率，发挥市场机制的基础性作用。这也从根本上改变了地方政府的目标与行为选择。

二、土地资本化由"政府主导"向"市场主导"转变

市场主导的土地资本化，可以提高农民的财产性收入，使他们分享土地增值收益，跨越人力资本投资门槛，加快向非农产业转移速度，促进人口集聚。随着城市化的发展，住房建设、土地拍卖、城市交通和环境的改善在市场机制下互动，既满足了人民群众对住房和环境的更高档次的需求，又通过土地资本化筹集到城市建设的资金，构成住房建设、城市交通和环境建设的投资高潮，对经济增长又起到极其重要的推动作用。因此，需要深化市场化改革，不断释放土地红利，使土地资本化继续为中国经济发展提供持续动力。

（一）农村集体土地政府主导型土地资本化模式

国有土地资本化已经比较成熟，但是由于现有的土地制度法规并没有随着经济增长和经济结构的变动对土地产权进行适时合理的调整，集体土地成为目前各种问题的主要来源。在现有的土地政策框架下，集体土地资本化主要是以改变所有权结构的形式进行的，也就是征地。国家1982年发布了《国家建设征用土地条例》，规定农地转用建设用地要通过征地转为国有土地，给予农民的只是土地补偿。一直到2004年发布的《国务院关于深化改革严格土地管理的决定》、2006年的《国务院关于加强土地调控有关问题的通知》都只是控制了征地的速度，农民的土地转让权还是没有承认。农村土地在转为非农用地实现增值时，所有权将会发生变化，这也就意味着土地的收益权被转移和削弱了。在这种制度框架下，就产生了政府主导型土地资本化形式，即政府垄断土地转让权，利用行政权力和制度缺陷，用非市场的手段配置土地，扭曲土地价格，集中支配大部分土地收益，这成为"土地财政"形成的重要途径。改革开放以来，我国政府主导进行的跨越式发展需要大量的资本投入。全国各地基本上以这种政府主导型的土地资本化形成了地方经济发展的资本原始积累。在劳动力供大于求的情况下，土地资源成为政府主导型跨越式发展的重要依靠。政府也需要"土地财政"作为基本工具和重要手段，直接或间接地吸引外资进入，加快本地发展。因此，"土地财政"是我国工业化、城市化和市场化进程中的一种客观现实，"土地财政"的出现和存在具有一定的合理性和必然性。反过来，工业化和城市化的快速推进，城市基础设施建设形成了巨大的资金需求，由此造成的资金缺口促使地方政府寻找新的资金来源，形成对投资需求的螺旋式增长。在特定的制度环境下，"土地财政"收入恰恰满足了地方政府的投资需要，土地资源和与土地相关的财政收入成为政府主导实现跨越式发展的重要手段。

（二）市场主导型的土地资本化模式

与政府主导相对的模式是市场主导的土地资本化，即土地产权明确界定给市场微观主体，土地交易过程中政府不作为交易方直接参与，只是提供产权保护等公共服务，各个微观主体根据市场价格配置自己所属的土地产权，土地收益主要归产权所有者，但政府可以以税收的形式抽取部分收益。市场主导的土地资本化并不需要土地私有化，在土地国家所有的条件下，只要把转让权、收益权明确界定给微观主体，并且从法律层面确保公平实施，市场主导型的土地资本化是可以实现的。我国城市土地的改革和香港在 1997 年之前的土地政策都说明了这种效率改进的存在。市场主导型的土地资本化表现在农村集体土地资本化上面，就是不要进行所有权的改变，在现有所有制框架下，保证国有土地和集体土地同地、同价、同权，保护集体土地使用权的自由转让，包括农地转为非农用地。随着我国东部沿海某些地区（比如江苏、浙江、广东）经济发展进入工业化中后期阶段，土地资源的日益短缺，各种因土地收益分配而导致的各类社会矛盾趋于尖锐。同时，市场经济需要进一步往纵深发展，政府的职能需要转换，地方政府的目标函数要从追求 GDP 增长转换到科学发展的道路上。这些大的趋势都要求土地资本化形式，特别是在农村集体土地资本化方面，应该开始向市场主导型转变。随着工业化、城市化进程的逐步完成和政府手中存量土地的减少，投资强度会逐渐下降。

我国的土地资本化肇始于土地产权制度改革，土地资本化在经济发展的不同阶段，有着不同的形式和功能与之相适应。随着现代经济增长模式的形成，以及经济结构的优化、生产要素的集聚，政府主导性的土地资本化尽管在中国经济的某一历史阶段起到过重要的催化作用，但对中国经济结构也造成了一定程度的负面影响。一方面会导致城市经济增长过于依赖房地产投资，影响产业结构的进一步优化和升级，提升城市生活成本，阻碍城市化进程；另一方面，在现有城乡土地制度的框架下，会导致城乡差距进一步拉大，农民的财产权利受到侵害。因此，当经济进入现代增长阶段以后，"土地财政"应该逐渐淡出，转向以市场为主导的土地资本化，社会福利分配上向微观经济主体倾斜，培育以市场为主导的发展模式，财政收入也要逐渐从流转环节的税收转到不动产税上面。使土地收益由原来的投资为中心向以民生为中心转型。以市场为主导进行土地资本化，就有可能像过去 10 多年城市住房产权界定催生一批城市中产阶层一样，在农村造就一个农村中产阶层，极大地缩小城乡差距。

三、推进经济发展方式的转型升级，减少地方财政对土地的依赖

在我国推进现代化进程中，工业化、城市化、现代化是相辅相成、相互促进的，工业化推进了城市化，促进了现代化。不少地方形成了以固定资产投资为主导的产业体系，来自房地产行业的税费成了不少地方政府的主要收入来源，地方政府对房地产依赖越来越严重。要减少地方政府对"土地财政"的依赖，必须加快经济发展方式的转变，推进经济转型升级，努力培育新的经济增长点和新的财源。

（一）对传统产业改造升级，巩固基础财源

传统产业是我国的经济基础，但我国的传统产业主要集中在产业链的中间环节，生产的能耗高、产品的附加值低。面对低碳经济和节能减排的压力，我国必须要推进经济转型升级，加快对传统产业的技术改造力度，拉长产业链，将产业链向设计研发和品牌营销两端延伸，以提高传统产品的附加值，增强传统产业的竞争力。

（二）大力发展服务业，挖掘潜力财源

服务业不仅能耗低、提供的就业多，而且分税制财政体制规定要把对服务业征收的营业税归地方所有，因此发展服务业是地方财源建设的潜力所在。但服务业的发展是建立在工业化、城市化基础上的。我国目前的工业化、城市化发展为服务业提供了条件，各地应通过产业的转型升级，发展商贸、物流等传统服务业，发展文化传媒、设计创意等新兴服务业，发展金融、保险、证券等现代服务业，以壮大地方新兴财源。

（三）培育战略性新兴产业，开拓新兴财源

战略新兴产业对地方未来经济发展有战略性、支柱性的作用，关系到地方未来经济发展和地方未来经济制高点。各地应从地方实际出发，根据资源禀赋的可能，积极培育现代信息产业，发展新能源、新材料，开发生物制药等产业，培养新兴财源。

第三节　引导"土地财政"由"出让收入为主" 向"税收收入为主"转型

政府盈余要以土地收益为主向以物业税、财产税等税收形式为主转变，政府依然可以产生盈余为经济发展积累资金。特别是东部沿海地区经过了 30 多年的发展，房地产作为土地资本化的代表产业，已基本完成了带动经济超速增长的"土地资本化"功能，工业化和城市化都处于较高水平，其增量的土地收益应该向家庭和企业倾斜，如果继续把太多的资源配置在土地资本运作上，只会增加商务成本和房地产泡沫，并且在先进制造业和服务业的发展上就会形成"短板"，阻碍现代经济增长方式的结构优化。

一、土地税收的基础理论

（一）土地税和土地税制内涵

在社会生产中，土地是四大生产要素之一，对社会经济发展意义重大。土地是财富之母，各国基本上都征收土地税并建立起了比较完善的土地税制。土地税是国家以土地为征税对象，凭借其政治权力从土地所有者或者土地使用者手中就其取得、持有、使用或者转移土地时，无偿地、强制地、固定地取得部分土地收益的一种税收，可以说，土地税是古往今来的税收制度中最重要的税类之一，也是历史上最古老的税收形式之一。土地税制是指国家制定的土地税收法令和土地税征收办法的总称，是国家向纳税单位和个人征收土地税的法律依据和工作规范。从理论上看，土地税制可以分为单一土地税制和复合土地税制两种类型。单一土地税制是由法国重农学派提出来的，然而在实践中，任何一个单一的土地税种都无法完成土地税收的全部政策职能，故现实中不再使用。复合税制是由多种不同的土地税种和各种不同的税率组成的土地税收体系。它不仅包括对土地本身的课税，也包括对土地改良物的课税以及对土地或土地改良物交易行为的课税等。目前世界上几乎所有的国家或地区均实行了复合土地税制，但

土地税制中的税种构成以及土地税收的理论依据有所不同。陈多长
(2002) 将土地税收研究划分成前古典期、古典期、现代期三个时期。在
此，笔者将土地税收的研究划分为古典经济学时期和现代经济学时期两部
分评述，古典经济学时期对土地税收的经验性研究，最具有代表性的人物
为威廉·配第；对土地税收的局部均衡分析，代表人物为马歇尔。现代经
济学时期的主要代表人物为费尔德斯坦，他对土地税收理论进行进一步的
完善，提出了土地税收的一般均衡分析，并研究了土地税的动态归宿问题。

（二）古典经济学时期对土地税收的研究

在重商主义时期，配第在《赋税论》中对房屋税、土地税进行了初步
的研究，其土地税收理论思想概括如下：土地税收的主要功能是收入功
能，主要为政府筹措资金；他认为人类的剩余劳动是土地税收课征的最终
的对象，因为税收来源于地租及其派生的收入，而一切利润都是剩余劳动
的产物；地价本质上是地租的资本化，故提出要把对地租课税改为对土地
价值课税；他还认为房屋具有二重性，既是消费品用来居住，又是资本品
可以用来投资。威廉·配第土地税收思想的主要局限：地租税转嫁给承租
人，进而转向农产品消费者的观点，以及土地税可以影响农产品价格的结
论有失偏颇，因为如果农产品价格由竞争性市场均衡决定，土地课税对其
的影响即使存在也是微不足道的；研究重点关注农地税，较少关注城市土
地税，这与古典经济学产生与发展时期的农业经济背景相一致；此外，配
第的土地税收思想涉及了房屋税，但对房屋税的转嫁与归宿问题并没有给
予讨论。

随着资本主义经济进入自由竞争时期，土地税收研究进入古典经济学
时期的标志是亚当·斯密出版的《国富论》。古典经济学家土地税收研究
的特点是重在描述，而较少进行土地税收效应的理论分析；认为土地税收
的主要职能是财政收入职能。土地税收研究仍以农地税为主，但城市经济
的发展促使经济学家开始关注城市土地税收问题。马歇尔是古典时期土地
研究的集大成者，运用局部均衡方法进行的土地税收分析把古典土地税收
理论发展到了极致。研究已从税种的简单描述转向对土地税收的转嫁和归
宿问题的探讨。他对土地税收理论主要做出了以下三点贡献：一是土地税
的计税依据和税负归宿问题。马歇尔首先正确地指出了地产价值等于建筑

物价值和地基价值之和，也就是我们通常所说的房子和土地的价值之和。马歇尔认为土地税制应设计为，若土地增值，应该对土地所有者征税，而不是对其他权利者征税，因为土地所有者是受益者。这样体现了税收的公平。二是，他讨论了建筑物价值税的经济效应及税负转嫁与归宿问题。他认为建筑物价值税可以通过两种方式，即前转和旁转两种方式转嫁予人。所谓前转，即提高房租把价格转让给租赁者。旁转，即通过提高经营商品或服务的价格把税收转嫁给消费该建筑物所提供的服务或所生产的产品。这种土地税收效应的分类分析思路后来被20世纪六七十年代西方公共经济学家继承并在土地税收效应的一般均衡分析中所采用。对于全国统一税率的情形，课于建筑物价值的税收由住户负担或由消费者负担。三是土地课税的理论依据。土地的供给是固定不变的，因而不会发生转嫁行为，也就是侧面反映了其关于税收中性的思想；土地的增值收益应该归于社会，体现了平均地权的思想。因此土地税基适宜作为独立的税目。综上，马歇尔在局部均衡分析框架内，土地税收归宿与建筑物价值税效应的分析思路和主要结论上的理论贡献，对现代土地税收研究产生了深远的影响。但他仍然存在尚待研究的空间，如土地供给非零弹性和建筑物供给非无限弹性下，土地税收效应以及税负转嫁与归宿分析，将土地税收效应的局部均衡分析由静态拓展到动态分析，统一税率与差别税率场合下土地税收效应的一般均衡分析等。

（三）现代经济学时期对土地税收的研究

从马歇尔到凯恩斯，土地税收理论经历了从古典经济学时期到现代经济学时期的转变。西方学者利用现代经济学分析工具并在新的假设下，将土地税收研究推进到了一个更高的阶段，其典型人物是费尔德斯坦，他在一般均衡分析框架内利用跨期经济增长模型对土地税的转嫁与归宿规律进行了理论实证性研究，重点探讨土地税的资源配置效应。对土地税收理论的贡献主要体现在：一是将土地作为生产要素，而不是一般商品；二是运用跨期经济增长模型开展了土地税收效应的一般均衡分析，得出了两个观点：（1）在土地是完全资本化的情况下，税收是中性的，不能发生转嫁。（2）在土地不是完全资本化的情况下，税收是非中性的，能够发生转嫁。

笔者认为，现在绝大多数国家的土地供给在长期或者短期在经济利益的刺激下是可以增加的，故相对应的土地税收是非中性的，可以发挥土地税收的资源配置功能。即土地税收可以改变要素价格、引致要素的重新配置、改变土地利用的方式和土地资源利用效率，因而可作为政府实施土地经济政策的工具。而土地税收的累进性或累退性在目前依旧有讨论的价值。如果土地税收是累进性的，则可以用它来执行财富分配的社会职能，即土地税收负担相对于收入的阶层分布具有累进性，因而，通过土地税收可以达到均分社会财富的社会目标；如果土地税收是累退的，则它作为收入分配的职能就会失效。

二、促进我国"土地财政"向"税收收入为主"转型

从理论上讲，城市化过程中土地用途转换所发生的增值主要来自于城市基础设施和产业发展的"外部性"，而非土地原使用者对土地的投资。因此，征收一定比例的土地税收不仅合理，而且有经济效率，可以实现由不规范预算外土地出让金向预算内土地税收的转化，也减少了预算外财政缺乏透明度的情况，改善了地方财政的管理。通过开征物业税、加大土地增值税清欠力度，增加土地税收收入，促进"土地财政"收入总量保持基本稳定，主动引导"土地财政"由"出让收入为主"向"税收收入为主"转型，促进经济社会持续健康发展。

（一）正税、清费：由"税弱费强"转化为"税强费弱"

在国外，收费一般仅占房地产价值的 2% 左右，而且收费都纳入了地方财政预算体系，有着严格的管制，大部分是通过土地税收来进行的。而目前我国的土地税费关系混乱，与其他国家相比较而言，我国的土地税收负担并不重，但是"以费代税"现象十分严重。许多地方的土地收费在100 项以上，项目繁杂。我国应该强化税收，减少收费，把一些具有税收性质的收费改为税收，取消一些不必要的收费，并将剩下的收费纳入预算内管理。

（二）防重征，减税种，重保轻流

我国现行土地课税体系中的几个税种，税基之间相互交叉、重叠，加

重了人们的税收负担。例如，对"土地转让权"既征收营业税又征收土地
增值税；对房地产产权转让既征收印花税又征收契税。合理的做法是取消
在土地转让过程中对营业税的征收，对房地产转让要么征收印花税，要么
征收契税。各国的土地税收，从征收环节来看大致有三个，即保有环节、
流转环节、取得环节。各国主要对保有环节课以重税，对流转环节课以轻
税，这样可以促进土地的流转，防止大量囤积土地获得巨额投机收益，有
利于土地交易市场的健康运行。而我国的各个征收环节的税种数量并不平
衡，目前，我国对土地保有环节只象征性地定量征收土地使用税；房产税
征税范围窄，对住宅没有征税；调节土地级差收入的土地增值税实际征管
不到位。但对交易环节课以多种税，交易环节的税收负担重。这带来了两
个方面的负面影响：一是土地与房产投机，引发房地产泡沫。土地保有环
节税收调节不到位，容易导致开发土地的盲目性，并且增加土地交易成
本，土地大量囤积，限制了土地的流转；且客观上刺激了房价上涨，房地
产价格过分偏离价值，远超过实际购买能力。二是土地增值收益调节不到
位，土地"涨价归公"原则难以落实，社会贫富差距急剧拉大。容易引起
社会不公，造成社会阶层分裂，存在激发社会矛盾的潜在风险。目前从我
国税种数量来看，数量繁多，但运行效果不是很理想。笔者认为，我国应
当建立简化易行的，像西方发达国家那样在土地取得、保有、转让环节设
计三种性质的土地税制，即所得税性质的土地税、财产税和财产性质的土
地税。

（三）扩大土地税收的征税范围

我国现行的土地税收制度课税范围较窄，征税范围一般只针对于生产
经营活动中所涉及的土地，许多行政单位和个人被排除在征税范围之外。
典型的例子就是城镇土地使用税，它的可征范围涉及城镇、县城、建制镇
和工矿区，坐落于此外的土地不用缴纳土地税。这种规定原先是为了照顾
农民，保护农业用地，但是由于规定得过于粗糙，导致坐落于课税范围之
外的非农业用地也免缴税收。因此我国的土地税收的征税范围过窄，税源
较少，为了增加地方政府的财政收入，应该把农业用地纳入征税范围，实
行低税率。另外目前我国仅对有偿转让的土地的增值部分征税，征收的税
种包括土地增值税、契税和印花税。而对土地的无偿转让部分（赠与和继

承）不征收土地税。目前世界上大部分国家都对其征收遗产税和赠与税，笔者认为我国可以仿效这些国家的做法，对无偿转让的土地征收遗产税和赠与税，一方面可以为政府增加财政收入；另一方面可以调节收入分配，减少贫富差距。不过我国遗产税和继承税的开征，它的主要目的不是为了筹集财政收入，而是和所得税一起调节我国的贫富差距，维护社会的和谐和健康发展。

（四）调整计税依据

各国和地区一般对土地税实行从价计征，而我国目前的城镇土地税实行从量计征，而且是根据地理位置课征。这种做法既不利于土地资源的保护，又不利于平衡纳税人之间的税负水平。据此，笔者认为借鉴西方发达国家的经验，我国应该改从量计征为从价计征，改依据地理位置来决定税率的高低为依据土地的市场评估值。另外我国的房地产税实行比例税率，是根据土地的原值扣除一定的比例为基础来计征，这样就会导致课税基础和市场价值的脱离，与课税的公平性相分离。

（五）土地税率的重新设计和细化税收优惠政策

西方发达国家土地税收的主要功能是筹集财政收入，我国不能一味照搬照抄，要考虑到具体国情。我国的土地税制的设计主要是以促进土地资源的合理配置和有效利用为优先目标，收入分配处于次要环节。故我国对土地税收的税率设计应该为差别税率或双层税率，对土地课以重税，对土地改良物课以轻税。

为了保护土地资源，促进它的有效利用，我国可以仿效台湾地区开征荒地税和空地税，改闲置土地费为闲置土地税，这是一种惩罚性税收，主要是为了防止促进土地的开发利用，抑制土地投机垄断，增加市场的供给。由于该类税收是一种惩罚性税收，带有明显的政策意图，故在税率的设计上可以根据城市闲置土地的面积、土地的级别、闲置时间的长短而分别设定税率，并随闲置时间的增加而提高税率。该类税收主要可以用来对土地进行改良，增加土地的生产能力。

我国台湾地区对土地税收的优惠项目进行了细致而具体的规范，而我国内地对税收优惠政策的规定与台湾地区比较类似，但相比之下规定的项目比较粗糙，没有细化和明确的界定，由此导致了很多人打"擦边球"，利用税收的优惠政策为自己避税，导致了税收收入的大量流失，为此我国必须加强对税收优惠政策的审批和细化对项目的界定。

（六）完善我国的税收征收管理和配套设施的建设

在我国，现行土地税均为地方税，但相关税收立法都是国务院发布的暂行条例以及国务院职能部门的行政规章，土地税的立法权、税率调整权，开征、停征权等权力高度集中在中央，地方政府对土地税缺乏应有的因地制宜的灵活性和必要的税收自主权，导致被动征管。而国外大多数国家土地税完全是地方税种，并且是地方财政收入的主要来源，这样做有利于激发地方政府的积极性。笔者认为，应该借鉴西方发达国家的经验和我国的具体国情，扩大我国地方政府的税收征管权限。

我国土地的登记制度不严，导致税务机关难以掌握税收信息和资料，影响征管力度，致使税源流失。为此，笔者认为，要完善我国的土地登记管理制度，加强税务机关和房产部门、国土资源部门的信息共享，建立一个横跨这三个部门的共享信息网络，严防偷税、漏税行为。

第三篇

"土地财政"相关重大民生热点问题

土地是最基本的生产要素，任何生产和建设活动都不能脱离土地，获得足够数量的土地是投资活动能够成为现实的基本前提。在城镇化和工业化过程中，固定资产投资扩张与用地扩张呈正相关关系，而且互为影响。固定资产投资扩张必然带来建设用地的相应扩张，但同时，建设用地扩张也具有一种放大作用，会进一步刺激固定资产投资的扩张。"土地财政"的实质是地方政府利用土地资源的资本化来扩大财政空间，增加政府可支配的财政资源，增强政府财政调控能力。"土地财政"收入规模迅速扩张，"土地财政"问题受到社会的关注，其背后有诸多原因，最根本的一条是集体土地国有化、国有土地资本化加速，由此导致政府动员资源的能力增强，加速推动了经济社会发展进程，也带来了快速发展过程中的一些矛盾和问题，这些矛盾和问题是快速发展中的问题，需要通过完善改革、发展来加以解决。

第六章

土地征用补偿理论和我国征地补偿制度

第一节　有关土地征用补偿的理论学说

土地征收补偿制度最早源于罗马法时代，近代的权威论述始见于荷兰法学家格劳秀斯。他认为，土地征收的基础在于领主对其臣民有"最高统治权"，依此原则，为"公共用途"，领主便可以取得私人土地。但国家在如此行为之时，必须给受损失的私人予以补偿。在 18 世纪之前，只要是为了公共用途，私人土地即可被征收，不需特别的法律作为依据。直至法国大革命之后，在自由法治国家的理念之下，才将土地征收的补偿要件列入宪法之内，成为一项法律制度。英国法院在长期的实践中形成了一个这样的推定原则：对于特定案件，除非议会法明确排除补偿，否则不能推定议会法有剥夺私人土地所有权不予补偿的意图。这个原则称为补偿推定原则（Presumption in favor of Compensation）。在德国，虽然魏玛宪法允许联邦立法者可以制定不予补偿的征收法律，但魏玛时代并未尝试制定过此种法律。基本法的立宪者进而为了完全制止"无补偿的征收"，明确规定征收唯有依法律，而且该法律也同时规定了征收的补偿额度和种类时，方可为之。这个宪法的理念及制度，将授权规定征收的法律与补偿规定，强制性地合为一体，说明了基本法强调征收补偿的"不可缺性"，征收的法律必须规定补偿条款，方得有效存在和适用，故基本法公布不久后，著名学者爱普森称之为"唇齿条款"，形容征收与补偿的不可分性，此名称后广为理论和实践中所引用。

土地征用补偿是国家或政府行政权的行使，对于特定人发生经济上的特别损失，而由国家或政府对受损失的人负金钱给付的义务。其本意在于"对于因公益之必要，经济上蒙受特别牺牲者，为调节之补偿，以实现正义公平之理想，而期法律生活之安定"。土地补偿的理论主要有既得权说、恩惠说、公用征收说、地租说、土地效用说、产权界定说、社会职务说、公共负担说、特别牺牲说等。

（1）既得权说。人民的既得权既然是合法取得的，就应当得到绝对的保障，即使是由公共利益的需要，使其遭受经济上的特别损失，也应当基于公平的原则给予补偿。此说是以自然法思想为基础，理论较为陈旧，而且对于既得权以外的权利所受的侵害，也未能说明补偿的理论依据。

（2）恩惠说。强调国家统治权与团体利益的优越性，主张绝对的国家权利，以及法律万能和公益至上。因此，此说认为个人没有与国家相对抗的理由，甚至完全否认国家对私人有提供损失补偿的必要。国家侵害个人权利给予补偿，完全是出与国家的恩惠。此说颇具专制色彩，难以说明现代的土地征用补偿制度。

（3）公用征收说。国家法律固然有保障个人财产的一面，但也有授予国家征收私人财产的权利的另一面，对于因公共利益的需要而作的合法征用，国家可以不承担法律责任，但是仍然给予个人相当的补偿，以求公平合理。

（4）社会职务说。摒弃权利天赋观念，认为国家为了使各人尽其社会一分子的责任，首先应承认各人的权利，这是实现社会职务的手段。从所有权的产生开始，就具有自由和义务双重性。但人民的财产被征用后，国家酌量给予补偿，才能使其社会职务得以继续履行。

（5）地租说。凡租用土地，都需要缴纳绝对地租，以作为土地所有权借以实现的经济形式，它与土地自然条件的好坏和生产率的高低无关，这部分地租资本化的低价必须在土地征用补偿中得以体现。级差地租是由于土地的自然、社会经济条件和土地投入的差异带来的，土地征用的补偿也应体现这种差异。

（6）土地效用说。土地（特别是农用地）作为最重要的生产资料和生活资料，一方面具有提供经济收益和生活保障的效用，另一方面对保持社会稳定、确保粮食安全、保护生态环境等都具有特有的功效，因此，土地征用不仅要对土地本身的价值进行补偿，对失去土地的集体和个人进行必要的补偿与安置，对地上物及其他附着物给以补偿，还要对失去土地的间接损失予以补偿。

（7）产权界定说。土地征用的实质是土地所有权的转换，而土地所有权是对土地支配的绝对权力，是土地产权中最根本的物权。行使土地所有权具有排他性，除了代表社会公共目的的国家对集体和个人所有的土地实行必要的干预外，其他任何人不得对土地所有权人行使其权力进行干预。

（8）公共负担说。该学说认为，政府的活动是为了公共利益而实施，其成本应由社会全体成员平均分担。合法的行政行为给公民、组织的合法权益造成的损失，实际上是受害人在一般纳税负担以外的额外负担，这不应由受害人个人承担，而应当平等地分配于社会全体成员，其分配方式是国家以全体纳税人缴纳的金钱来补偿受害人所蒙受的损失，进而在全体公民和受害者之间重新恢复平衡机制。

（9）特别牺牲说。该学说源于公共负担平等说，由世纪末德国学者奥特·玛雅提出。此说基于法的公平正义的观念，认为国家的合法征地行为，对人民权利所造成的损失超出了行使所有权的内在社会限制，与国家课以人民一般的负担不同，它是使无义务的特定人对国家所作的特别牺牲，这种特别牺牲具有个案性质，因此应当由全体人民共同分担给其以补偿，才符合公平正义的精神。在以上各种学说中都包含着这样的观念：特定人为社会公共利益作出了特别的牺牲，按公平正义和权益保障的原则，应由社会全体对这种牺牲作出补偿。

第二节　土地征用补偿的原则

一、完全补偿

完全补偿从"所有权神圣不可侵犯"的理念出发，认为损失补偿的目的在于实现平等，土地征用正是对所有权的侵犯，为矫正这一不平等的财产权侵害，应当给予完全的补偿，才符合公平正义的要求。完全补偿是指以被征用人完全回复到与征用前同一的生活状态所需要的代价为补偿标准，这种补偿不仅包括直接损失，如土地及土地改良物本身的损失，还包括因此而造成的间接损失，如期待利益的丧失、残余土地价值的减损、营业停止或缩小的损失、失业或转业的损失等，甚至还包括非经济上的损失，如新的生活环境的不适、精神上的痛苦等。如英国、美国等发达国家和我国台湾地区实行的就是此种制度。

二、不完全补偿

不完全补偿从"所有权的社会义务性"观念出发，认为产权因负有社会义务而不具有绝对性，由于公共利益的需要，可以依法加以限制。但土地的征用已经超越了对财产权限制的范围，剥夺了公民的财产权，应依法给予合理补偿。根据不完全补偿的标准，补偿范围仅限于被征用的财产的价值；可以量化的财产上的损失、迁移损失、营业损失以及各种必要的费用等具有客观价值而又能举证的具体损失，也应当给予适当的补偿；难以量化的精神损失、生活权损失等个人主观价值损失，应当视为社会制约所导致的一般牺牲，个人有忍受的义务，不给予补偿。目前中国实行的就是此种补偿制度。

三、相当补偿

相当补偿标准认为"特别牺牲"的标准是相对的、活动的，因此对于土地征用补偿应视情况不同采用完全补偿或不完全补偿的标准。一般情况下，本着宪法对财产权和平等原则的保障，特别的财产征用侵害，应给予完全补偿，但在特殊情况下，可以准许给予不完全补偿。如日本和德国是实行的就是此种制度。

除普遍采用的上述原则外，当代日本出现了一种"生活权补偿"理论。认为如果作为征用对象的财产具有财产权人的生活基盘的意义，那么对其损失的补偿，就不仅限于对其财产的市场价格予以评估，还应考虑其附带性的损失补偿，甚至有必要给予财产权人为恢复原来的生活状况所必需的、充分的生活补偿。

第三节 国外土地补偿制度的变迁

各个国家在征地中采用哪种补偿原则受多种因素的影响，包括国情状况、国力强弱以及人们的观念如何，即使在同一个国家采用的补偿原则也会随着经济发展和权利观念转变而有所不同。各国的补偿制度大致呈现出由完全补偿到不完全补偿再到完全补偿的发展轨迹。在其他条件相同的情况下，随着经济的发展，补偿制度总的趋势是完全补偿制度。

以德国为例，征收补偿经历了由完全补偿到相当补偿，再到目前的公平补偿的演变。19 世纪时，各邦对公用征收的补偿，皆采用完全补偿原则。完全补偿原则被相当补偿原则所代替以 1919 年的魏玛宪法为标志。该宪法从所有权的社会义务性出发，规定公用征收除联邦法律有特别规定外，应予以相当补偿，即不完全补偿。第二次世界大战后公布的德国基本法第 14 条第 3 款规定，"为公共利益起见，财产可以征收。征收补偿之确定，应就公共利益与当事人利益为公平之衡量。"从而确立了利益衡量基础上的公平补偿原则。对于公平原则的内涵，联邦宪法法院认为可以依照情况给予完全补偿，也可给予低于完全补偿之补偿。联邦普通法院则认为，公平补偿可低于交易价格仅能在例外情形（如立法机关有特别立法）才能承认，若立法机关已依交易价格规定补偿基准的，法院则不能违反这种规定，必须以交易价格为补偿标准。可见，所谓公平补偿的原则在很大程度上实现了对完全补偿原则的回归。

再看日本，征收补偿制度发端于 1889 年的明治宪法，完全补偿是这一时期的征补偿原则。1946 年日本宪法第 29 条第 3 款规定，因公用征收及公用限制私人造成财产上的特别损失时，必须予以正当补偿。对于正当补偿的含义，理论上有完全补偿说、相当补偿说等解释。完全补偿说认为，补偿必须以不平等还原为平等，即对于所产生损失的全部进行补偿。日本目前大部分学者均赞成这种见解。相当补偿说主张，鉴于收夺财产权的公共目的性质，正当补偿只需为妥当或合理补偿即可，其算定基础只要合理，就无须补偿被收用人财产实际价格的全额。值得一提的是，相当补偿说并非总是将低于完全补偿视为正当补偿，只是在农地改革中对农地收买对价可以低于完全补偿，即仅限于所谓社会化立法的补偿。而对于社会化目的以外的财产制约，也主张应该完全补偿客观的价格金额。显而易见，正当补偿原则的真实含义也是完全补偿，所谓相当补偿说只是主张在一些特别情形下，可以进行相当补偿。我国台湾地区的补偿原则也经历了由完全补偿到不完全补偿再到目前的合理补偿。绝大多数学者认为合理补偿在本质上其实就是完全补偿。

第四节　政府土地征用补偿机制的研究综述

政府征用土地如果不予或较低的征地补偿，政府将会低估私人资源的成本，倾向与征收过多的土地，导致地方政府过度扩张公共部门，建设超过实际需要的公共项目（De Alessi，Louis，1969）。征地补偿可以强迫政府做出正确的公共项目选择，Johnson（1977）认为政府控制下的资源常常被视为是无成本的。因此，资源的机会成本常常在政府决策中忽略不计。在土地征收中，如果不对土地所有者给予任何补偿，政府就会无节制地扩大征地规模，直到官员对公共物品的边际主观价值等于零。除了被征收土地的损失，只有政府被迫承受相邻土地的损失才会导致有效率的征地决策。这一现象具有一般性，概括为地方政府部门土地征收中的"财政幻觉"（Fiscal Illusion）。[1] 即只要政府征地所作的补偿低于土地的机会成本，政府就会将征地规模扩大到超过社会所要求的水平，从而损害社会资源配置效率。因此，要消除征地中的财政幻觉，就必须使政府按土地的真实价值给予补偿，以实现政府目标与社会目标的统一。

政府征用土地应当如何补偿的问题，过度投资（Overinvestment）是经济学家不赞成给予任何征地补偿的主要理由，他们认为，任何给予当前土地所有者市场价值的补偿都会干扰该土地所有者对自己土地投资的决

---

[1]　财政幻觉包括两个方面：一是政府感受到的土地价值低于土地的真实价值；二是由于没有感受到所征土地的真实价值，导致政府实际征收的土地规模大于社会最优化所要求的规模。即只要政府对征地给予的补偿是不完全的，政府就有扩大征地规模的内在冲动，结果不仅会损害社会整体效率，也会引起不公平的财富再分配。Miceli，T. J.，K. Segerson，Compensation for Regulatory Takings: An Economic Analysis with Applications，JAI Press，London，1996，pp. 22 - 23.

策，进而导致潜在被征地者对土地及其附属物的过度投资。Blume 等构建的模型 BRS（1984）指出政府的补偿应当为零。他们得出这个结论的内在逻辑是相对直观的。土地所有者在做出投资决策之前就意识到这些土地有可能被政府征用而变为公共产品。如果土地被征用，对该土地作的任何私人投资将遭受破坏。如果不对这种破坏进行补偿，那么土地所有者会将投资遭受破坏所带来的所有损失"内在化"，结果达到社会最优的投资水平。但如果对这种破坏进行补偿并且补偿按照土地市场价值进行，那么所有者将"过度投资"，因为他们会低估由于破坏投资而造成的损失。然而，不对征用私人财产进行补偿的主张有悖常理。Fischel 和 Shapiro（1988）认为，绝大多数经济学家和法学家都认为政府应当对征用的财产进行补偿。因此笔者进一步考虑，在什么情况下将补偿与市场价值联系会提高社会福利？这也是民众具有普遍兴趣的问题，在实践中倾向于用市场价值来作为征用财产的适当补偿，特别是对于土地的征用。

BRS 模型假设政府的征用决策时通过最大化社会福利而做出。我们考虑放松这个假设，将一个非社会福利最大化的政府纳入模型中，在此我们假设政府具有"财政幻觉"①。Hermalin（1995）、Miceli 和 Segerson（1994）假设政府具有"财政幻觉"，建立了征用补偿模型。Hermalin 发现，只要满足以下两个条件中的任意一个，可以达到社会最优状态：（1）如果土地所有者要保留其土地，他必须对政府做出相当于土地社会价值的补偿，否则政府就征用土地并且不对征用进行补偿；（2）如果政府征用财产，政府对投资者进行补偿，补偿额相当于财产的社会价值。Miceli 和 Segerson（1994）则考虑了一种因情况而定的补偿机制。他们的"事后规则"要求只有当征用不是社会最优行为时政府才对投资者进行相当于市场价值的补偿；而社会最优的征用不需要进行补偿。总之，如果政府具有"财政幻觉"，通过选择一种合适的补偿机制达到社会最优是可能的。但是，各种推进社会最优的补偿并不是被征用财产的市场价值的函数。

还有其他的方法将不按照"社会福利最大化"规则行为的政府纳入模型中。在美国，第一批州宪法就没有对政府征用的补偿做出任何规定。

---

① 财政幻觉这里定义的是政府不能正确地考虑所有与其行为相关的社会成本。政府遭受财政幻觉的一个极端情况的例子，如果政府将征用的社会成本等价于它必须支付私人公民的金额。如果一个零补偿政策到位，那么遭受财政幻觉的政府认为征用私人财产的社会成本是零。

Treanor（1985）将这一现象解释为人们对立法机构有信心，认为立法机构会"做正确的事情"。但值得注意的是，第一批的州宪法只允许立法机构而非政府长官征用财产。这种对政府官员的行为限制反映了立法对当一个个体被赋予很大权力时可能出现的腐败问题的规制。之后，州立法机关对宪法进行的修订仅限于增加补偿条款，认为政府能够采取由政治的或个人的动机驱动的行动，并且这些行动对整个社会来说并非最优。Fischel 和 Shapiro（1989，以下简称 FS 模型）在一篇有重要影响的文章中考查了公共选择模型，在该模型中政府的目标由政治因素决定，在于最大化经济中多数个体的福利。"财政幻觉"使得政府的出发点是好的，但政府出错了。他们认为该模型与"财政幻觉"模型不同的是，政府过多地征用财产不是错误而是为了获得更多选票的政策设计。FS 模型得出结论认为最优的补偿机制是支付被征用财产市场价值的一部分。笔者对这个结论的理解是，如果政府只关注大多数人的利益，那么就不要求政府对征用的财产进行补偿，结果就会使从少数人那里征用太多财产，因为多数群体由于不需要对额外的征用支付任何成本而从中获得更高的利益。要求政府进行补偿就意味着政府必须对多数群体征税，由于税收损害了多数群体的利益，政府将会减少征用数量。尽管 FS 模型表明补偿应当与被征用财产的市场价值相关，但他们的分析在某种程度上是不完整的：首先，政府的行为基于所有者的选举偏好，但没有将选举模型具体化。相反，FS 模型只是简单地假设政府的开发政策以最大化多数群体中的代表性所有者获得的补偿；第二，尽管 FS 模型表明如果要求政府支付被征用财产价值的一定比例，那么相对于零支付政策社会福利会提高，但仍需指出 FS 提出的补偿机制并非最优的。实际上，可能正是在 Hermalin（1995）、Miceli 和 Segerson（1994）的研究中，最优的机制是独立于市场价值的。

第五节　土地征用市场价值补偿的一个博弈分析

一、博弈模型基本思路

博弈模型基于的假设是，市民组成了政府并且采取利于自己而非必然利于社会的行为。在这种情况下，提出简单的基于市场价值的税收和补偿机制以达到社会最优。这种税收政策对所有拥有土地者征收同样的税收，而不论土地是否被征用；补偿政策则要求被征用土地者获得一个相当于全社会所有土地平均市场价值的补偿。也就是说，在均衡水平，他们将会得到相当于土地实际市场价值的补偿，从而达到最优。博弈模型提出的税收和补偿机制可以避免过度投资的问题。如果财产被征用，原使用者只能获得其使用土地升值的一小部分补偿；但是由于补偿基于所有土地市场价值的平均值，其纳税义务的增加抵消了预期补偿的增加。博弈模型提出的税收和补偿机制还表明这种市民组成的政府征用的土地数量是社会最优的。将 BRS 模型、FS 模型中的结果与书中模型的结果进行对比，如将博弈模型提出的税收和补偿政策应用于 BRS 模型，那么仍然存在一个均衡，在这个均衡状态下基于市场价值的补偿会导致社会最优。但是，还存在其他的均衡状态，在这些均衡状态下，零补偿或者任意的定额补偿会导致社会最优。这表明市民在基于市场价值的补偿和零补偿政策之间是无差异的，这样的预测是非理性的。在博弈模型中，唯一均衡状态下，基于市场价值的补偿达到了社会最优。如果博弈模型所提出的税收和补偿机制应用于 FS 模型，同样可以获得社会最优。但是，正如上文所述，他们对于政府行为的假设不具有可信性。由于政府关注选举以便获得可以行使的权力，因而政府的偏好必须定义在这些目标上而非多数群体中的典型个体所能获得的补偿数额上。我们采用前一种方法，即一些市民被选举组成政府，并且政府采取最大化自身效用的行动。模型得出不同的结论，例如，在零补偿政策下，模型预测土地征用水平比 FS 模型预测的水平低得多。

二、市场价值补偿模型

社会中一共有 N 个个体，他们在事前具有同质性：具有相同的风险中性偏好，相同的投资机会以及相同的禀赋。每个个体都被赋予一块土地的使用权。个体 i 对他的土地进行不可逆转的投资 x_i，i 的投资成本为每单位土地 r，并且对于 x_i 的投资会给 i 带来 $f(x_i)$ 的收益。我们假设 $f(0) = 0$，$f' > 0$，$f'' < 0$，且 $f'(0) = \infty$。社会中 $\lambda(0 < \lambda < 1)$ 比例的土地可以转变为具有社会价值的公共产品。在将其转变为公共产品的过程中，任何对

于这些土地进行的私人投资都将遭到破坏。如果总量为 $A \leqslant \lambda N$ 的具有社会价值的土地转变为公共产品，那么每个个体获得的收益为 $R(A)$，其中 $A \in [0, \lambda N]$，$R(0) = 0$，$R'(0) = \infty$，$R'(\lambda N) = 0$ 且 $R''(0) < 0$。对于将个体的土地转变为公共产品，我们将其定义为占用（taking）或者征用（expropriation）。不具有社会价值的土地，即占社会土地总量的 $1 - \lambda$，也不具有公共价值，因而不会被征用。如果 i 的土地被征用，那么他就会获得补助。我们将 $f(x_j)$ 定义为所有者 j 对其土地进行 x_j 的投资后，土地具有的市场价值。如果所有者 i 的土地被征用，他就会获得相当于所有土地市场价值的平均值的补偿 $\sum_{j=1}^{N} f(x_j)/N$。社会必须从总体上预算对于征用土地的补偿。因此，不论所有者的土地是否被征用，对于所有的所有者征收一种税收 $t = C/N$，其中 C 代表对所有被征用土地的所有者的总补偿。

（一）博弈策略描述

这个投资—征用博弈的先后顺序反映了对土地的私人投资决策先于个体知道他们的土地是否具有社会价值和政府决定征用多少土地 T。这个博弈的先后顺序为：

第一，一个个体被选举组建政府。政府的工作就是确定征用多少土地。在博弈的这个阶段，所有的个体都是同质的。我们简单地假设选举任意一个个体组建政府。为方便起见，我们将组建政府者设定为 1。

第二，每个所有者 i 对其土地进行 x_i 的投资。

第三，全部所有者都明白 λN 比例的土地具有社会价值，$(1-\lambda)N$ 比例的土地没有。

第四，1 代表政府做出征用具有社会价值的土地数量 A，于是 A 数量的土地被征用。

第五，如果个体的土地没有被征用，他们的消费为对土地的私人投资减去税收负担；如果所有者的土地被征用，他们的消费为政府补偿减去税收负担。

政府决定征用的具有社会价值的土地的总量，并将这些私有土地转变为公共产品。这也是政府做出的唯一的决策。所有者 1 代表政府，他不能决定将自己获得税收豁免，也不能让他自己的土地免于可能的征用。一旦

征用土地的数量 A 确定，将从所有具有社会价值的土地中随机选择 A 数量的土地进行征用。在所有者 1 确定征用土地的数量之前，他能够知道所有土地市场价值的平均值 $\sum_{j=1}^{N} f(x_j)/N$。特别地，在做出征用决策时，1 并不知道社会中土地价值的分布情况，他只知道其平均值。在征用决策做出之后，1 以及其他所有的个体都知道社会中所有土地价值的分布情况。均衡概念将会运用到之后的完全纳什均衡子博弈中。特别地，全部所有者 $i \in \{1, \cdots, N\}$ 都期望政府均衡地征用行为发生在他们作出投资决策 x_i 时。

（二）模型中征地法律的确定性

有人可能认为如果法律能够简单地规定将要征用的土地的数量，那么可以很容易地获得"次优的"征用水平。在投资决策和征用决策做出之前参加协商、制定法律，以便确定有关土地征用政策的一些参数。按照多数文献的标准提法，我们在模型中将其视为确定的（certain），即 $f(\cdot)$ 和 $R(A)$ 是已知的，并且是"确定的"函数。因此，社会已经能够算出最优的征用水平并且将这一数量写入法律，从而次优征用水平的问题就消失了。实际上，没有理由假定在立法会议时这些函数都是已知的。可能的情况是，在会议召开时，无法确切知道生产函数 $f(\cdot)$ 和公共产品生产过程 $R(A)$。按照 Hart 和 Moore（1999）、Segal（1999）的观点，我们认为立法应当被视为一种不完全的契约。在本书中，这种不完全的契约试图通过指定可以描述并可以事后证实的"控制变量"来对政府的行为进行限制或控制。"平均市场价值补偿"和"对所有所有者征收相同税收"就是两种这样的控制变量。也就是说，尽管由于可能无法获知私人投资水平和 $f(\cdot)$ 而无法获知确切的平均市场价值补偿的水平，但"平均市场价值补偿"和"相同税收"是可以描述的并且在事后是可以证实的。

（三）社会最优状态

在分析个体的博弈前，将分析私人投资和占有量的社会最优水平的特征。"社会最优"水平，是指在约束①和约束②下使得对经济中全部个体的支付总和最大化的私人投资和占有水平，约束①即社会计划者在私人做出投资时并不知道哪些土地是具有社会价值的，约束②即在征用土地时，社会计划者仅仅知道社会中所有土地的平均价值。这两个约束条件意味着计划者将在不同的土地上选择相同的私人投资水平，即对所有 i 都有 $x_i = x$。社会计划者将力图最大化：

$$(N - A)f(x) + NR(A) - Nxr \tag{1}$$

社会福利函数的第一项表示被征用后所有财产投资的总价值。很明显，由于社会计划者只征用具有社会价值的土地，$A < \lambda N$。第二项代表所有公共产品对整个社会的价值，第三项代表所有私人投资的成本。我们假设社会福利函数式（1）对于 A 和 x 都是严格凹的。就征用政策而言，当对于规定的公共产品标准的萨缪尔森条件满足时，社会福利实现了最大化。即

$$NR'(A) = f(x) \tag{2}$$

直观地讲，这个条件是说只要社会的额外收益 $NR'(A)$ 大于产出 $f(x)$ 被破坏的价值，就不断占有财产。给定 A，选择土地投资水平 x 以使（1）最大化。该问题的解由（3）给出：

$$\frac{N - A}{N}f'(x) = r \tag{3}$$

该式简单地表明土地投资的期望收益必须与投资的成本相等。投资和占有量的社会最优水平由式（2）和式（3）的解给出。我们将唯一的社会最优表示为 (x^*, A^*)。

三、市场价值补偿的最优化

命题：如果个体在土地被征用后获得平均市场价值的补偿并且如果所有的个体面临同等的征地补偿税收，那么就存在一个完全子博弈纳什均衡，每个个体的投资额为社会最优水平 x^*，并且政府占用的土地为社会最优土地数量 A^*。在这个均衡中，如果个体的土地被征用，那么他们将获得相当于财产实际市场价值的补偿。

在对本命题做出证明之前，必须加上几点注释。用 $1 \times (N-1)$ 向量 x_{-i} 表示除所有者 i 以外的全部个体的投资水平；用 $\sum_{j=1}^{N} f(x_j)/N$ 表示平均市场价值。我们首先证明：如果对所有的个体 $i \neq 1$ 都有 $x_i = x^*$，那么

个体 1 的最优反应为：$x_1 = x^*$ 并且 $A = A^*$。接下来我们证明：如果对所有的个体 $j \neq i$ 并且 $i \neq 1$ 都有 $x_j = x^*$ 并且个体 1 选择 A 以最大化他的期望支付，那么个体 i 的最优反应为 $x_i = x^*$，这就意味着 $A = A^*$。因此，社会最优可以通过完全纳什均衡子博弈达到。

让我们首先来看个体 1 的支付函数的特征。由于 1 在做出决定 A 之前，知道哪些财产具有社会价值而哪些不具有，他对于 A 的选择可能很大程度上依赖于他自身的财产是否具有社会价值。令 A^s 表示当土地不会被征用时 1 的占有决策，此时 1 的土地不具有社会价值；令 A^r 代表当土地有被征用的风险时 1 的占有决策，此时所有者 1 的财产不具有社会价值。1 的支付函数 $V^1(x_1, A^s, A^r, x_{-1})$ 为：

$$V^1(x_1, A^s, A^r, x_{-1}) = (1 - \lambda)\left\{f(x_1) - \frac{A^s}{N}\bar{f}(x_{-1}, x_1) + R(A^s)\right\}$$

$$+ \lambda\left\{\frac{\lambda N - A^r}{\lambda N}f(x_1) + \frac{(1 - \lambda)A^r}{\lambda N}\bar{f}(x_{-1}, x_1) + R(A^r)\right\} - x_1 r$$

第一个大括号内的式子表示当自身土地不具有社会价值时 1 获得的支付（大括号内的第二项代表所有者 1 的纳税义务）；第二个大括号内的式子表示当自身土地具有社会价值时 1 获得的支付（大括号内第二项代表如果土地被征用 1 获得的期望支付减去纳税义务）。我们假设 V^1 是对 (x_1, A^s, A^r) 都是严格凹的。给定 1 选择 x_1 而其他个体选择 x_{-1}，那么当 1 的土地不具有社会价值或具有社会价值时，1 的最优占有决策分别由（4）式和（5）式给出：

$$\bar{f}(x_{-1}, x_1) = NR'(A^s) \tag{4}$$

$$\frac{f(x_1)}{\lambda} - \frac{(1 - \lambda)}{\lambda}\bar{f}(x_{-1}, x_1) = NR'(A^r) \tag{5}$$

可以将（4）式和（5）式分别视为 1 在面对 A^s 和 A^r 时的最优反应函数。我们将这两个最优反应函数分别记为 $\tilde{A}^r(x_1, x_{-1})$ 和 $\tilde{A}^s(x_1, x_{-1})$。给定最优反应函数，我们可以将 1 的支付函数用 x_1 和 x_{-1} 来表示，即 $v^1(x_1, x_{-1}) \equiv V^1[x_1, \tilde{A}^r(x_1, x_{-1}), \tilde{A}^s(x_1, x_{-1}), x_{-1}]$，其中

$$v^1(x_1, x_{-1}) = (1 - \lambda)\left\{f(x_1) - \frac{\tilde{A}^s(x_1, x_{-1})}{N}\bar{f}(x_{-1}, x_1) + R[\tilde{A}^s(x_1, x_{-1})]\right\}$$

$$-x_1 r + \lambda \left\{ \frac{\lambda N - \widetilde{A}^r(x_1, \ x_{-1})}{N} f(x_1) + \frac{(1-\lambda)\widetilde{A}^r(x_1, \ x_{-1})}{\lambda N} \right.$$

$$\left. \bar{f}(x_{-1}, \ x_1) + R(\widetilde{A}^r(x_1, \ x_{-1})) \right\}$$

由于函数 V^1 对于 $(x_1, \ A^s, \ A^r)$ 是严格凹，v^1 对于 x_1 严格凸。应用包络定理 1 的最优投资规模由式（6）的解决定：

$$\frac{N - \widetilde{A}^r(x_1, \ x_{-1})}{N} f'(x_1) + \frac{(1-\lambda)\partial \bar{f}(x_{-1}, \ x_1)/\partial \ x_1}{N}$$

$$[\widetilde{A}^r(x_1, \ x_{-1}) - \widetilde{A}^s(x_1, \ x_{-1})] = r \qquad (6)$$

在 A^s 和 A^r 为最优均衡的条件下，可以将式（6）解释为 1 关于 x_1 的最优反应函数。假设在均衡状态下，所有的个体 $i \neq 1$ 选择 $x_i = x^*$，1 选择 $x_1 = x_1$ 并且 $A^s = A^r = A^*$。如果 1 选择 $x_1 = x^*$，那么式（4）和式（5）就意味着 $A^r = A^s = A^*$。通过代换可以将式（6）的左边简化为：$\frac{N - A^*}{N} f'(x^*)$，这个式子实际上等于 r，也就是说 $(x^*, \ A^*)$ 通过式（2）和式（3）来定义。由于 $v(x_1, \ x_{-1})$ 对于 x_1 严格凹，如果 1 不选择 $x_1 = x_1$，那么式（6）的左边就可能严格大于或严格小于 r，即当其他个体选择 x^* 而 1 不选择 x^* 时，1 就没有做出最优的反应。因此，对于 $i \neq 1$ 时 $x_i = x_i$，1 的最优选择是 $x_1 = x$，并且无论其土地是否具有社会价值都占用 A^* 的土地。

现在我们来考虑一下一个典型个体 $i \neq 1$ 的行为（由于每个个体 $i \neq 1$ 都是同质性的，在均衡状态他们的行为是相同的）。个体 $i \neq 1$ 的支付函数 $v^i(x_i, \ x_{-i})$ 为：

$$\lambda^2 \left[\frac{\lambda N - \widetilde{A}^r(x_i, \ x_{-i})}{\lambda N} f(x_i) + \frac{(1-\lambda)\widetilde{A}^r(x_i, \ x_{-i})}{\lambda N} \bar{f}(x_i, x_{-i}) + R(\widetilde{A}^r(x_i, x_{-i})) \right]$$

$$+ (1-\lambda)\lambda \left[f(x_i) - \frac{\widetilde{A}^r(x_i, \ x_{-i})}{N} \bar{f}(x_i, x_{-i}) + R(\widetilde{A}^r(x_i, x_{-i})) \right]$$

$$+ \lambda(1-\lambda) \left[\frac{\lambda N - \widetilde{A}^s(x_i, \ x_{-i})}{\lambda N} f(x_i) + \frac{(1-\lambda)\widetilde{A}^s(x_i, \ x_{-i})}{\lambda N} \right.$$

$$\left. \bar{f}(x_i, \ x_{-i}) + R(\widetilde{A}^r(x_i, \ x_{-i})) \right] + (1-\lambda)^2 \left[f(x_i) - \frac{\widetilde{A}^s(x_i, \ x_{-i})}{N} \bar{f}(x_i, x_{-i}) \right.$$

$$+ R(\widetilde{A}^s(x_i, \ x_{-i}))\Big] - x_i r$$

第一个方括号中的式子代表在个体 i 和所有者 1 的土地都具有社会价值的条件下，i 的预期收益；第二个方括号中的式子代表 i 的土地不具有社会价值而 1 的土地具有社会价值的条件下，i 的预期收益；第三个方括号中的式子代表 i 的土地具有社会价值而 1 的土地不具有社会价值的条件下，i 的预期收益；第四个方括号中的式子代表在 i 和 1 的土地都不具有社会价值的条件下，i 的预期收益。合并同类项，$i \neq 1$ 的收益函数可以简化为：

$$v^i(x_i, \ x_{-i}) = \lambda \left\{ \frac{N - \widehat{A}^r(x_i, \ x_{-i})}{N} f(x_i) \ + R(\widetilde{A}^r(x_i, \ x_{-i})) \right\}$$

$$+ (1-\lambda) \left\{ \frac{N - \widehat{A}^s(x_i, \ x_{-i})}{N} f(x_i) \ + R(\widetilde{A}^s(x_i, \ x_{-i})) \right\} - x_i r$$

我们假设 $v^i(x_i, \ x_{-i})$ 关于 x_i 严格凹。

在其他所有者选择 x_{-i} 的条件下，所有者 i 的最优选择为式（7）的解。

$$\left\{ \lambda \frac{N - \widehat{A}^r(x_i, \ x_{-i})}{N} + (1-\lambda) \frac{N - \widehat{A}^s(x_i, \ x_{-i})}{N} \right\} f'(x_i)$$

$$- \lambda \frac{\partial \widetilde{A}^r(x_i, \ x_{-i})}{\partial x_i} \left[\frac{f(x_i)}{N} - R'(\widetilde{A}^r(x_i, \ x_{-i})) \right]$$

$$- (1-\lambda) \frac{\partial \widetilde{A}^s(x_i, \ x_{-i})}{\partial x_i} \left[\frac{f(x_i)}{N} - R'(\widetilde{A}^s(x_i, \ x_{-i})) \right] = r \qquad (7)$$

式（7）可以解释为 i 的最优反应函数。假设对于所有的 $j \in \{1, \cdots,$ $N\}$ 有 $x_j = x^*$ 并且均衡状态为 $A^s = A^r = A^*$。考虑个体 $i \neq 1$ 的决策，如果其他个体 $j \neq i$ 选择 $x_j = x^*$，个体 1 在其土地不具有社会价值时选择 $A^s = \widetilde{A}^s$ (x_{-i}, x_i) 而在其土地具有社会价值时选择 $A^r = \widetilde{A}^r(x_i, x_i)$。如果 i 按照预定的规则进行决策，即 $x_i = x^*$，那么，$A^s = A^r = A^*$，这一点由式（4）和式（5）可知。式（7）的左边可以简化为 $\frac{N - A^*}{N} f'(x^*)$，这个式子又等于 r。由于 v^i 关于 x_i 严格凹，任何 $x_i \neq x^*$ 的选择都意味着式（7）的左边严格大于 r 或者严格小于 r，这也意味着这样的 x_i 不可能是最优的反应，

如果对于 $j \neq i$, $x_j = x^*$ 并且 $A = A^*$。因此，如果每个个体 $j \neq i$ 选择 $x_j = x^*$ ($j \neq i$)，那么 i 的最优选择是 $x_i = x^*$。这就完成了对命题 1 的证明。

四、零补偿政策的非最优性

命题 1 给出了一种非常简单的能够达到社会最优的税收和补偿机制。这种税收和补偿机制意味着，一旦土地被征用，个体在均衡状态将会获得相当于财产市场价值的补偿。显然，如果存在其他简单的机制同样能够达到社会最优状态，那么这个结论的有效性就会大打折扣。比如，在一个政府具有效用主义偏好的模型中（如 BRS 模型），上述的税收和补偿机制就能够实现社会最优。但是，在这种环境下存在其他简单的机制同样可以实现社会最优。因此，在 BRS 假设下，没有强有力的理由支持社会应当选择基于市场价值的补偿机制，因为零补偿政策也能够获得成功。在这一部分，我们将证明零补偿机制在本书的模型中不能实现社会最优（x^*, A^*）。

假设 1 做出选择之后全部个体做出私人投资决定，如果 1 的财产将不具有社会价值。在实行零补偿政策的情况下，1 的支付函数为：$f(x_1) + R(A^s)$。很明显，1 将会占有尽可能多的土地，即他会选择 $A^s = \lambda N$。由于对所有 $x \geq 0$ 都有 $f'(x) > 0$，必然有 $A^* < \lambda N$，因此，1 将会占有比社会最优数量 A^* 更多的土地。另一方面，如果 1 的土地具有社会价值，那么在实行零补偿政策的情况下，1 的支付函数由下式给出：$\dfrac{\lambda N - A^r}{\lambda N} f(x_1) + R(A^r)$。这里，1 将会选择 A^r 以满足：$f(x_1) = \lambda N R'(A^r)$。当补偿为零时，$A^r < A^s = \lambda N$，因而社会最优无法达到。注意政府（个体 1）的占有行为与 FS 模型中政府的占有行为的不同点在于 FS 模型认为政府在零补偿政策下通常会占有 λN 的财产。

五、结论

如果政府具有 BRS 模型中的效用主义偏好，零补偿政策是可以获得社会最优的，因为政府可以通过"同等地"对待所有个体，使得征用政策最大化社会福利。但是，如果政府像 FS 模型中那样只关心大部分个体的利益，或者政府由一个只关心自身利益的经济个体组成，那么考虑经济个体的异质性会导致零补偿政策。这种异质性表明政府不会按照最有利于社会的方式行为，并且会造成征用的水平不是最优的。可以将本书所主张的税收或补偿政策视为在社会上存在的所有土地所有者中保持一种同质性。特别地，在均衡状态，所有的个体都会获得一份与他们的土地是否被征用无关的补偿，即在均衡状态每人获得的补偿为 $(N - A^*/N)f(x^*) + R(A^*) - rx^*$。我们假设政府是从拥有土地使用权的个体中选举产生的，并且政府不能免除自己的土地被征收。在其假设条件下，拥有土地个体得到的征地补偿为土地的市场平均价格。并且所有的经济个体平均分担征地补偿税收，存在子博弈完美纳什均衡，此时个体对土地的投资为社会最优，而政府征收的土地的数量也会达到社会最优结果。社会中个体的同质性表明尽管政府在其偏好函数中对所有个体都赋予一定权重，但政府最终会以最有利于社会的方式采取行动。最后，我们主张的税收和补偿机制表明拥有土地者将获得与其土地的市场价值相当的补偿，这与我们在实践中所观察到的现象一致。

第六节 我国现有征地制度存在的问题

按照《全国土地利用规划纲要》，2000～2030 年的 30 年间，全国占用耕地将超过 5450 万亩。一般情况下每征用 1 亩农地，就伴随着 1.5 个农民失业，按此推算，我国失地农民群体将从目前的 4000 多万人激增至 2030 年的 1.1 亿人。现行征地制度是按原用途进行征地补偿并有最高补偿限定，这造成了征地补偿标准长期偏低，导致被征地农民不满。

一、征地制度环境宽松，法制不完善

从制度层面来看，我国的立法相对宽松。地方政府在获得垄断土地一级市场权力的同时，还享有征地和拆迁的权力。从我国相关法律的规定来看，在征地、拆迁过程中，地方政府履行着土地的监管、确权与确权纠纷的处置、补偿方案制定与补偿标准争议的处置等权力。《土地管理法》第 5 条规定，国务院土地行政主管部门统一负责全国土地的管理和监督工

作。县级以上地方人民政府土地行政主管部门的设置及其职责，由省、自治区、直辖市人民政府根据国务院有关规定确定。第 11 条规定，农民集体所有的土地，由县级人民政府登记、造册，核发证书，确认所有权。第 46 条规定，国家征用土地，依照法定程序批准后，由县级人民政府予以公告并组织实施。《土地管理法实施条例》第 25 条规定，对补偿标准有争议的，由县级以上地方人民政府协调；协调不成的，由批准征用土地的人民政府裁决。征地补偿、安置争议不影响征用土地方案的实施。从这些条款可以看出，地方政府既是土地的征收主体，又是土地的监管主体，同时还是土地权益纠纷的裁判主体。

另外，我国的法制还不够完善。比如，对征地补偿安置中一个重大的问题，房屋拆迁补偿安置没有明确具体、便于操作的行政法规。从社会发展角度，我们没有充分认识到土地使用结构和占有方式改变所持续引发的社会利益结构变迁。政府土地补偿的标准是基于土地目前用途收益的贴现①。应当说，对城市化已基本稳定的发达国家这样的赔偿是公允的。但在城市化转型期，随着市场改革的深化，土地被资本化。土地价格就不能仅仅由土地上的附着物的价值来决定，而同时应考虑由它所带来的未来收入流的贴现。与此同时，农民缺少使这些一次性补偿转化为资本的知识和技能，城市化后，为支付公共服务需要的生活成本的快速上升，很有可能导致农民征地拆迁返贫。《国有土地上房屋征收与补偿条例》已于 2011 年年初出台，对遏制违法拆迁、野蛮拆迁起到了重要作用，但是，农村集体土地的征收和补偿，仍沿用《土地管理法》的相关规定，不仅不够细化而且难以适应近年来出现的新情况、新问题，村民们在拆迁、征地过程中的知情权、表达权、参与权、监督权也缺乏明确的法律规范和保障机制。所以，农村集体土地征收需要一部专门法规予以规范。此外，农民的土地被征收后，身份是否要改变，就业如何安排，原来的集体经济如何处置等，这些都没有明确的规定，以致很多失地农民已身居城市中心，完全以工商业为生，但身份仍是农民，造成统计上的混乱；集体经济仍保留原有的经营方式，往往适应不了新的环境。

---

① 《土地管理法》第 47 条规定：征收耕地的土地补偿费，为该耕地被征收前三年平均年产值的六至十倍。

二、农村土地权属的立法界定不清

农村土地权属的立法界定不清，大量的补偿费无法为农民所掌握，严重损害了农民的利益。依照现行法律规定，青苗补助费和地上附着物补偿费应分配给该物的所有者，通常为农民个人所享有；安置补助费是为了确保被征地农民现有生活水平不降低而给予的补助，国家规定应由安置单位所享有，若农民自谋职业，应发给农民个人。但在实际补偿分配过程中，争议最多的是土地补偿费和安置补助费。但在实际补偿分配过程中，争议最多的是土地补偿费和安置补助费。首先是土地补偿费，据有关部门统计，如果土地出让成本价为100%，则农民只得5%～10%，村级集体经济组织得25%～30%，60%～70%为县、乡（镇）各级地方政府所得。调查发现，征地补偿费在实际的分配过程中乡村截留的，农民实得少。征地实施单位一般不直接面对农民个人，而是只面对村、乡两级，征地补偿费一般先经乡政府，再经村委会，最后才到农户，资金拨付一般也是直接到乡财政，只有个别地区直接到村。乡村截留的比例一般是：如广东省，乡镇可得15%～20%，其余全部归村委会；福建省，经济好的乡镇有不留的，一般乡镇留10%～20%，经济困难的留30%～50%，个别的乡镇对房地产开发项目留90%以上，余下的补偿费则在村和农民之间分配，一般村得50%以上。由于农村集体土地产权关系混乱，产权主体不明，往往造成各级政府、村委会以及集体经济组织相互争当所有权主体，或通过各种名义克扣征地款，有些地方甚至存在村干部凭借权力分割征地款项，导致真正的所有权主体不能享受应该享有的利益。其次是安置补助费的分配，安置补助费的目的主要是用来安置征地后剩余劳动力的，由安置单位享有，但由于劳动用工制度发生了很大的变化，许多企业难以胜任妥善安置劳动力的重任，因此许多地方均采取货币安置的方式。部分安置费用在没有使农民得到妥善的就业安置条件下应由农民个人所享有，但许多地方并未按照国家规定足额发放，甚至完全没有发放到农民手中，而是被层层的截留。

三、民主监督的缺位

我国的民主监督体制具有重纵向监督、轻横向监督；重内部监督、轻外部监督的特色。体现在"土地财政"领域，是地方各级人大对各地的土地开发利用的总体规划、城市发展规划、征地拆迁计划等没有形成实质性的审议机制，而主要由各级党委、政府定案。作为地方国家权力机关，地方人大的法定职责之一是监督同级政府和司法机关的工作是否合宪、合法。但从各地的情况看，地方人大对同级政府的监督力度不够，以至于地方政府征地、拆迁执行过程中的活动未被及时规范、纠正。民众依据宪法和法律享有的知情、参与、监督、建议、批评等权利，也大都有意无意地被忽视或漠视。

四、执行低于市场价值的征地补偿，土地利用低效

从市场效率的角度，土地市场的买卖，如果政府征收土地也按照市场价值给予补偿，征地行为才具有效率（Michelman，1967）。现实中，由于政策执行中征地补偿低于市场价值，导致土地低效利用，各类制造业开发区过度扩张。2004 年，我国开发区数量达到了峰值的 6866 个，规划面积 3.86 万平方公里，占全国国土面积 1.1%，超过全国现有城镇建设用地总面积 3.15 万平方公里。到 2006 年年底，中央核减至 1568 个，规划面积也压缩到 9949 平方公里。实际中，这些被核减掉的开发区，很多变成"城镇工业功能区"，原有的开发区功能没有实质性改变。

《土地管理法》第四十七条具体规定，其中有些补偿标准只有最高限的限制，如"每公顷被征收耕地的安置补助费，最高不得超过被征收前三年平均年产值的十五倍"、"土地补偿费和安置补助费的总和不得超过土地被征收前三年平均年产值的三十倍"。因此，我国的征地补偿标准计算的基准是农地的年产值，这不科学。年产值是农作物产量与价格的函数，其高低受所处地区的农业生产自然条件如光、温、水、土和社会经济条件如农产品价格、耕作制度、产业结构调整的影响，而与被征地的区位等地价因素无关。事实上土地补偿费的确定很大程度上与被征地所处的区位、区

域经济发展状况及区域基础设施条件等紧密相关，而与土地年产值的关联性并不明显。这种法定的征地补偿标准存在三个问题：

（1）法定的征地补偿标准游离于土地市场价格之外。按照经济学原理，产品价格要受到市场供求的影响，在需求不变情况下，供给增加引起价格下降，供给减少引起价格上涨；在供给不变情况下，需求增加引起价格上涨，需求减少引起价格下降。但目前我国的征地价格对市场的供求变化却反应呆滞，一方面国家对农地的供给是有严格计划的，从理论上讲农地势必会处于一种供不应求的状态，另一方面城市化进程对农村土地需求量日益增大又是客观存在的事实，但是由于我国征地是套用国家法律规定的内容和标准来确定土地补偿额，致使征地补偿额度的计算始终游离于土地市场价格之外。

（2）法定的征地补偿标准较土地实际产出价值而言往往失真。在计算补偿费和补助费时，基本是按传统的粮经作物比测定前三年的农业产值，没有或较少顾及到现在的城郊农村，农业已经不是传统意义上的农业，而集生态农业、精品农业和休闲观光农业等为一体的现代都市型农业，土地的产出已完全不是普通的粮食或蔬菜价值可比的。因此，这样形成的土地补偿额当然不能反映被占耕地本身的实际产出价值，往往偏低。

（3）法定的征地补偿标准无法解决土地增值分配的不合理问题。目前我国土地征收补偿标准采用法定补偿标准，即使有些有法定最低标准的限制，政府的自由裁决权也比较大，如"征收耕地的土地补偿费，为该耕地被征收前三年平均年产值的六至十倍"、"征收其他土地补偿费和安置补助费标准，由省、自治区、直辖市参照征收耕地的土地补偿费和安置费的标准规定"，较大的自由浮动幅度和"参照"赋予了政府极大的自由裁决权。由于地方政府作为利益参与方分享土地征收的利益，被征收方又极少参与征收过程，导致一些地方政府在自由裁决的权限内，出现显失公平的不合理现象。

（4）征地补偿范围没有覆盖土地上的他项权利如承包经营权等的补偿。法定的征地补偿远远不足以解决被征地农民的长远生计。农民集体土地转为建设用地的过程，应当是农民分享城市化和工业化成果的过程，应当有利于缩小城乡差距而不是扩大城乡差距。因此，应该考虑在对失地农民的征地补偿中解决土地增值分配不合理的问题。

五、执行征地程序不规范，容易引发纠纷

近几年来，政策执行过程中的征地补偿不足已经成为农民上访的重要原因，有个别征地纠纷还可能会造成群体性事件，危害社会的安定团结。在中国高度城市化的进程中，由于征地引发的社会矛盾已经成为很多地区，尤其是发达地区地方政府最头痛、也最难处理的问题之一（见图6－1、表6－1）。土地征收之所以会引发众多的纠纷，除以上分析之外大多数是地方政府为了尽可能多地追逐土地出让收益而引起的政策执行过程中的问题：

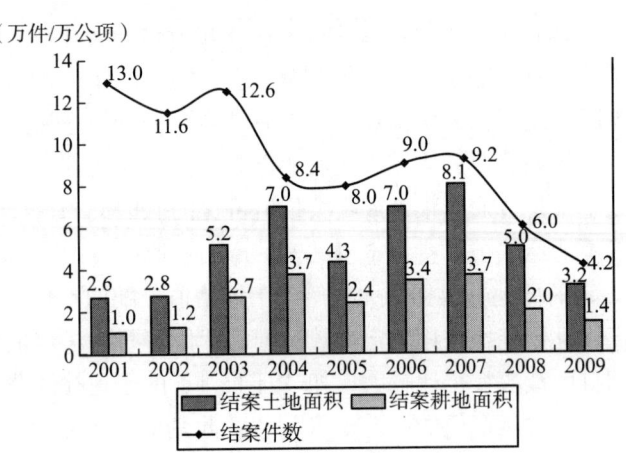

图6－1 2001～2009年土地违法案件查处情况

表6－1　　　　　　　2006～2010年违法用地案件查处情况　　　单位：件、公顷

年度	本期发现违法			本期立案			本期结案		
	件数	涉及土地面积		件数	涉及土地面积		件数	涉及土地面积	
			耕地			耕地			耕地
2006	131077	92237.4	43407.6	96133	84082.3	38680.1	90340	69558.9	34230.8
2007	123343	99069.0	43738.5	95937	89846.8	39382.3	92347	80873.1	36708.2
2008	100266	57659.9	21518	60399	46672.4	17578.7	60077	50430.2	19964.6

年度	本期发现违法			本期立案			本期结案		
	件数	涉及土地面积		件数	涉及土地面积		件数	涉及土地面积	
			耕地			耕地			耕地
2009	72940	37972.6	17039.4	41623	31085.5	13868.2	41662	31850.5	14181.5
2010	66373	45124.3	18029.9	40795	39278.7	15833.1	42140	39330.2	16230.2

资料来源：国土资源部网站《2010 国土资源公报》、《2009 国土资源公报》。

一是降低补偿标准。降低补偿标准就可以减少支出，从而可以获得更多的征地收益。许多征地纠纷都与征地补偿标准被非法降低有关。

二是直接非法征地。由于建设用地有指标限制，地方政府为了尽可能多和快地征收土地，在不能通过合法途径征地的情况下，就采取少批多征、先征后报批、边征边报批的方式征地，甚至什么征地手续都不办理而直接征地。这些非法的征地行为往往会引起纠纷。

三是弄虚作假骗取征地批文。为了获得上级政府的征地批文，在本来不符合征地条件的情形下，为了能够顺利地获得征地批文，有些地方政府就弄虚作假，以假材料骗取征地批文，而当事情败露后，就会引发纠纷。

四是截留征地补偿款。许多地方政府为了尽可能多地从土地征收中获得收益，连支付给被征地集体和农民的补偿款也不放过，利用转手支付补偿款项的机会，截留征地补偿款，其后果必然导致征地补偿标准降低，从而严重损害被征地集体和农民的利益，截留事实一旦败露，也会引发纠纷。

五是不妥善地安置被征地农民。被征地农民在土地被征收后，如果能够从事其他行业，获得稳定的收入，就不会与地方政府发生纠纷。可是，如果被征地农民不能得到妥善安置，他们为了生存就有可能和地方政府发生纠纷。有些地方政府，为了能够尽快地让被征地集体和农民同意征地，在征收土地之前，不是想办法妥善安置被征地农民，而是给被征地农民开出一些空头支票，在土地被征收后，被征地农民的安置无法落实，从而引发纠纷。

六、补偿方式单一，安置责任不明确，欠缺司法救济

我国农村土地征收补偿方式只有金钱补偿和劳动力安置两种方式。国土资源部《关于加强征地管理工作的通知》规定了预留地和土地使用权入股补偿的方式。由于劳动用工制度发生了很大的变化，许多企业难以胜任妥善安置劳动力的重任，因此许多地方均采取货币安置的方式。单纯的金钱补偿无法使失地农民真正安置就业。农民失地后大量涌入城市，农民由于缺乏技能和知识，无法在城市激烈的竞争环境中生存下去。待仅有的一点补偿金额用完后，失地农民就彻底失去了生存的依靠。此外，《土地管理法》没有明确规定哪个组织来负责对失地农民的安置。

在土地征用的补偿规定中虽有公告和听证的程序规定，但缺乏农民实际参与听证的保障渠道。法律规定征地补偿方案由市、县人民政府土地行政主管部门会同有关部门制定，补偿方案制定后才公告告知农民，对农民提出的意见只在确需修改的情况下才改动补偿方案，这限制了农民的参与权。另外，发生纠纷后，法院往往以征地补偿案件不属于民事案件为由不予受理，司法保护不能实现。现有的土地征收补偿法律法规没有规定对裁决不服的救济途径，《土地管理法》第十六条的规定主要是土地所有权和使用权的权属纠纷的救济途径，而不包括土地征收补偿纠纷的处理。根据现行《土地管理法》的规定，征收各方不能对征地补偿标准达成一致意见的，由征收部门裁定，而且该裁定为终局裁定，相对人不能向人民法院起诉。这种制度安排，给征收方以过大的权力，而被征收方连起码的司法救济权都没有。双方的攻防武器严重失衡，极易造成对被征收人利益的损害。

国务院于 2004 年 10 月发布《国务院关于深化改革严格土地管理的决定》，国土资源部于 2004 年 11 月发布的《关于完善征地补偿安置制度的指导意见》，在补偿标准、安置途径、知情权、土地补偿费分配等方面出台了若干维护被征地农民利益的新规定：土地补偿费和安置补助费的统一年产值倍数，应按照保证被征地农民原有生活水平不降低的原则，在法律规定范围内确定；土地补偿费和安置补助费的总和达到法定上限，仍不足以使被征地农民保持原有生活水平的，当地人民政府可以用国有土地有偿

使用收益予以补贴；用地单位在同等条件下应优先吸收被征地农民就业；对被征地农民视不同情况，分别实行农业生产安置、重新择业安置、入股分红安置、异地移民安置；在征地依法报批前，当地国土资源部门应将拟征土地的用途、位置、补偿标准、安置途径等，以书面形式告知被征地农村集体经济组织和农户，并应告知当事人对拟征土地的补偿标准、安置途径有申请听证的权利；按照土地补偿费主要用于被征地农户的原则，土地补偿费应在农村集体经济组织内部合理分配，具体分配办法由省级人民政府制定；土地被全部征收，同时农村集体经济组织撤销建制的，土地补偿费应全部用于被征地农民生产生活安置；省、自治区、直辖市人民政府要制订并公布各市县征地的统一年产值标准或区片综合地价，征地补偿做到同地同价，国家重点建设项目必须将征地费用足额列入概算。上述诸多内容相对于此前的征地补偿规定无疑是一种进步，但由于其效力层次较低和内容欠具体，它所能发挥的积极作用又注定是有限的。

第七节 各地征地补偿政策的创新

地方政府已经注意到不仅要给农民"兔子"（增加各种社会保险），还要给他们"猎枪"，通过以成本价向农民出让不动产等方式，帮助农民将征地补偿转化为可持续的财产性收入。这样，征地拆迁户的困难，乃是失去土地收益而财产还没有资本化（出租）之前的过渡期的困难。城市化将会使原来的农民以数倍于传统生产模式的速度迅速积累财富。

一、征地补偿标准突破被征土地原用途价值，与农民分享土地增值收益

在经济较为发达的省市，征地补偿标准已经从传统的产值倍数法向片区综合价法的转变，突破原用途补偿的限制。一些地方政府在不断提高传统补偿项目标准的同时，在实际中不断摸索新的政策，例如留地安置政策，在浙江、江苏、广东等地，政府征地项目村集体可以获得大约10%的安置地，政府负责办理农转用之后，村集体用于出租，每年获得租金收

入；与村集体共享土地出让金政策，在浙江省，部分县乡政府已经开始尝试与村集体共享土地出让金，在所有按国家规定的补偿到位、班里征地手续后，出让金净收益由市、镇3∶7分成，镇与村集体又按照6∶4分成，这样村集体除了得到按征地补偿款之外，还能得到大约28%的土地出让金。

二、设定征地补偿最低保护价，引入征地单位和村集体谈判机制

在不少地区征地单位和被征地集体、农户的谈判机制已经出现在征地过程中，也就是说实际中地方政府已经默许征地中存在着一定的谈判机制，只是在制度层面上还没有确切固定。北京市较早的将其制度化，体现在2004年颁布的《北京市建设征地补偿安置办法》中。

北京市建设征地补偿安置办法（节选）

第九条 征地补偿费最低保护标准由市土地行政主管部门以乡镇为单位结合被征地农村村民的生活水平、农业产值、土地区位以及本办法规定的人员安置费用等综合因素确定，报市人民政府批准后公布执行。……

第十条 征地单位与被征地农村集体经济组织或者村民委员会应当在不低于本市征地补偿费最低保护标准的基础上，协商签订书面征地补偿安置协议。协议应当包括补偿方式、补偿款金额及支付方式、安置人员数量及安置方式、青苗及土地附着物补偿、违约责任和纠纷处理方式等内容。

第七章

"土地财政"与商住用地高地价

地价上涨是国际共性。地价和房价一样，其增长速度是与城市经济发展阶段相关联的，即发达国家地价在高速工业化和城市化进程中也有存在某段时间的高速增长。

第一节　全国主要城市地价状况

时序数据显示（见图 7-1），2001～2006 年重点城市各用途地价增长率变化较为平稳，各年度地价增长率维持在 5% 左右，2007 年地价涨幅明显，商、住、工地价年度增长率均达到 10% 以上；2008 年受金融危机影响，地价增长率大幅回落，工业地价甚至出现负增长；2009～2010 年则呈连续上升态势。总体来看，近十年来的地价变化受宏观经济变化影响明显。

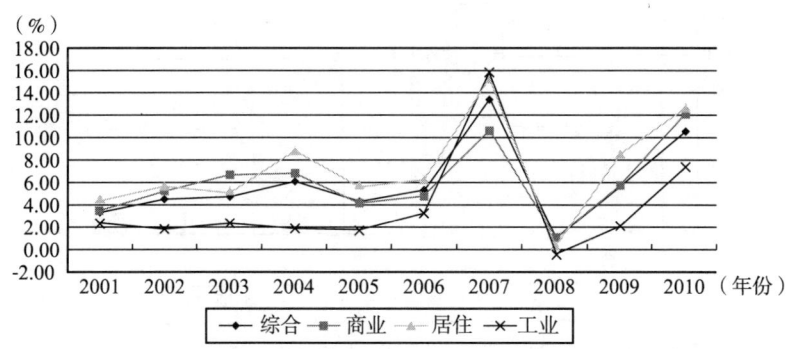

图 7-1　2001～2010 年全国重点城市不同用途地价增长率

资料来源：CREIS 中指数据。

2010 年全国主要城市综合地价水平值为 2882 元/平方米，比上年增长了 229 元/平方米。其中商业用地地价最高，为 5185 元/平方米，比上年增长了 473 元/平方米；其次为居住用地，4245 元/平方米，比上年提高了 421 元/平方米；工业用地地价最低，为 629 元/平方米，比上年提高了 32 元/平方米。全国重点监测城市综合地价水平值为 3943 元/平方米，各用途地价均略高于全国平均水平，与全国各用途地价变化规律相一致，商业、居住、工业地价平均值分别达到 6536 元/平方米、5766 元/平方米、772 元/平方米。2010 年全国主要城市综合地价增长率为 8.62%，较上年同比提高了 3.57 个百分点。商业、居住、工业用地平均地价增长率都比上年有所上升，其中，商业用地地价增长率为 10.03%，较上年同比提高了 4.49 个百分点；居住用地地价增长率为 11.02%，较上年同比提高了 3.10 个百分点；工业用地地价增长率为 5.29%，较上年同比提高了 3.73 个百分点。2010 年全国重点城市各用途地价增长率均高于 2009 年，综合地价增长率为 10.60%，比上年提高了 4.94 个百分点。其中商业用地地价增长率为 11.97%，较上年同比提高了 6.43 个百分点；居住用地地价增长率为 12.69%，较上年同比提高了 4.06 个百分点；工业用地地价增长率为 7.36%，较上年同比提高了 5.32 个百分点。从历年数据来看，2010 年综合、居住、工业地价增幅仅次于 2007 年曾出现的历史高点，商业地价增幅甚至超过 2007 年，为历年最高（见图 7 - 2）。

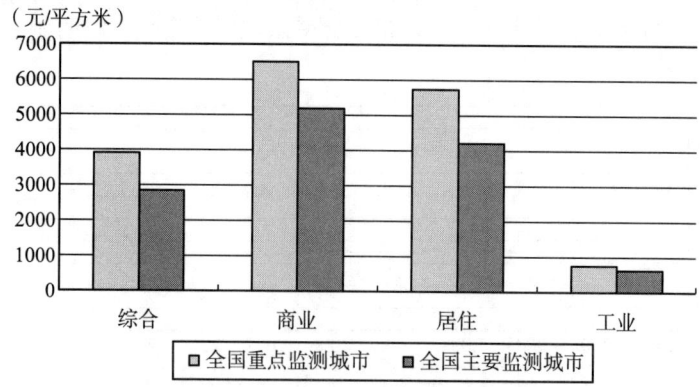

图 7 - 2　2010 年全国重点城市和主要城市各用途地价水平

注：全国主要监测城市指 105 个监测城市；重点监测城市指直辖市、省会城市、计划单列市。
资料来源：CREIS 中指数据。

从 2010 年住宅用地单价"地王"楼面地价为 52783 元/平方米，超过 2009 年的 32484 元/平方米，刷新了中国土地市场单价记录。2010 年住宅用地楼面地价前十的地块平均楼面地价为 33830 元/平方米，远高于 2009 年 26365 元/平方米，如表 7-1、表 7-2 所示。

表 7-1   **2009 年全国住宅用地楼面地价"地王"前十名**

城市	地王	楼面地价 （元/平方米）	竞得方	成交日期
上海	新江湾城 C6 地块	32484	中建	2009 - 12 - 23
厦门	思明区 03 - 14 片区云顶南路东侧	30940	恒兴	2009 - 09 - 08
北京	顺义区后沙峪镇地块（已退地）	29859	大龙	2009 - 11 - 20
苏州	独墅湖北、高和路南	28057	绿城	2009 - 09 - 22
上海	徐汇区斜土街道 107 街坊龙华路 1960 号地块	27232	绿地	2009 - 09 - 30
杭州	上城区（南星桥粮库地块）	24295	西子	2009 - 08 - 18
北京	朝阳区东风乡高井村	23506	保利	2009 - 12 - 17
上海	徐虹北路 8 号地块	23245	上海城建	2009 - 09 - 02
上海	真如城市副中心 B1、B2 南块	22461	绿地	2009 - 12 - 17
上海	长风 6B（B6）、7C 地块	22409	中海	2009 - 09 - 10

表 7-2   **2010 年全国住宅用地楼面地价"地王"前十名**

排名	城市	区域	地块名称	规划用途	建筑面积 （平方米）	成交价 （万元）	楼面地价 （元/平方米）	竞得方	时间
1	上海	闸北区	苏州河北岸东块 1 街坊地块	商办、娱乐、居住、市政	132996.3	702000	52783	华侨城	2002
2	温州	瓯海区	学院中路温州大学	住宅、批发零售	100000	370200	37020	置信房产	2011
3	上海	浦东新区	黄浦江沿岸 E18 地块（9 - 3）地块	住宅	136038.3	482800	35490	九龙仓	2009
4	福州	鼓楼区	吉庇路北侧、谢家祠东侧	商品住房、批发零售	2539.8	6950	27364	余盛元	2003
5	温州	鹿城区	上陡门住宅区前庄路东侧地段	城镇住宅用地	15775.7	41580	26357	温州光大地产	2002

续表

排名	城市	区域	地块名称	规划用途	建筑面积（平方米）	成交价（万元）	楼面地价（元/平方米）	竞得方	时间
6	温州	鹿城区	锦绣路以南、市电力局以东的原蔬菜批发市场3－1出让地块	住宅	43951	115000	26166	浙江中梁置业有限公司	2007
7	温州	瓯海区	梧田站南D－48地块	二类居住用地	41235.2	107600	26094	温州瑞新置业有限公司	2008
8	上海	普陀区	长风8号东	住宅及配套公共服务设施	130670.4	339300	25966	雅戈尔置业	2009
9	上海	普陀区	长风11号西北	居住用地	79770	206000	25824	Peak star Pte. Ltd. UOL 资本投资有限公司	2009
10	杭州	西湖区	杨家牌楼A地块	住宅	71393	180600	25297	钱江地产	2011

资料来源：CREIS 中指数据。

第二节　中国当前土地市场与城乡土地二元结构

我国土地所有权归国家和集体，与我国香港地区 100% 的土地公有性质相似，当前城市国有土地出让的模式在很大程度上也是学习香港经验的结果。但中国城市土地国有、农村土地集体所有的二元土地特性、土地制度和政策，是有别于国际上其他国家的特色，相应地形成了城乡土地二元结构、中国特有的城市征地模式以及土地市场的三种基本类型。

土地所有权市场：也称"土地征购市场"，是指国家为公共目的而强制取得原土地权利人的土地权利并给予合理补偿的行为。农村集体土地征购是这一市场中最主要的组成部分，是城市增量土地的源头，是城市土地市场的基础环节。

城市土地使用权初级市场：也称"城市土地使用权出让市场"，由国家垄断经营，指国家有偿、有期限地将土地使用权出让给土地经营者或使用者。

城市土地使用权二级市场：也称"城市土地使用权转让市场"，指城市土地使用权在不同的使用者之间横向转让形成的市场。如表7-3所示。

表7-3　　　　　　　　　　　　中国土地市场结构

市场类型	交易主体	交易客体	交易方式	市场特征
土地所有权市场	政府与农村集体经济组织	土地所有权	征购	政府单向购买
城市土地使用权初级市场	政府与土地经营者或使用者	土地使用权	出让、出租等	政府垄断纵向流转
城市土地使用权二级市场	土地经营者或使用者	土地使用权	转让、出租等	政府调控横向流转

中国城乡二元的土地所有权结构、经营性用地"招、拍、挂"出让方式以及出让收益全部归地方支配的收益分配制度是形成当前土地市场各方面特征的三个根本性原因。中国建设用地资源并不稀缺，但数量上农村多、城市少。城乡二元土地所有权结构下，城市增量建设用地主要依靠农地征用的方式实现，从源头上限定了土地从农村向城市的单向流转，形成了土地所有权市场的利益分割。城市土地使用权出让市场上土地由政府垄断供应，"招、拍、挂"的市场化出让方式客观上加剧了土地争夺的激烈程度，推升了土地价格。土地出让收入全部缴入地方国库的收益分配体制客观上加大了地方政府提升土地收益的积极性，是土地"低供应、高价格"市场格局的根本诱因之一。

土地所有权市场和城市土地使用权出让市场对房地产市场的影响最大。前者是城市增量土地的源头，或者说是城市扩张的基础途径；后者则直接影响房地产开发过程中的土地供应。现有城市建设用地量较少，农村建设用地量虽然较大，但须通过土地所有权市场才能形成城市建设用地供给。国际比较看，地价占房价比重从20%～80%不等，我国目前20%～50%的占比处于合理水平，未来地价占比将有小幅提升空间，一、二线城市上升空间更大，地价并非只涨不跌。长期来看，地价与房价相协调，伴随着城市经济发展不断提升是房地产市场发展的必然规律，但中期看，地价并非只涨不跌。而相对于房价，地价变动在短期内具有一定刚性，特别是在我国当前的制度条件下，土地制度和经济发展模式限制了地价下跌空间。

一、从"生地"变"熟地"的初始投资开发成本

清华大学管清友取材于 1989～2010 年《中国国土资源统计年鉴》、《国土资源统计公报》、《中国统计年鉴》等官方统计数据，得出中国土地价款增幅的结论：从 1989 年的 4.47 亿元，到 2010 年的 30108.93 亿元，21 年间土地成交价款增幅达到 6732 倍，年均上升 320.57 倍。通过以上的数字罗列，直观地认为出让收入远大于征地成本，但却没有看到因此而带来的大量隐性社会成本。土地在供应之前大多有一个从"生地"变为"熟地"的过程，而土地由"生地"变为"熟地"必须进行大量的资金投入，最为典型的莫过于开发区用地。开发区建设之初通常要进行基础设施及配套设施等前期建设工作，根据中国土地勘测规划院的调研结果，在东南沿海地区，一亩土地进行最基本的"三通一平"也需要 10 万元，而做到"七通一平"① 则需要近 20 万元。即使是位于中西部地区的广西壮族自治区南宁市，土地开发"三通一平"最低也需要 7 万～8 万元。公共服务提供的最大门槛，就是其最初的一次性固定成本，桥梁、道路、污水处理厂、地铁都是如此。"三通一平"缺少一项，土地就无法发挥其功用。

国务院发展研究中心统计显示，土地出让总成本中：（1）大市政配套占 35%；（2）拆迁补偿占 15%；（3）规费占 10%；（4）剩余为土地使用权的有偿转让费。其中，前三项均为硬成本，换言之，是必须要付出的，而且可控的弹性不大；第四项是软成本，取决于地方政府期望的收益水平，但通过前面的分析可以知道，地方政府没有动力压缩这一块成本。因此，只有预期土地出让收益达到一定水平，政府才会推进农地征用以及城市建设用地的一级开发。

---

① "三通一平"具体是指水通、电通、路通和场地平整；"七通一平"具体指通给水、通排水、通电、通讯、通路、通燃气、通热力以及场地平整。

二、政府将未来 70 年的公共服务抵押融资

一个经济体其城市化速度快慢，取决于它获得第一笔融资的能力。中国地价中很大一部分是政府抵押未来服务的融资，不是净收入。在中国的经济模式下，地方政府的土地收益，不是政府投资收益，而是地方政府从市民手中的融资，是借来的钱，是其提供 70 年服务的贴现。既然是融资，不能直观的理解为地方政府卖地是"寅吃卯粮"，高地价更不是利用垄断地位与房地产开发商相互勾结追逐暴利的贪婪行为。政府出让的建设用地价格与向农民征地的补偿费用不能简单类比。政府征地以后，并不是简单地把土地使用权出让，除支付征地补偿安置费、就业培训费外，还要花费巨资进行城市基础建设，而这些经过基础设施建设的建设用地与从农民手中征来的农地相比，其经济价值和使用价值都已发生了巨大变化。地价是公共服务的函数，公共服务质量越高（公园越多、交通越方便、治安越好），价格（门票、车票、税收）越低，外溢到土地上的价值就越高，需求的增加和消费者之间的竞争，自然迫使地价上升。土地没变，但附着的服务变了。尽管可能有起伏，但"除非政府有意降低公共服务水平，否则，伴随城市化的深化，地价上升就是一个不可逆的长期趋势"。以美国为代表的成熟市场经济国家，地价不含未来的服务，未来的服务体现在财产税里，而中国是免征财产税，地价包含 70 年的公共服务。

三、供求通过市场化竞价决定地价

《土地管理法》修订（1998 年、2004 年）和国土资源部《关于通过招标、挂牌、拍卖国有土地使用权的规定》（2002 年）作为土地制度改革的分水岭，确立了市场对国有土地使用权的配置功能。2004 年 3 月，国土资源部、监察部联合下发了《关于继续开展经营性土地使用权招标拍卖挂牌出让情况执法监察工作的通知》，规定从 2004 年 8 月 31 日起，所有经营性的土地一律都要采用"招、拍、挂"方式，掀起了地产界的"土地革命"。上述政策目标的主要方向是实现土地使用权转让交易方式的市场

化。政策实施后土地"招、拍、挂"出让面积占比大幅提升，客观上强化了城市建设用地的"稀缺性"和价格导向。具体来说，就是清除过去计划经济时代残留的协议出让的不公开的转让方式，代之以公开透明的"招、挂、拍"式的土地使用权交易制度。"招、挂、拍"的主要作用是消灭了土地使用权转移过程中的灰色地带，实现了土地收入归公。在人们的住房需求给定的条件下，公开竞价改变的是作为土地供给者的地方政府与作为土地使用者的开发商之间的分配利益格局。根本上说，转让土地所能实现的总租值，还是由有关的供求情况决定的。市场经济体制框架下，土地的稀缺性和土地的需求刚性使其出让价格持续攀升，尤其是中国的城市化和人口结构现状使商业和居住用地面临高市场需求，经济部门对这两类土地资源的投资具有高回报所得特征，如图7-3所示。

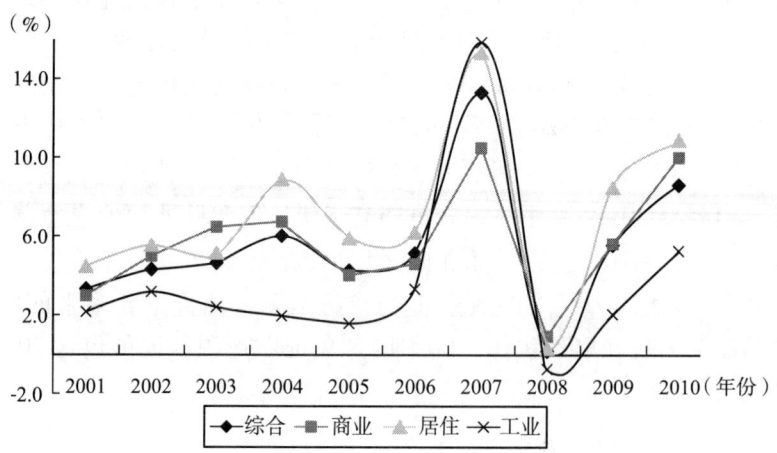

图 7-3　2001~2010 年全国 35 个重点城市监测平均地价增长率变化
资料来源：国土资源部《2010 国土资源公告》。

四、土地一级市场的政府垄断

从理论上说，土地是有限的，根本无法满足经济社会发展对土地提出的越来越大的需求。无论就全国来说还是就一个城市来说，土地总量毕竟是有限的，不可能无限地扩大土地供给量。一定空间地域只有一定量土地，也只能有一定数量房地产开发企业，即使增加土地供给量，也无法改变土地经营垄断的性质和房地产企业环形竞争的性质。由土地以及房地产资源的有限性形成的垄断，决定了土地及房地产市场基本上属于卖方市场。供给者是价格的决定者，需求者是价格的接受者。中国城市土地市场交易的只是土地使用权，而非所有权。国家向用地者有偿让渡土地使用权，属于土地的一级市场。以出让方式取得土地使用权的单位或个人，在土地使用期内，可以转让、转租土地使用权，可以凭土地使用权向银行抵押贷款，属于土地的二级市场。在成熟市场经济体中，政府管理部门不能同时又是市场经营主体。然而在我国，现行土地管理体制允许政府经营土地，政府以管理手段实现农地转化为建设用地而获得级差收益。在我国的土地交易体系中，特别在土地使用权的初次出让时，最大的主体是各级政府、国有企业、事业单位等公共部门，它们掌握了大量土地资源的使用权，也相应成为土地交易的主要参与者。

第三节 我国地产业市场不完全竞争产生高收益

司马迁曰："天下熙熙，皆为利来；天下攘攘，皆为利往。"我国城市土地市场以及由土地决定的房地产市场，实际上是一种不完全竞争市场或垄断竞争市场。我国地产业发展沿用的是"香港模式"。这个模式大致上是，地产商从政府手头批发到70年使用权的"地皮"[①]，然后开发成楼盘，再把地皮70年的使用权与地上建筑一并零售给购房人。地上的建筑部分一般增值空间不大，相反会随着时间的推移产生耗损而减值。另外，由于建筑材料全国价格大同小异，设计师、建筑工人的人力成本相差也不是很大，如果在一个小县城拷贝一座一线城市的房子，地上成本应该差不太多。但是，房价的差别可能会超过10倍。因此，毋庸置疑房价不断高涨的原因不在地上的建筑部分，而在"地皮"。我国地产业巨额收益的来源可以归结为：

收益来源一：地方政府公共基础设施及市政建设

"地皮"的升值剔除需求因素增长等因素，要正视政府市政建设的作

---

① 1997年之前，香港是英国从中国手中"租赁"过去的，所以当时的香港政府并不具有土地的所有权，而只有一定年限的使用权，所以从理论上讲，它只能卖一定年限的使用权，而不是所有权。

用。最明显的一个例子就是地铁沿线的房价明显地比其他地方房价高。我国这样一个经济体迅速发展的过程中，让不少"地皮"搭了市政建设的"顺风车"。由于具有信息优势以及强大的游说能力，地产商能比较充分地、集中地分享市政建设带来的收益。这样，公共的支出（市政建设）会显著地表现在地产商财务报表的收益中。

收益来源二：非充分竞争的土地批发市场

庞大的批发零售差价，是地产商拿到的第二块收益。从理论上讲，在充分竞争条件下，地皮的批发价格会体现市政建设的未来收益，这样地产商也就无利可图。而现实中不是这样的，在"香港模式"下，由于土地是成片批发，这就等于设置了事实上的门槛，那些资金不够雄厚的个人或者开发商连进场参与竞价的机会都没有。可以说土地批发市场其实是非充分竞争的市场，大批无批发实力的机构和个人只能在"零售市场"上买到一小块地皮，而这个零售市场则是充分竞争的。

收益来源三：住房市场刚性和房产投资需求

我国的地产商还受益于最近几年爆发的住房需求，这种需求一方面跟城市化进程有关，一方面跟在福利分房时期形成的长期历史欠债有关；此外，房产投资让需求进一步放大。这些因素齐聚在一起，使得地产商成为财富大爆炸中最大的受益集团。

收益来源四：开发商囤积土地

开发商囤积土地的动因主要来自：一是18亿亩耕地红线的提出让开发商意识到土地供应在中短期的紧张局面，故此提前储备；二是虽然农村有近3万平方公里的宅基地可作为城镇居住用地的蓄水池，但目前缺乏高效的土地流转市场。限于数据条件，我们无法准确计算开发商囤地规模，据行业研究的粗略估算，全国过去十年累计囤地规模在10亿平方米以上，可供开发3年左右。开发商囤积土地归根结底还是建立在前面三项收益来源基础上对土地价值增值的投机。由于城市经济社会发展对土地需求不断地增长，特别是由于城市基础设施和市政设施建设的不断完善，都会引起土地与房地产价值的增值。但是，土地以及房地产这种价值增值，既不是房地产开发商投资的结果，也不是土地使用者追加投资的结果，而是城市经济社会发展的结果。根据市场经济"谁投资，谁受益"的原则，这种收益，应当归国家或城市政府所有。

如果"土地财政"转变为税收模式，则会完全改变我国地产界的现状。让地产商在事实上只能买卖房屋的地上建筑部分，地皮部分则以税收或其他形式由政府根据房屋增值情况逐年征收。在我国"香港模式"下，一次可以卖 70 年的使用权，这样可以在很短时间内筹到大量的资金；而新的模式则等于把 70 年的使用权逐年卖出。

第四节 当前一系列土地调控政策抑制地价快速上涨

一、以"增加供应"为调控的根本点，力求实现土地的有效供给

在合理的价格基础上保证土地供应量是稳定房地产价格的根本。从 2009 年的"国四条"到 2010 年 4 月的"国十条"再到 9 月的"国五条"，一直强调增加住宅用地的供应量，确保保障房用地供应。我国虽然有一系列关于土地供应计划的规章制度，但是没有专门的法律对住房用地的供给做出明确的规定，导致土地供应计划难以完成。2010 年国土资源部开始组织在全国范围内编制住房用地计划，为做好 2011 年住房供地计划实施工作，国土资源部要求各级国土资源主管部门：（1）对保障性安居工程用地实行计划单列，确保 2011 年全国 1000 万套保障性安居工程用地，严格控制大户型高档商品住房供地，禁止向别墅供地。房价高的城市，应增加公共租赁住房和中小套型限价普通商品房供地；（2）对落实国家 1000 万套保障性安居工程建设用地实行责任制，明确由地方各级国土资源主管部门主要领导人负全责，由省级国土资源主管部门建立并实施考核问责机制；（3）各省级国土资源主管部门应加强对住房建设用地供应总量、结构和时序的控制，优化土地空间布局和结构，实施节约、集约用地，对供地计划预留量较大的地区，要根据自住性住房用地和市场供地实际，于 6 月底前合理调整供地计划，并向社会公示和报部，推进计划有效落实；（4）加强对土地供后开发利用情况的动态监管，全面运行土地市场动态监测与监管系统，建立健全监管机制，实时掌握土地开发进度，及时查

处违规违法用地、囤地和闲置土地，实现监测监管常态化；（5）督促各省级国土资源主管部门加强对市、县住房用地供应计划执行的指导和监督，及时检查用地落实和开发利用情况。同时，各派驻地方的国家土地督察局在例行督察等相关工作中加强对地方政府落实住房用地供应计划的监督检查。

2011 年全国住房用地计划供应 21.80 万公顷，与 2010 年全国住房用地供应计划（18.47 万公顷）和实际供地量（12.63 万公顷）相比，分别增加 18% 和 72.6%，超过前两年年均实际供地量（10.17 万公顷）。2011 年，全国计划供应保障性安居工程用地和中小套型商品房用地 17.13 万公顷，占住房用地供应计划的 78.6%，比去年提高 2 个百分点。计划供应保障性安居工程用地 7.74 万公顷，占住房用地供应计划的 35.5%，与 2010 年计划（6.58 万公顷）和实际供地（3.24 万公顷）相比，分别增加 17.6% 和 138.9%，如图 7 - 4、表 7 - 4 和图 7 - 5 所示。

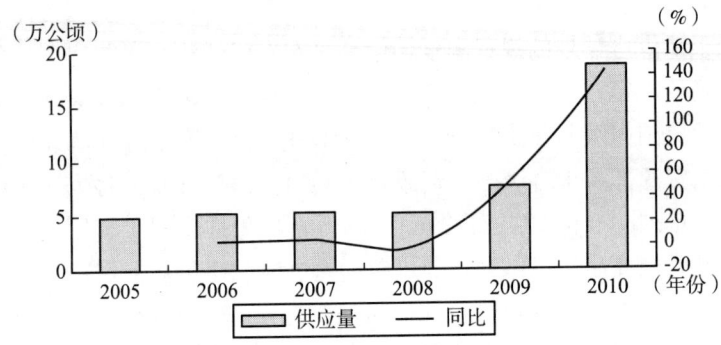

图 7 - 4　2005 ~ 2010 年全国住宅用地供应量及同比变化

资料来源：历年《国土资源公报》整理。

中国城市建设用地面积占全国土地总面积 0.33%。其中，城镇建设用地中 30% 为居住用地，仅占全国土地总面积的 0.11%。美国、日本城市用地（建成区）分别占全国土地总面积的 3.1% 和 4.2%，这些发达国家建成区占比均显著高于我国。引起我们注意的是，美国土地利用结构的历史变化趋势显示，美国 1945 年城市用地占全国土地总面积的比例也仅为

表7-4 2011年全国住房用地供应计划

单位：公顷

地区	合计	保障性安居工程用地									商品住房用地		保障性安居工程和中小套型商品房用地占比
		保障性住房用地		各类棚户区改造用地				公共租赁房用地		限价商品房		
		廉租房	经济适用房		廉租房	经济适用房	中小套型商品住房	划拨	出让		中小套型商品房住房	
全国	217973.66	9571.82	14634.37	39685.77	3415.15	11316.82	22060.49	4997.41	1132.83	7401.90	140549.55	93939.98	78.6%
北京	2550.00	0.00	130.00	700.00	0.00	0.00	700.00	270.00	30.00	200.00	1220.00	455.00	70.0%
天津	2165.00	0.00	422.00	0.00	0.00	0.00	0.00	192.00	0.00	195.00	1356.00	750.00	72.0%
河北	13802.26	457.68	476.35	2203.38	48.12	589.01	1402.31	293.60	150.87	257.92	9962.46	6673.72	76.2%
山西	5274.00	407.88	408.90	1023.10	452.74	406.34	147.14	111.76	15.83	200.71	3105.83	1973.39	78.5%
内蒙古	8317.33	304.37	579.10	2258.80	115.28	563.11	1473.76	135.79	166.17	383.53	4489.57	2900.89	80.9%
辽宁	14806.97	59.81	731.02	1600.57	17.95	745.93	854.14	99.22	22.65	60.00	12233.69	8940.87	77.8%
吉林	8729.53	454.09	174.04	3926.72	469.36	439.67	2616.86	19.20	3.80	7.00	4144.69	2685.52	83.3%
黑龙江	11692.73	172.51	381.69	5808.68	366.56	1478.46	3611.48	59.19	64.54	225.46	4980.65	3018.42	83.2%
上海	1200.00	0.00	200.00	400.00	0.00	0.00	400.00	50.00	50.00	0.00	500.00	140.00	70.0%
江苏	14074.13	157.69	1104.05	1764.07	13.16	661.70	1019.41	264.47	141.21	1799.73	8842.91	5098.02	73.4%
浙江	8874.30	47.10	234.16	2823.80	6.20	1001.87	1676.68	129.15	19.45	317.32	5303.31	3117.47	75.4%
安徽	11268.36	692.22	881.35	2354.15	117.16	375.97	1725.74	465.30	43.04	261.30	6571.01	4065.13	77.8%
福建	3068.51	71.50	166.89	468.81	64.89	95.23	290.68	40.04	35.63	229.33	2056.30	1437.94	79.8%
江西	5626.89	347.07	161.53	992.47	61.73	582.58	311.96	121.76	11.68	129.71	3862.67	2510.23	76.0%
山东	18840.36	145.09	1282.02	1940.39	28.80	250.86	1513.16	167.75	62.02	341.68	14901.41	10517.54	76.7%
河南	13226.23	492.75	825.19	1179.12	11.75	455.39	619.65	142.32	133.44	166.42	10287.00	7883.55	81.8%

地区	合计	保障性住房用地·廉租房	保障性住房用地·经济适用房	各类棚户区改造用地·合计	各类棚户区改造用地·廉租房	各类棚户区改造用地·经济适用房	各类棚户区改造用地·中小套型商品住房	公共租赁房用地·划拨	公共租赁房用地·出让	限价商品房	商品住房用地·合计	商品住房用地·中小套型商品住房	保障性安居工程和中小套型商品房用地占比
湖北	7567.91	223.36	300.86	950.99	106.41	159.71	674.52	253.07	26.16	280.97	5532.49	3686.30	75.6%
湖南	7186.06	483.25	189.20	1252.07	174.30	352.89	607.43	200.61	5.00	46.11	5009.83	3196.06	74.8%
广东	6161.47	106.99	158.02	112.30	2.90	107.37	2.03	164.99	70.56	166.14	5382.46	3801.54	74.3%
广西	2977.82	132.18	183.78	162.92	32.87	76.78	45.76	108.72	0.90	65.44	2323.88	1508.33	72.6%
海南	2627.89	31.05	243.09	157.94	1.20	152.75	3.98	36.97	0.00	176.55	1982.29	1321.11	74.8%
重庆	5790.73	456.20	1134.94	169.39	0.00	1.00	167.05	440.08	0.00	0.00	3590.12	2466.17	80.6%
四川	11048.46	278.40	884.41	1225.85	70.25	419.35	659.47	174.03	9.31	338.53	8137.92	6044.58	81.1%
贵州	2649.98	380.03	150.47	370.64	55.70	63.57	244.82	52.06	0.00	248.13	1448.66	924.68	80.2%
云南	3462.20	342.52	110.60	280.50	22.40	55.50	0.00	168.13	29.90	15.10	2515.45	1720.70	77.0%
西藏	182.66	38.97	19.86	59.80	9.00	40.78	0.00	13.34	0.00	0.00	50.70	22.00	84.3%
陕西	6288.06	435.30	1035.52	579.75	106.62	208.17	264.97	225.46	19.03	644.91	3348.09	2265.49	82.8%
甘肃	2492.25	185.62	423.20	359.93	41.46	189.83	96.84	25.24	2.86	96.36	1399.04	986.06	83.4%
青海	1541.73	413.23	45.06	364.02	209.20	93.14	81.29	191.22	7.40	2.60	518.20	300.59	85.9%
宁夏	2706.91	84.17	273.98	207.47	5.30	108.24	83.93	33.07	6.04	7.73	2094.44	1367.91	73.2%
新疆	8221.59	745.44	1179.76	3014.37	378.06	1590.15	426.89	343.88	5.34	538.21	2394.59	1462.75	88.7%
新疆生产建设兵团	3551.36	1425.39	143.32	973.78	425.79	51.48	338.54	5.00	0.00	0.00	1003.87	698.03	91.4%

资料来源：中华人民共和国国土资源部。

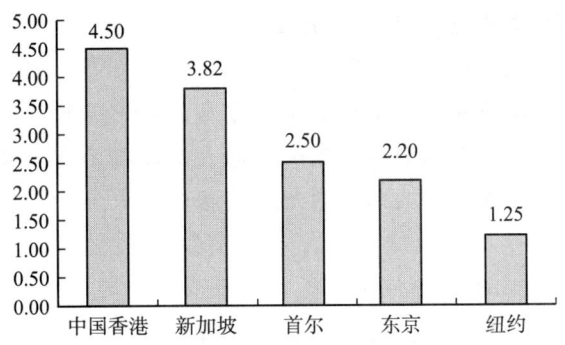

图7－5 城市住宅容积率的国际比较

资料来源:《全国土地利用总体规划纲要 (2006~2020 年)》。

0.8%,此后在上世纪 60 年代末期开始加速发展,当时正值美国婴儿潮一代进入中青年时期,同时美国经济也处于全面加速的黄金时代。因此理论上,伴随经济发展水平的逐步提高,未来城市建设用地占比存在显著提升空间。通过郊区化主导大城市未来建成区扩张,城市(镇)化是中小城市建成区占比提升的主要动力。特别是将农村建设用地置换为城镇建设用地,将释放出可观的土地供给量。同时,建筑容积率存在较大提升空间,客观上增加了潜在的住房供应量。

二、督促房地产企业对已供土地加快开发建设,扩大房产有效供应

要改善房地产长期供给偏紧的状况,稳定房价,就要采取确实有效措施,督促房地产企业加快土地开发和新开工建设速度,加大房地产有效供应。开发商之所以囤积土地,一则是为了保障开发的可持续性,二则与市场行情及其资金状况有关。进入 21 世纪后,由于我国大中城市的房价不断上涨,开发商囤积土地的情形十分普遍。

《中国经济周刊》研究部通过对 125 家内地上市房企及 20 家在中国香港上市内地房企的 2009 年报和 2010 年半年报以及 2010 年三季度土地市场表现进行整理,并且对一些房企旗下的项目长期跟踪,借鉴证券公司对内地上市房企财报的解读,估算了房地产企业的土地储存规模。估计

称，目前仅 125 家内地上市房企就手握高达近 4 亿平方米的未开发土地。而 20 家香港上市房企拥有的土地储量更是高达 4.2642 亿平方米。这就是说，中国上市房企圈地逾 8 亿平方米，其中保利地产、万科和苏宁环球位列三甲。从目前内地上市公司的开发速度来看，这一存储量足够内地上市房企开发 6 年左右，内地上市房企的大部分土地目前处于闲置状态。

比较 2001~2010 年历年开发商购置土地面积与完成开发土地面积，不难发现每一年都有土地"结余"。到 2010 年，累计"结余"已达到 13.74 亿平方米。若按以往土地开发的平均速度计算，即使政府停止供应土地，也够开发商们开发 6.33 年，如表 7-5 所示。

表 7-5　　　　　历年购置土地面积、完成开发土地面积　　　　单位：亿 M^2

年度	购置土地面积	完成开发土地面积	两者之差
2010	4.10	2.13	1.97
2009	3.19	2.3	0.89
2008	3.68	2.6	1.08
2007	4.06	2.69	1.37
2006	3.68	2.66	1.02
2005	3.82	2.08	1.74
2004	4	1.97	2.03
2003	3.7	2.09	1.61
2002	3.04	1.73	1.31
2001	2.17	1.45	0.72

资料来源：万德数据库。

打击囤地、实行严格土地增值税等政策有助于弱化地价的短期刚性，开发商买入土地后存在土地期权价值，从买入到最迟开发期限的间隔越长，期权价值越大。换言之，在等待开发的这段时间里，开发商可以根据房价变动"相机抉择"，从而在一定程度上弱化当期房价和地价的直接联系。打击囤地大大缩短了开发商的可等待期，使得房价和地价的联动关系在短期更为明显。同时，严格土地增值税将压低开发商的利润空间，客观上迫使开发商把账算得更细，也将弱化地价的短期刚性，如表 7-6 所示。

表 7 - 6　　　　　2009～2010 年土地及房地产市场调控政策一览

发布日期	发布单位及政策名称	政策的主要内容
2009 年 5 月 13 日	国土资源部下发《关于调整工业用地出让最低价标准实施政策的通知》	《通知》决定对《全国工业用地出让最低价标准》实施政策进行适当调整，即变相下调工业用地最低出让标准。其中，对各省市确定的优先发展产业且用地集约的工业项目，在确定土地出让底价时可按不低于所在地土地等别相对应《标准》的 70% 执行。
2009 年 6 月 24 日	监察部、人力资源和社会保障部、国土资源部联合下发《关于适用〈违法土地管理规定行为处分办法〉第三条有关问题的通知》	《通知》就违反土地管理规定行为有关具体问题作了更为明确的阐释：发生在 2008 年 6 月 1 日以后的违反土地管理规定的行为要追究地方政府领导人员责任。对于在 2008 年 6 月 1 日以前的违反土地管理规定行为，在 15 号令施行后仍不制止、不组织查处，隐瞒不报、压案不查的，也同样追究责任。
2009 年 8 月 18 日	国土资源部、监察部联合下发《关于进一步落实工业用地出让制度的通知》	《通知》明确，各地要严格执行工业用地招拍挂制度，凡属于农用地转用和土地征收审批后由政府供应的工业用地，政府收回、收购国有土地使用权后重新供应的工业用地，必须采取招拍挂方式公开确定土地价格和土地使用权人。
2009 年 9 月 1 日	国土资源部发布《关于严格建设用地管理促进批而未用土地利用的通知》	《通知》要求各地全面清理、摸清底数，及时制订批而未征、征而未供、供而未用、用而未尽土地的处理意见和整改方案。
2009 年 9 月 4 日	国土资源部发布《关于开展土地储备制度建设和运行情况调查的紧急通知》	《通知》要求各地方政府和主管部门 10 月 10 日之前上报过去三年间的建设用地供应总量、结构及来源于储备土地的情况、土地储备资金管理情况、储备机构借商业银行及其他金融机构贷款余额等情况。
2009 年 11 月 20 日	国土资源部下发《关于开展第二次全国土地调查中"批而未用"土地核实工作的通知》	《通知》对"批而未用"土地展开核实，并要求各派驻地方的国家土地督察局负责对核实结果进行重点督查，形成督查结果。
2009 年 12 月 14 日	国务院下发"国四条"	温家宝总理主持召开的国务院常务会议，就促进房地产市场健康发展提出增加供给、抑制投机、加强监管、推进保障房建设等四大举措。
2009 年 12 月 17 日	财政部、国土资源部等五部委联合出台《进一步加强土地出让收支管理的通知》	《通知》规定：开发商以后拿地时，"分期缴纳全部土地出让价款期限原则上不得超过一年，特殊项目可以约定在两年内全部缴清，首次缴款比例不得低于全部土地出让款的 50%"。

发布日期	发布单位及政策名称	政策的主要内容
2009 年 12 月 23 日	国土资源部召开了"挂牌督办房地产开发闲置土地处置新闻通气会"	新闻通气会旨在加强对房地产市场的宏观调控,督促各地严格落实闲置土地清理处置政策;督促房地产开发企业根据实际开发能力理性取得土地。同时,要求省级国土资源行政主管部门于 2010 年 1 月底前,将 18 宗闲置土地处置情况报国土资源部,并及时向社会公布。
2010 年 1 月 7 日	国务院办公厅下发《关于促进房地产市场平衡健康发展的通知》("国十一条")	对已利用贷款购买住房又申请购买第二套(含)以上住房的家庭(包括借款人、配偶及未成年子女),贷款首付款比例不得低于 40%,贷款利率严格按照风险定价。
2010 年 3 月 10 日	国土资源部下发《关于加强房地产用地供应和监管有关问题的通知》("国十九条")	90 平方米以下住宅地须占七成;同时规定,拿地房企一律按地价的 20% 缴纳保证金;成交后一个月内必须缴 50% 的首付款;土地出让最低价不得低于基准地价 70%;已签合同不缴纳出让价款的,必须收回土地。
2010 年 3 月 18 日	国资委发布"非主营地产业务的央企'清退令'"	国资委公布了央企地产业务的具体情况,并首次表示,除了 16 家以房地产为主业的中央企业外,还有 78 家不以房地产为主业的房企要加快调整重组,在完成企业自有土地开发和已实施项目等阶段性工作后要逐渐退出房地产业务。
2010 年 4 月 15 日	国土资源部公布"2010 年各省(区、市)住房供地计划"	2010 年度住房用地计划拟供应量为大数 18 万公顷。其中各类保障性住房占住房用地计划供应总量的 77%。并建立问责机制确保计划的落实。
2010 年 4 月 17 日	国务院发布《关于坚决遏制部分城市房价过快上涨的通知》("新国十条")	要求各地严格限制各种名目的炒房和投机性购房,房价过高地区可暂停发放购买第三套及以上住房贷款,对不能提供 1 年以上当地纳税证明或社会保险缴纳证明的非本地居民,暂停发放购买住房贷款,此外,通知还要求各地区、各有关部门加大专项整治和清理力度,要求加快保障性安居工程建设。
2010 年 5 月 19 日	国家税务总局下发《关于土地增值清算有关问题的通知》	房地产开发企业逾期开发缴纳的土地闲置费不得扣除。此外,还明确了土地增值税清算时收入确认的问题。
2010 年 5 月 25 日	国家税务总局下发《关于加强土地增值税征管工作的通知》	全面推进土地增值税清算,尤其要对定价过高、涨幅过快的项目重点抽查。针对较多地区存在的预征率偏低,与房价快速上涨不匹配的情况,税务总局要求研究预征率调整与房价上涨的挂钩机制。

续表

发布日期	发布单位及政策名称	政策的主要内容
2010年6月11日	住建部、发改委、财政部、国土资源部、农业部、国家林业局共同下发《关于做好住房保障规划编制工作的通知》	要求从地方到中央制定保障性住房建设规划（包括各类棚户区改造、政策性住房建设）（2010~2012年）和"十二五"住房规划（2011~2015年）。
2010年9月26日	国土部、住建部联合下发《关于进一步加强房地产用地和建设管理调控的通知》（国土部151号文）	因企业原因造成土地闲置一年以上的企业，在结案和问题查处整改到位前，禁止竞买人及其控股股东参加土地竞买活动。企业伪造公文骗取用地和非法倒卖土地等犯罪行为、非法转让土地使用权等违法行为以及违背出让合同约定条件开发利用土地的行为，同样禁止拿地。严格查处擅自调整容积率行为。

资料来源：根据2009~2010年度国务院、财政部、国资委、国土部、住建部等部门发布的土地及房地产市场调控相关政策文件汇集整理。

第八章

"土地财政"与高房价

第一节 我国商品住宅价格水平状况

一、高房价与高地价

在成熟的市场经济条件下，房价是由消费者的需求决定的，而消费者的需求能力又是由收入水平决定的。这样，社会的平均收入水平和房价之间存在内在的联系，随着消费者收入水平的提高，房价上涨是必然趋势，是正常的经济现象。但是近几年，我国房价的高歌猛进完全出乎想象，大大超越了社会收入水平，房地产成了金融产品，成为社会投资或投机品。社会普遍认为，目前的高房价与高地价有关，继而将高房价归因于"土地财政"，"土地财政"因而引起广泛关注并成为了争论的焦点。薛白、赤旭（2010）认为，地方政府在追求"土地财政"的同时，对土地及房屋经营部门的经济活动产生正外部性，直接推动了土地和房屋价格的上涨。近几年来，"土地财政"被看作高房价的"元凶"，由于商品住宅用地承受了大量的非商品住宅用地成本，而使"地产承受之重"成为直接推动房价上涨的重要原因。社会舆论更是将高房价的矛头由前几年的指向开发商转而指向地方政府。然而，房地产业是一个关联范围极大的产业，与其生产与销售有关的产业与部门都可能在推高房价方面发挥了作用。

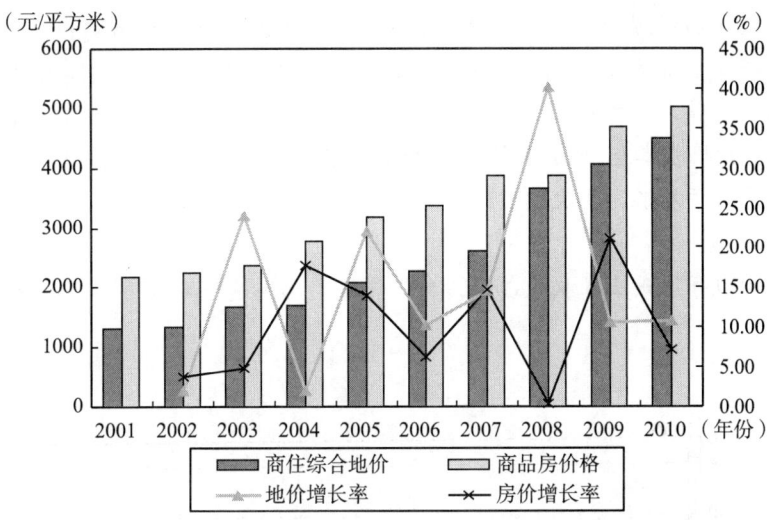

图 8-1 2001 年以来监测城市商住综合地价与商品房价格及增长率

资料来源：中国土地勘测规划院《2010 年我国城市地价与房价关系专题报告》。

表 8-1 2001 年以来监测城市商住综合地价与商品房价格及增长率

年份	商住综合地价 （元/平方米）	地价增长率 （%）	商品房价格 （元/平方米）	房价增长率 （%）
2001	1315		2170	
2002	1340	1.90	2250	3.69
2003	1663	24.10	2359	4.84
2004	1697	2.04	2778	17.76
2005	2070	21.98	3168	14.04
2006	2280	10.14	3367	6.28
2007	2613	14.61	3864	14.76
2008	3664	40.22	3877	0.34
2009	4053	10.62	4695	21.10
2010	4488	10.73	5029	7.11

资料来源：中国土地勘测规划院《2010 年我国城市地价与房价关系专题报告》。

2001 年以来，我国的商住综合地价逐年上涨，但近年来存在较大的波动性。地价变化体现出与宏观经济变化相一致的波动性。全国商品房平均价格的变动趋势与地价变化趋势基本一致，但波动幅度更为突出。2001 ～ 2007 年，全国商品房价格逐年上涨，其中 2004 年、2005 年、2007 年三年的增长率较大，均在 10% 以上，2004 年增长率甚至高达 17.76%。2008 年商品房价格基本与 2007 年持平，2009 年迅速攀升至 21.10%，达到历史高点，2010 年增长率再次回落到 10% 以下，如图 8 - 1、表 8 - 1、表 8 - 2 和图 8 - 2 所示。

2010 年土地出让收入占商品房销售额的比重达近年来最高，如图 8 - 3 所示。

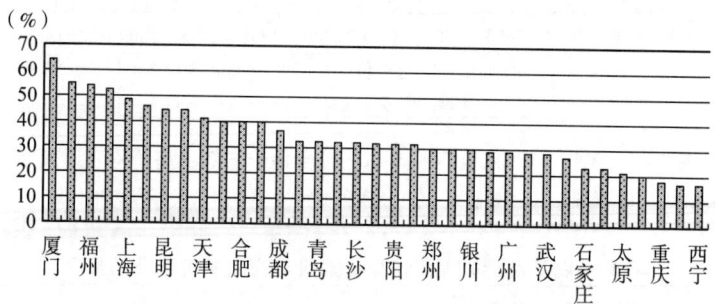

图 8 - 2 2010 年 18 个重点监测城市居住用地地价房价比

资料来源：中国土地勘测规划院《2010 年我国城市地价与房价关系专题报告》。

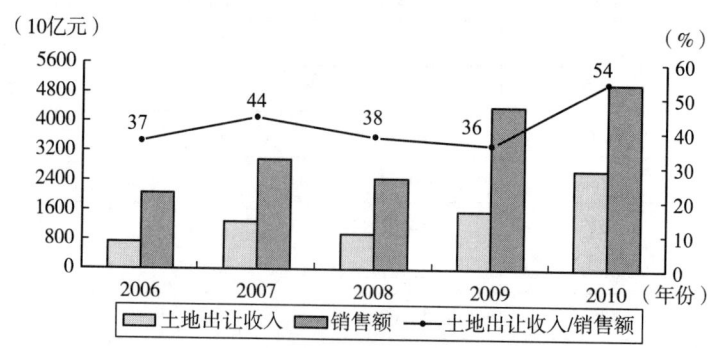

图 8 - 3 土地出让收入与商品房销售额

资料来源：国土资源部，CEIC，其中商品房销售额为估算结果。

表 8-2　　　　　　　　　　地价占房价比重的国际比较

国家	地价占房价比重	特点	其他
美国	全国平均 20% ~ 30%；土地利用控制较严、取得土地和建筑许可较难、经济相对繁荣、城市人口增加较快（外来人口迁入）的地区（如加州）达到 30% ~ 50%。	地价占房价比重较低，原因：1. 土地资源比较充足；2. 当地价超过房价的 30% 时，银行一般不给贷款。	房屋建造成本与金融成本占房价 50% ~ 70%。
英国	全国平均 30% ~ 35%，伦敦 40% ~ 45%。	英国城市规划要求在城市周围建立"绿带"以限制城市无节制扩张，这一政策提升了地价水平。	开发商近年来开始通过加大容积率规避高地价。
瑞典	全国 20%，首都斯德哥尔摩 25%。	地价水平较低，原因：1. 地广人稀；2. 居民更注重房屋建筑质量。	近年来住房质量与娱乐设施是影响瑞典房价的主要因素，占房价 70%。
韩国	全国 50% ~ 60%，首尔 50% ~ 65%。	近年地价增长率远超 GDP 和 CPI，原因：1. 工业化和城市化快速发展以及人口快速增长；2. 政府仿效英国在城市周围设置"绿带"限制城市扩张；3. 土地投机行为。	
日本	全国 60% ~ 75%，东京 65% ~ 80%。	日本是世界上地价最贵的国家之一，原因：1. 日本房屋从属于土地，房地产价值主要看土地价值；2. 土地资源稀缺；3. 城市化水平高，城市人口密集。	开发商取得土地后的一项重要工作是拆除原有建筑并设计如何开拓出更大的土地空间。
新加坡	目前 50% ~ 55%，20 世纪 80 年代曾高达 60% ~ 70%。	地价较高，主要原因是土地资源稀缺。	为充分利用土地，降低地价占房价的比例，政府鼓励开发高层住宅。

资料来源：各国政府网站，互联网，中金公司研究部。

二、房价水平衡量指标

国际上通行用于判别房价水平高低的指标有两个，一是房价收入比，二是房价租金比。房价收入比反映购房者对购买房屋的承受能力。根据联合国人类住区中心所发布的《城市指标指南》，房价收入比是指居住单元的自由市场价格中位数与家庭年收入中位数之比，即住宅价格与家庭年收入所得之比。房价收入比越大，则住宅负担能力越低。世界银行曾对 1998 年世界各国房价收入比进行比较，在纳入统计的 96 个国家和地区中，房价收入比的均值为8.4,标准差为5.9。从1980~2000年,美国中位数的房价收入比为3倍,2001~2006年逐渐上升4.6倍,次贷危机爆发后,该指标又回落到3倍左右,如表8-3、图8-4所示。

表8-3 我国各阶层家庭房价收入比 单位:倍

年份	房价（元/平方米）	家庭人口系数	城镇家庭平均	困难户城镇家庭	城镇居民最低收入家庭	低收入户城镇家庭	较低收入户城镇家庭	中等收入户城镇家庭	较高收入户城镇家庭	高收入户城镇家庭	最高收入户城镇家庭
1999	1843	3.14	9.0	22.7	20.2	15.1	12.1	9.6	7.6	6.1	4.4
2000	1952	3.13	8.9	24.1	21.2	15.4	12.1	9.5	7.5	5.9	4.2
2001	2068	3.1	8.8	24.4	21.4	15.6	12.1	9.4	7.4	5.8	4.0
2002	2130	3.04	8.2	32.2	26.2	17.3	12.8	9.5	7.1	5.4	3.3
2003	2212	3.01	7.8	31.5	25.5	16.7	12.3	9.1	6.8	5.0	3.0
2004	2549	2.98	8.2	33.3	26.9	17.4	12.8	9.4	7.0	5.1	3.0
2005	3010	2.96	8.7	36.7	29.2	18.7	13.6	10.0	7.3	5.3	3.2
2006	3132	2.95	8.1	33.7	26.8	17.2	12.7	9.3	6.8	5.0	3.0
2007	3665	2.91	8.2	33.8	26.9	17.4	12.7	9.4	6.9	5.1	3.1
2008	3655	2.91	7.2	30.3	23.8	15.4	11.1	8.1	5.9	4.3	2.6

资料来源:国金证券研究所、国家统计局。

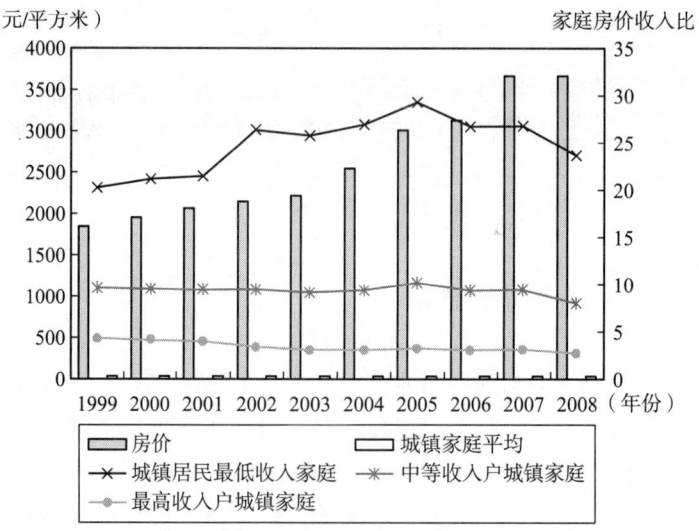

图8-4 我国各阶层家庭房价收入比

资料来源:国金证券研究所、国家统计局。

譬如，以夫妇两人购买一套 70 平方米的住房为例来计算 2010 年深圳房价收入比。根据深圳统计局数据，2010 年度人均可支配收入累计为 32380.86 元，则夫妇俩的家庭平均收入为 64761.72 元。根据深圳市房地产研究中心的统计，2010 年深圳新建住房成交均价为 20297 元/平方米，则一套 70 平方米的住房平均总价为 70×20297＝1420790 元。2010 年深圳的房价收入比＝1420790/64761.72＝21.94，远远高于国际上限（6 倍左右），也高于 2009 年的 18 倍，即按 2010 年深圳新建住房成交均价，一对夫妇购买一套 70 平方米的住房，不吃不喝也要攒积近 22 年才能负担得起购房款，说明房价与居民的可支付能力之间出现了巨大的鸿沟，房价已经远远超过居民的购买力。房价租金比从投资回报的角度反映房价的合理性。计算公式是住宅价格与月租金之比。根据加拿大 Nicola 财务集团 2003 年的一项研究报告，美国、英国、澳大利亚 1975～1992 年的房价租金比的平均值在 100 左右，年租金收益率在 12% 左右。我们同样以深圳为例，2010 年深圳住宅的租赁均价为 39 元/平方米/月，深圳市房价租金比已经达到 518 倍，年租金收益率为 2.32%，低于银行一年定期存款利率（3%）。

需求层面一直存在高房价和低收入不匹配的矛盾。笔者认为，这是由收入结构决定的，贫富差距的不断扩大导致剩余财富流入到房地产市场中。目前我国最高收入家庭人口仅占全部人口的 10%，但其收入占全部收入的 34.8%，而且这一比例呈不断上升趋势。而低收入家庭人口虽然占到全部人口的 40%，但其收入仅占全部收入的 17.8%。由于没有投资渠道可以疏导富裕阶层的剩余财富，房地产成为这部分资金的蓄水池。从房价收入比的变化也可以看出，不同收入结构家庭的购房能力是在反趋势变化的。例如 1999 年最高收入家庭的房价收入比为 4.4，2008 年减少至 2.6；而最低收入家庭 1999 年房价收入比为 20.2，2008 年上升至 23.8。所以要实质挤出由于收入结构导致的剩余财富流入，从根本上需要调整收入分配结构。但目前民营经济是经济的主导力量，社会财富的再分配结构出现重大调整也是比较困难的。当下国家出台的限购政策，从中期的角度看会抑制这部分资金的流入，弱化行业需求，但如果相关行政性政策不会在长期得到执行，长期需求也不会受到明显影响。所以在中期层面，由于限购令将会发生作用，行业供求关系会得到缓和，但实质影响供给和需求的要素短期不会发生变化。

第二节 我国商品房价格快速上涨的主要因素

一、通胀压力加大和投资性需求持续增长是房价过快上涨的直接因素

(一) 商品房的自身价值即建设成本加税费

"区域竞次"过低的制造业土地价格导致我国制造业过度投资及生产能力相对过剩，为了消化这些产能我国必须稳定人民币汇率来确保出口产品的国际竞争力。不断增加的出口顺差，在人民币汇率暂不能随经济增长适时调整的情况下，诱使预期人民币将被迫升值的投资者向中国投入大量"热钱"，在我的外汇管理制度下，外汇储备因此迅速累积。央行不断发行的对冲人民币又造成了经济中的流动性过剩，最终带来大宗消费品的通胀压力。并且过剩的流动性，包括民间资本、国际热钱、居民储蓄在内的大量资金，由于缺乏投资渠道，便纷纷涌入房地产市场，又通过商住房的投资推高了房地产的价格。

(二) 供求情况

1. 自住型购房需求平稳增长

人们一般将住房需求分为自住型购房需求、投机性需求、投资性需求。自住型购房包括首次购房和改善性购房。自住型购房对价格较为敏感：房价越高，购买量越低。而投机性需求的特征是房价上涨预期越大，成交量越大。投资性需求的特征是住房租金房价比越高，购买量越大。我们认为，自住型购房需求和投机性需求占据着市场主流。影响自住型购房的因素有城市化水平、人均可支配收入、城市人口数量的提高等。这些因素都是长期性因素，也是房地产价格长线看涨的根本原因。但它们在短期内难有很大的变化，显然它们不能解释房价为何如此飙升。

2. 投资和投机性需求较强

相比供给的短期无弹性，需求变动对行业的影响会起到立竿见影的作用。在房价上涨和投资资金的相互推动下，房地产保值增值的特点得以强化，房地产成为重要的投资品。在供不应求的市场条件下，价格是通过消费者竞争决定的。目前的住宅市场是典型的消费者竞争市场，大量土地"招、拍、挂"都是以高于（甚至远远高于）政府起拍价成交的。即便政府土地价格降低利益，也只会转移给开发商而不是消费者。目前，我国的住宅建设主要分以下几个层次：保障性住房和商品房；其中保障性住房又包括经济适用房和廉租房等；而商品房则包括高端物业和普通住宅。普通老百姓要买的房子企业利润低，开发商建造意愿不强，导致了房屋供给结构不合理。

3. 住房供给不足

房地产市场是一个特殊的市场，它的特殊性在于一级市场（土地）的垄断性、二级市场（房产）的极具投资性和房地产开发的长期性。受制于政府对土地供应的垄断，开发商为了可持续性经营，必然会大量囤地。政府供应的土地能否转化为楼市现实供应，一要看市场的状况，二要看开发商的资金状况，三要看开发商拿地的目的。从整体上看，房地产市场存在着供给不足。影响住房供给的长期性因素，首推土地供应。而对于供给分析的重点，我们认为不应放在土地自然供给层面，而应分析决定供给的机制。在分税制制度下，掌握土地供给源泉的地方政府会控制土地供给节奏，从中长期看，供给预期会与当期需求相匹配，但难以解决当期需求过剩的状态。在土地供应量既定的前提下，房地产开发商的施工、推盘进度，会在短期内影响到住房的供给量。

（三）货币供应大幅增长

2004年，在与美元挂钩的汇率制度下，为了守住人民币兑美元的比值，我国政府被迫发行了大量货币。热钱进入房市又推高了房地产市场价格。此时，我国政府的土地政策和房地产市场调控政策，也开始转变为遏制投机和控制住房价格过快上涨。以2005年3月的"国八条"为起始到2011年1月的"新国八条"，差不多每一年都会出台土地调控政策的文件，而其基本宗旨总结起来，就是要严格规范和控制土地使用权的有偿转让；加大力度监控土地和房地产市场的运行情况；优先保障经济适用房和普通商品房用地的供给；加大对投资性住房消费和投机炒作行为的控制等。当然，对于土地供给总量，政策一直是在严格地加以控制。其主要原因当然是我国所执行的最严厉的耕地保护制度。暂不讨论耕地保护本身的利弊，仅就其现实影响来说，它的确大大限制了我国土地供给，尤其是住房用地的增加。国土资源部网站的数据显示，在我国 GDP 增长迅猛的 2005 ~ 2009 年这五年间，每年住宅用土地的新增供给总量几乎没有实质性的增加。加上我们的优先保障政策。导致经济适用房和廉租房等保障性住房占去了相当一部分土地，这就让商品房的土地供给变得更加有限。而优先发展普通商品房的政策，也让高端物业增长受到更严格的管控，各地高档商品房频出"天价楼盘"也就不足为奇了。住宅价格的这种高速上涨，再借助招挂拍制度，各地方政府得以通过公开竞价的方式，将其转让土地的收入最大化，也就是充分地蚕食由房价上涨所带来的新增加的土地租值。目前低利率与高通胀同时存在。虽然政府正在致力于降低高通胀，而货币政策也随之收紧。但是，国外宽松的货币环境和低利率条件是一个难以回避的事实，在这种情况下，房地产一定程度上成为居民资产配置的选择是具有部分合理性的。

推动房价上涨的最主要因素是货币供应，流入楼市的货币越充裕，房价上涨越高。央行数据显示（见表 8-4），2010 年人民币各项贷款新增 7.95 万亿元，连续两年处于高位。其中，新增以房贷为主的居民中长期贷款 1.96 万亿元，较 2009 年进一步增长（见图 8-5）。过去 10 年中国 M2 的年均增速为 18%，累计上涨 4.5 倍以上；而 CPI 却比较低，10 年累计涨幅都不超过 25%。流动性过剩的结果是货币流向以房地产为首选的"资产池"，目前中国住宅类房产的总市值大约为 100 万亿元①。货币的过度供应必然增加人们的收入，增加人们的货币持有量，从而推动物价上涨。房地产作为最具有保值功能的资产，涨价幅度当然较一般商品的更大（见图 8-5、图 8-6）。2005 ~ 2010 年，广义货币 M2 年均增长率为 19.42%，显著高于同期 GDP 的增长率（见图 8-7）。M2 与 GDP 的比值已由 1998 年的 124% 上升至 2009 年的 178%，两者增速的差额在 2009 年也达到了

---

① 李迅雷：《"通胀恐惧症"的背后》，载《新财富》2011 年第 1 期。

19.2个百分点,而在2004～2008年,这一差额都为负值,如图8-8所示。

表8-4　　　　　2005～2010年人民币贷款新增、居民中长期贷款

年度	人民币贷款新增 (万亿元)	居民中长期贷款 (万亿元)
2010	7.95	1.96
2009	9.59	1.70
2008	4.91	0.4103
2007	3.63	0.8541
2006	3.18	0.3742
2005	2.35	0.2069

资料来源:中国人民银行。

表8-5　　　　　　　　　2005～2010年货币供应量

年度	M2 (万亿元)	M2同比(%)	M1 (万亿元)	M1同比	M0 (万亿元)	M0 同比(%)
2010	72.58	19.70	26.22	20.20	4.46	16.70
2009	60.62	27.57	22.00	32.37	3.82	11.70
2008	47.52	17.80	16.62	8.98	3.42	12.87
2007	40.34	16.72	15.25	21.03	3.03	11.81
2006	34.56	15.66	12.60	17.43	2.71	12.92
2005	29.88	18.01	10.73	11.77	2.40	12.15

资料来源:中国人民银行。

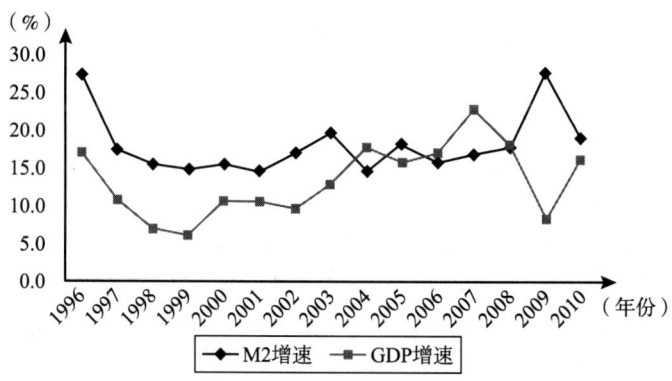

图8-5　M2和名义GDP增速对比

资料来源:中国人民银行、国家统计局资料整理。

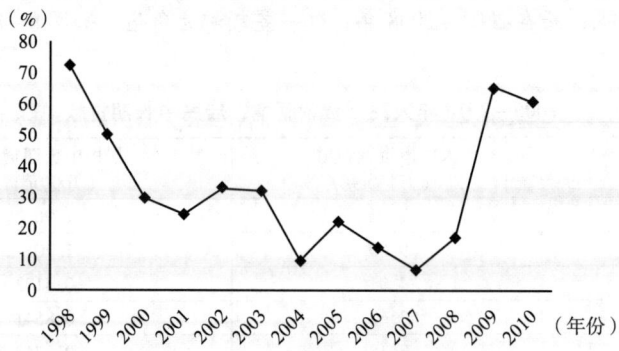

图 8-6　M2 与 GDP 差额的增速

资料来源：中国人民银行、国家统计局资料整理。

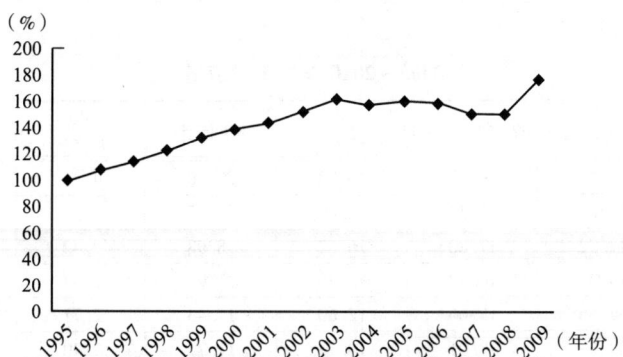

图 8-7　M2 与名义 GDP 比值

资料来源：中国人民银行、国家统计局资料整理。

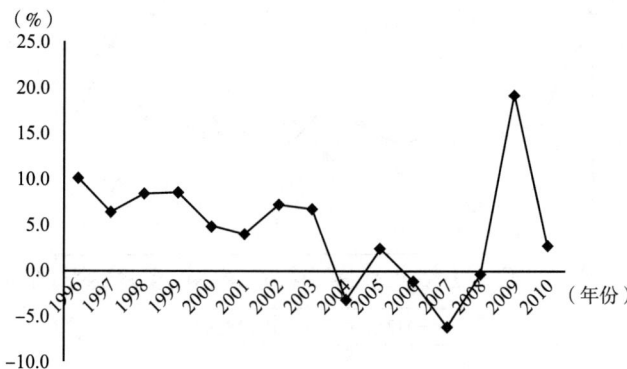

图 8-8　M2 与名义 GDP 增速差额

资料来源：中国人民银行、国家统计局资料整理。

（四） 通胀预期推动民众购房行为

货币的过度供应，催生、强化了人们的通货膨胀预期，而通胀预期对房价上涨的作用力绝不亚于货币投放本身。虽然官方公布的生产者价格指数（PPI）和消费者价格指数（CPI）还没有大幅上涨，但若用货币的购买力下降来解释通货膨胀，即用货币投放增长速度（19.70%）与 GDP 增长速度（10.3%）之差来计算通货膨胀率，则 2010 年达到 9.4%。普通老百姓通常用月工资（收入）、月支出的跨年度比较，来描述通货膨胀。由于人们担心储蓄或收入缩水，防通胀的观点也很"根深蒂固"。老百姓为防备储蓄贬值，纷纷提取存款购买实物资产。房子是中国老百姓最易接受、最为钟情的大宗资产。通胀预期不仅加速了购房行为，而且加重了开发商囤地、推迟开发、捂盘惜售等心理。开发商同时利用人们的通胀预期，不断宣传"住房是储蓄保值的最佳方法"。

二、高房价的经济和制度环境

我国的房地产业经常出现过热状态是同目前的经济发展方式和现行的体制密切相关的。地方政府倚重房地产业对地方经济的拉动作用，潜在诱使房地产市场阶段性过热，促使房价持续上升。一方面，由于地方政府间发展经济的 GDP 锦标赛制，而房地产业能够拉动多个上下游行业的发展，因此，各地均十分重视房地产业的发展；另一方面，1994 年"分税制"改革后，中央政府和地方政府之间财权与事权不匹配的问题逐渐凸显，地方政府更有动力去推动房地产业发展。房地产业是国民经济的重要支柱产业，对于拉动钢铁、建材及家电家居用品等产业发展举足轻重，对金融业稳定和发展至关重要，对于推动居民消费结构升级具有重要作用。房地产业上下游产业链长，涉及行业多。据统计，我国每年钢材的 25%、水泥的70%、木材的 40%、玻璃的 70% 和塑料制品的 25% 都用于房地产开发建设中。近年来房地产业投资额占城镇投资总额比重一直保持在 20% 以上，如图 8-9 所示。

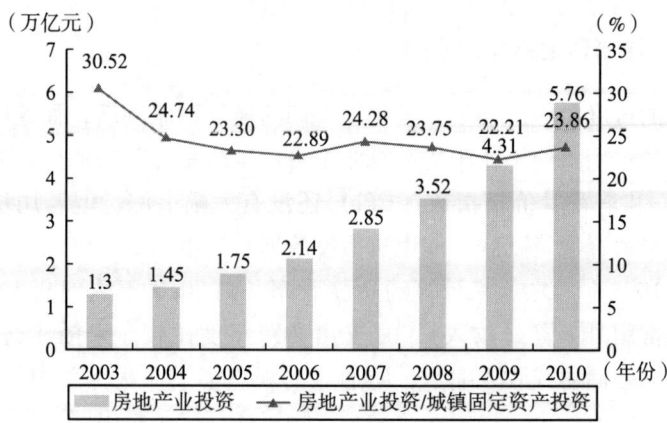

图 8 - 9　房地产行业固定资产投资及其占城镇固定资产投资比重

资料来源：国家统计局。

2003 年以来宽松的货币政策再加上国内缺乏投资品种，充裕的流动性只能投资、投机于房地产业，使得房地产市场投机气氛浓厚，进一步推高了房价。在住房供给量短期保持刚性的前提下，这种需求过于膨胀，必然加剧住房供不应求态势，人为拉高住房价格，而房价上涨更加刺激投机性购房参与，形成恶性循环，迫使房价飞涨。2003 年以来，中国货币环境宽松主要表现为广义货币供应量高速增长和低利率状况长期存在。我国广义货币（M2）供应量年均增长 18.5%，M2 余额由 2003 年年底的 22.1 万亿元增加至 2009 年年底的 60.6 万亿元，M2/GDP 比由 2003 年的 162.8% 升至 2009 年的 178.0%，货币供应十分宽松。同时，我国中央银行对低利率的容忍度较高，一年期存款基准利率较长时间低于通货膨胀率。宽松的货币环境是资产价格泡沫的温床。

第三节　我国政府的保障性住房建设——"居者有其屋"

一、政府加快推进安居工程和保障性住房建设

2009 年以来，中央政府把保障房建设提高到了前所未有的高度，对廉

租房和公共租赁房的建设分别做出了建筑面积、承租方式以及租金管理等方面的详细规定。2010 年全国各类保障性住房和棚户区改造住房开工 590 万套，基本建成 370 万套；2011 年更是提出全国要建设保障性住房和棚户区改造 1000 万套。随着保障性住房定位逐渐明晰以及建设力度不断加大，未来我国将加速建构商品房与保障房的双轨制住房体系。大规模的公共住房投入市场，将明显增加市场供应总量。"十二五"期间，受现实需求压力，保障房建设任务空前繁重，将建设城镇保障性住房和棚户区改造住房 3600 万套（户）。到"十二五"期末，全国保障性住房覆盖面达 20% 左右，力争使城镇中等偏下和低收入家庭住房困难问题得到基本解决，新就业职工住房困难问题得到有效缓解，外来务工人员居住条件得到明显改善，如表 8 - 6 所示。

表 8 - 6 　　　　　我国住房改革后商品房开发、投资情况

年份	商品房本年新开工面积（万平方米）	商品房本年新开工面积增速（%）	商品房本年竣工面积（万平方米）	商品房本年竣工面积增速（%）	竣工率（%）	商品房本年施工面积（万平方米）	商品房本年施工面积增速（%）	本年施工面积投资额（亿元）	每平方米施工面积对应投资额增长率（%）	房地产开发投资总额（亿元）	房地产开发投资总额增速（%）
1998	18751	46.3	15393	11.6	31.75	48473	11.5	738	3.33	3580	12.6
1999	21633	15.2	19784	28.0	35.90	55105	13.3	728	-1.45	4010	11.0
2000	28259	30.6	23028	16.4	36.25	63529	15.3	772	6.02	4902	19.5
2001	35946	27.2	27303	18.6	35.36	77213	21.5	809	4.83	6245	25.3
2002	42260	17.6	32523	19.1	35.06	92757	20.1	834	3.11	7736	21.9
2003	54319	28.5	39510	21.5	33.80	116907	26.0	864	3.65	10106	29.7
2004	60414	10.4	42465	2.1	30.23	140451	19.2	937	8.38	13158	28.1
2005	66840	10.6	48793	14.9	29.67	164445	17.1	958	2.29	15759	19.8
2006	78131	15.1	53019	-0.6	27.32	194090	17.1	999	4.21	19382	21.8
2007	94590	19.4	58236	4.3	24.69	235882	21.1	1072	7.32	25280	30.2
2008	97574	3.2	58502	0.5	21.34	274149	16.2	1115	5.76	30580	21.0
2009	115385	18.3	70219	20.0	21.97	319650	16.6	1133	6.54	36232	18.5
2010	160847	39.4	90127	28.4	21.97	410278	28.4	1190	5.00	48829	34.8
2011	173715	8.0	108489	20.4	21.97	493865	20.4	1214	2.00	59953	22.8

资料来源：国金证券研究所。

保障性住房现阶段受到如此重视，源于金融危机下国家对宏观经济的战略考虑：在目前房价快速上涨的情况下，政府一方面要通过房地产投资拉动钢铁、水泥、建材、家电等一系列产业复苏，一方面又要平抑持续上涨的房价，因此宏观调控的目标一定不能是抑制需求，而是要确保成交量，但同时平抑房价。此时，保障性住房因兼具两项特征而成为具有政治意义和经济全局意义的重要引擎。毋庸置疑，保障性安居工程的实施对我国房地产市场将产生十分重大而深远的影响，将会改变房地产市场格局并会影响整个产业的发展进程。首先，从民生的角度看，应将"城市低收入家庭"从购房人群中有效剥离出去，这部分人群的住房困难问题将由政府全力负责解决，这样可以缓解市场供需矛盾；同时，随着部分低收入家庭成为廉租房的受益者后，无形中会对进一步稳定房地产市场秩序、稳定房价起到有效的抑制作用。其次，从增长的角度看，国务院4万亿元经济判缴计划的政策落脚点，一方面是加大基础设施建设，另一方面就是着力于改变中低收入阶层的生活状况。安居工程除具民生目标外，对拉动经济效果明显。再从积蓄发展后劲的角度看，安居工程的实施有利于进一步促进产业升级，促使行业重新洗牌，部分中小企业可能会被淘汰出局；同时，一批专门从事廉租房、保障房开发或以廉租房、保障房开发建设为主的房地产公司将会应运而生，巨大的建设项目总量为房地产业的后续发展做了厚实的积淀，如表8-7所示。

表8-7　　　　　　　　2009年以来中央政府出台的保障性住房政策

发布时间	发布单位及政策名称	政策的主要内容
2009年1月9日	全国住房和城乡建设工作会议	2009年住房和城乡建设系统着力做好九方面工作，最重要的是前面两条：一是全面推进保障性住房建设。二是促进房地产市场健康稳定发展。在加大保障性住房建设力度的同时，进一步鼓励普通商品住房消费。
2009年3月5日	国务院总理温家宝《政府工作报告》	对房地产市场2009年工作任务进行了阐述，其中包括加快落实和完善促进保障性住房建设的政策措施，争取用三年时间，解决750万户城市低收入住房困难家庭和240万户林区、垦区、煤矿等棚户区居民的住房问题。中央财政将加大对廉租房建设和棚户区改造的投资支持力度，适当提高中西部地区补助标准；选择有条件的地区进行试点，把部分住房公积金闲置资金补充用于经济适用房建设，积极发展公共租赁住房。

发布时间	发布单位及政策名称	政策的主要内容
2009 年 3 月 30 日	全国保障性安居工程工作会议	在国家支持下，三年内解决 750 万户城市低收入家庭、240 万户林区垦区煤矿等棚户区居民的住房困难。同时，扩大农村危房改造试点，今年安排近 80 万户。
2009 年 4 月 29 日	财政部、住房城乡建设部联合印发《关于下达 2009 年部分中央廉租住房保障专项补助资金的通知》	下达了 2009 年中央财政廉租住房保障专项补助资金 70 亿元，用于补助财政困难地区及新疆生产建设兵团廉租住房租赁补贴开支以及购买、改建、租赁廉租住房支出。
2009 年 5 月 22 日	住房和城乡建设部、发改委、财政部联合出台了《2009～2011 年廉租住房保障规划》	规划的总体目标是：从 2009 年起到 2011 年，争取用三年时间，基本解决 747 万户现有城市低收入住房困难家庭的住房问题。《规划》同时列出了年度工作任务，即 2009 年新增廉租住房房源 177 万套，新增发放租赁补贴 83 万户；2010 年新增廉租住房房源 180 万套，新增发放租赁补贴 65 万户；2011 年新增廉租住房房源 161 万套，新增发放租赁补贴 43 万户。
2009 年 7 月 17 日	国务院批复同意成立"保障性安居工程协调小组"	协调小组主要职能包括：研究提出廉租住房建设、棚户区改造和农村危房改造试点的政策措施，协调有关事项；研究制定廉租住房保障、棚户区改造以及农村危房改造试点规划和年度工作计划，并组织实施；研究提出中央补助投资（资金）需求规模的建议；组织检查保障性安居工程的质量、实施进度等情况，并指导地方做好实施和质量保障等有关工作。
2009 年 10 月 16 日	住房和城乡建设部、财政部、发改委、人民银行、监察部、审计署、银监会等七部门联合印发了《关于利用住房公积金贷款支持保障性住房建设试点工作的实施意见》	《实施意见》特别强调"在优先保证职工提取和个人住房贷款、留足备付准备金的前提下，可将 50% 以内的住房公积金结余资金贷款支持保障性住房建设，贷款利率按照五年期以上个人住房公积金贷款利率上浮 10% 执行"，并明确了"加强贷款管理，保证资金安全"的五项措施。
2009 年 12 月 14 日	国务院下发"国四条"	温家宝总理主持召开的国务院常务会议，就促进房地产市场健康发展提出增加供给、抑制投机、加强监管、推进保障房建设等四大举措。
2009 年 12 月 28 日	国务院副总理李克强在"全国城市和国有工矿棚户区改造会议"	全面启动并扎实有序推进城市和国有工矿等棚户区改造，加快保障性住房建设，把这一重大民生工程办实办好，促进经济社会又好又快发展。
2010 年 1 月 6 日	全国住房城乡建设工作会议	确定 2010 年保障性住房建设硬指标。住房城乡建设部部长姜伟新表示，2010 年要进一步加大保障性住房建设，并公布了目标任务。

续表

发布时间	发布单位及政策名称	政策的主要内容
2010 年 1 月 7 日	国务院办公厅发布《关于促进房地产市场平稳健康发展的通知》	力争到 2012 年年末，基本解决 1540 万户低收入住房困难家庭的住房问题。中央将加大对保障性安居工程建设的支持力度，适当提高对中西部地区廉租住房建设的补助标准，改进和完善中央补助资金的下达方式，调动地方积极性，确保资金使用效果。
2010 年 1 月 21 日	国土部	申报住宅用地的城市，经济适用住房，廉租住房和中低价位，中小套型普通商品住房用地占住宅用地的比例不得低于 70%。
2010 年 4 月 15 日	国土资源部公布"2010 年各省（区、市）住房供地计划"	2010 年度住房用地计划拟供应量为大数 18 万公顷。其中各类保障性住房占住房用地计划供应总量的 77%。并建立问责机制确保计划的落实。
2010 年 4 月 17 日	国务院	增加居住用地有效供应；保障性住房、棚户区改造和中小套型普通商品住房用地不低于住房建设用地供应总量的 70%；确保完成 2010 年建设保障性住房 300 万套、各类棚户区改造住房 280 万套。
2010 年 6 月 11 日	住建部、发改委、财政部、国土资源部、农业部、国家林业局共同下发《关于做好住房保障规划编制工作的通知》	要求从地方到中央制定保障性住房建设规划（包括各类棚户区改造、政策性住房建设）（2010～2012 年）和"十二五"住房规划（2011～2015 年）。
2010 年 9 月 27 日	国土部、住建部	确保保障房及中小套型普通商品住房用地不低于总量 70%，探索以划拨和出让方式加大公共租赁住房供地建设；加快推进住房用地供应和建设项目的审批。
2010 年 9 月 27 日	财政部、国税总局	对公租房建设用地及公租房建成后占地免征城镇土地使用税；对公租房经营管理单位建造公租房涉及的印花税予以免征；对经营公租房所取得的租金收入，免征营业税、房产税；对公租房经营管理单位购买住房作为公租房，免征契税、印花税。
2010 年 11 月 23 日	住建部	2011 年计划安排建设保障性住房和各类棚户区改造住房 1000 万套，比原计划的 580 万套大大增加。
2010 年 12 月 19 日	国土部	未完成 2010 年保障性住房建设用地供应任务，保障性住房、棚户区改造住房、中小套型普通商品住房"三类用地"供应总量未达到住房地供应总量 70% 的市县，年底前不得出让大户高档商品住宅用地。

资料来源：根据 2009～2010 年度国务院、财政部、国土部、住建部等部门发布的保障性住房建设相关会议、政策文件汇集整理。

二、保障性住房政策对房地产市场的影响

(一)有利于推进住房保障体系建设

实施保障性住房方案,每年可改善 400 多万户困难家庭住房条件,3 年下来可解决 1200 多万户低收入家庭住房困难问题,还能初步形成以廉租住房、经济适用住房、公共租赁住房为支撑的住房保障框架,使我国住房保障体系建设迈出一大步。

(二)有利于稳定房地产投资增长

2008 年政府安排的保障性住房投资不足 2000 亿元,占全国房地产投资不足 7%(实际投入数量还要少一些)。如果今后 3 年政府保障性住房投资每年增加到 4063 亿元,比 2008 年增长 1 倍多,占全国房地产投资的比重将提高到 14.5%。这可拉动相当规模的房地产投资和一批相关产业投资。

(三)保障性住房大量入市影响房地产供求关系

从目前房地产市场的现状看,受国内经济增速下滑趋势和房地产业自身发展周期性等因素影响,我国房地产市场销售量持续下降,供过于求的矛盾比较突出,房价回落的压力相当大,市场走势处于一个复杂敏感期。在这种情况下,2008 年年底出台的加大保障性住房投资建设的政策被股市认定为房地产行业的一个利空因素。主要原因是,这可能加深当前住房市场供大于求的矛盾,对正在调整下行的房地产市场带来新压力。经济适用住房主要面向有一定支付能力的低收入家庭出售,依靠住房消费信贷支持,政府的建设投资可回收和循环使用。经济适用房拥有独立产权,可直接出租或按规定条件出售,其购买者也是普通商品房需求群体的一部分,直接影响到商品房市场的供求关系。特别是在一些发达城市,经济适用房与中小户型、中低价位普通商品房的供给对象基本上是一致的。因此,政府大规模投资建设经济适用房,势必使普通商品房市场的需求相对减少,或等同于增加了市场供给。从廉租住房看,主要向

低保家庭或最低收入家庭出租，以地方政府投资为主，中央财政给予补助，几乎完全是政府无偿投入。现在各地实物配租的廉租房来源，主要是在经济适用房建设中配建，或直接从商品房市场购买。如政府大规模新建廉租住房，也会一定程度减少商品房市场需求。公共租赁住房主要是按政府规定的租金标准向符合条件的城镇中低收入家庭、新就业职工和流动人口出租，由政府给予土地、信贷政策支持，政府性基金和社会力量投资建设。从国际经验看，这种住房保障方式在城市化快速推进阶段具有重要作用，也是我国住房保障体系中亟须加强的一个重要组成部分。政府加快公共租赁住房投资建设，也相当于增加住房供给，将相应减少住房租赁市场的需求，进而对商品房市场，包括新建住房和二手房市场的需求产生影响。

（四）保障性住房大量入市，会拉低房地产价格

2009～2011年，保障性住房投资达到9000亿元，其中，经济适用房投资为6000亿元，其他为廉租房和棚户区、林区改造等投资。尽管经济适用房和廉租房的客户群与商品住宅存在区别，但经济适用房的投资将对商品住宅供给、需求和销售价格均产生影响。从国家统计局的数据看，截至2008年11月末，全国商品房空置面积1.36亿平方米，同比增长15.3%，增幅比1～10月提高2.2个百分点。其中，空置商品住宅7084万平方米，同比增长22.9%。以2008年的平均销售量来计算，中国主要城市商品住宅2008年的库存，其加权平均的吸纳周期为17～21个月。而考虑到2009年的新增供应，其加权平均的吸纳周期为34～40个月，在最乐观的预期下，假设销售量全国整体反弹50%，其加权平均的吸纳周期也为23～27个月。假设2009～2011年经济适用房平均每年投资为2000亿元，那么2009年住宅开发投资将达17622.43亿～18309.29亿元，但住宅市场结构将由商品住宅所占比例95.83%下降至88.65%～89.08%，而住宅市场的平均价格也由此下降3.68%～3.45%。

三、进一步完善基本住房保障制度

目前的楼市调控政策强调进一步加大住房保障的力度，希望通过建立

多层次的住房供应体系，满足中低收入群体的住房需求。但必须预判到，保障房要真正起到对冲刚性需求抑制房价的作用，需要避免重蹈经济适用房的覆辙。在保障房成为土地资源的主要使用者后，借保障房寻租必然成为一些人的考量。公平分配是保障性安居工程"生命线"，当务之急是进一步完善基本住房保障制度，尽快出台制定《住房保障法》，规范政府与地产商职能与定位，理顺政府与市场关系，使得政府和市场均能满足国民多层次居住需求，构建中国国情的保障性住房体系；拓宽建设资金来源渠道，启动政策性金融杠杆，主要通过政策性金融创新推动市场化资金参与，加快保障性住房建设；同时建立公平分配机制和质量监督体系，对保障房建设实行质量终身责任制；在建设的同时切实加强保障性住房的后续管理和维护问题，完善保障性住房的退出机制，禁止保障性住房进入市场交易，确保保障性住房资源的良性循环和有效利用。只有做到过程和结果的公开、公平、公正，才能真正使住房困难的中低收入家庭受益。

本地调研案例

厦门市保障性住房体系建设

（一）厦门市保障性住房体系的内涵

1. 厦门市保障性住房体系的构成

与旧有的住房保障体系相比，解决中低收入家庭的住房问题是厦门市新社会保障性住房体系建设的核心。从现有的情况来看，厦门市社会保障性住房供应体系主要由四个部分构成，包括廉租房、社会保障性租赁房、经济适用房以及社会保障性商品房，其中廉租房、社会保障性租赁房属于租的范畴，经济适用房和社会保障性商品房属于售的范畴，各自服务的对象不同，如图 8 - 10 所示。

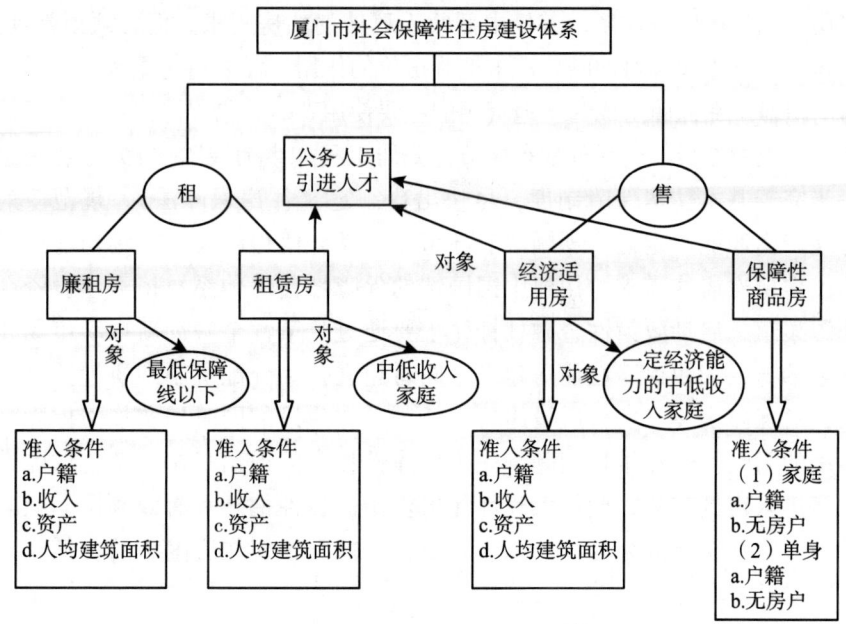

图 8 – 10 厦门市社会保障性住房建设体系构成

第一，廉租房。主要针对最低生活保障线以下的住房困难户。根据厦门市有关规定，厦门市的最低生活保障线有三档标准，分别为岛内城市标准，岛外城镇标准以及岛外农村标准。其中，岛内居民：1 人户每人每月330 元，2 人户每人每月 305 元，3 人户每人每月 280 元；岛外城镇居民：1 人户每人每月 300 元，2 人户每人每月 275 元，3 人户每人每月 250 元；岛外农村居民：统一每人每月 190 元。按照这一标准，厦门市共有低保对象 13557 户、33465 人，其中，岛内低保对象有 9683 户、22652 人。除了低保线收入以下的条件外，廉租房的准入条件还包括具有本市户籍和人均居住面积在 8 平方米以下。目前，厦门市廉租住房保障已基本形成"以实物安置和租金补助为主，租金核减为补充"的保障模式，覆盖全市各区，实现"应保尽保"。

第二，社会保障性租赁房。主要面向不属于低保又无能力购买经济适用住房的低收入住房困难家庭，也就是所谓的"夹心阶层"，这应该是厦门市保障性住房体系的首要创新。厦门市原有的住房体系主要是由廉租住房、经济适用住房、商品住房三个层次构成，由于廉租住房的供应量有限，且主要针对低保群体，而经济适用住房又只售不租，且面积过大，对中低收入家庭来说，价格很难承受，这就使得中低收入住房困难家庭既买不起房子，又享受不了廉租房的申请资格，沦为住房政策的"夹心阶层"。按照 2005 年厦门市城镇居民人均可支配收入 1376 元的标准①，测算出厦门市中低收入家庭的比例约为城镇人口的 40%，以岛内约 25 万户家庭为例，该比例意味着有近 10 万户家庭处于中低收入阶层。

同样的，除收入条件以外，申请社会保障性租赁房还必须具备以下一些条件：（1）户籍。申请人和共同申请人的家庭成员均应具有厦门市城镇户籍，且至少 1 人取得户籍的时间要满三年；（2）住房。人均建筑面积不超过 12 平方米。根据 2006 年厦门市政府组织的一万户家庭情况调查显示，在近 10 万户中低收入家庭中，人均建筑面积在 28 平方米以下的有 40%，其中，人均建筑面积低于 12 平方米的占近 70%，换句话说，厦门市岛内人均建筑面积低于 12 平方米的家庭约为 2.8 万户。（3）资产。家庭资产需在中低收入家庭年收入标准上限的 4 倍以下②。截至 2009 年 2 月底，厦门市申请保障性租赁房的中低收入家庭达到 14524 户，约占所有中低收入家庭申请户的 87%。

第三，经济适用房。重点倾向有一定经济能力的中低收入住房困难家庭。与原有的经济适用房相比，保障性体系下的经济适用房，面积变小，户型以两房为主，更为适用，且售价仅包括土地开发成本、小区配套费用和建安成本，使得中低收入家庭的住房承受能力大为提高，突出体现了保障性的特征。数据显示，目前厦门市岛内的经济适用房价格为每平方米 4100 元、岛外的经济适用房价格为每平方米 3100 元，要远低于同期相同地段的商品房价格，价格吸引力显著。

由于经济适用房的保障性特征明显，为使有限的社会保障性住房真正落实到中低收入住房困难家庭，避免有房家庭等不应由政府保障的人

---

① 更具体的数据是：3 人及以下户年收入 5 万元以下，4~5 人户收入 6 万元以下，6 人以上户年收入 7 万元以下。

② 具体标准为：3 人及以下户家庭资产在 20 万元以下，4~5 人户家庭资产在 24 万元以下，5 人以上家庭资产在 28 万元以下。家庭资产主要包括房产、汽车、有价证券、投资、存款（含现金和借出款）等。

群也提出申请，经济适用房的准入条件也较为严格。除了将资产条件由不高于中低收入家庭年收入标准上限的 4 倍放宽到 6 倍外，其余的基本与申请保障性租赁房的条件保持一致。从申请的情况来看，截至 2009 年 1 月底，申请经济适用房的户数约为 2524 户，其中首批 1832 户申请户中有 1485 户取得购房资格，1056 户已完成选房。目前，首批保障性经济适用房配售工作已经完成，约有 938 户办理购房手续，收到购房款 1.16 亿元。

第四，保障性商品房。主要倾向于既买不起商品房又达不到其他保障性住房申请条件的非低收入无住房家庭。保障性商品房的价格主要由扣除征地拆迁费用的建设成本、基准地价和销售税费构成，较之经济适用房的价格有显著提高，但仍具备非盈利的特征。以岛内为例，厦门市岛内社会保障性商品房的均价为每平方米 7000 元，岛外均价为每平方米 5000 元，远高于经济适用房的价格，但相对于目前岛内每平方米 1 万多元的商品房均价，仍具有一定的竞争优势。

当然，与前面三种构成相比，保障性商品房的准入条件也相对要宽松得多，不再考虑申购对象的资产及收入情况，仅要求户籍条件，而且允许单身申请，但区分以家庭名义申请和单身申请的不同条件。对以家庭名义申请的，要求家庭具有两人或两人以上的厦门市户籍，且其中至少一人的取得户籍的时间满三年，另外还必须是无房户；而对单身申请的对象，必须要求取得户籍的时间满三年且年满 35 周岁，无房。

此外，除了中低收入住房困难家庭外，人才，尤其是紧缺的技术型人才，公务人员的住房保障也适当地纳入保障性住房体系。目前看来，保障性租赁房成为这两类人员的重点选择方向。

2. 厦门市保障性住房体系的制度保障

2006 年，为进一步贯彻落实国家房地产宏观调控政策，强化政府住房保障职能，解决中低收入家庭住房困难问题，厦门市在总结多年以来的政策性住房建设、分配、管理工作的基础上，结合香港公屋建设管理的经验，创造性地提出社会保障性住房体系建设的新思路。同时，为规范厦门市社会保障性住房的建设、分配和管理，建立和完善多层次、多渠道的住房保障体系，保障住房体系建设的顺利实施，厦门市出台了一系列法规条例，实行统一建设、统一分配、统一管理、统一运作的工作新机制。市、区政府各个主管部门明确分工，相互配合，积极推进保障性住房的建设、分配、管理工作。

（1）机构设置强调统一领导，分工协作。

第一，厦门市政府专门成立厦门市社会保障性住房建设与管理办公室，由分管市领导任办公室主任，成员主要由市政府办公厅、发改委、财政局、建设与管理局、国土房产局等相关部门领导组成。其职能主要是在市委、市政府的领导下开展各项工作，负责编制社会保障性住房建设发展规划和年度建设计划，制定社会保障性住房配租、配售及管理政策，协调解决社会保障性住房工作涉及的相关问题，发布社会保障性住房供应计划，公布家庭条件界定标准，公布租金和配售价格标准，组织宣传报道，接收咨询信访等，统筹负责厦门市保障性住房体系建设。

第二，为更好地分工协作，厦门市政府依据保障性住房构成的类型，将租、售两项职能分归两个部门专门负责。其中，保障性住房的建设工作，以及社会保障性商品房、经济适用房的销售、管理、回购工作主要由市建设与管理局负责组织管理，具体工作由其下辖的住宅办承担；保障性住房的土地供应计划工作，建立社会保障性住房信息系统以及社会保障性租赁房的分配、管理、回收工作则主要由国土房产局负责，具体工作由市公房管理中心承担。

第三，其余各局、委、机关分别依据各自的工作范畴明确相关职能责任。其中，市财政局主要负责社会保障性住房项目的资金筹措，安排租金补助和工作经费，确保建设资金和经费及时到位。具体各主要参与部门及其职能责任如图8-11所示。

此外，区级责任中，各区政府负责受理辖区内居民申请保障性住房工作，并进行初审和公示，具体工作由各区民政局和各街道、居委会承担；区财政承担部分社会保障性租赁房的租金补助金和工作经费；保证项目征地拆迁工作顺利进行等。

（2）资金保障机制。

为规范社会保障性住房建设资金管理，提高资金使用效率和确保社会保障性住房建设资金专款专用，厦门市制定了明确的保障性住房资金保障办法，具体可以从以下几个方面分析：

第一，资金管理的基本原则。社会保障性住房建设资金管理采用四大基本原则：统筹原则、控制性原则、专款专用原则和效率原则，明确资金使用的计划性、专用性、安全性、合理性和有效性。

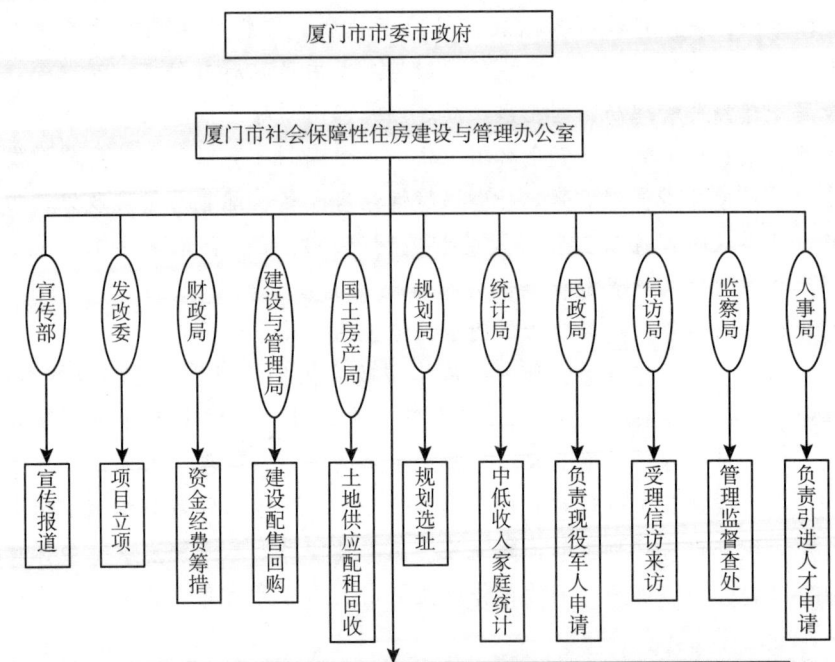

图 8-11 厦门市保障性住房管理机构设置结构

第二，多渠道的资金来源。厦门市社会保障性住房建设的资金共涉及八项来源①，目前看来，住房公积金增值收益、财政预算及土地出让净收

---

① 包括：住房公积金增值收益扣除计提贷款风险准备金和管理费用后的全部余额；财政预算安排用于社会保障性住房建设的资金；从土地出让净收益中按照不低10%的比例安排的资金；中央和省级财政预算安排社会保障性住房专项建设补助资金；社会保障性住房按照规定价格出售所取得收入，社会保障性住房销售收入资金按照财政有关规定实行收支两条线管理；根据年度建设计划，由业主单位（或代建单位）作为项目融资主体向银行贷款专项用于社会保障性住房建设的资金；社会捐赠的社会保障性住房建设资金；其他可用于社会保障性住房建设的资金。

益等三项资金来源是重中之重，尤其是土地出让净收益的资金。财政局的数据显示，2006 年、2007 年和 2008 年社会保障性住房建设财政总投资分别为 6.06 亿元、11.05 亿元和 17.87 亿元，其中来自土地出让收入的比例分别为 100%、100% 和 52.0%。2008 年数据下降的关键原因是受金融危机影响土地出让市场冷清，土地出让收入相比 2007 年锐减。

第三，资金的使用实行专项管理、分账核算、专款专用。所有经由保障性住房划拨或产生的资金只能专项用于社会保障性住房的建设开支，包括新建、改建、收购和回购社会保障性住房支出，配售之前的管理和维护支出，以及偿付银行融资本息。同时，对具体项目，实现项目预决算管理，严格收支两条线的拨付制度。

（3）灵活有力、符合厦门实际的措施设计。

为推进住房保障工作，解决中低收入住房困难家庭的实际问题，厦门市根据自身的实际情况，采取了一系列措施。

第一，坚持社会保障性住房分配"只能一套"的原则。符合社会保障性住房申请条件的家庭只能购买或承租一套社会保障性住房，社会保障性住房申请实行家庭成员全名制，申请人员必须在厦门工作和生活。同时，严格控制社会保障性住房的户型和面积标准，坚持以小户型①为主的原则。

第二，采用封闭式的管理方式，充分发挥基层街道、居委会、物业公司的作用。为了使社会保障性住房真正落实到符合条件的家庭，在分配管理过程中，各职能管理部门与街道、居委会通力配合，形成联动机制。

第三，建立社会保障性租赁房的退出机制，严格限制社会保障性商品房的转让。承租社会保障性租赁房的家庭，因家庭收入或住房等情况发生变化，不再符合原有承租条件的，应自觉申报调整租金补助标准或退出承租的住房，否则将依法收回住房。社会保障性商品房不得上市转让，但可申请由政府回购，回购价格按原购房价格并结合成新确定。

第四，社会保障性租赁房按统一的市场租金标准计租，政府对社会保障性租赁房的承租对象实行分类租金补助，改"暗补"为"明补"。具体

---

① 一般指的是一房一厅型 45 平方米，二房一厅型 60 平方米，三房一厅型 70 平方米。

为：收入处于低保线以下的家庭（廉租房），政府补贴90%，个人缴10%；家庭收入介于低保线到中低收入家庭收入上限标准一半的，政府补贴80%，个人缴20%；家庭收入为中低收入家庭收入上限标准的一半以上的，政府补贴70%，个人缴30%。同时，还对中低收入家庭，按照收入高低，实行60%和90%两档物业费用补贴，其中90%针对的是低保廉租户。

（二）厦门市社会保障性住房体系的运作流程

为发挥社会保障性住房的保障作用，使其真正落实到中低收入住房困难家庭，厦门市社会保障性住房体系实行严格的申请运作程序，建立市区联动的"五审、二监督、二公示、多部门协查"① 审核制度。具体如图8-12所示。首先，由申请人向居委会提出申请，经居委会初审后汇总到所在地街道办事处；其次，由街道办事处、区民政局对申请进行审核并公示（户籍所在居委会和实际居住居委会）后，属于申请租赁房、廉租房的申请户，报送市公房管理中心复核，并由其上报市国土房产局批准后，对外公示。公示期满后，公房管理中心将对合格者进行约谈、轮候及通知选房。选中者必须签订《选房意向书》或《选房确认书》，然后在规定时间内与市公房中心签订租赁合同，同时与区民政局签订租金补助合同。申请户签完合同后，可凭借公房管理中心开具的入住通知书，办理相关入住手续；而属于申请经济适用房及保障性商品房的申请户，则报送市住宅办，由市住宅办进行打分登记复核后，报市建设与管理局批准。市住宅办对取得购房的申请人进行公告并进入轮候系统，然后依据得分等情况，组织进行抽房号、配房、办理相关购房手续和签订合同等，最后根据合同约定的交房时间，办法交房手续，迁移户口。

---

① "五审"即：居委会、街道办、区民政局、公房中心或住宅办、国土房产局或建设局五级审核；"二监督"即：监察局和信访局全程监督；"二公示"即：由户籍所在地、实际居住地居委会组织在社区内公示，和市国土房产局或市建设与管理局组织在全市进行公示；"多部门协查"即：公安、房产、金融、税务、工商、社保、交通管理等各职能部门，依职责做好协助调查工作，依法提供申请人的户籍、房产、收入、资产等情况信息或证明。

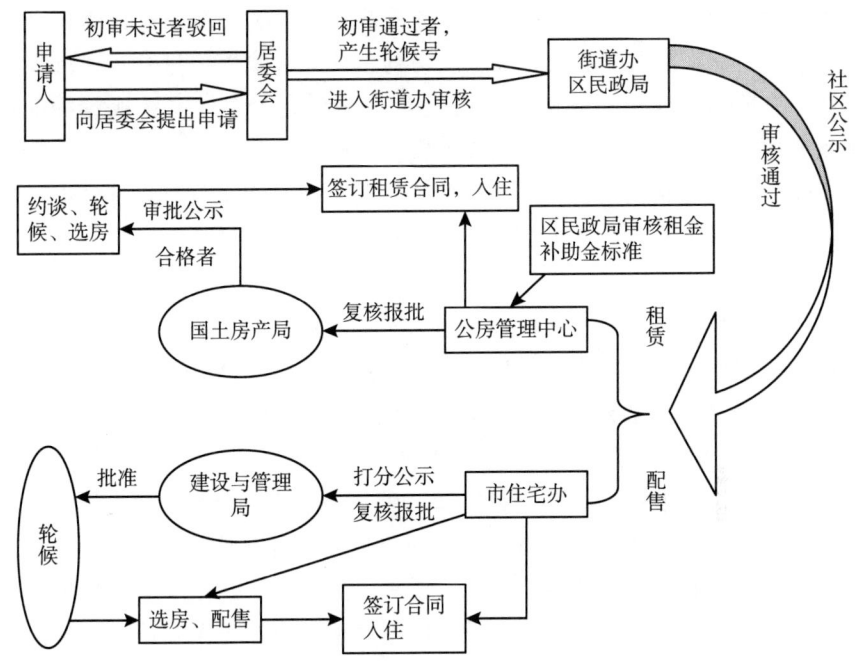

图 8 - 12 厦门市保障性住房的申请运作程序

(三) 厦门市保障性住房体系建设的特点

根据上一部分的分析，我们可以清楚地总结出厦门市保障性住房体系建设的一些特点，具体如下：

(1) 强调政府主导作用，突出保障性。首先，从建设资金来源看，社会保障性住房的建设资金主要来自土地出让金收入和本级财政预算，完全由政府承担起对困难家庭户的住房保障责任，带有明显的政策性。其次，与原来的经济适用房和公有租赁等政策性住房相比，社会保障性住房主要以"小户型"为主，且一个家庭只能申请一套，限制条件严格，只有符合条件的中低收入住房困难家庭才能申请，真正起到保障性的作用。最后，规定保障性住房只能自住，严禁转让或是转租，从制度上防止保障标准的趋高性。

(2) 实行分类住房保障制度，保障对象覆盖面广。保障对象是根据社会经济发展的现状，根据住房社会保障的需要和可能，对某一特定社会阶层实施的帮助和救济。通过廉租房、租赁房、经济适用房以及保障性商品房的构成设置，厦门市社会保障性住房的保障对象覆盖低保户、中低收入家庭、公务人员（含教师）、引进人才和其他特定对象，有效地解决了原有政策房覆盖面狭窄，难以满足实际需求的弊端。

（3）封闭式的管理方式，淡化了商品特性，排斥了投资或投机性。政策规定社会保障性商品房虽然不得上市转让、出租，但可向市建设与管理局申请回购；除购房按揭外，社会保障性商品房不得进行商业性抵押。而保障性租赁房只要承租人资格条件发生变化，就得退出所承租的住房。这一规定使这类住房在功能上彰显出保障的可持续性和循环性。

（4）程序过程的透明性。市区联动的"五审、二监督、二公示、多部门协查"① 审核制度使得整个申请过程相当的透明、公正，最大限度地遏制了原有经济适用房制度下可能存在的寻租腐败行为，群众评价良好。

（5）受理申请常年性。符合条件的中低收入家庭可以随时提交申请保障性住房。借鉴香港地区和新加坡的做法，厦门市社会保障性租赁房采用轮候配租方式，常年接受市民申报，按先后顺序确定轮候号码，按轮候号码依次选房并签订租赁合同。这种方式：第一，可以准确地掌握社会对保障性住房的需求数量和需求结构，为供给数量和供给结构提供决策依据，引导保障性房源的组织和建设；第二，可以为社会保障性住房的申请和配租（售）提供了一个公开、公平、公正的申请平台。

---

① "五审"即：居委会、街道办、区民政局、公房中心或住宅办、国土房产局或建设局五级审核；"二监督"即：监察局和信访局全程监督；"二公示"即：由户籍所在地、实际居住地居委会组织在社区内公示，和市国土房产局或市建设与管理局组织在全市进行公示；"多部门协查"即：公安、房产、金融、税务、工商、社保、交通管理等各职能部门，依职责做好协助调查工作，依法提供申请人的户籍、房产、收入、资产等情况信息或证明。

第四篇

土地资源管理、相关财税以及金融制度改革

第九章

完善符合中国国情的最严格的土地资源管理制度，加强用地规划的科学性和严肃性

在战略上来看，土地资源事关国家粮食安全、经济社会可持续发展、社会稳定和国家长治久安。新中国成立60多年来，出台了土地管理相关法律法规13部，土地资源管理逐步走上法制化轨道；为工业化、城镇化和新农村建设等各类建设提供用地6791.80万亩，为保证了我国现代化建设的需要；颁布了3次全国土地利用总体规划纲要，增强了国家宏观调控土地利用的能力，为协调各业用地奠定了基础。为保增长、保民生、扩内需、调结构、促进经济平稳较快增长，国家加强了对扩大内需各项建设用地的统筹规划，颁布了工业和公益事业用地等近30个行业用地指标和产业用地指南目录，有效地促进了土地节约集约利用的程度，促进经济结构调整和发展方式转变。

"土地财政"本身无可厚非，关键是建立公正合理、科学有效的土地利用制度。根据美国经济发展的历史，联邦政府正是通过一定的方式处置了独立战争获得的大量无归属土地，才使得战争期间的积累的巨额债务得以偿还。但卖地生财，绝不是繁荣经济之道。未来我国经济社会发展仍然面临十分严峻的形势。一方面，人均耕地、优质耕地少，耕地后备资源少，是我国的土地国情，且短期内难以改变。另一方面，我国正处于工业化、城镇化中期，人口还在继续增加，经济社会发展对国土资源的需求将持续上升，必须坚持以科学发展观为指导，统筹好保障发展与保护资源的关系，一方面坚持保障科学发展，以土地供应政策和利用方式来促进经济发展方式转变，推动全面、协调、可持续发展；另一方面坚持保护耕地红线，牢牢守住子孙后代生存发展、安邦立国的根基，使有限的土地资源顺

利承载中华民族的伟大复兴和长久繁荣。

第一节　新中国60年土地法制建设成就

我国是一个人多地少的大国，土地法治建设具有特殊重要的意义：土地不仅关系国家粮食安全，更关系社会稳定，关系国家经济的平稳运行。新中国成立60多年来，党和国家高度重视用法律手段规范土地管理和保护，形成了一整套比较完备的土地管理法律制度。以《宪法》为核心，以《物权法》、《土地管理法》、《城市房地产管理法》和《农村土地承包法》为重要组成部分的土地管理法律体系基本形成，成为中国特色社会主义法律体系的重要组成部分，并按照构建保障和促进科学发展新机制的新要求，不断改革创新，与时俱进。回顾新中国60多年的土地法治历程，大体可以分为五个阶段，除"文革"10年外，大都与新中国的各个历史时期同步推进，具有鲜明的改革创新特征。

一、巩固土地改革成果，逐步确立农村集体土地所有制 (1949～1956 年)

(一)《中国人民政治协商会议共同纲领》

1949 年 9 月 29 日中国人民政治协商会议第一届全体会议通过《共同纲领》，在当时具有临时宪法的作用。在土地改革方面，《共同纲领》明确了土地改革的目标，就是要有步骤地将封建半封建的土地所有制改变为农民的土地所有制。《共同纲领》关于土地改革的规定，为新中国成立初期的土地立法奠定了宪政基础。

(二)《中华人民共和国土地改革法》

1950 年 6 月 28 日中央人民政府第八次会议通过的《土地改革法》，是新中国第一部关于土地问题的专门法律。这部法律在总则中明确：要废除地主阶级封建剥削的土地所有制，实行农民的土地所有制，借以解放农村生产力，发展农业生产，为新中国的工业化开辟道路。《土地改革法》还对土地的没收和征收、土地的分配、特殊土地问题的处理、土地改革的执行机关和执行方法等，都作了明确而具体的规定。由于《土地改革法》不适用于大城市郊区，政务院于 1950 年 11 月还公布了《城市郊区土地改革条例》，对大城市郊区的土地改革问题作了具体规定。到 1952 年底，土改工作基本完成，3 亿无地或少地的农民分得了约 7 亿亩土地和其他生产资料。

(三) 1954 年《宪法》

1954 年《宪法》作为新中国成立后的第一部《宪法》，对土地问题作出了专门规定。如第八条规定："国家依照法律保护农民的土地所有权和其他生产资料所有权"，第十三条规定："国家为了公共利益的需要，可以依照法律规定的条件，对城乡土地和其他生产资料实行征购、征用或者收归国有"。这些规定体现了保护公民土地财产权的宪法精神，意义重大深远。

(四)《农业生产合作社示范章程》和《高级农业生产合作社示范章程》

虽然名称叫"章程"，但均是由全国人大常委会 1956 年通过的，因此是两部重要的法律。《农业生产合作社示范章程》主要是推进农业生产合作社的初级化，对于社员入社的土地，保留社员的所有权，并按照其入社土地的数量和质量，每年从收入中给付一定的报酬，其性质属于半社会主义性质。《高级农业生产合作社示范章程》则主要是把社员入社的私有土地转为合作社集体所有，确认集体土地所有制，其性质属于完全的社会主义性质。两个《示范章程》的颁布实施，完成并实现了土地的社会主义改造，标志着集体土地所有制的正式确立。

二、完善农村集体土地所有制，逐步建立土地征用制度 (1957 ~ 1977 年)[①]

(一)《国家建设征用土地办法》

1958 年 1 月经全国人大常委会批准，国务院公布施行。这是在 1953

---

① 1966 ~ 1976 年的文化大革命时期，土地法治建设遭到严重破坏。

年政务院颁布的《国家建设征用土地办法》的基础上修订而成的，是较早专门规范土地征用的行政法规，在许多方面具有积极意义。例如，它明确了土地征用的范围，规定：国家兴建厂矿、铁路、交通、水利、国防等工程，进行文化教育卫生建设、市政建设和其他建设等需要，可以征用土地；它还特别注重对被征用土地者的安置，规定如果对被征用土地者一时无法安置，应该等待安置妥善后再行征用，或者另行择地征用；它还强调了土地征用的原则，规定尽可能不征用或者少征用耕地良田，不拆或者少拆房屋。该《办法》为土地征用法律制度的建立奠定了基础。

（二）《农村人民公社工作条例修正草案》

1962 年 9 月中国共产党第八届中央委员会第十次全体会议通过的，又称"六十条"。"六十条"明确规定，生产队是人民公社中的基本核算单位。生产队范围内的土地，都归生产队所有，包括社员的自留地、自留山、宅基地等，一律不准出租和买卖。从严格意义上说，"六十条"不是法律，是党的文件，但"六十条"确立的农村集体土地所有权"三级所有、队为基础"的规定，写入了后来的《土地管理法》和《物权法》，一直沿用至今。目前，"六十条"在确定农村集体土地所有权和使用权方面仍然发挥着重要作用。

三、逐步建立和完善城镇国有土地使用制度（1978～1985 年）

1978 年党的十一届三中全会后，党和国家的工作重点从以阶级斗争为纲转移到以经济建设为中心、实行改革开放的战略决策上来，在依法治国的基本方略下，社会主义法制建设不断完善和加强。我国进入了土地法治的恢复、重建和发展的新时期，土地立法重点从农村转向城市，逐步建立和完善城镇国有土地使用制度成为土地立法的核心。

（一）《关于中外合营企业建设用地的暂行规定》

随着改革开放政策的实施，中外合资企业大量涌现。1980 年，国务院颁布的《关于中外合营企业建设用地的暂行规定》明确规定：中外合营企业用地，不论新征用土地，还是利用原有企业的场地，都应计收场地使用费。中外合营企业对批准核拨的建设用地，只有使用权，没有所有权。严禁买卖或变相买卖土地。《规定》还明确了场地使用费的具体标准，成为改革开放初期国家制定并颁布的第一部专门规范城市国有土地取得和使用的行政法规。

（二）《村镇建房用地管理条例》

1982 年国务院颁布的《村镇建房用地管理条例》是新中国第一部专门规范农村村镇建设的法规，它首次提出珍惜和合理利用每一寸土地是我国的国策；确立了村镇建房的统一规划制度，还授权省级人民政府根据不同地区的不同情况规定社员建房的用地标准，建立了村镇用房的审批制度。该《条例》的许多规定都被写进了 1986 年的《土地管理法》，成为沿用至今的重要法律制度。

（三）《国家建设征用土地条例》

1953 年的《国家建设征用土地办法》的基础上制定的。该《条例》第一次明确规定，征用土地的补偿费包括土地补偿费、青苗补偿费、土地附着物补偿费以及农业人口安置补偿费，并在此基础上适当地提高了补偿标准，对农村剩余劳动力的安置途径也作出了相应调整，主要有：就地农业安置，乡村企业安置，迁队或并队安置以及农转非、集体或国有企业安置等。该《条例》的颁布实施解决了国家建设的土地需求。

（四）1982 年现行《宪法》

1982 年 12 月 4 日，第四部《宪法》即现行《宪法》经五届全国人大第五次会议通过并颁布。在此之前，我国曾先后制定过三部《宪法》，即1954 年《宪法》、1975 年《宪法》和 1978 年《宪法》。1982 年现行《宪法》也对土地问题作出了专门规定。首先，它明确了国有和农民集体所有土地的范围，规定城市的土地属于国家所有。农村和城市郊区的土地，除由法律规定属于国家所有的以外，属于集体所有；宅基地和自留地、自留山，也属于集体所有。其次，它确立了土地征用制度，规定国家为了公共利益的需要，可以依照法律规定对土地实行征用。

四、初步建立以《土地管理法》为核心的法律体系（1986～2002年）

（一）《民法通则》

1986年4月12日颁布的《民法通则》从保护和规范财产所有权的角度出发，对土地问题作出了明确规定。该法第七十四条明确了集体土地的经营管理者，规定：集体所有的土地依照法律属于村农民集体所有，由村农业生产合作社等农业集体经济组织或者村民委员会经营、管理。已经属于乡（镇）农民集体经济组织所有的，可以属于乡（镇）农民集体所有。第八十条明确了国家所有的土地，可以依法由全民所有制单位使用，也可以依法确定由集体所有制单位使用，国家保护它的使用、收益的权利；使用单位有管理、保护、合理利用的义务。土地不得买卖、出租、抵押或者以其他形式非法转让。

（二）《土地管理法》

20世纪80年代初期，随着国民经济的迅速发展，乱占滥用耕地现象日趋严重。为切实加强土地管理，遏制乱占滥用耕地的高潮，1986年6月25日全国人大常委会审议通过了《中华人民共和国土地管理法》。《土地管理法》是新中国成立以来第一部全面规范土地管理和土地利用的专门法律。《土地管理法》的颁布，结束了长期以来土地管理无法可依的局面，使我国的土地管理实现了由过去建设部门管理城市土地、农业部门管理农村土地的多头分散管理，向成立国家土地管理机构，以法律、行政、经济、科技手段对城乡土地实行集中统一管理的转变。

（三）《耕地占用税暂行条例》

这是保护耕地，增加农业投入，开发建设农用土地资源的一项重大决策。1988年1月国务院颁布《城镇土地使用税暂行条例》，开征城镇土地使用税。对于促进土地的节约集约利用发挥了重要作用。1993年12月，为规范房地产市场、抑制房地产投机、促进房地产业的健康协调发展，国务院公布《土地增值税暂行条例》，开征土地增值税。这三个与土地相关的税收法规颁布实施，体现了国家开始注重运用经济手段加强土地管理和保护的立法理念。

（四）《宪法修正案》

随着社会主义市场经济体制的建立，《土地管理法》确立的无偿无期限的划拨用地制度，土地使用权不得转让的规定，越来越难以适应市场经济条件下土地作为生产要素进入市场的要求。在总结地方试点成功经验的基础上，1988 年七届全国人大一次会议通过了《宪法修正案》，决定将《宪法》第十四条第四款"任何组织或者个人不得侵占、买卖、出租或者以其他形式非法转让土地"，修改为"任何组织或者个人不得侵占、买卖或者以其他形式非法转让土地。土地的使用权可以依照法律的规定转让。"《宪法修正案》的颁布在当时具有划时代的重要意义，它不仅为国有土地有偿使用制度的建立扫清了法律障碍，更为自然资源有偿使用制度的改革拉开了序幕。

（五）《关于修改〈中华人民共和国土地管理法〉的决定》

1988 年 12 月，七届全国人大常委会第五次会议通过这次修改，主要解决土地作为生产要素进入市场的问题，修改的主要内容是将原来"任何单位和个人不得侵占、买卖、出租或者以其他形式非法转让土地"的规定，修改为"任何单位和个人不得侵占、买卖或者以其他形式非法转让土地"，同时增加两款，规定"国有土地和集体所有的土地的使用权可以依法转让。土地使用权转让的具体办法，由国务院另行规定"。"国家依法实行国有土地有偿使用制度，国有土地有偿使用的具体办法，由国务院另行规定"。同时，为了进一步加大对土地违法行为的制止力度，在第五十二条增加一款，规定"受到限期拆除新建建筑物和其他设施处罚的单位和个人，必须立即停止施工。对继续施工的，作出处罚决定的机关有权制止。拒绝、阻碍土地管理工作人员依法执行职务的，依照治安管理处罚条例的有关规定处罚"。此外，修改后的《土地管理法》还明确了乡（镇）村公共设施、公益事业建设需要使用土地的，由县级以上地方人民政府批准。

（六）《城市房地产管理法》

1990 年国务院先后公布了 55 号令《城镇国有土地使用权出让和转让暂行办法》和 56 号令《外商投资开发经营成片土地暂行管理办法》。这两部行政法规的颁布实施，具有改革和探索的积极意义，为国有土地有偿使用制度的建立奠定了坚实的基础。1994 年，在总结国务院 55 号令实施经验和成效的基础上，国家颁布了《城市房地产管理法》，将国有土地使用权出让和转让制度上升为法律制度。以此为标志，我国的土地立法工作进入了土地资源与资产并重管理的新阶段。

（七）《土地管理法实施条例》

为切实解决生产建设过程中被破坏土地的复垦问题，保护生态环境，1988 年国务院颁布了《土地复垦规定》，明确土地复垦实行"谁破坏，谁复垦"的原则。同时，为了保证《土地管理法》的顺利实施，加大耕地保护力度，国务院于 1991 年颁布了《土地管理法实施条例》，1994 年颁布了《基本农田保护条例》。

（八）全面修订《土地管理法》

20 世纪 90 年代后期，我国耕地面积锐减，加之耕地质量差且后备资源不足，人地矛盾日趋尖锐耕地保护再次面临十分严峻的形势。1988 年修改的《土地管理法》已经明显不能适应市场经济条件下加强土地管理、切实保护耕地的需要。1998 年 8 月 26 日，九届全国人大常委会第四次会议通过了《土地管理法（修订草案）》，并于 1999 年 1 月 1 日起实施。1999年，国务院还颁布了重新修订的《土地管理法实施条例》和《基本农田保护条例》，并与修订后的《土地管理法》同步实施。1998 年的《土地管理法》在总结过去土地管理改革经验和教训的基础上，以建立世界上最严格的土地管理法律制度为目标，对以分级限额审批为主要内容的土地管理制度进行了根本性的变革，确立了新型的土地用途管制的法律制度，规定："国家实行土地用途管制制度。国家编制土地利用总体规划，规定土地用途，将土地分为农用地、建设用地和未利用地。严格限制农用地转为建设用地，控制建设用地总量，对耕地实行特殊保护"。同时，对进一步推进土地管理改革作了方向性规定：对过去已证明成功的经验，及时上升为法律；对过去法律中阻碍改革的条款，进行了修正；对已在实践中初显生机、有待发展完善的做法作了原则性规定，为下一步深化改革留下了广阔的法律空间；对世界上通行的成功做法，予以大胆地吸收借鉴。

（九）新《刑法》增设土地犯罪条款

1997 年新《刑法》出台以前，原《刑法》中对土地制度的保护没有单独设立罪名，土地违法与治罪无关，致使一些违法者有恃无恐，土地违法案件大量发生，屡禁不止。1997 年新修订的《刑法》专门增加了土地犯罪条款，即《刑法》第二百二十八条规定的非法转让倒卖土地使用权罪、第三百四十二条规定的非法占用耕地罪以及第四百一十条规定的非法批准征用占用土地罪和非法低价出让国有土地使用权罪。这四个罪名涵盖了管地、用地、转让三大领域，使土地管理受到了《刑法》的保护，为严格管理土地，依法落实保护耕地的基本国策提供了重要的法律武器。

五、深化改革，实行最严格的土地管理制度（2003 年至今）

（一）《农村土地承包法》

1978 年安徽省凤阳县小岗村的农民率先开始了土地家庭承包的探索。1982 年中央 1 号文件明确肯定了家庭承包的社会主义性质。1993 年国家将"农村集体经济组织实行以家庭承包经营为基础、统分结合的双层经营体制"写进《宪法》，将其作为我国农村的一项基本经济制度固定下来。1998 年修订的《土地管理法》第一次从法律上明确了土地承包期 30 年不变，将党的政策上升为法律。而 2002 年颁布的《农村土地承包法》则是我国第一部以法律形式对土地承包中涉及的重要问题作出规定的专门法律，它进一步稳定了党在农村的土地承包政策，对于保障亿万农民的根本权益，促进农业发展，保持农村稳定，具有深远意义。

（二）《宪法修正案》

2004 年 3 月 14 日，第十届全国人民代表大会第二次会议通过了《宪法修正案》，决定将《宪法》第十条第三款："国家为了公共利益的需要，可以依照法律规定对土地实行征用"修改为："国家为了公共利益的需要，可以依照法律规定对土地实行征收或者征用并给予补偿"。《宪法》这一条款的修正，不仅将原来的土地征用区分为土地征收或者征用，而且从《宪法》层面上强调无论征收或者征用都要给予补偿，体现国家对公民合法权益的保障。

（三）再次修订《土地管理法》

为适应《宪法修正案》，2004 年 8 月 28 日，十届全国人大常委会第十一次会议通过了《关于修改〈中华人民共和国土地管理法〉的决定》，对《土地管理法》的部分条款进行了第三次修正，主要是将总则第二条第四款的"国家为了公共利益的需要，可以依法对集体所有的土地实行征用"修改为"国家为了公共利益的需要，可以依法对集体所有的土地实行征收或者征用并给予补偿"。同时，将《土地管理法》中的"土地征用"全部修改为"土地征收"。

（四）《物权法》

2007 年颁布的《物权法》是在中国特色社会主义法律体系中起支架作用的重要法律，是民法的重要组成部分。它的颁布实施对国土资源管理影响重大。国土资源是最重要和最有价值的"物"，规定土地权利和矿权保护和管理的基本原则，是《物权法》最重要的内容。《物权法》全面肯定了《土地管理法》确立的以耕地保护为核心的土地用途管制制度，并将党中央、国务院关于完善征地制度的一系列政策措施上升为法律规定。《物权法》还对国土资源法律制度进行了改革创新，首次从国家民事基本法的角度明确国家对不动产实行统一登记制度，并从诸多方面完善了国有建设用地使用权制度。同时，《物权法》还对农村集体土地流转和宅基地管理改革留下了足够的法律空间，成为国土资源管理部门保护资源资源、保障发展、维护权益的重要法律武器。

（五）修订《耕地占用税暂行条例》

此外，为适应土地参与宏观调控，进一步提高新增建设用地成本的需要，国务院于2006年修订了《城镇土地使用税暂行条例》，决定自2007年1月1日起，将城镇土地使用税的税额在原来的基础上提高两倍，并将外商投资企业纳入征税范围。2007年12月，国务院公布新修订的《耕地占用税暂行条例》，决定自2008年1月1日起，将耕地占用税的税额标准提高4倍，占用基本农田的，适用税额还要再提高50%。同时统一了内、外资企业耕地占用税税收负担，从严规定了减免税项目，取消了对铁路线路、飞机场跑道、停机坪、炸药库占地免税的规定。这对于贯彻落实最严格的耕地保护制度，减少占用耕地，充分利用城市现有土地，更多地筹集用于"三农"的资金都具有十分重要的意义。这是运用经济手段，调整利益机制的重大决策，可以加大用地者的土地保有成本，促进集约节约用地。

第二节　切实坚持和完善最严格的耕地保护和节约用地制度

从宏观层面来看，在我国城镇化快速发展期，每年应有多少农用地转化为城市建设用地必须依据我国的18亿亩耕地保护红线与确保各省粮食生产能力来进行严格管理。采取最严格的耕地保护策略和紧凑型的城市用地方针是事关我国粮食安全和实现可持续发展的基本策略，任何时期都不能动摇。土地管理失控，会致使货币贬值、通货膨胀和社会动荡。只有关紧土地闸门，才有利休养生息，有利进一步调结构和扩内需。1999年《土地管理法》公布，中国的土地使用就渐渐地转为在政府的总体规划和控制之下。近10年来，我国土地资源管理不仅为我国现代化建设提供了用地保障，还通过实行最严格的耕地保护制度，大力开展土地综合整治，为我国粮食安全提供了保障。土地相关管理和经营制度的变迁体现着我国政府对土地资源长远科学规划的决心，通过科学调节土地供给，以实现合理地、集约地利用土地。未来必须坚持各类建设少占地、不占或少占耕地，以较少的土地资源消耗支撑更大规模的经济增长。

一、耕地保护、基本农田保护与土地整治

(一)耕地保护

国家土地管理局成立后,以保护耕地为核心,建立了土地利用规划管理制度,改变了以往因无计划管理造成的混乱局面;建立了建设用地计划管理制度,以计划指标控制非农建设占用耕地;建立了建设用地审批制度,控制占用耕地;以补充耕地为目标,建立了土地开发复垦制度;建立基本农田保护制度;提出实现耕地总量动态平衡。统一管理后,乱占滥用耕地的势头在一定程度上得到有效遏制,耕地保护成效显著。1998 年 4 月 8 日,由国家土地管理局、地质矿产部、国家海洋局、国家测绘局共同组建的国土资源部正式挂牌成立,设立了耕地保护和土地利用等职能部门,集中了农地转用、建设用地审批、土地征用和基本农田保护、土地开发整理复垦等相关职能,耕地保护问题开始得到统一和协调管理,进一步强化了土地管理体制。同年颁布了新修订的《土地管理法》,首次以立法形式确认了"十分珍惜、合理利用土地和切实保护耕地是我国的基本国策",确立了耕地总量动态平衡、用途管制、集中统一管理和加强执法监察等原则,并以专门章节规定对耕地实行特殊保护,如实行占用耕地补偿制度、基本农田保护制度,禁止闲置、荒芜耕地,以及提高耕地质量和增加耕地数量等。与此同时,耕地保护政策实施手段日趋多样化,如巧用经济杠杆,提出对闲置土地征收闲置费、新增建设用地的土地有偿使用费要专项用于耕地开发等。

近年来,耕地保护政策的科学内涵不断深化,实施手段不断完善、强化。2004 年,中央 1 号文件《中央关于促进农民增加收入若干政策的意见》明确提出要"不断提高耕地质量"和"各级政府要切实落实最严格的耕地保护制度",并且要求确定一定比例的国有土地出让金用于农业土地开发和建设高标准基本农田。同年,国务院 28 号文《关于深化改革严格土地管理的决定》发布,在严格土地执法、加强规划管理、保障农民利益、促进集约用地、健全责任制度等方面作出了有益于耕地保护的规定与措施。2005 年,《省级政府耕地保护责任目标考核办法》颁布,要求省级

人民政府对规划确定的本行政区耕地保有量和基本农田保护面积负责。2006 年的国务院 31 号文《关于加强土地调控有关问题的通知》，将加强耕地保护作为土地调控的重中之重。2008 年，党的十七届三中全会审议通过《关于推进农村改革发展若干重大问题的决定》，提出"坚持最严格的耕地保护制度，层层落实责任，坚决守住 18 亿亩耕地红线。划定永久基本农田，建立保护机制，确保基本农田总量不减少，用途不改变，质量有提高。"

(二) 基本农田保护

基本农田是耕地中的精华，是粮食生产能力的重要保证，对这些高产稳产农田必须加以特殊的保护，从而确保我国粮食安全。1986 年年底，国家土地管理局成立不久后，提出了建立基本农田保护区的设想，并在一些地区部署试点。1988 年，湖北省荆州市针对全市耕地锐减、农业大市将面临农地短缺甚至农民无地可种局面的情况，在全国率先划定基本农田保护区，利用一年时间划定了面积 1182 万亩的基本农田保护区，占当时耕地面积的 85.15%。1989 年 6 月，国家土地管理局和农业部在湖北省荆州市召开了第一次全国基本农田保护会议，推动全国建立和落实基本农田保护制度。1994 年，国务院颁布了《全国基本农田保护条例》，这标志着我国基本农田保护进入了法制管理的轨道。1998 年新修订的《土地管理法》实施后，基本农田保护区被重新调整划定，总的原则是，确保基本农田数量不减少、质量不降低、用途不改变。

尽管受到特殊保护，基本农田保护的形势仍不容乐观。2004 年开展的全国基本农田保护检查结果显示：我国现有基本农田面积 15.89 亿亩，比全国土地利用总体规划确定的 16.28 亿亩基本农田保护量，减少了 3900 多万亩。2005 年 2 月，国土资源部 29 号文《关于加强和改进土地开发整理工作的通知》明确提出："当前和今后一个时期内，土地开发整理工作要以提高农业综合生产能力为出发点，大力开展基本农田整理。"同年 9 月，国土资源部、农业部、国家发展改革委、财政部、建设部、水利部、国家林业局等七部门联合下发《关于进一步做好基本农田保护有关工作的意见》，要求各地切实做好基本农田保护工作。与此同时，各地也在积极探索，通过开展土地整治，建设高产稳产农田，提高产能。目前，全国已划定 17.2 亿亩基本农田保护区，其中基本农田 16.3 亿亩，占全国耕地面积的 83.6%，实行永久保护。全国建设 116 个基本农田保护示范区，确立了重点保护区域。

（三）土地整治

近 10 年来，我国采用多种方式补充耕地。通过土地整治，全国补充耕地 4163 万亩。1997 年中央 11 号文件即《中共中央国务院关于进一步加强土地管理切实保护耕地的通知》提出，"积极从事土地整理，搞好土地建设"，"大力总结和推广土地整理经验，按照土地利用总体规划的要求，通过对田、水、路、林、村进行综合整治，搞好土地建设，提高耕地质量，增加有效耕地面积，改善农业生产条件和环境。"1998 年，土地整理被写入于 1999 年 1 月 1 日起实施的新《土地管理法》，从而明确和巩固了土地整理的法律地位，确立了资金渠道，土地整理成为各级国土资源管理部门的一项重要职能。随着土地整理的法制、体制、机制不断健全，其影响不断扩大，作用不断显现。1999～2008 年，中央财政累计投入资金 450 多亿元，在全国 30 个省（区、市）和新疆生产建设兵团大规模整理农田 240 多万公顷，预计新增耕地 40 多万公顷。在中央投资项目的带动下，各地充分利用新增建设用地有偿使用费、耕地开垦费和用于农业土地开发的土地出让收入的 15% 资金，加大土地整理投入力度，近几年全国合计每年投入资金在千亿元左右。通过土地整理复垦开发共补充耕地 4163 万亩，整治后农地利用率提高 5%～10%，农业生产成本下降了 10%，产能提高了 10%～15%。土地整理复垦开发改善了农业生产条件和农民生活环境，促进了农业增产、农民增收和农村发展。通过开展城乡建设用地增减挂钩试点，以土地整理复垦开发科学调整建设用地布局，有效缓解了城镇建设用地需求压力，促进了人地关系的和谐发展。

坚守 18 亿亩耕地红线的责任，沉重而紧迫。当前我国城市化、工业化的加速和建设用地紧缺的矛盾十分突出。2020 年要达到城市化率 60%、工业化率 70% 的目标，需要增加 1.5 亿亩建设用地，对 18 亿亩耕地红线构成很大冲击。受后备资源的数量、质量、经济条件以及环境效应的影响，未来耕地补充的能力有限，我国耕地后备资源开发潜力不到 5000 万亩。当前，土地整治，作为土地管理事业的一个重要组成部分，在补充耕地、实现耕地动态平衡、支持经济发展方面所发挥的作用越来越大，我国土地整理的内涵和外延须进一步拓展。大力开展农村土地整治，应当成为各地落实中央"扩内需、保稳定、保民生"政策部署的一项重要手段。

二、切实坚持和完善最严格的节约用地制度

(一) 切实坚持和完善最严格的节约用地制度

把划定永久基本农田作为确保国家粮食安全的基础，强化耕地保护责任制度，健全耕地保护补偿机制，从严控制各类建设占用耕地，完善耕地占补平衡制度，加快农村土地整理复垦，大规模建设旱涝保收高标准农田。一些地方探索建立耕地保护基金，补贴给担负耕地保护任务的农民，调动其积极性。有的地方建立了基本农田补助专项资金，补贴给有基本农田任务的村，用于基础设施建设。强化土地利用总体规划的整体管控作用，合理确定新增建设用地规模、结构、时序，降低经济增长对土地资源的过度消耗，走集约式城镇化道路，确保保障性安居工程用地供应，严格执行土地用途管制制度，完善土地使用标准。

(二) 加大耕地管护力度，强化耕地质量

按照数量、质量和生态全面管护的要求，依据耕地等级实施差别化管护，对水田等优质耕地实行特殊保护。建立耕地保护台账管理制度，明确保护耕地的责任人、面积、耕地等级等基本情况。加大中低产田改造力度，积极开展农田水利建设，加强坡改梯等水土保持工程建设，推广节水抗旱技术，大力实施"沃土工程"、"移土培肥"等重大工程，提高耕地综合生产能力。确保补充耕地质量。依据农用地分等定级成果，加强对占用和补充耕地的评价，从数量和产能两方面严格考核耕地占补平衡，对补充耕地质量未达到被占耕地质量的，按照质量折算增加补充耕地面积。积极实施耕作层剥离工程，鼓励剥离建设占用耕地的耕作层，并在符合水土保持要求前提下，用于新开垦耕地的建设。

（三）积极稳妥推进农村土地管理制度改革

要切实把握农村土地管理制度改革的基本原则和要求，在推进改革中，坚持维护农民权益、保障和促进科学发展、坚守耕地红线、节约集约用地、维护土地管理秩序等基本前提；要积极探索解决农村土地管理制度改革中的重大问题。当前在积极探索推进农村土地管理制度改革进程中，要重点把握产权问题、规划问题、农村土地综合整治问题、征地制度改革问题、农村集体建设用地流转问题等；要因地制宜，分类推进改革。改革不能简单照搬某一地方的做法，要从本省、本市、本县实际情况出发，创造性地开展工作，因地制宜地推进改革创新。

（四）控制好土地资源利用节奏和资本化进程

要在加强和规范土地管理的过程中，增强土地资源利用的均衡性和可持续性。一是土地出让实行五年总量控制、年度弹性供地，保持合理的供地节奏，相对均衡地获取土地出让收入。明确政府土地储备功能，限定收储范围。要在加强和规范土地管理的过程中，控制好土地资源利用节奏和资本化进程。一是土地出让实行五年总量控制、年度弹性供地，保持合理的供地节奏，相对均衡地获取土地出让收入。将政府储备土地限定为存量土地，严禁将征用农民集体土地纳入土储范围。土地储备制度已经在全国1000多个城市实行，中央政府应着手制定有关政策和法规，对土地储备宗旨目的、土储范围、机构设置、法人地位、储备土地的贷款资格、抵押方式等作出相应规定，尽快结束政出多门、各行其是的混乱状态。合理确定土地供应量，理性引导储备土地供应价格。

第三节 探索建立城乡统一的建设用地市场体系

市场的统一是商品和生产要素自由流动的重要条件。城乡二元经济结构下的土地使用制度，导致国有建设用地和集体建设用地，同为建设用地却不同权不同价。这种状况，使规模 5 倍于城镇建设用地的农村集体建设用地，难以实现节约和集约利用。构建城乡统一的建设用地市场，无疑将为城乡统筹发展，切实保护农民利益奠定基石。党的十七届三中全会审议通过的《中共中央关于推进农村改革发展若干重大问题的决定》中提出："逐步建立城乡统一的建设用地市场，对依法取得的农村集体经营性建设用地，必须通过统一有形的土地市场、经公开规范的方式转让土地使用权，在符合规划的前提下与国有土地享有平等权益"。无论是扩大国有土地的市场配置力度，还是建立城乡统一的建设用地市场，都是下一步土地有偿使用制度改革的重要目标和主攻方向。

一、土地征用制度改革

目前，地方政府压低制造业用地征用和出让价格，以"区域竞次"来吸引制造业投资、并成为全世界中、低端制造业中心的发展模式，无论是从经济还是社会发展角度考虑都是不可持续的。为了能够适应我国市场经济体制建设和未来经济社会可持续发展的需要，我们要适时对现有征地制度进行改革，使其符合社会公平正义、有利于优化土地资源配置。以公正利益和公正补偿为征地权行使的原则，定义公共利益边界、先定征地范围，逐步实现以市场价值为依据的补偿机制。在这个改革目标和原则下，政策的技术细节可以渐进完善。

（1）以符合公共利益为征地的唯一合法依据，明确公共利益边界①和征地范围。参照韩国、日本以及我国台湾地区的相关土地法律，指定征地目录，确定征地范围。设立一套相对完备的审核机制，使得对公共利益的认定严格。

（2）程序公平是社会公平正义的保障应当通过立法明确规定征地程序的每个环节。例如，在征地前，政府有义务将征地的有关情况事先告知农民，包括征地的范围、征地后的具体用途等；征地不能只是政府说了算，必须超过一定比例的农民同意后政府才可以征地；在征地补偿标准和征地补偿费分配上，也要有具体明确的规定。这些都要以制定法律法规的形式来实现。

---

① 公共利益边界包括直接的公共事业用途；具有公共利益性质的一切其他用途；为实施上述用途所必需的相关设施和附属设施用地。参见北京大学林肯研究院城市发展与土地政策研究中心，如何实现征地制度改革的系统性突破，workingpaper. 2009 年 10 月。

（3）在制度上提供有效、公正的申诉、协调和裁决程序。一旦出现争议，在目前的《土地管理法》中，当农村集体不同意市、县政府的征地补偿标准时，征地政府及其上级政府既有定价权又有争议裁决权。① 建议由市、县级政府承担协调职能，由省级人民政府承担裁决职能，同时保留法律诉讼。

（4）逐步建立以市场价值补偿的征地补偿机制。可先由省（直辖市、自治区）级政府制定辖区内的地、市、县征地补偿最低标准；引入征地单位与村集体和农民的谈判机制。结合当地土地资源、区位、产值、供求和社会经济发展水平等综合因素具体确定，这样过渡到以市场价值为补偿的原则。这样也可以大大降低国土部门的工作难度。

二、积极探索集体非农建设用地使用权入市流转

我国城市、农村二元土地结构制约了土地市场健康发展，农村建设用地流转是大势所趋。耕地通过流转可以集中到大户手中进行农业规模经营和现代化生产，宅基地经过流转可以发展农业生产服务业和建设农民集中居住小区。平衡城乡差距，打破城乡发展二元结构以及有效增加土地供应，大幅增加农村居民的财产性收入，将推动中国经济继续保持快速前行。

未来土地供应的主力来自于农村建设用地转变成城市建设用地，假设未来有10%的农村建设用地转化为城镇建设用地，则约2.9万平方公里土地可供城市建设，其中可建住宅建筑面积200亿平方米，可解决2亿个家庭居住。按照10%的农村建设用地置换，则土地补偿覆盖人群为7000万人，约2100万户，按5000元/平方米价格计算，30%的土地成本中20%给予农民补偿，则每人获得补偿为8.4万元，折合每户28万元，按50%首付款比例可以购买总价60万元的户均面积120平方米房子一套。按照10%的农村建设用地进入城市，其基础设施配套投资将预计达到90万亿元，将有效的拉动上下游及经济增长，此外，货币化补偿还可以拉动10%

---

① 《土地管理法》规定："被征收土地的农村集体经济组织和农民对征收土地方案中确定的补偿方案有争议的，由市、县人民政府协调，协调不成由省、自治区、直辖市人民政府裁决，对征地补偿方案的裁决为最终裁决"，"对裁决程序有异议的，可自接到裁决决定之日十五日内，向人民法院起诉"，但"征收土地补偿争议不影响征收土地的实施"。

的增量住宅需求，约合 10 万亿元。

（一）进一步明晰农村土地产权，完善农民的土地权益

农村土地是集体所有的，所以就单个农民个体而言，土地的产权可以说是不明晰的。我们可以考虑在现有的法律制度内，进一步弱化集体所有权，强化土地承包经营权和建设地使用权，通过法律制度约束将权利真正落实到具体的单个权利个体，使其真正享有占用、使用、收益和处分权。因此，在落实基本社保之后，应允许农民对承包地、宅基地的长久使用权转变为永久使用权，这样就可以通过允许其抵押的方式，在符合规划的前提下，放开农地使用权的交易。农村宅基地是指农村集体经济组织为满足本集体经济组织内成员的生活需要和从事家庭副业生产的需要，而分配给其家庭使用的住宅用地及附属用地。虽然我国法律规定农村宅基地所有权的主体为农村集体经济组织，但是农村宅基地的继承、转让和抵押已经是一个在实践中不断发生着的客观事实。长期以来，在民间就一直有宅基地继承的传统，因此广大的农民早已习惯于把宅基地和其上的房屋看做自己的私有财产。土地管理法应该给予农民对承包地和宅基地拥有长久的使用权，确保农民宅基地的合法权益，并遵循城乡土地同等权益要求，给予农民宅基地与承包地的抵押权，以此解决农民在扩大再生产以及兴建房屋时面临的借款难问题，扭转资金一直向城市单向流转的不利局面，也以此激活农村生活与消费。

（二）非公益用地流转由用地单位与农民协商

对征地制度进行重大改革，要整顿集体建设用地，压缩目前的征地范围，除了纯公益性用途外，其他的非公益用地应该由用地单位与农民协商解决。近几年随着城市化的发展，由于相关法律法规不完善，因土地征收而产生的纠纷也比较多，影响到了社会的稳定。目前农村集体土地征收中存在的主要问题包括滥征地、程序随意、补偿太低等。由于农村土地征用制度与失地农民的社会保障制度存在缺失，使得失地农民的生活以及生产面临诸多困境。只有建立相应的农村土地征用制度以及失地农民社会保障制度才能从根本上解决这些问题，从而有利于加速城乡一体化建设进程及维护社会的安全稳定。城市化必须确保失地农民利益，应该多角度完善土

地管理法，包括"公共利益"应该有具体的规定，可以采取列举的方式；商业用地要按市场价由农民与开发商共同解决；采取什么样的征地程序要让被征地农民参与；要按市场价补偿，解决补偿标准过低的问题；一定要解决好失地农民的就业与安置问题；进一步完善失地农民社会保障制度，解决农民后顾之忧等。

（三）成立专门的土地流转指导机构

眼下大规模的土地流转是在缺少制度安排和不规范的情况下形成的，一旦发生经济纠纷，租赁户和被租赁户的利益都得不到保障。乡镇基层政府要尽快成立专门的土地流转指导机构，对当前各地普遍实行的农户之间、农户与龙头企业之间、农户与农业业主之间的耕地转包，进一步规范其合同关系和合同文本。在土地承包期内，农户流转土地价格建议按土地的实际收益情况，每三年上浮一次，让农民能够分享土地规模经营所带来的收益。在坚持家庭联包责任制的基础上，应允许地方积极探索土地股权质押贷款、参股龙头企业经营等多种模式，推进现代农业。

三、探索建立城乡统一的建设用地市场

（一）改革集体所有土地流转和收益分配制度

将集体建设用地入市总量纳入年度供地计划，统筹安排集体和国有建设用地的配置比例，控制农村集体建设用地流转节奏，逐步形成统一、开放、竞争、有序的城乡建设用地市场体系。在强化用途管制和严格控制总量的前提下，政府可以考虑采取将集体建设用地市场化，允许集体直接出让建设用地使用权给新的使用者，将现行的对非公共利益（经营性）用地由征收改为市场交易，用地者与供地者直接进行谈判，由土地市场公平交易决定地价，严格禁止国家征收权的介入，实行真正意义上的"谈判型交易"。

规范土地出让收入，国有土地使用权和农村集体土地使用权"同地、同价、同权"，进入统一土地交易市场。实行有偿、限期流转，做到"两种产权、一个市场"，统一管理，逐步建立建设用地和农用地相衔接的地价体系。允许农民直接进行土地使用权流转，相关的地租（地价）收入，

可用于保障已变为市民的农民的长远生计，还可发挥对市场经济的调节作用，运用政府与市场两种手段共同保障失地农民的生产和生活权益；同时也有助于从源头上抑制"土地财政"的片面增长，化解社会矛盾。

（二）逐步推进农村建设用地指标交易

所谓农村土地整治和城乡建设用地"增减挂钩"，就是通过让农民以"上楼"等方式集中居住后，把省出的农村建设用地（主要是宅基地）复耕，将指标置换到县城内，有的地方还将之置换到经济更发达、土地指标紧缺的中心城区用于出售。由此，财政缺口最大的县乡政府，也可获得大量预算外土地收入。成都市是全国进行农村建设用地指标交易的先行者之一，已从中获得了巨大收益。首次面向开发商的"农村建设用地指标"拍卖在成都农村产权交易所开场，2000 亩建设用地指标最后的竞拍均价高达每亩近 73 万元，是起拍价（每亩 15 万元）的近 5 倍。成都市从这些指标交易中每年提取 30 亿元作为农民的"耕地保护基金"，平均到每个农民头上则是每亩耕地每人每年约 300 元。另外，成都市还从这些指标交易中提取一定比例，分给每个村庄约 20 万元的公共事务费用。

笔者建议，允许农村的闲置宅基地转化为相应的城镇建设用地指标，土地指标在城镇化的推动下在省内的土地市场、省际土地市场交易，让进城务工的农民工用自己拥有的建设用地指标换取其就业所在地的住房、医疗、户籍、社会保障等公共服务。劳动力和土地的协调再配置将对中国的产业发展和经济增长产生持续的动力，土地指标交易给农民带来丰厚的资本收入，直接增加了农民进城后对家电、建材、汽车、住房等方面的需求，多年来内需启而不动的局面可能改变。

（三）给予和保护农民合作定价权

综观当前全国各地出现的农地经营和流转方面改革探索的案例，其基本特征是：都通过所在集体的成员合作，达到提高产权实施能力，从土地要素价格中分享一部分权益的目的。在我国农村土地集体所有制下，农户无法以法人的身份将土地作为生产要素加入要素市场。要从土地要素价格中分享权益，靠单家独户既无法律依据亦无实力可言。在现有法律框架下，农民合作是一个非常有用的"合法性"武器。依据《宪法》第八条规定，"农村中的生产、供销、信用、消费等各种形式的合作经济，是社会主义劳动群众集体所有制经济。"也即各种形式的合作经济都可以获得"集体所有制经济"的宪法保护。该"合法性"武器，可以叫做"合作定价权"。这一产权的实施会产生相应的收益，当然，也有与之对应的成本。对于农户而言，土地要素价格提升对其产权保护有着正向的激励，他们会更加积极地利用现有法律和政策降低土地产权的行使成本。但土地要素价格提高，也同时提高了地方政府谋取财政权益的努力程度，结果可能增加农户实施产权的成本。因而，农户的合作定价能力就由潜在的扩大收益和控制成本所决定。当前实践中许多农户展开合作的例子，正是合作成本能被合作收益充分补偿的情况下发生的。农村集体通过合作，不仅可以解决农村社区公共物品的供应，也能规避市场和自然风险，提高自己对于"局外人"的谈判和要价能力。因此，合作定价权是中国农民提高其土地产权实施能力的有效途径。

第四节　建立健全国有土地的分级资产管理体系，分离土地管理与经营

一、建立健全国有土地的分级资产管理体系

（一）建立土地资本预算管理体系，完善土地国有资产管理体制

将土地资产及收益管理纳入公共财政预算，土地作为国有资产，具有全民性和完整性，这就决定了必须实行国家统一所有的所有权制度，并在此基础上建立自上而下、完整有效、统一的国有土地所有权控制体系。同时，由于土地资源的分布广泛性和形态多样性，决定了必须实施分级管理。通过清晰界定土地资本预算权限与预算责任，建立责任、权利与义务相匹配，预算约束与预算激励相对等的土地资本预算管理体系，进而完善土地国有资产管理体制和监管方式，在土地交易过程中规范出让行为，防止国有资产流失。

（二）赋予乡（镇）一级政府参与土地监管的责权

《土地管理法》及其《实施条例》把土地管理监督权力全部赋予县以上国土管理部门，而且乡（镇）一级政府基本插不上手，结果形成了乡（镇）政府无权管，国土部门又管不过来的局面。乡（镇）政府既然无权管，也就没有相关责任。这是农村，特别是城乡接合部出现大量的违章建筑的原因之一。要做好征地拆迁安置工作，必须充分发挥乡（镇）一级政府的作用，赋予它们参与国土监管的责权，如改变土地性质的审核权、违章建筑的查处权等；同时，对其土地监管工作中的失责行为也应该依法依规追究责任。

（三）全方位进行土地利用监管

通过当地人大、政协和社会公众进行有效监督，强化土地规划、利用计划管理和用途管制，提高土地资源的开发利用效率。在肯定"土地财政"的主流和本质的同时，要重视有关"土地财政"体制机制的研究，进一步完善和健全有关"土地财政"的法律法规，并加大执行力度，以建立良好的经济秩序。要尽快出台《征地拆迁补偿安置条例》，全面规范征地拆迁补偿安置行为；尽快组织对"小产权房"①处置办法的研究，出台有关法规，制止"小产权"的继续蔓延。在征地拆迁安置补偿工作中，要有明确的责任划分，对不作为、乱作为或作为不到位的行为，要有明确的处置办法。

二、改革集土地管理与土地经营于一身的行政体制

（一）设立国有土地资产管理部门

改革集土地管理与土地经营于一身的行政体制，分离政府经营土地的职能。参照国有企业改革的经验，作为政府机构，专门负责组织、领导、

---

① 城市中的"小产权房"，也称"城中村住房"，是指由乡镇政府而不是国家颁发产权证的房产。这些住房是一些村集体组织或者开发商在集体土地上建造的房屋或是由农民自行组织建造的房屋。

经营国有土地方面的工作。同时，成立国有土地公司等经济组织，由其以经营国有土地参与市场运作，或转让，或出租，或联营，或入股，负有保值增值的责任，并向国家财政上缴土地收益。以香港为例，土地管理与土地批租（即经营）分属不同的部门，并且把政府的土地收益纳入基金管理，杜绝了支出使用的随意性。

（二）设立国有土地公司经营土地

国有土地公司的职责其实是代表国家向用地者收取地租，应接受政府的调控和监管，还要接受国有土地资产管理委员会的管理和指导，必要时也要服从国家的要求，承担一定的参与宏观调控的责任。虽然因为名义上是采取了市场化运作，按照统一的市场规则，本质上仍是国家行为，因而有很强的政策性。国有土地公司的经营收益，应当全额上交国家财政。改革后，"土地国资委"，应重点考虑如何运用地租杠杆调节经济，抓好相关理论建设和政策研究与制定。而各级政府的土地管理部门只需专注于管理，不会再发生不同层级政府的职能错位问题。政府也避免了与民争利，可以大大提高政府管理的公信力。同时，土地经营也应多样化：一般工商企业用地，更适合采用年租制和入股方式；大型企业、外资企业、开发商等，可以采用出让方式。既可为农户获得细水长流式的租金收益来源，又可打破地价推动房价的不良循环，抑制地方政府征地卖地的冲动，实现"土地财政"的"代际"公平；同时，还可以降低全社会对资产价格持续攀升的预期，规避由房地产过热带来的经济风险和社会风险。

（三）完善土地"招、拍、挂"制度

2001 年，国务院出台《关于加强国有土地资产管理的通知》（国发〔2001〕15 号），大力推行土地使用权招标、拍卖，随后基本确立了土地市场"招、拍、挂"制度。城市国有土地"招、拍、挂"制度，因其具有公开性，可以最大限度地防止城市土地价值，也是事实上最大的国有资产的流失。现有的土地"招、拍、挂"属于供给垄断和需求竞争型，单一的"以价高者得"，容易导致非理性的"地王"现象频频出现，客观上成了房价上涨的信号传递者和助推器。土地"招、拍、挂"制度完善的道路还很长。为纠正"以价高者得"的片面性，关键在于要引入综合评价机制，对开发商的竞标方案从除地价之外的多个方面进行评价，如商品房节能性能、配建保障房比率、土地利用率、配套设施建设等，综合评价结果最优者获得土地的开发权。综合评价机制的引入，可以防止地价的非理性上涨，从而有效地扼制房产投资和投机。除了地方政府对土地管理、收益取用等方面进行规范之外，对房地产开发商的投机行为也应强化管制。

（1）参与招、拍、挂的企业及其管理者的经营记录、资历和征信应作为制度组成部分，对那些只炒地不盖房、囤地"磨洋工"的不良企业实施进入限制。《城市房地产管理法》第二十五条规定："以出让方式取得土地使用权进行房地产开发的，必须按照土地使用权出让合同约定的土地用途、动工开发期限开发土地。满2年未动工开发的，可以无偿收回土地使用权。"对捂地不建的"囤地"开发商，要严格依据现有的《城市房地产管理法》收回土地。

（2）作为涉及公共利益的土地交易，不能搞"一锤子买卖"，必须严格事后监管，既要让囤地、炒地者无所遁形，更要限制、杜绝那种"先拿地，再调整规划"的行径。绝不能让约定容积率、配套设施、公共用地及开竣工时间等变成"松紧带"。

（3）必须坚持健全信息公开制度，从土地供应计划到竣工验收和违法违规用地查处信息，要全程公开，解决信息不对称问题。要做到主管部门信息上网、社区信息上墙，使土地利用和建设规划成为大众规划。

（4）暂停热点地区高价土地入市交易，采取措施改进土地交易方式，控制非理性土地竞价，设立地价合理区间、增加配建保障性房和承担公益性设施建设等作为土地竞买条件，这是基于对现实情况的正视，有助于制度的完善。目前，各地积极探索符合地方实际的土地出让方式，对抑制地价过快上涨，促进保障房建设起到了积极作用。例如深圳"限地价、竞房价"，北京"限地价，竞保障性住房面积"等措施，即给挂牌上市土地设定价格上限，达到上限的开发企业以报建、配建、租赁房的面积的方式决出最终赢家。

第五节　农村劳动力与土地协调配置机制的实践与探索

在国家提出的"促增长、调结构、扩内需、惠民生"一系列未来发展目标下，各地政府以城镇化为主要推动力，应着重处理好增长、结构、内需与民生的关系。随着城镇化的发展，住房建设、城市交通和环境的改善，既满足了人民群众对住房和环境的更高档次的需求，又通过土地拍卖筹集到城市建设的资金，构成住房建设、城市交通和环境建设的投资高潮，对 GDP 高速增长起到极其重要的推动作用。在市场机制下互动，中国经济未来的发展和增长的持续动力仍然为要素的自由流动，具体而言，就是农村劳动力与农村土地的协调再配置。建立农村劳动力市民化、农村土地资本化的合理机制。为此，一些地方政府、民间集体自发进行了很多制度创新方面的探索和尝试，其中的经验很值得综合、思考与归纳。

一、沿海经济发达地区地方政府留用地安置政策

案例简述

1. 浙江杭州

新中国成立以来，杭州市的征地安置政策，经历了从招工安置到货币化安置、再到开发性安置和留用地安置并行的过程，地方政府较为妥善地解决了对农村集体和农民的补偿、安置问题。其中，当前正在运用且运行良好，也是值得思考和总结之处在于开发性安置与留用地安置。所谓开发性安置，是指在支付安置补助费的同时，市政府再按征地面积的一定比例（一般为10%），核拨建设用地指标给村庄，用于发展第二和第三产业，以安置剩余劳动力。留用地安置是指市政府按征用土地的10%核发留用地指标，村庄拿到留用地指标后，可以自主开发建设工业和商业项目（房地产项目除外），也可以通过招商引资合作开发建设，或者直接将留用地转让给别的投资者开发。开发性安置一般用于重点建设项目征地，而留用地安置一般用于"撤村建居"征地。当前，两者已经越来越趋近。

2. 广东南海

广东南海因其市场经济兴起较早，当地农村也较早开始对于集体建设用地进入建设用地市场的探索。其基本做法是：村集体首先将所属的农用地转为建设用地，开发村集体工业园区和建造工商物业，然后对外招商引资，出租或转让土地或物业使用权，以此获得收益。2000年之后，南海由分散的工业化和城市化模式，转变为政府主导的集中工业化和城市化模式。这种发展模式的改变，使政府和村集体之间在土地资源的开发利用上竞争日益突出。南海通过"两违用地"和"三旧改造"，逐步征用农村集体建设用地。同时，在地方政府与农村集体的博弈中，地方政府在征地上开始采用留用地安置替代其他安置方法。到现在，一些以经营为目的的征地项目上，留用地安置向地方政府和村庄共享开发权的方向演变。与杭州所不同的是，南海地区地方政府向村庄征地，一般按照30%的比例计算留用地，且目前已经成为珠三角地区普遍推行的模式。

随着城市化的发展，城市面积要扩展以满足城市建设用地的要求，在现有土地制度的安排下，必然大规模向农村集体征地。按照法律和中央政府的政策，被征地农民除了按农业用途计算的土地补偿费用之外，对土地转变成建设用地后的开发和收益没有要求权，只拥有一项不清晰的获得生产和生活安置的权利（简称"安置要求权"）。这种制度安排使得农民无法分享土地性质变化产生的级差地租以及城市化带来的土地增值，也难以保证其征地后的就业和生活。还有可能引发抗拆、抗征的群体性事件，不利于社会稳定。我国部分地区留用地安置政策和制度创新的意义是，农民在其集体土地上，原本没有开发权，只有农业耕作权；而现在经过征地安置方式的改变，已经获得了被征地的一定比例（10%~30%）返还土地供其自行开发和经营。此项权利相当于农民在其集体土地上，隐含着一定的土地开发权。需要指出的是，农民通过征地安置而获得的土地开发权，目前还没有相应法律法规上的明确依据，而是在与地方政府协商和谈判的过程中，逐渐以地方惯例的形式确定的。也就是说，国家并没有明确授权地方政府可以采用留用地安置的方式，但通过地方政府和农民及其集体的长期博弈，最终形成了这一惯例性制度：留用地安置和农民一定的土地开发权。这种探索一定程度上突破了现有法律和制度的束缚，是一种基层政府和民众自发的制度创新的体现。

二、农村自主城市化环境下的集体土地开发

当土地要素的需求发生变化时，土地利用的级差收益便显现出来，从而又进一步刺激土地利用方式及其用途的改变。在距离城市较近的农村集体，正面临着城市化带来的机遇与挑战。一方面，这些地区受益于城市化的发展，土地价值显著上升；另一方面，当城市化扩展到达一定临界点，它们的土地很可能面临地方政府的征用。这些农村集体思考和积极进行的制度创新探索是在土地被征用之前，如何自主利用工业化和城市化带来的好处。

案例简述

1. 南海模式

广东南海集体土地制度创新主要是沿着对家庭联产承包经营方式的改革——土地规模经营实验——集体建设用地入市——农村股份合作制的实践这一主线。值得关注的主要是后两个阶段，也是目前正在实施的。在南海"三区"规划①开始后，集体所有的土地可以不通过国有化直接进入建设用地市场。基本做法是：村集体首先将其所属的农用地转为建设用地，开发村集体工业园区和建造工商物业，然后对外招商引资，出租、转让土地或者物业使用权，以此获得收益。与其相配套的也是其自发的社区股份合作制，具体步骤为：依据不同地段不同折价的原则，将土地经营权量化折股，再分配给集体成员；村集体组建股份合作社，对土地及其在土地上形成的资产统一经营，对外出租，获取资产增值和盈利收益，再按股份分

---

① 三区：东部片区包括桂城、大沥东部和里水镇。按照规划，该片区定位为"金融商贸、产业总部、都市生态、人才高地"，重点发展金融和商贸服务。中部片区包括狮山、罗村以及大沥西部，该片区定位为"制造基地、产业智库、交通枢纽"，将重点发展汽车制造、平板显示、新光源等先进制造业，促进新兴产业集聚，构建"一片三城"的格局，成为南海先进制造业高地和创新中心。西部片区包括九江、西樵和丹灶南部。该片区定位为"物流商贸、文化旅游、生态休闲"高地，重点发展有岭南特色的文化旅游业、现代物流业。

配给股东。南海农村的村集体通过建立农村股份合作制，实现了土地与资本的结合，使集体土地进入建设用地市场，参与工业化，创造出闻名全国的"南海模式"，走出了一条自主工业化发展的路子。

2. 昆山富民合作社

在工业化、城市化的进程中，昆山市决定在全市农村组织中实施富民工程，允许农民以资金入股组成富民合作社租赁集体建设用地，建造标准厂房对外出租，年终按股分红。其用地流程是：农村集体通过"复垦"等方式获得一些非农建设用地的额度，然后组织 50 户以上的农户组成富民合作社租赁该额度的土地，申请建设用地指标。富民合作社与农村集体签订《昆山市集体建设用地使用权租赁合同》，进而在获批的土地上建造标准厂房或者打工楼出租给用地单位，与用地单位签订厂房或建筑物租赁合同，年终向地方政府上缴税收。

3. 集体土地商品化与农村城市化——郑各庄模式

位于北京城郊的郑各庄，是一个集体土地资本化推动村庄工业化的个案。郑各庄创办了自己的集体企业——宏福集团，并确立了"本村土地不外卖"的原则。在 20 世纪末，郑各庄通过旧村改造，实现了农村宅基地的集约化利用，为其产业发展腾出了土地空间，进而利用该部分土地进行商品房开发销售。然后抓住北京市大力发展乡镇工业区的政策契机，通过整理置换、缴纳复垦费等方法，逐步将其大部分耕地调整为建设用地，创办了"宏福创业园"。同时，村委会与宏福集团达成土地流转协议，做出了村庄土地委托公司经营的制度安排。村民将集体土地出租给宏福集团，由其统一对外经营，不论集团所属企业用地还是招商引资的企业用地，一律采用有偿租用的形式，保证每亩土地租金每年不低于 5000 元；对尚未租出的土地，按每亩每年 500 元的租金标准支付给村委会。公司每年利润按照一定的分配政策给村民分红。正是在这一制度安排下，郑各庄创造了村企合一体制下以自主投资、自我管理的方式进行农村城市化的模式。

以上三个案例，都是通过建立集体所有的合作社等组织，在利益当事人一致同意原则下的制度创新，是有效解决现行征地制度下土地增值收益分配问题的重要参考途径。郑各庄等地区的发展模式虽得益于历史机遇，但其土地所有权并未对外出让，不违反国家法律的规定。将农民的土地承包权变成可以永久享有的股份分红，既保留了家庭承包制的合理内核，又将农民的土地收益权延伸到了土地非农化进程。农村集体建设用地入市创造了一个与国有土地平行的建设用地市场，在一定程度上弥补了现有制度的不足，降低了民营经济的"拿地"成本和地方工业化门槛。虽然这种农用土地进入建设市场的实践获得了部分地方政府的承认、规范和引导，但从我国土地法律制度而言，仍处于模糊地带。在当前城市化进一步发展的环境下，城市边缘的农村土地日渐面临使用方式的转变。此时在部分地区推行的如前文述及的广东南海"留用地安置"政策，使这种模式得以延续。表面上看，集体合作社的成立使地方政府获得的土地增值收益有所减少，但集体土地转为建设用地入市，不影响地方政府的最终征地权，而且能在当前缓解非农建设用地供求矛盾，让地方政府能在中央政府的建设用地指标内，节约土地于更有价值的商业和房地产开发。同时，该创新能促进非农产业的发展，增加地方税收；还能使农民增收，化解社会矛盾，维护社会稳定。

三、农村的集体土地集约化经营

处在距离城市较远的广大农村，城市化"春风不度玉门关"，虽然不用面对土地征用，却也有其自身的问题。主要体现在：农村劳动力虽转移到了城市，但只能从原来的制度空间中寻求保障。所以，农民进城并不放弃耕地和宅基地，土地闲置和抛荒的现象频频上演；耕地撂荒会造成粮食减产，宅基地撂荒就形成了"空心村"。或者土地虽未抛荒，但并未实现规模化经营，土地利用集约化程度不高，产值较低；或者人多地少，人地矛盾较为严重。这是很大程度上的土地资源浪费。如果把这些面积的宅基地复耕为耕地，就可以置换出城市的建设用地，为城市经济的发展开拓空间。

案例简述

1. 重庆"发展农民专业合作社"的实践

重庆市是全国统筹城乡综合配套改革实验区，该市就农地流转、农地专用和农业规模化经营进行了试点。2008 年到 2009 年年初，重庆市在万州、江津、九龙坡等区县启动了"发展农民专业合作社项目"，允许农民以单一股权、生产要素合作、股份混合、股权转租和股份参与五种模式组建和发展农业专业合作社。其中前两种是内源集约化的方式，后三种则是由少到多允许社会资本参与的外源集约化模式。这一尝试取得了良好的效果，截至 2009 年 6 月底，重庆市已组建起 36 个专业合作社，土地经营作价出资额达 5000 多万元，合作社统一经营土地面积达到 6.5 万亩。

2. 广东东进公司

1997 年港商何新良返乡投资，在广东省惠东县白岭村设立"东进公司"，承租该村全部土地，经营养猪业，并逐渐形成一条完整的农牧业链条。其土地租用合约由公司与村委会签订，租期为 30 年，租金按每年每亩 1000 斤稻谷的市价折算现金，直接支付给农户。并承诺安排全村劳动力，村民可自由进出公司工作，工人基本月薪 800 元，超额完成任务有奖。东进公司还承担了百岭社区基础建设和增进村民福利的大量非商业性投资，以及向当地政府提供公益资助。随着东进公司的发展，其在百岭周边多个农村设立养猪场，还签订了与百岭村不同的合约，如与西山村的合约主要内容包括：要求 40 农户认股参资（资本合约）；农户不参与养猪场的经营管理（代理合约）；养猪场的猪苗、饲料、防疫药物必须从公司购买、生猪出栏由公司收购（商品合约）；农户享受每年一定的投资回报（享益合约），以上合约组成一个较为正式的合约系列，合约之间相互牵制关系，维护了稳定。

3. 浙江嘉兴"两分两换"

在国家严控地根的政策下，浙江嘉兴通过"两分两换"进行城乡土地整理，换取城市经济发展空间的同时，向城市转移农村劳动力，并为其提供社会保障。两分，就是宅基地和承包地分开，农户拆迁和土地流转分开；两换，就是农村宅基地换城镇住房，土地承包权换社会保障。嘉兴经验在浙江省内已经基本展开，广东佛山也紧随其后进行"两换"。在家庭联产承包制度下，土地的细碎化导致了小农经济的低效率，如果不考虑劳动力转移来谈农村耕地的集中利用，将始终跳不出低水平的发展陷阱。劳动力转移到城市以后，其所承包的耕地以多种方式流转到种田大户手里，进行规模经营和现代化生产的可能性才会出现。

未来农村集体土地利用的方向，应是朝规模化、集约化迈进，以充分、合理、科学地利用土地资源。耕地通过流转集中到大户手中进行农业规模经营和现代化生产，宅基地经过流转可以发展农业生产服务业和建设农民集中居住小区。而其实现途径，在当前土地是通过集体整合各农户意见，在一致同意的条件下进行。具体方式主要有两种，首先是内源集约化，即本村村民组建合作社等组织，对本集体土地实行统一经营；其次是外源集约化，即通过招商引资，在本村土地上设立农业公司或分公司等机构，对土地综合开发利用。

内源集约化的组织形式一般是合作社，其有别于20世纪50年代的生产合作社，必须自主经营，自负盈亏，并能通过合理的分工包干与激励机制设置，解决"大锅饭"问题。以土地折股设立公司，"股权风险"很大，当公司经营遇到困难不得不退出时，土地无法抵押作价还债。然而，以合作社的组织构架，通过合理制定章程和改进管理，比如细化分工和责任到户并辅之以适当的激励机制，能有效调动成员的积极性，防范道德风险。以合作社整体形式参与市场竞争，在农民的土地经营权和社会资本之间分清界限的基础上，让社会经济组织也以联营的方式而非"债权人"的角色成为合作社的成员，外部融资未必不可行。也即合作社体制将同样可以解决对成员的紧密化管理和外部融资的抵押问题，同时还可以继续享受国家有关针对农村合作社的各种优惠政策。在不改变土地属性的情况下，使农村集体土地得到充分开发。东进的土地租赁即为学界所说的"反包倒租"：由集体经济组织出面，将农民的承包地租过来，然后出租给外来的公司、大户（或者在进行一定投资后"倒包"给本村的部分农户或其他的农业经营者）。这是一种典型的外源集约化现象，其特殊之处在于：只租赁不入股便没有违反《土地管理法》，却使东进公司在相关地区实现了农村土地的规模化经营。同时，将公司化的管理模式通过一系列差异化的合约安排引入农村集体土地利用中，创造了"龙头企业＋农场"的农业现代化范式。

四、地权纠纷中的救济途径

围绕农村土地的经营和流转，可以看做中央政府、地方政府和农户基于各自利益，展开对土地产权各种属性的博弈。其效果取决于三者对于土地产权具有的不同实施能力，有的博弈多方各取所需，不产生地权纠纷，但有些情况下，有一方觉得自己的土地权益受到不合理的对待也是正常的。要化解此类纠纷，需要各博弈参与者对各种制度创新的探索，以经济的、法律的、社会的途径及时妥善消除纠纷。

案例简述

1. 陕西周至县的"护地小组"

2004 年 6 月，陕西周至县"为失地农民追讨公道暗访监督小组"成立，由于成功举报 3 起土地违法大案，这个组织名噪一时。近年来，该组织已走访陕西、河北、山西、辽宁跨省调查非法征地案件，以"党员具有向中央反映问题的权利"为信条开展活动。与之相应的是，近年来，面对某些地方政府的违法征地、卖地行为，在安徽、江苏、浙江、重庆、河南、陕西等地的农民，开始由松散上访走向联合，通过推举"护地代表"，成立"护地队"、"发展维权联谊会"等组织形式维护自身权益。

2. 飞鱼村与红河司村合并纠纷

原属飞鱼村的一座位于长江中的小岛是自然形成的一块上千亩的适宜种植芦苇的湿地，一直以来是飞鱼村重要的收入来源。在飞鱼村和红河司村合并前，两村的债务负担不同，飞鱼村负债较轻。合并后，飞鱼村人数在新的红河司村中居少数，甚至在村委会未取得一个席位。经村委会的讨论决定，拟将该湿地 660 亩通过公开招标的方式拍卖，并以该笔款项偿还村级债务，无视原飞鱼村村民的异议。为了维护自身的土地权益，原飞鱼村村民自发组织起来，先后上访到镇政府、枝江市政府，都未能得到满意的答复。村民决定越过宜昌市政府而直接到湖北省政府进行集体上访并以

《土地管理法》第十条的规定作为自己的要求权依据。该上访得到省政府的重视，责令枝江市政府尽快处理该纠纷。通过多方谈判，最终决定将部分芦苇湿地开垦为耕地，由需要耕地的原飞鱼村农民按照自己的实际情况和财产状况来购买为期八年的土地使用权，所得购款用于偿还原飞鱼村的债务。同时，原飞鱼村成立了芦苇产销协会，独立于红河司村村委会，由飞鱼村村民对剩余的芦苇地进行管理。

完善地权纠纷救济体系

"护地组织"与飞鱼村村民的越级上访等现象折射出某些地方政府执行土地征用政策和征地程序过程中存在忽视农民权益的问题。农民上访、抗议和组织护地小组，属于关于土地权利的非合作博弈。上述案例折射出我国地权纠纷方面法律救济渠道不通畅。现有的法律和行政渠道为何不能有效化解纠纷？根据笔者的理解，法律救济成本过高的现实考量和制度功能未能有效发挥使农民选择了上访的模式。但换个角度考虑，上访的成功率很低，且上访成功后仍旧要在现有的司法救济渠道内解决纠纷，客观上而言，上访与依法治国的趋势也不相容。因而，我国需要完善地权纠纷的救济体系。要疏通救济渠道，降低救济成本，充分发挥法制功能；完善救济制度，加强配套措施，全面提升法律救济意识；加强对基层政府相关部门的工作人员和基层法院法官进行观念上的引导；减少行政权力对农村地权纠纷的不合适介入，建立健全行政问责制。

第六节　房地产发展相关制度改革

在整个城市发展链条中，房地产市场的发展成为政府偿还城市基础设施投资巨额贷款和实现土地出让收入的通道，是兑现政府土地出让收入和政府抵押融资的出口，形成了土地、财政、金融、房地产唇齿相依的链条。

一、稳定房价的政策调控体系

（一）房地产综合调控体系

市场供需状况，仍然是决定房价走势的最重要因素。在房地产市场中，中央政府、地方政府、商业银行和公众四方行动博弈直接影响楼市的供需，进而最终决定房价走势。综合政策涵盖了众多方面的内容，包括信贷、土地、保障房、税收等，是中央部门及地方政府出台相关细则的依据和参考。综合政策的出台，往往能够起到逆转市场走势的效果。从历次房地产调控可以看出，中央政府主要依靠以下工具调控房地产市场，引导市场供需，如图9-1所示。

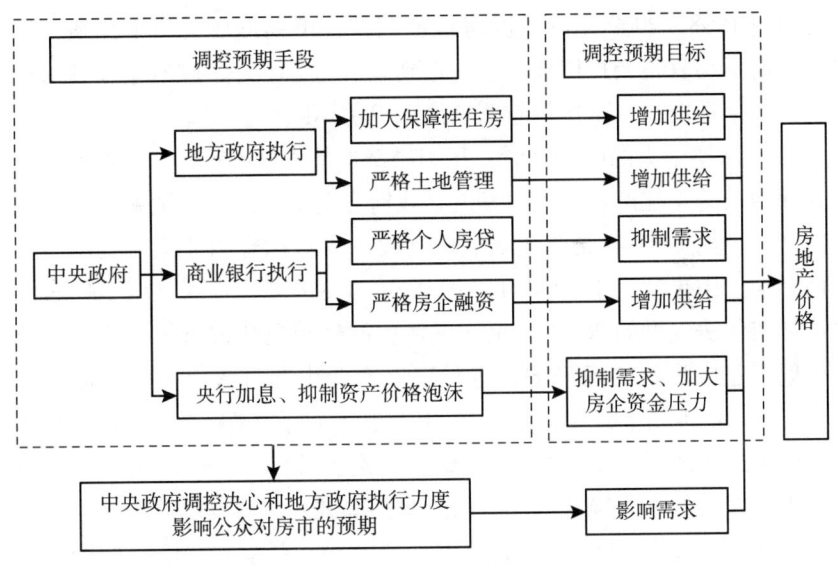

图9-1　房地产政策调控和传导体系

（1）中央政府通过保障性住房建设市场供应，其效果取决于地方政府的执行力度。

（2）中央政府通过严格二套房及以上房贷条件，抑制投资性需求，其效果主要取决于商业银行的执行力度。

（3）中央政府希望严格限制房地产企业信贷融资，间接促进房地产企业加大供应，效果主要取决于商业银行的执行力度。

（4）中央政府希望加大土地管理，其效果主要取决于地方政府的执行力度。在现行"土地财政"的约束下，地方政府的执行力度将受到中央政府问责地方政府以及房地产税试点程度的影响。

（5）当资产价格泡沫高涨时，中央政府会选择加息，抑制资产价格，将一方面抑制住房需求，一方面加大房地产企业资金压力。

（6）上述五大工具执行力度间接影响公众预期，从而影响公众需求。公共预期直接地取决于中央政府调控房地产市场的决心，以及地方政府的执行力度。

（二）1998 年以来历次房地产市场调控总结与借鉴

通过 1998～2009 年的历次房地产调控，市场形成了两个预期：一是中央政府不会真正调控房地产，一遇到经济形势不好，政府紧缩性房产调控就会发生转向；二是房价越调越高，只涨不跌。

（1）从整个大的阶段来看，每当经济形势出现困难，房地产业均会被作为保增长的支柱产业而大力发展，政府之前实行的房市紧缩性调控均会转向宽松。如 1997 年亚洲金融危机爆发，为对冲金融危机对我国经济的负面影响，中央政府于 1998 年 7 月发布《关于进一步深化城镇住房制度改革加快住房建设的通知》，拉开了住房制度市场化改革的序幕，以此促进房地产业成为新的经济增长点，房地产业由此进入大力发展阶段。又如，2008 年国际金融危机爆发后，我国之前实行的横跨 6 个年度的房地产紧缩政策逐步放松，至 2008 年年底彻底发生转向，危机面前房地产业再次成为保增长的重要推动力，房地产业再次进入大力发展阶段。与之相对应，1998～2009 年房市调控也经历了"放松—紧缩—放松"的循环，两次放松均是因为金融危机，一次是 1997 年的亚洲金融危机，一次是 2008 年的国际金融危机。

（2）从各个阶段来看，在房地产调控的 2003～2008 年，从 2004 年起，国家均会在每年的某个月开启或者进一步加强房地产调控，剑指过高的房价，但从实际效果来看，房价并未下降，相反还越调越高，因此市场形成房价越调越涨的预期。从各个年度来看，房地产市场均陷入"调控—观望—反弹"的怪圈，而且这种怪圈每经历一次循环往复，房价均会攀升至一个高点。上述 2004～2006 年历次调控的效果分析中可以发现，每年房地产调控措施出台后，在随后的几个月内房地产投资增速均会受到一定程度的抑制，房价上涨幅度也会出现趋缓的态势，但一进入新的一年，房地产投资增速、房价上涨幅度均会出现较大幅度的反弹。

以往房地产的调控形成了公众强烈的预期，即中央政府并不会深度调整房地产市场，房价将继续上涨。这种预期能否打破，将取决于以下两个方面：（1）中央政府调控房地产市场的决心以及进一步的政策；（2）地方政府以及商业银行的政策执行情况。未来从调控预期目标看，中央政府继续从增加供给和引导需求角度稳定房价，具体来说，增加供给的政策工具主要有加大保障性住房、严格土地管理、严格房企融资，抑制投资、投机性需求的政策工具主要为严格个人房贷和加息，同时中央政府调控房市的决心同地方政府执行力度间接影响公众预期，进而影响公众需求。未来还应继续加快保障性住房建设和加快房地产税试点，快速增加有效供应，从而从需求和供给两方面稳定房价。

二、政策性和市场化分配相结合的双轨制房地产发展模式

未来应对住房需求和住房供给进行分类控制，实现政策性和市场化分配相结合的双轨制房地产发展模式为特征的房地产发展体制改革（即"二次房改"）①。在进一步强化和规范需求调控的同时，应该强化供给管理。除了加大保障性住房的总供给，还应该规范房屋租赁市场，让租房者有相对的稳定感，避免"非刚性需求"向"刚性需求"转变，另外还应该通过税收手段来提高房屋持有环节的成本，让持有多套房的人将存量房释放出来，让房屋恢复居住属性，从而缓解目前的畸形供需格局。

（一）杭州"政府主导、公司运作"模式

杭州公共租赁房（经济租赁房）政策较好地解决了这个问题。该市以

---

① 张双长、李稻葵：《"二次房改"的财政基础分析——基于"土地财政"与房地产价格关系的视角》，载《财政研究》2010 年第 7 期。

"政府主导、公司运作"模式，组建杭州市租赁房建设管理中心，按照"梯度保障"、"公共资源公平使用"的原则提供租赁房，低收入家庭享受较高的政府补贴，中低收入者享受较低的政府补贴。政府定期对租赁人的收入水平进行重新审核，调节房租。当收入水平高到一定程度，政府的租金完全和市场一样，保障房的福利属性就转变成为市场属性，承租人实际上就退出了保障房。按照这样的制度设计，政府从过去的设立土地储备中心开展"政府做地"，变成"做地又做房"，政府实际上发挥了"房屋储备中心"的"蓄水池"调节作用，可以针对商品房市场的情况，及时调节持有房源的投放量以及租售比例，通过对"供需关系"的精细化操控，做到既考虑民生，又更精准地调控房地产市场。

从供应结构上看，2010年以来各地纷纷加大了公共租赁房的建设力度，在未来的土地供应计划中，公共租赁房用地在各类保障房用地中增长最快。可以预见，公共租赁房将成为未来保障性住房的重中之重。公共租赁房覆盖面较广，不仅包括本地中低收入家庭，还将惠及新就业人员和外来务工人员，未来还有可能进一步扩大。这些群体原不在保障范围之内，只能硬着头皮到市场上租房、买房。大规模地增加公共租赁房，可以分流相当一部分购房需求，减轻商品房供求压力，从而稳定房价。现阶段尽管建成规模还比较小，但可以起到稳定预期的作用，避免大量需求集中入市，为楼市调控争取时间。

(二) 重庆、上海公租房政策比较 (见表 9 - 1)

表 9 - 1　　　　　2010~2012 年重庆、上海公租房政策比较

	重庆	上海	总结
基本原则	住房保障体系建设遵循"低端有保障，中端有市场，高端有遏制"的原则	"以居住为主、以市民消费为主、以普通商品住房为主"的原则；公共租赁住房是政府提供部分资金、资源和优惠政策，由专业机构按市场机制要求实施投资经营管理，同时也鼓励有条件单位（含各类产业园区）建设并经营管理。	重庆是三段论，上海更强调"居住、市民消费"，总的思路逻辑是一致的，即满足基本的住房需求，但重庆还要强调对高端的抑制。

续表

	重庆	上海	总结
面对对象	有稳定工作及收入来源，符合收入限制的无住房或者人均住房面积低于13平方米的住房困难家庭、大中专院校及职校毕业后就业和进城务工、外地来渝的无住房人员；以家庭为单位申请。	具有本市常住户口，或持有《上海市居住证》达到2年以上，连续缴纳社会保险金（含城镇社会保险）达到一年以上的人员，且在本市无自有住房或人均住房建筑面积低于15平方米。家庭范围应限制在申请对象本人、配偶、未婚子女范围内。	申请条件基本类似，面对对象主要为无住房或者住房困难的常住人口。
收入限制	单身人员月收入不高于2000元；家庭月收入不高于3000元。政府可根据经济发展等因素变化定期调整限制条件。	考虑到本市公共租赁住房涉及到的人群广、收入差异大，因此在申请条件中暂不设收入标准。	重庆收入门槛限定较高，申请公租房的月收入要远低于重庆市城镇职工月均收入2580元的水平。
租金价格	公共租赁住房的租金标准按照贷款利息、维护费并根据不同地段、不同房屋类别等因素，由市物价部门会同市财政、市住房保障机构等相关部门研究确定。租金实行动态调整，每2年向社会公布一次。目前情况是租金大致为市场租金的60%。	按照规定，公租房租金将按照略低于市场租金的原则确定。市场租金的评估由运营机构委托信誉好的专业估价机构实施，运营机构依据市场租金评估价研究制定公共租赁住房租金水平，市场租金评估价有效期为1年。	基本原则是略低于市场租金。
配租条件	2人以下（含2人）对应建筑面积40平方米以下住房，3人以下对应60平方米，4人以上对应80平方米以内。	套均建筑面积一般控制在40～50平方米，在使用前可进行简易装修，配置必要的家具和家用电器等设备。	住房套均面积以40～60平方米为主，类似于早年的房改公房。
产权归属	租赁5年期满后，可选择购买公共租赁房；购买公租房不得转让、出租；获得其他住房时，由政府回购公租房，回购价为原销售价加银行存款活期利息。	公共租赁住房建设实行"谁投资、谁所有"，投资者权益可按有关规定依法转让，但公租房本身只租不售。	重庆租后可售，但转让只能定向给政府；上海只租不售，整体收益权可转让。从两地产权比较可以看出，重庆以政府主导为主，上海更容易吸引外界资金，基于收益权衍生的金融工具可能是未来退出的重要工具。
合同期限	合同期限最长为5年，如若拥有其他住房或超过收入标准，合同中止。	一般不超过6年。	租赁时限基本相同，一般是5～6年。

续表

	重庆	上海	总结
资金来源	中央安排专项资金，地方财政资金，土地出让收益5%计提，银行等金融机构和公积金贷款，发行债券。	探索创新公共租赁住房的投融资机制。鼓励金融机构发放公共租赁住房中长期贷款；支持企业通过发行中长期债券等方式筹集资金；探索运用保险资金、信托资金和房地产信托投资基金，拓展公共租赁住房融资渠道。政府投资建设的公租房，纳入公积金贷款支持保障性住房建设试点范围。	重庆以公为主，政府主导，财政支持；而上海更注重市场，政府压力小，主要以出让投资收益权的方式吸引外来资金、创新投资支持建设。
土地供应	公租房土地纳入年度供地计划，但单列申报用地指标；公租房建设用地以划拨方式供应；有偿出让的，地方权责范围内的出让收益、税费全额安排用于公租房建设。	建设用地可以采用出让、租赁或作价入股等方式有偿使用。	上海提倡土地有偿使用，一定程度上减轻了政府无法卖地的损失。
政策支持	大配套费、人防费、土增税、营业税等全额安排用于公租房建设。	政府可投资入股运营机构，通过合理让渡或不参与分配租赁收益等方式，支持和保证运营机构持续发展公租房，在税收方面予以优惠；公租房可以适度增加建筑容积率和建筑覆盖率，可配套一部分商业等经营性设施；鼓励有条件的单位建设单位租赁房。	都提出了税费措施，但上海更鼓励政府以外机构参与。
建设进度	目标3年开工建设4000万平方米；其中2010年全年开工建设公租房总量达1300万平方米；2011年全年计划建设1350万平方米公租房；2012年计划建设1350万平方米公租房。	2010年新开工保障房的总体目标为1200万平方米，其中经济适用房约400万平方米，动迁安置房约800万平方米。2011～2012年，力争再开工1000万平方米。	重庆更重公租，上海还是以拆迁安置为主。

资料来源：《重庆市公共租赁住房管理暂行办法》、上海市人民政府关于批转市住房保障房屋管理局等六部门制定的《本市发展公共租赁住房的实施意见》的通知。

第十章

"改革顶层设计"，深化土地
相关财税体制改革

"土地财政"的改革不能孤立进行，民生问题的解决须有切实的财政安排，要从制度安排上弱化地方"以地生财"的冲动。分税制造成优质的税源上提，地方政府缺少稳定的自主税源，一些零星的税种并不能构成所谓的地方税体系，这一体系必须使地方政府在各层级都有稳定的财源。因此，地方"土地财政"的转型，必须和整个国家的财税体制改革联动，建立健全与事权相匹配的地方财税体系，培育地方政府主体税源，这也意味着改革是一项巨大的工程。随着中央和地方政府在事权、税权分配上会更加合理，地方对"土地财政"的依赖将逐步减小。"十二五"时期将是中国建立完善的社会主义市场经济体制的关键时期，而财税体制改革在这一过程中将扮演非常重要的角色。对"十二五"期间的中国经济社会发展来说，如何深化省以下的财政体制改革，成为考验中国财政体制改革的关节点。自党的十七大以来，各级政府财力与事权匹配的财税体制改革就成为政府间收入分配改革的核心思路。事权与财力匹配的过程就是从中央到地方支出责任的细化、合理界定各级政府的事权、完善中央和省级政府的财政转移支付制度的过程。按照事权和财力相匹配的原则，中央应给予地方更多的资金支持，使其能够有财力支撑地方经济社会各项事业的发展，实施公共服务、配合主体功能区建设。

第一节　深化我国分税制财政管理体制改革的总体思路

一、"改革顶层设计"的内涵

十七届五中全会通过的《中共中央关于制定国民经济和社会发展第十二个五年规划的建议》（以下称《建议》）中提出一个全新的概念——"改革顶层设计"。[①] 此后，政府工作报告和提交审查的"十二五"规划纲要草案中均强调"要更加重视改革顶层设计和总体规划"，"必须以更大决心和勇气全面推进各领域改革"。"顶层设计"理念的提出，反映了中央对于我国已经进入改革攻坚阶段的科学把握。引工程学概念入政府统筹内外政策和制定国家发展战略层面，运用到社会改革领域，就是要对改革进行全面系统的规划和设计，加强对改革全局的整体战略谋划，使我国沿着实现社会主义基本价值的目标迈进，全面落实科学发展观。笔者认为，改革开放30多年来，中国经济高速发展，一些改革"深水区"的"硬核"问题也逐步凸显。在过去的某些发展模式不可持续和面临各种各样新的重大改革议题条件下，"加强改革顶层设计"的提出，就是要转变经济发展方式，就是要经济、社会、政治体制改革稳步协调推进。这表明中央对国家的经济政策和社会政策从长远眼光、根本利益出发的"宏观审慎"态度，从体制"顶层"考虑改革的"纲"，形成解决问题的长效机制。如何将"顶层设计"的理念渗透到经济、社会、民生等领域中的实际行动，落到解决问题的实处，转化为基层动力，这是需要我们深入探究与思考的。

[①] "顶层设计"（top-down design），出自系统工程学，本意是指自高端开始的总体构想，从最高层开始，站在一个战略制高点，清楚要实现的目标后，一层一层去设计。也就是说，"顶层设计"是一项工程整体理念的具体化，是一个系统论的方法，要求从全局出发，对项目的各个层次、要素进行统筹考虑。

二、我国财税"改革顶层设计"的思路、目标和原则

作为"十二五"时期改革开放的战略理念，通过"改革顶层设计"推进我国分税制财政管理体制深化改革的关键，首先就在于理清政府间财政关系：在目前五级行政区划下，优先推动"三级财政"制度的设计，形成分税制"顶层"大厦的根基；在此基础上，通过构建地方政府主体税种和辅助税种，使地方税系能够稳定提供地方两级政府的财力需求，搭建起大厦的框架，让"底层"牢固矗立；再结合我国财力上收的实际，为使地方政府财权与事权进一步匹配，完善转移支付制度，作为"顶层"大厦的内部充实。在这三位一体的设计下，分税制"顶层"得以充分实现系统化，也体现了高端设计与具体实施的结合。同时，在该"顶层设计"下，省以下财政体制的各种不足之处可逐步得到整体修正，真正实现"中央—省—县"三级财政体制的良性循环。

我国1994年实施的分税制财政管理体制改革，是财税领域制度性建设方面的重大突破。但此后省以下分税制财政体制改革并未有实质性的展开，省以下政府间财政关系未能理清，导致"财权上移、事权下移"，基层政府普遍性财政困难。"十二五"规划建议有关财税体制改革部分中，提出逐步健全地方税体系，赋予省级政府适当税政管理权限。要如何解决目前分税制改革中遇到的问题，为地方政府建立长期的稳定的收入来源，所有具体改革的展开，仍需要中央和地方事权与财权相匹配的"顶层设计"。从目前看，我国财税"改革顶层设计"的目标体系应该强调两项，一是促进各地区、各层次政府间财力的相对均衡以及公共服务的均等化。二是有利于宏观调控，使经济能够协调发展。改革所坚持的原则，一是要认清方向，实事求是，扬长避短；二是权衡好公平和效率；三是敢于突破创新，存量与增量改革两手抓。"加快顶层设计"，推进省以下分税制改革体系的健全，首先应该改善政府间纵向财政关系，构建"顶层设计"的牢实骨架；继而在统一税政的前提下，完善地方税体系，培育地方支柱税源，形成"顶层设计"的有机载体；最后改进转移支付制度等，从而最终赋予"顶层设计"真正灵魂。也就是说，"十二五"期间，应该进一步理顺政府间财政分配关系，在中央、省、市县各级实现

事权合理配置、财权与事权相顺应、财力与事权相匹配的导向下，加快构建地方税体系，打造地方支柱税种以形成主体财源。通过改革使房地产税和资源税成为地方政府主要的收入来源，这将有利于总体上解决地方财政收入问题和地方税体系的构建问题。此外，适当提高地方税政管理权，同时强化和优化中央、省两级自上而下的转移支付制度，建立县级财力保障制度。

三、税制改革需强调整体存量结构调整，减轻消费者微观税负

税制如何改革，其根本前提都必须是不增加纳税人的负担。地方政府的财政困难当然要解决，但不能只用提升纳税痛苦指数的办法来制造税收增量，扩大地方政府税基。现有中央与地方财政分配机制也需做相应调整，这方面的思路包括2008年年末有过在减税1500亿的基础上，将增值税从生产型转向消费型的考虑，此举虽能对地方政府涵养税基，刺激转型升级过程中企业加大固定资产投资投入起到积极作用，但由于阻力大而动力不足，目前改革并未进一步深入至消费税，仅以固定资产投资抵扣，重复征税依然存在。

酝酿征收"房产税"同时，还应该剥除种种不合理负担。目前在普通消费者身上的微观税负已经较重，而且政府垄断了土地的一级市场，已获取了超市场的收入。中国房地产税制改革应本着税收效率与公平原则、税费租合理负担原则、税制简明原则、紧密结合房地产行业特点的原则进行，遵循简并税费、完善多环节多税种的房地产税收体系的指导原则。在房地产开发环节要着力推进税费改革，大力减少房地产开发销售中的不合理收费项目和沉重的行政性收费负担。在房地产交易环节完善土地增值税制度。在房地产交易环节，由于房屋征收标准、产权界定、价值评估、征管成本等各种原因，物业税当前征收条件还不成熟，需要逐步完善物业税征收的各项要求，为尽快推出物业税创造条件。

第二节　从"改革顶层设计"的战略高度
考量我国政府间财政关系

一、改革我国政府间财政层级

当前，我国政府间财政关系的突出问题是财权与事权的不匹配。一方面，下级政府承担部分上级的事权和支出，而上级政府也承担着部分下级事权和支出，其原因在于政府层级多，事权交叉重叠。另一方面随着分税制财政管理体制改革的推进，财政收入集中、上收，支出责任下放，基层政府呈现财政困难。要从"顶层设计"的高度把握政府间财政关系，最终目标是理顺目前混乱的财权事权分配关系。鉴于省以下分税制财政体制与我国行政体制的密切关系，首先应该改革我国政府间财政层级，打破现有行政管理层级框架，以便打好"顶层设计"的基础。实行现代税制的西方国家大多是三级政府，政府间事权和财权的划分更易于操作，财政分税体制运行也较为通畅。而我国分税制改革是在五级政府的行政体制下进行的，在实际操作过程中，中央和省级财政就分去了财政收入的一半以上，而具体到市、县、乡三级，基本上已经无税可分，这也就不难理解为何在分税制实行多年后的今天，很多县乡财政仍然实行财政包干旧体制的原因了。同时，过多的政府层级导致了财政转移支付链过长，各级财政层层截留的行为直接动摇了下层政府行使职权的财政基础。中国的各级地方政府大都存在一个普遍现象，就是下级政府经常要接受来自上级政府的"财政管制"：上一级政府制定统一政策，具体资金供应却要由下级政府承担。这直接影响到下级政府的预算平衡。省以下分税制难入轨道而使县乡财政困难加剧，与现行财政与政府"五层级"的大框架有直接关系。我国宪法中虽然规定实行中央、省、市、县、乡五级政府，但针对目前省以下财政体制的问题，我们可以先通过减少财政上的政府级次，实行三级财政，来改革财政管理模式。具体来看：

（1）我国正在和未来即将要突破"市管县"的体制。财政部 2009 年

7 月发布《关于推进省直接管理县财政改革的意见》，到 2012 年各省（除民族自治地区以外）将全面实行"省管县"财政体制。改革的方向是让市级和县级政府在财政层面成为平等而独立的层级，形成中央、省、县（市）三级财力分配框架。

（2）我国要改革乡镇级别政府的设置，将其作为县级政府的派出机构。国家正在不同地区试行的"乡财县管乡用"体制改革，正是为了清晰地处理好乡镇级别财权与事权的分配关系。在改革的过程中，县级政府无疑会有改革的动力，而市级及乡级政府可能会缺乏相应的激励，怎样在改革中获得市级与乡级政府的支持，需要我们从"顶层"的视角和战略高度设计。

（3）在实行"省管县"改革后，省级政府既要负责市级政府的财政收支，又要管理县级政府的财权分配，部分含有较多县市的省份难免顾此失彼，这便不符合效率的原则，也违背了改革的初衷。因此，可考虑适当对某些地区进行行政划分上的调整，对有些较大省份中经济联系比较紧密、具有相对独立性的地区升格，做好"省管县"的配套改革。

二、央地财权与事权相匹配

（一）事权划分

在做好政府层级架构的调整后，可先定事权以明确各级政府的支出责任，再依据事权大小及多少来划分财权；同时，每项事权由决策权、执行权、监督权与支出责任等要素构成，针对这些构成要素的属性，在各级政府之间进行合理界定。进行事权划分时应从国家安全、宏观调控、降低行政成本、提高管理绩效的角度来综合考虑。总体原则是，一般而言，国家安全与宏观调控由中央政府主导，这需要相当的财力配合；中央从地方剥离某些事权，民生主要归地方，投资主要归市场，由于整体经济景气周期和宏观政策造成的波动及损失，应由中央给予抵补。为提高管理效率、降低行政成本，关键是各级政府要配备与其所负责任相当的资源与权力。根据目前我国各级财政承担法定的支出责任的基本情况，可以考虑适当减少财力最弱的县乡政府的财政支出责任、适当上收部分事权的这样一种思路来调整各级财政支出。

依据以上原则，笔者建议：中央和省级政府采取列举法明确各自的支出责任，其他支出责任由市县负责，即对涉及国家主权、公共安全、内政、外交、宏观调控、协调地区财力与发展、关系国民经济命脉的国有企业管理、全国性及跨地区的基础设施建设与环境保护等全国性公共产品，以及教育、科技等法定支出责任全部划归中央。地方政府中，省级政府应主要负责本辖域内准法定支出责任，社会管理、经济调控、经济结构的调整、市场的监管、地区性法治建设、自然环境的改善、社会的基本保障和就业、人口与计划生育事务、公共医疗卫生、文化体育与传媒、区域道路交通、区域水利枢纽、公共秩序与安全等；县级财政的事权范围包括县内社会治理、公共秩序与安全、公共事业发展城乡建设等具体支出事宜，主要包括本级行政与司法部门经费、县级支持和安排的基建投资、城市维护建设经费以及支农社保项目，是改善公共设施、直接服务群众，面对各种琐碎繁杂的辖区具体事务。此外，一些具有外溢性的公共产品的提供，例如基础教育以及环境保护等方面的支出，应该由中央与省县共同负责。一般公共服务和其他未列举的事务按行政管理体制分级保障，并尽可能以法律法规的形式明确规定下来。

（二）财权划分

在财权方面，可以通过进一步调整和规范中央与地方政府之间的收入划分，提高地方的分成比例，同时完善转移支付制度，来增加地方的可支配财政收入。以扩大地方的税权、建立独立稳定的地方税体系为目标，短期内我们可以考虑以营业税为主体税种的地方税体系，长期内建立以营业税、房产税（物业税）为主体税种，以资源税和环境保护税为辅助税种，以企业所得税为分享税种的地方税体系。其中地产税（物业税）具有极强的稳定性和地域性，是地方政府最值得考虑和应该开征的税种，这样可以保证地方政府能有更多的、稳定的税收来源。

三、赋予省级地方适当的税政管理权限

在每项事权中，决策权一般由高层政府拥有，执行权则应当给予基层

政府；在我国人民监督尚不健全，监督权更多体现的是上级政府和本级人大。决策权所需成本较小，执行则需要大量的资源与之配套，而为使上级政府的监督权具有权威性和可信性，财政收入总体应向上倾斜，体现社会主义集中力量办大事的优势；同时，在分权和制衡各级政府拥有的决策权、执行权与监督权后，财政总支出的大部分应该在地方政府，财政收入与支出之间的差额，势必要通过上级政府对下级政府的转移支付弥补。从而，在各级政府的收支得到合理的分配后，财权与事权达到匹配，地方政府才能有效执行中央政府的决策，使公共产品的提供达到帕累托改进状态。

通过激活地方人大征税权和赋予省级政府适当税政管理权限，提高财政预算透明度，建立纳税人对公共产品在各个财政层级的需求信号，扭转自上而下的单向财政分配逻辑，建立健全供求双向的财政信号机制。从而完善纳税人与政府，以及中央与地方的多主体公共决策体系。民众对政府公共产品的需求是动态的，也是多层次的，需求的动态属性，意味着自上而下划分的财政蛋糕，永远跟不上实际需要的变化。而需求的多层次属性则决定了纳税人既需要中央财政在教育、医疗等方面提供均等化服务，也需要因地制宜，由地方财政建立与区域经济密切相关的服务措施。这就是说，建立纳税人对财政分配的需求信号，并非偏向中央与地方财政任何一方，而是对两方面的征收合法性以及支出的精准度均有裨益。当然，也只有当纳税人有效监督财政预算时，才能确保财政取之于民，用之于民。从而扭转透支纳税人的短期行为，建立涵养税基，实现政府财政收入与民间财富双赢的目标。

第三节 用"改革顶层设计"的理念深入 探究我国地方税体系的构建

实际上很多发达国家也都依靠"土地财政"，但国外主要通过对存量土地征收物业税、房产税等方式组织财政收入。构建完善的地方政府的土地税系，不但有利于解决地方事权和财力不匹配的问题，优化地方财政结构，保证地方政府稳步扩大财政收入来源；而且也有利于政府抑制房地产的投机性交易，平抑地价、房价虚高与刚性需求得不到满足的局面。要充分考虑到土地资源的有限性和市场价格的波动性，改革和探索相关财税制度，扩大财政收入增量来源，保持总体财政流量的稳定增长。

一、央地税种划分

地方公共财政得以存在的理论基础是财政联邦主义，财政联邦制是处理政府间财政关系的一种规范制度，强调各级政府在财政支出上的独立性和自主性。这个理论的核心就是财政分权，现代财政学之父马斯格雷夫认为适当财政分权有利于经济效率，他从效率和受益的角度考虑，提出财政的基本职能分配，并且将税种在各级政府间做了粗略划分：中央政府适合征收所得税和支出税；地方政府适合征收财产税。综观国外分税制实践，各国十分注意地方税制在整个税制建设中的重要地位。在我国，1994 年构建的分税制财政管理体制虽将税种分为中央税、地方税和共享税，但在实践中，不断增加的共享比例使一些地方税所占比重微弱。在现行税制中，完全属于地方固定收入的税种有 10 个，但有共享性质的税种就有 7 个。如何为地方政府建立长期的稳定的收入来源，亟须使地方事权与财力匹配的"顶层设计"：在统一税政的前提下，培育地方支柱税源。中央集中管理中央税、共享税的立法权、税种开征停征权、税目税率调整权、减免税权等，以维护国家的整体利益。对于一般地方税税种，在中央统一立法的基础上，赋予省级人民政府税目税率调整权、减免税权，并允许省级人民政府制定实施细则或具体实施办法。

笔者认为，为地方政府选择一两个税种培养为主体税源，并辅之以相对合理的辅助税种，正是"顶层设计"的关键所在。据税种划分的原则，适合作为地方收入主体的税种应该具备如下几个基本特征：

（1）税基的固定性，若将税基具有流动性的税种作为主体税种，容易导致各地区的低税竞争以及税源的规避性流动；

（2）税源的稳定性，税基应该较宽，并具有一定的税收弹性，才能拥有充裕的税源；

（3）征管的便捷性，即地方政府拥有信息方面的优势，要将那些中央不便于征管的税收划归地方，同时，地方税制体系中要尽量减少开征各种零散的、遵从成本高的地方税；

（4）税收收入和产业结构的调节性，如此地方政府能运用税收杠杆达到一定的调控效果。不能培育为主体税种的其他税种可以作为辅助税种，具备多样性与灵活性，树立"小税种大财源"的理念，加强对地方小税种的管理。

二、省、县两级地方主体和辅助税种的选择

综合以上四条原则，同时考虑到各税种自身的性质特点，我们绘制地方政府税收划分的基本构架（见表 10 - 1）。总体上，地方政府的主体税种应包括营业税、房地产税和城市维护建设税等。尤为重要的是，地方有必要增加新税种如社会保障税等。

表 10 - 1　　　　　　　　地方政府间税种划分

	专有税种	当前主体税	未来主体税
省级政府	营业税、资源税、社会保障税、车辆购置税等	营业税	营业税 地方性流转税
县级政府	房地产税（或物业税）、遗产与赠与税、城乡建设税、环境税	房地产税	房地产税 遗产与赠与税

1. 从省级政府的角度，当前以营业税为主体税种是切合实际的。当前营业税在地方财政收入中独占鳌头，税基足够宽，税源稳定而有弹性。营业税作为主体税源需要第三产业的发展，这也符合我国产业结构转型的路径。随着我国经济发展方式的转变，营业税作为主体税种的地位在短期内只会加强。但随着将来增值税征税范围的扩大和房地产税制的改革，其征税范围将逐步缩小，收入地位也会逐渐减弱。因此，未来省级政府需要"双管齐下"的双主体税源。我们需要学习国外的销售税或货物税，将现在就消费征收的各项税费进行整合，形成税基独立的流转税，使得真正的税源是消费而不是生产，这样才不至于打消投资与生产的积极性，不仅可以避免现行税制下各地政府争相上马建设项目，不顾环境损害招商引资的现象，更可以刺激和改善消费环境，增强消费对于经济的带动作用，扭转我国经济发展对投资过度依赖的局面。

2. 从县级政府的角度，我们可以借鉴美国等发达国家的做法，以财产税作为主体税种。当前可以培育为县级政府支柱税源的税种应该是针对房地产征收的房地产税。在培育过程中，应先对目前与房地产有关的税费进行整合，把多样的房产税、契税、土地使用税与增值税、土地出让金等调整为统一的房地产税。如此一方面能改变目前地方政府"土地财政"的混乱形势，使地方政府拥有稳定可靠的税源，缓解财政困难；另一方面，能够统一税制，使地方政府真正成为管理者而非经营者，合理调控房地产市场，促进楼市的健康稳定发展。

3. 随着我国经济的发展，未来时机成熟可考虑开征由地方管理的遗产与赠与税，使其作为房地产税的重要补充。具体操作上，可对个人继承和获赠的各类财产和存款运用累进税率计征，参照个人所得税的税率模式，采用超额累进税率，并由各省根据其自身经济发展情况确定。开征遗产与赠与税既可调节收入分配与代际关系，也是我国财产税与国际接轨的重要步骤。

4. 在省与县两级财政均有了自己的主体税种的前提下，还必须利用好其他税种作为主体税种的辅助。有些税种虽不适合作为主体税种，但却是地方财政收入的重要源泉，应该开拓并认真把握，以免税收收入的转移与流失。辅助税种的设计，也应该在一定程度上遵循前面说到的原则，并可以资源税和环境税为重，其中，资源税作为省级政府的辅助税源，而环境税则应承担起县级补充财源的角色。

（1）我国应该着手改革资源税。资源税因其"级差地租"的特性，不适合作为地方性主体税种的选择对象，但的确是地方财力的重要来源。调整资源税的管理归属，各地区有权按照实际情况保留资源税，并由中央与地方共享税变为地方税；扩大资源税的征税范围，适当提高税率，将某些资源费改为资源税，将水、土地、森林资源等列入资源税的征管对象。

（2）开征环境保护税。主要是基于目前国内环境污染严重的现实，环境保护税由地方税务系统征管，作为地方政府财力的来源，可按照"专款专用"的原则，由环保部门用于当地环境修复与保护工作。环境保护税的开征是转变发展方式的必然，也是使外部性内部化的必要手段。

5. "改革顶层设计"还要做好相关的配套制度革新。在"十二五"规划建议中，还强调继续推进费改税，这能有效扩大地方税的收入规模。

收费一直以来都是地方筹集资金的重要渠道，在所难免也防不胜防，不如因势利导，将其改革为税以便让其受到法律的监管。目前相当一部分收费本身就具有税收的性质，例如资源费、排污费等，这种收费和基金也应纳入到税收分配范畴中。这些措施都在影响税收对经济的调节力度和广度。

三、构建土地税收体系

为了调动地方政府征收土地财产税的积极性，以及在现行分税制下保证地方政府可获得有保障的税源，建议土地财产税全部留给地方享用。加大土地增值税清缴力度，完善征收管理，进一步落实土地"涨价归公"，壮大土地税收收入。要整合现有的土地使用税、房产税等，积极推动研究以住宅市场价值为基础的房产税，加大房地产保有环节税收调节力度，以形成稳定的税收收入，使居住用地能够长期为地方政府创造持续稳定的税收现金流，缓解地方政府过度依赖一次性卖地收入的局面。加强对投资、投机性房产交易行为征税，促进增加炒房者投资成本，有效调节土地与房产需求，促进房地产市场平稳有序运行。

（一）改革财产税

我国财产税制应包含房地产税、车船税、遗产税和赠与税。可以考虑取消不合理的城镇土地使用税，保留契税，改革耕地占用税和土地增值税，开征物业税，以物业税、土地增值税、耕地占用税和契税构成我国的房地产税收体系，改变过去解决现行房地产税收不统一、房地产税中重流转轻持有的局面。扩大房产税的征收范围，由城市扩大到乡村，以适应目前农村工副业普遍快速发展的实际。此外，应按评估后的房产价值作为房产税的计税依据。

（二）完善耕地占用税

现行的耕地占用税是以人均耕地占有量来确定的定额税率，税率较低，而征收的范围偏窄，缺乏对土地资源的保护力度。改革的内容可以是：扩大征收的范围，将建设单位和个人占用的林地和草地资源，纳入征税范围，保护耕地的后续资源；调高税率，将税率按距离城市的远近划分档次，距城市近的土地所征收的税率较高；对占用而闲置不用的土地按高税率征收；建立一套科学有效的土地征管制度，加强土地占用税的征收管理力度。

（三）改革土地增值税

我国目前的土地增值税采用的是四级超额累进，且税率设置过高，导致土地交易成本过高，土地增值缺乏科学的评估，因此，建议适当降低税率，并将土地增值倍数与占有期综合考虑，对长期持有和短期持有房地产者在税收上加以区别对待，对长期持有房地产者在交易转让时应给予税收优惠，对交易过于频繁且带有明显投机的行为要重点课税。另外，土地增值率的确定应由专门的评估机构和评估人员确定，以确保评估的科学合理，要加强评估机构的建设和评估人员的培训。将征收范围扩展到集体土地，扩大政府在农村土地使用权的出让、转让和租赁上的税源。纳税对象包括非公益性项目用地集体费建设用地出让、租赁收入，也包括集体建设用地流转收益。

（四）制定统一的《土地税法》

由全国人大制定一部统一的《土地税法》，该法要对我国现行的土地税法及相应的法律法规进行整合重构，科学制定税种税率。法律条文尽量细化，增强其可操作性。另外，制定土地税法时，要注意与《中华人民共和国土地管理法》、《中华人民共和国房地产管理法》、《中华人民共和国城镇国有土地出让和转让条例》等法律法规衔接配套，尽量避免矛盾和重复现象。建议将与土地财产相关的税费由多个部门征收，改为只由税务部门征收；从保有和转让两个环节均衡调节土地增值收益，推动房地产市场协调稳健发展。将现行的各种土地税费合并为三个税种：

1. **土地占用税**

土地占用税是对土地农转非的行为征税，将现在的耕占税、耕地开垦费、新增建设有偿使用费一并征收，体现保护耕地的目的。

2. **土地保有税**

土地保有税是对持有建设用地者的征税，基于土地的不可再生性和随着经济发展必然升值的情况，可由中立的土地评估机构公布一个地区一定时期的土地价格，税务部门根据地价上涨的情形对土地持有者征收一定比例的土地保有税。

3. 土地交易税

土地交易税是对建设用地的交易行为征税，既让地方政府可以获得稳定的税源，也有利于土地转向最有价值的使用。

四、加快推进城市住房信息系统

房产税于1986年依法设立，以城市、县城、建制镇和工矿区的房产为课税对象，在保有环节按照房产原值按比率征收的税种。但由于当时福利分房和城镇居民收入普遍较低的情况，房产税对个人住房一直实行免征，只对企事业单位和个人经营性房产征收。所以，不存在立法和价值评估难题。只要在房价上涨过高的"一线城市"开征房产税，就可以起到对房地产市场有效进行调控的效果。各地加快推进以城市住房信息系统建设为重点，以房屋登记数据为基础，建立部、省、市三级住房信息系统网络和基础数据库，从而全面掌握个人住房的基础信息及动态变化情况。完善个人住房信息为将来的政策制定和税制改革奠定基础，是房地产税收改革的基础性工作；加快个人住房信息建设，可能最先服务于房产税改革。

第四节 以"改革顶层设计"的目标要求 改进我国转移支付制度

一、目前我国转移支付制度问题凸显

前已述及，我国各级政府间财政收入与支出存在责任之间的不匹配，为了使不同地区之间能实现基本公共服务的均等化，促进地区间公平发展，必然要求上下级政府间做好财政资金的流动，以实现财政支出总需求大致等于财政收入总额，这种流动机制就是财政转移支付制度。也即转移支付是对政府间事权、财权划分不完全对等的一种纠偏和矫正。在1994年分税制改革后，我国财政收入的"两个比重"得以提升，使中央掌握的公共资源越来越集中，而地方层面也效仿中央做法，将财政收入向上倾斜到高层政府。在此种情况下，财政转移支付为基层政府的活动提供了血液，发挥了巨大的作用。随着时代的发展，目前转移支付制度的各种问题已经逐步显现。

（一）难以确定转移支付规模，总体力度不足

在中国目前各级财政间的转移支付中，普遍使用讨价还价方式，转移支付的规模是中央政府和各级地方政府间博弈的结果，中央和地方政府的目标往往存在偏差，因而支付额度与实际所需经常不相一致。当前普遍存在的基层政府财政困难，说明转移支付力度总体而言是不足的。这与我国转移支付长久实行"基数法"计算是分不开的。在"基数法"下，转移支付照顾基数大的东部地区，而广大中西部地区则只能得到较少的转移支付。虽然当前我国在某些转移支付项目上已经采用"因素法"，但仍有一些不够科学合理之处，有待进一步完善。

（二）财政转移支付内部结构不尽合理

税收返还比重较高，专项转移支付所占比重过大，而一般性转移支付比例过小。2010年中央对转移支付预算中，专项转移支付所占全部转移支付比例的52%。较多地采取专项转移的方式，其中包含了中央防止地方政府挪作他用的意图。但专项转移支付的随意性较大，很大程度上取决于地方政府的讨价还价能力，且支付范围过大容易导致资金使用分散化，专项转移支付只能用于指定项目，并且需要地方财政配套，影响了现有专项转移支付的实施，加大地方财政负担。一般性转移支付通过测算标准收入与标准支出之间的缺口，再考虑财力因素而确定，从实现均等化的角度而言，一般性转移支付是更好的选择。

（三）财政转移支付分配结构不合理

纵向看，市级政府人均财政转移支付数高，而县级市比重少；横向看，东部地区获得的转移支付比重大，而财政困难的西部地区比重小。一般而言，在市场机制的作用下，各种税源容易流向具有集聚作用的东部地区和城市地区，使发达地区自我供给能力较强。财政转移支付的使命正是实现公共服务的均等，并做好宏观调控。当前的转移支付体制使地区发展差距加大，基层政府无法有效履行职能。此外，对于具有区域性外溢效应

的项目，财政转移支付无法进行及时有效的保障，地方政府则可能推诿扯皮，导致跨省公共产品的供给不到位。

（四）财政转移支付缺乏监督机制

我国现行财政转移支付制度的立法层次较低，且没有专门机构对转移支付进行统一安排和管理。1995 年财政部制定了《过渡期财政转移支付办法》，直到 2002 年改为《一般性财政转移支付办法》以来，我国现行的财政转移支付制度依据的主要是政府规章，并没有专门的或者相关的法律，客观上降低了转移支付制度决策和运行的民主性和规范性。不仅如此，转移支付资金的执行缺乏人民群众的直接监督，人大和审计部门对转移支付也缺乏有效的监督、审计和绩效评价机制。

二、借鉴国外纵向、横向转移支付制度的平衡体系

在现有的转移支付制度中，税收返还是主要的形式，但税收返还的数额是按基数决定的，即根据各个地区的上缴中央的税收收入来确定返还给地方的数额，这样就势必导致经济发达的地区的返还数额比经济不发达地区的返还数额要大很多，由此一来，延续和固化了原有的不合理的利益分配格局，更加拉大了地区间的差距，造成了财力分配上的"马太效应"。在这方面，我们可以借鉴西方欧美国家的一些经验，例如德国的转移支付制度具有如下特点：通过转移支付建立了联邦对州、州对所属地方的纵向平衡体系和州与州之间的横向平衡体系。纵向财政平衡体系分为两个层次：第一层次是联邦对州的财政平衡；第二层次是州对所属地方政府的财政平衡。前者主要通过四种途径实现转移支付：一是调整增值税分享比例；二是对财力特别薄弱、收支矛盾突出的州，联邦政府从本级分离的增值税份额中再按一定的比例予以资助；三是在完成联邦和州的共同事务时，联邦向州提供各种财政资助；四是对属于州和地方政府事权范围的一些重要投资项目，联邦财政根据宏观经济政策有时也给予适当的补助，包括改善经济结构、改善地方交通和市政建设等。后者主要目的是使州内各个地方之间财政收支水平比较接近。而横向（州际）财政平衡的资金来源主要包括两部分：一是由州分享增值税份额的 1/4 部分（其余 3/4 按每个

州人口数量直接分配给各个州）；二是财政较富裕的州按计算结果直接划拨给较穷的州的资金。通过这样一横一纵的平衡，财政能力较弱的州得到了一定的补助，从而保证各州间的财政状况不至于过分悬殊。

三、构建更加合理、科学的转移支付制度

"十二五"规划中提出，"增加一般性转移支付规模和比例，加强县级政府提供基本公共服务财力保障"的建议。综合考虑以上因素，笔者认为，我国财政转移支付制度的体系化改革，应从以下方面入手。

（一）改革原体制"残余"，推广并完善"因素法"的计算方法

在分税制改革中"残余"的原体制上解、税收返还和原体制补贴，目前已经给财税制度的进一步改善造成了一定障碍，应该予以取消，使其严格按照转移支付制度的规定进行。鉴于"基数法"的各种弊端以及"因素法"的不完美，在推广"因素法"的计算方法时，也应结合实际情况合理改进。可以借鉴国外的均等化公式，以人均标准财力为依据，而非按财政供养人口计算。凡是人均财力水平低于标准财力的省份，中央对其给予财政补贴。同时，要结合各地方各层级政府的实际情况，考虑其提供基本公共服务的成本差异以及开辟收入的努力程度等因素。更为重要的是，要建立一种上下级财政体制之间的信息反馈和互动机制，上级财政部门可提前告知下级财政部门转移支付指标，而下级财政部门也需要按照国家政策要求和地方实际，提前向上级财政部门编报符合地方经济社会发展方向的项目，实现上级政策与地方特色的结合，并使转移支付的额度符合地方需求。

（二）调整政府间转移支付的内部结构

由于一般性转移支付制度存在"负激励"效应，在测算标准收入时将融入更多的激励，考虑更多的财政努力因素。专项转移支付制度目标明确，在未来转移支付中举足轻重，但应尽力做到决策公开透明，并在一定范围内引入竞争机制。因而，改革内部结构的方向是缩小经常性专项补助所占比例，逐步提高一般财力补助的比重。要将专项补助的覆盖范围缩小到基础教育、社会保障、环境保护、社会治安、基本交通等项目上，腾出空间留给更

具规范性的一般性补助，余下留给临时性自然灾害补助，以便调剂。

（三）优化转移支付资金分配格局

要适当降低市级人均财政转移支付数，提高县级人均财政转移支付水平。防止市级政府截留拨付给县级政府的转移支付资金，使转移支付真正起到促进均等化的功效。要增加对人均支出水平低，发展后劲不足的欠发达地区的转移支付力度，缓解区域发展不平衡现状。同时，针对传统的省级行政区划的划分未能充分考虑到人口流动性的变化以及基本公共服务的外溢性的问题，国家应更加注意跨区域公共产品供给。可以通过建立区域性组织，将外部性予以内部化，并配套相应的转移支付财力，确保具有外部性的基本公共服务的有效供给。

（四）强化政府间转移支付的组织和监督

在目前我国财政体制缺乏足够规范的法律基础的情况下，转移支付的操作中缺乏组织和监督。仅仅依靠上级政府的监督是远远不够的，更应该制定并完善相关法制基础。笔者认为，我国应推动财政分权入宪，以确认目前财税体制改革的成果并予以法律效力。同时，推进转移支付的法制化进程。在目前的条件下，替代措施是对各项转移支付都应建立一套标准的申请程序，针对各地财政情况依法进行申请，并应要求项目执行者进行反馈。只有上了法律的轨道，政府间转移支付才能得到合理的监管。

第五节　以"改革顶层设计"思想规范管理"土地财政"收入，确保更多用于民生

一、设立稳定基金，化解潜在财政风险

（一）政府稳定基金的重要性与必要性

要化解财政收支弹性系数过高和财政收支不可持续性带来的潜在财政

风险，从根本上说还是要调整经济结构、优化产业布局，促进经济增长方式转换来实现财政的稳健和可持续。从方法上看，笔者强调重视建立财政稳定基金，即随经济高涨而带来的超增长的财政收入不能在当年花掉，而应注入到财政稳定基金中储备起来，形成财政盈余，只有在经济增长步入或预期即将步入低谷时，稳定基金才能被启用。财政稳定基金的最大优点是兼顾了财政健全与稳定的目标，一方面，使反周期操作的财政稳定政策能够在财政健全的基础上进行，而不必以破坏财政健全为代价；另一方面，使追求财政健全的决策行为符合稳定政策的内在要求，而无须以恶化景气循环为代价。借助于财政稳定基金，中央与地方政府得以形成新的财政决策机制，对经济周期在财政收支系统上带来的不稳定作出反应，修正财政收支对景气循环带来的恶化效应。一些发达国家，如美国，就在州一级政府中运行着这样一种财政稳定基金。实践证明，这一稳定基金对大部分州级政府的财政收支决策产生了适当的稳定效果。

从地方政府来说，财政稳定基金的一个显而易见的好处是：在经济衰退导致收入大量减少时，仍能够维持必要的支出水平，而不必过分依赖削减支出或提高税率去维持预算平衡，这样就可避免可能加剧的宏观经济波动的财政紧缩。在经济高涨时期，增加的额外收入也不会被花掉，从而避免了不合需要的财政扩张。为了避免刺激地方政府的机会主义行为，地方财政稳定基金应由地方政府支配使用，中央政府不能上收。中央政府有必要通过法律法规，根据宏观经济政策的总体部署，明确规定地方财政稳定基金的资金来源、提取和使用的时间与必须具备的条件，使其成为宏观经济景气循环中的一个稳定因素。中央还应通过法律规章，明确规定地方财政稳定基金的储备水平。如要求该基金的规模占地方预算支出总额一定的百分比，如果达不到这个比例，地方政府应尽快补足。此外，为避免积累起来的稳定基金在平时被闲置，该基金的资金还可用于收益稳定而风险很低的短期证券投资，这些短期证券应具有充分的流动性，在必要时能及时转化为现金，以保障该基金稳定经济发展首要功能的实现。

（二）设立独立的土地收益基金，提取土地收益储备基金

由政府土地出让金收入扣除土地开发成本后的收益归集形成"国有土地收益基金"，并且从土地出让收入、农村集体建设用地流转收入中提取

一定比例的资金，划入土地收益储备基金，预留以扭转当届政府在出让土地上的短期行为倾向，保证城市建设和发展的可持续性。建议从每年的土地出让收入中划出30%的比例，建立中央、省和市（县）三级国有土地收益基金，实行分账核算。中央的国有土地收益基金主要由30%的新增建设用地土地有偿使用费和10%的土地出让收入组成，主要用于国家大型建设项目的农地征收的补偿以及向中西部财政转移支付；省级所属国有土地收益基金由70%的新增建设用地土地有偿使用费和10%的土地出让收入构成，主要用于国家、省级大型项目的农地征收的补偿；市（县）级所属国有土地收益基金由10%的土地出让收入构成，作为地方财政储备的重要组成部分，当期政府使用国有土地收益基金的比例不得超过40%，主要用于土地的收购储备。通过建立国有土地收益基金，建立规范、严密的土地出让收益中长期管理制度，明确政府土地收益基金动用的依据、程序和年度最高份额，可以遏制地方政府片面追求土地收益的短期行为，建立良性的土地收益管理机制，保证农地征收、城市建设和发展有稳定的资金来源。同时，有利于年度预算平衡，也有利于均衡调节土地财税激励，促进土地资源的均衡利用。

应建立完善的国有土地收益基金投资制度，采用市场化的基金管理运作模式，以保障国有土地收益基金保值增值，以期使土地收益分配具有可持续性，为各届政府提供较稳定的建设资金来源。

二、土地出让收益的收支纳入公共财政预算

应构建和完善地方财政复式预算体系，明确土地出让基金在预算体系中的地位，规范该基金预算的编制、审核、批准、执行、决算及绩效考核的程序和要求，统一地方政府财政收支管理。严格按照国家规定的全额预算管理实施，收入全部缴入地方国库，支出通过地方政府基金来安排，并在财政中设专账用于核算土地出让的收入和支出。此外，还要明确核算土地出让金的总收入和净收益，避免土地出让金的账面流失。

（一）将土地资产及收益管理纳入公共财政预算

要通过预算管理改革，增强财政收支的透明度，强化人大、审计和公

众的预算监督，实现预算的硬约束，真正保障土地收入取之于民、用之于民。通过清晰界定土地资本预算权限与预算责任，建立责任、权利与义务相匹配，预算约束与预算激励相对等的土地资本预算管理体系，进而完善土地国有资产管理体制和监管方式，在土地交易过程中规范出让行为，防止国有资产流失。加快公共财政建设步伐，建立土地出让金收支专户，推进综合预算，将土地出让金收入全额纳入地方预算，实行收支两条线管理，并逐步过渡到土地出让金纳入预算内统筹安排使用。强化财政分细类支出信息公开。应进一步明确各部委、地方各级政府财政预算内外明细公布，实现透明公共财政和监督财政，提高资金运用效率和去向合理性。从上到下督促各市县地方政府在公开土地出让收入用途明细的基础上，加大土地收入用于征地拆迁以及补助征地农民支出、农村基础设施建设比例，尤其是保障房建设支出比例，利用土地出让收入加大对"三农"和弱势群体而非城市建设、城市居民的支出，缩小城乡差距。

（二）调整土地出让金央、地分成

现行分税制财政体制是分税种对税收收入的流量进行了政府间收入划分。而对于国有土地、矿产资源及其他公共产权收益等存量部分没有进行收入划分。土地出让收入作为目前公共产权收益的主要部分，中央没有对其参与分享。导致地方政府把土地分级管理变为事实上的"分级所有"，激发大家通过土地征收出让、土地抵押融资的极大热情。如果中央财政参与土地出让收入的分享，占有部分收益并根据地方经济发展需求对这一块收入实行全国范围的转移支付，对地方进行拨款，从而减少地方政府干预土地市场、操纵土地价格的行为。

（三）系统完善土地收入严格管理和规范使用的相关办法

土地收入不是政府手中的私房钱，它是加快城市基础设施建设的重要财源，民众关心土地收入的增长是正当的。随着土地出让金收入的显著增加，国家对其收支情况的监管也在进一步加强、完善，保障每年都有土地收入以利地方经济平稳发展。2006年12月下发的《国务院办公厅关于规范国有土地使用权出让收支管理的通知》规定，土地出让收入应用于征地和拆迁补偿支出、土地开发支出、支农支出、城市建设支出、其他支出

（包括城镇廉租住房保障支出等）。2009 年 12 月，财政部等部门还就进一步加强土地出让收支管理再次发文。根据规定，从土地出让净收益中提取廉租住房保障资金的比例不得低于 10%。但审计发现，北京、上海、重庆、成都等 22 个城市从土地出让净收益中提取廉租住房保障资金的比例未达到上述要求。2007~2009 年，这些城市共计少提取 146.23 亿元。笔者认为，出现这些问题的原因是：（1）一些经济发达城市土地出让净收益基数较大，以前年度提取的廉租住房保障资金加上其他渠道筹集的资金已可以满足一定时期内的廉租住房保障需求，因而自行降低了提取比例；（2）一些城市对土地出让净收益尚未做出准确核算，致使未提或少提廉租住房保障资金。未来应进一步规范土地出让收入分配秩序，严格界定国有土地出让收入的支出范围。例如，征地和拆迁补偿支出不低于土地出让收入的 20%；支农支出不低于土地出让收入的 15%，包括计提农业土地开发资金、补助被征地农民社会保障支出、保持被征地农民原有生活水平补贴支出以及农村基础设施建设支出；土地开发支出；国有土地收益基金支出；廉租住房保障支出；城市建设支出等。

（四）健全土地房产公共收费制度

加强预算外收费的清理工作，全面清理合并政府各部门涉及土地房产的各类收费，将必要的服务性收费标准化、规范化，取缔不合理收费。一方面解决现有土地房产收费制度中存在的部门和环节多、项目杂、标准不合理以及滥用公共行政权等问题，切实减轻业主的费用负担；另一方面为加大对土地相关税种的征收力度，新型房地产税的推行创造良好条件。实现土地收益全额预算管理，使得土地收益能获得充分的监督。

第十一章

规范银行土地信贷　拓宽地方政府融资渠道

第一节　规范银行信贷，建立金融风险防范机制

一、有效控制土地融资的政府债务风险

严格控制政府性质土地融资的范畴与规模，在利用土地杠杆融资、加快经济社会发展的过程中，防止土地融资风险倒逼财政，引发政府信用危机。一是按照谁举债谁负责的原则，区别不同情况积极稳妥地处理存量债务。二是继续推进融资平台公司的清理规范，坚决制止地方政府违规担保行为。三是建立规范的地方政府举债融资机制，实施全口径监管和动态监控。

（一）对抵押土地的范围进行界定

把政府储备土地行为限定为存量土地，禁止征用农村集体土地纳入土地储备范围，从而减少贷款所抵押的土地受国家土地政策的影响，同时中央政府要加强对地方政府土地储备机构的监督。

（二）建立地方政府资产负债总表，强化总量风险控制

积极对待各地政府融资平台偿债风险，由财政或相关金融监管部门牵头，逐步建立省和市县地方政府资产负债总表。将总收入和总支出等总量

结构指标纳入资产负债框架之内，保持地方政府资产负债率、政府贷款总量处于可承受范围内或公认警戒线以下，消除各界担心。

（三）建立地方政府投资建设预算制度

将各个地方政府土地出让收入、投资建设活动纳入预算范围，根据地方政府可支配收入变动，统一编制地方政府投资预算计划，包括来源与使用的统筹安排，加强地方政府总收入支出的透明度。

（四）建立国有土地收益权质押财政备案制度，对抵押的土地进行严格评估

凡是利用国有土地收益权进行质押贷款的，必须到财政部门登记备案，以切实掌握利用土地抵押进行融资的整体规模；及时对土地融资风险进行有效的评估和监控。一是要进行政策、法律上的合法鉴定，二是要进行抵押土地的价值评估，放款数量依据抵押土地的价值而不是政府的信用。

（五）建立政府债务预警制度

加快推进地方政府融资渠道透明化，建立完善地方政府债务发行、规模限额管理和预警机制，以财政为主体规范地方融资平台机制。对于政府债务负担超过一定程度的区（市）县，向有关银行、国土部门发出预警，对没有偿还原有贷款、改善负债状况的区县，停止办理国有土地收益权质押贷款。

（六）在地方财政部门内成立债务管理机构，专司政府性债务监管工作

在做好显性债务统计的同时，及时掌握全市土地相关政府融资规模和结构情况。

二、规范银行土地信贷

规范银行的信贷行为，解决银行在信贷投放方面的短期行为和盲目意识。加大金融体制改革力度，进一步加强对银行信贷工作的监管力度，确保银行在信贷投放方面不再出现向地方政府融资平台、开发企业过度投放

资金等现象。无论是土地储备中心、政府性公司还是开发区管委会的贷款，银行放款的依据应是作为抵押品的土地的评估价值，而不是政府背后的信用。

（一）建立土地融资信贷金融风险防范机制

加强金融监管，努力减少实施土地融资项目中的信贷风险。在土地融资信贷中，一定要把握好以下几个重要环节：

（1）在信贷项目论证阶段要查清有关土地的信息，以保证融资土地的合法性；土地利用现状是否符合土地利用总体规划、城市总体规划；土地使用权取得方式是否合法；有无抵押负担等。

（2）准确评估地价，审查是否存在虚假评估土地资产的情况。

（3）依法办理土地使用权抵押登记手续。根据《担保法》的规定，土地使用权抵押合同自登记时生效，不进行登记，该抵押无效。

（4）跟踪掌握该土地利用变化情况。对于闲置该土地的，或改变土地用途的，要及时采取相应的救济措施。金融监管部门要及时了解、掌握土地管理方面的重要政策，建立起国土、发改委、银行、金融监管、财政等部门互相沟通的联系机制，加强对土地市场风险的分析研究，为土地信贷决策提供准确依据。

（二）对房地产市场的金融信贷调控政策

差别化信贷政策：2010年9月29日，中国人民银行、银监会共同发布《关于完善差别化住房信贷政策有关问题的通知》（以下简称《通知》）要求，各商业银行暂停发放居民家庭购买第三套及以上住房贷款；对不能提供一年以上当地纳税证明或社会保险缴纳证明的非本地居民暂停发放购房贷款。对贷款购买商品住房，首付款比例调整到30%及以上；对贷款购买第二套住房的家庭，严格执行首付款比例不低于50%、贷款利率不低于基准利率1.1倍的规定。各商业银行要加强对消费性贷款的管理，禁止用于购买住房。对不认真执行差别化信贷政策的商业银行，一经查实要严肃处理。继续支持房地产开发企业承担中低价位、中小套型商品住房项目和参与保障性安居工程的贷款需求。

2010年11月3日，住房城乡建设部、财政部、中国人民银行、银监会联合印发《关于规范住房公积金个人住房贷款政策有关问题的通知》，对公积金贷款规范了差别化信贷政策：使用住房公积金个人住房贷款购买首套普通自住房，套型建筑面积在 90 平方米（含）以下的，贷款首付款比例不得低于 20%；套型建筑面积在 90 平方米以上的，贷款首付款比例不得低于 30%。第二套住房公积金个人住房贷款的发放对象，仅限于现有人均住房建筑面积低于当地平均水平的缴存职工家庭，且贷款用途仅限于购买改善居住条件的普通自住房。第二套住房公积金个人住房贷款首付款比例不得低于 50%，贷款利率不得低于同期首套住房公积金个人住房贷款利率的 1.1 倍。停止向购买第三套及以上住房的缴存职工家庭发放住房公积金个人住房贷款。

限购是 2010 年出现的房地产调控新举措："4·17"政策出台后，北京率先出台了限购令。"9·29"政策的出台，明确要求对房价过高、上涨过快、供应紧张的城市，要在一定时间内限定居民家庭购房套数。"9·29"政策出台后，包括深圳、上海、厦门等 15 个城市迅速跟进。

（1）提高首付比例，尤其是对那些房价上升过快、房价较高的城市以及以投资为主的购房者。信贷政策的调整是影响居民购房需求的重要手段，也是见效最快的。2010 年，信贷政策中首付比例及贷款利率的不断上调，提高了银行贷款的杠杆化购房的准入门槛，直接减少了支撑房地产市场的有效需求。2010 年央行六次上调存款准备金率、两次加息只是本次货币政策收紧的前奏，如果通胀继续，加息政策将会延续，进而对房地产市场造成一定的冲击。从加息对楼市的影响来看，其调控逻辑主要是通过调节开发商的资金成本、需求者的购房成本，来促进供应、压缩需求，从而使供求关系发生改变，从而达到稳定房价之目的。从加息的实质影响来看，其初期影响较小，主要是通过连续加息、作用累加后房价走势才开始明显逆转。

（2）对购房者的收入严格甄别并完善相关手续，如收入证明的核实、购房者的动产和不动产审核、增加第三方为购房者的还款担保，以及加重对购房者逾期不还款的惩罚措施。可以说，限购令是对投机需求的精确打击，一定程度上促使了市场投资投机气氛的下降，未来数月内一线城市成交量将明显回落。在本轮房地产调控尚未取得令人满意的效果之前，限购令很可能将长期执行。

第二节　开辟地方建设资金来源新渠道，
形成多元化城市公共投资机制

要减低地方政府谋求预算外收入的动机，就必须将现在的"投资性政府"变为"服务性政府"，形成多元化的城市公共投资机制，地方政府不再作为城市投资的主导者，只是作为公共品服务的提供者。地方政府可以引入"资本市场"，学习某些发达国家的经验，利用公共投资基金方式，循序渐进、积极稳妥地发展地方政府债券市场，逐步建立公开透明、管理规范、运行高效的地方政府举债融资计划。此外，地方政府还可以在基础设施建设上加强与资本市场的连接，探索市政债券、不动产资产证券化、基础设施信托计划等融资方式。总之，通过加强地方财政和金融建设，使地方政府融资多样化，建立长效的融资渠道，可以在一定程度上减少地方政府对"土地财政"的依赖。

一、原有融资渠道的再挖掘——政府担保或贴息的长期贴息贷款

从国际经验来看，政府担保或贴息的低息贷款一直是社会保障住房最主要的资金来源之一。如美国 20 世纪六七十年代通过联邦住房管理局保证的"利率可以减少到允许的最低限度"的贷款，大大地加快了"低租金的公共住房"的建设；在芬兰，截至 2003 年已建成的 83.2 万套供出租的住房中，有 43.6 万套是利用国家特殊住房贷款和国家给予利息补贴的住房贷款形式建造的，占总数的 52.4%；中国香港的公屋计划中也有相当一部分是由政府通过划拨资金、低息贷款等形式提供资助。但在我国，目前尚没有为保障性住房建设低息贷款的政策，而地方政府向银行申请贷款获取资金，需要付出的利息成本将大大超过保障性住房建成后的租金收入。虽然 2008 年 12 月 17 日央行和银监会联合出台了《廉租住房建设贷款管理办法》（以下简称《管理办法》），规定廉租住房贷款利率应按中国人民银行公布的同期同档次贷款基准利率下浮 10% 执行，但这实际上并没

有改变融资成本过高的现实，带有保障性质的租金收入与利息相差太远，基本无力承担还本付息重任。而且，《管理办法》还规定贷款的期限最长不超过 5 年，大大低于保障性住房动辄超过十几年的投资回收期。不过，目前我国正在试点的用闲置公积金建设经济适用房，这在性质上已经类似于低息贷款，因为公积金的资金成本远低于银行贷款成本。

二、利用公共投资基金方式，推动市政债券发行

公债是政府依据信用原则获取财政收入的一种特定方式，需要按期还本付息。地方政府公共产品和服务的提供，尤其是一些基础设施的建设具有长期性和连续性，因此可以考虑通过发行公债来为建设融资。通过发行地方债来增加保障房供给，进而降低公众对房价上涨的预期，这是地方自行发债改革的重大民生价值所在。以政府为主体发行的公债，具体又可分为中央政府债券（也就是一般的国债）和地方政府债券。当前发行地方债的问题体现在两方面：不同地区发债筹资的难度是否有利于区域均衡发展；地方借债已经通过银行体系把债务转嫁为中央银行金融稳定成本。显然，发债可以在额度上加以控制，且有利于专款专用；从发行价格看，中央应该替欠发达地区代发，但发达地区债券发行完全可以在银行间市场上随行就市。

2009 年政府工作报告中指出，国务院同意地方发行 2000 亿元债券，由财政部代理发行，列入省级预算。标志着中央政府对市政公债"有限开禁"，放松了地方举债权的限制。2010 年继续实施应对国际金融危机的一揽子计划，完成在建项目、加强薄弱环节、推进改革、改善民生、维护稳定等都需要增加投入。寻求市政公债作为合理融资渠道适应了宏观经济形势需要。2010 年政府工作报告中指出，要完善多层次资本市场体系，扩大股权和债券融资规模，更好地满足多样化投融资需求。

国务院批准上海、浙江、广东和深圳首批开展地方政府自行发债试点。财政部 2011 年 10 月 20 日公布的《关于印发〈2011 年地方政府自行发债试点办法〉的通知》指出，试点省（市）可以在本省（市）政府债券承销商中择优选择主承销商。上海市政府 2011 年 11 月 16 日首度自行发债 71 亿元之后，广东省也于 11 月 18 日发行了 69 亿元地方政府债券，

浙江省紧随其后，于 11 月 21 日发债 67 亿元。首批纳入地方政府自行发债试点的沪、粤、浙三地，密集发债总值超过 200 亿元。上海政府债券筹集资金将主要安排用于保障性安居工程、农村民生工程和农村基础设施、医疗卫生和教育文化等社会事业基础设施、生态建设工程。从上海招标结果看，虽然利率不高，但首发的上海地方债获得了市场追捧，三年期地方债的中标利率为 3.1%；而同时发行的 5 年期品种中标利率为 3.3%。利率低于财政部代发地方政府债近一个百分点，也低于同期国债发行利率，可见市场对于上海的财政状况、经济前景、信用水平高度认可。此次地方自行发债试点，对试点省市发债规模定额管理，额度由国务院批准。财政部代办还本付息，即中央财政还本付息，地方将本息及时缴入中央国库。目的就是为了防止地方不按期还款的风险，中央代办可以保证投资者利益，回过头来，中央可以对地方进行财政扣款。

（一）市政债券内涵及作用

市政债券（Municipal Bond），也被称为地方政府债券（State & local government bonds），是指地方政府及其授权机构或代理机构发行的有价证券，向公众公开筹集主要用于当地城市基础设施、公共安全和自然保护等公益性项目的建设，是地方政府筹措地方建设资金的一种手段。市政公债可分为一般责任债券（general obligation bonds，GOs）和收益债券（或收入债券 revenue bond）。一般责任债券是由地方政府未来全部税收作为偿债来源的一种债券。收益债券则是由所投资建设的基础设施项目按成本收取的使用费形成的收入作为偿债来源的一种债券。相对于一般责任债券，收益债券投资者能够根据所披露的项目信息判断收益担保债券的信用状况。[①] 市政公债作为公债体系的一部分，它是中央政府和地方政府划分事权与财权的必然产物。地方财政作为一级相对独立的预算，担负着为地方

① 对于一般责任债券，是以地方税收能力作为信用基础的，违约的情况极为罕见，本金和利息都能定期足额及时支付，因此也被称为"信息与信誉完备债券"（full faith and credit bonds）；这种债券以发行人（地方政府）的一种或几种方式的税收作为偿债资金，与各级政府的财政收入预算联系在一起，因此这些债券应该称为地方政府债券，其理论基础属于公债理论。对于收益债券，是地方政府的代理机构或授权机构发行，其偿还资金来源于投资项目的收益，与"地方政府"的预算没有直接关系；地方政府并不为此类债券的偿还进行担保，不是地方政府财政预算中的直接债务或者或有债务。详见《固定收益证券手册》第 175～184 页，[美] Frank J Fabozzi，人民大学出版社 2005 年版。

服务、合理有效地分配使用财政资金、促进地方经济社会协调发展的重任。但是，地方财政在预算执行过程中也会不可避免地遇到支出大于收入的问题；或由于地方基础设施建设项目急于"上马"，而政府财政收入又一时难以大幅度增长以满足其需要。在西方发达国家，市政债券是一种成熟的融资工具，已有 100 多年的发展历史，市政债券市场也一直是其地方政府为公共基础设施建设融资的来源之一。在市场经济较为成熟的美国，其市政债券的余额占 GDP 的比例已达到 15% ~ 20%。显然，市政债券的市场创新有助于我国经济和金融体系的稳定和发展。

1. 缓解地方政府财政困难

随着我国城市化进程的加快，城市建设资金需求缺口将长期存在，地方运用市政债券融资的愿望日益迫切，而当前我国宏观经济稳定、储蓄率高，也为市政债券创新提供了有利条件。允许地方政府发行债券，无疑缓解了地方政府财政吃紧的问题。地方政府可以根据地方人大通过的发展规划，更加灵活地筹集资金，解决发展中存在的问题。更主要的是，由于地方政府拥有了自筹资金、自主发展的能力，中央政府与地方政府之间的关系将会更加成熟，地方人大在监督地方政府方面将会有更高的积极性。

2. 完善债券市场结构

市政债券创新不仅有利于纠正股票与债券的比例失衡，也有助于优化债券市场结构。目前我国发行债券中金融债券占据很大比例，融资资金大都在金融机构中流动，较少涉及经济实体，难以有效推动实体经济的发展。近年来虽大力推进公司债券市场发展，但公司债的发展需要有健全的金融基础设施为支撑，且其安全性低于市政债券，现有金融基础设施尚不足以支持其大规模的发展。从国际经验看，具有较高信用等级的市政债券易受投资者欢迎，市场流动性较好。在美国，市政债券等涉及实体经济的债券在整个债券市场中占据了相当的规模。因此，市政债券的创新，较适合于我国现阶段国情，有助于推进我国债券市场的发展与完善。

3. 健全金融体系，降低金融风险

20 世纪末发生的东南亚的金融危机显示，债务融资过度偏向银行贷款不利于金融体系的稳定。因此，我国公共基础设施融资的主要渠道，应由银行贷款为主逐步转向债券融资为主。而市政债券及其他类型的债券的发展有助于弥补银行贷款占主体的融资体系的缺陷，分散金融风险，提升

金融体系的稳定和效率。

4. 优化市场投资组合

现阶段我国可供投资者选择的证券投资品种主要以股票、国债、企业债为主。市政债券创新，有助于丰富证券市场中的投资品种，为投资者提供安全性高、收益稳定的高质量债券品种，促进储蓄向投资的转化；有利于满足社会公众储蓄资金、保险资金、社保资金长期安全保值和稳健增值日益增长的需求；有利于缓解当前市场流动性过剩对股市的冲击。

（二）我国发行市政债权的制度条件与财政、金融环境

1. 宏观经济稳定，地方财政状况良好

首先，我国宏观经济一直呈现稳定增长的格局，各级政府特别是东部经济发达地区的城市政府的财政状况良好，政府财政预决算的监管机制正在逐步完善，政府税收增加，行政管理能力增强；其次，我国已初步建立起划分事权、财权、税收权的分级财政体制，举债权是分税体制下各级政府应有的财权，直接由城市政府发行市政公债，可以使得债务相关的权利和义务都归于地方政府，更能集中体现城市政府的作用，将地方政府的职责与资信直接相结合，是事权和财权的统一；还有，近年财政体制改革相继推出重大举措，特别是预算体制方面，推出了部门预算、国库集中收付和政府采购制度的系列改革，这些改革使预算外资金管理松弛现状得到改善，对规范和约束政府收支行为起到了积极有效的作用。

2. 逐步积累的债券发行和管理经验

我国已有多年发行国债、企业债券和金融债券的经验，许多地方政府已经运作了由所属市政公司通过银行借款、收费还贷的融资模式，积累了资本市场融资和"准市政债券"的债务管理经验。市政收益债券，作为介于一般责任债券和企业债券之间的一种债券形式，实际上已经广泛存在，通过特定政府机构（如市政建设公司）发行没有被禁止，而且在不断地扩大。1998年以来，我国的一些城市为了筹集市政建设资金，已经在企业债的名义下发行了一定数量具有准市政债券性质的债券，这些市政收益债券虽然变相以企业债券形式审批并发行，但是逐步积累了市政债券的发行管理经验。

1999年2月，上海市城市建设投资开发总公司发行5亿元浦东建设债

券，筹集资金用于上海地铁二号线一期工程；1999年4月，济南市自来水公司发行1.5亿元供水建设债券，为城市供水调蓄水库工程筹资；1999年7月，长沙市环线建设开发有限公司发行1.8亿元债券，筹资目的是长沙市二环线工程的建设；1999年11月，上海久事公司和上海市城市建设投资开发总公司分别发行了6亿元和8亿元企业债券，筹集资金全部投入上海市市政基础设施建设；另外还有2005年发行的"北京地铁建设债券"；2007年11月20日，南京城市建设投资控股有限公司下属的南京公用控股有限公司，通过国务院审批，发行了10年期的"水环境整治专项债券"，票面年利率5.7%，获得18.5亿元的资金募集；2008年我国首个污水债券在山东诸城诞生，之后以其为模板的污水债试点也正在其他城市陆续展开。

3. 金融市场稳步发展

我国金融市场中介机构参与企业债券市场的意向越来越高，利率市场化改革有条不紊地推进，基准利率形成机制正在改革和形成之中，为债券市场的发展奠定了比较好的市场基础。同时，在我国国债发行规模扩充空间不大的情况下，发展市政公债将使国民应债能力得到充分释放。目前，相当规模的居民储蓄存款有能力转化为对市政债券的稳定需求。每年我国新增存款超过10000亿元，年平均增长18.8%，这一方面是由于我国经济的高速增长、居民收入增加较快，但另一方面也部分因为我国居民可投资金融资产较为单一，市政公债的推出必将受到欢迎。国内金融机构（尤其是商业银行）资金充沛，证券投资需求稳步上升，在我国当前投资工具匮乏的市场状况下，市政公债的产生无疑为高额储蓄找到了出路。所以开辟市政公债市场无疑将是今后资本市场发展的重要方向，也是资本市场功能开发的实质内容。

三、我国市政债券市场基本架构

借鉴美国市政债券市场以及国内债券市场的运作经验，我国市政债券市场基本框架应当考虑以下因素。

（一）功能

在美国债券市场上以发行主体划分，有国债、市政债券、政府机构债券、公司债券四种，分别为中央政府、地方政府、中央政府的直属机构、企业服务。而在我国资本市场上，地方政府以及中央政府的直属机构没有相应的金融工具可以运用，因此笔者认为，我国的市政债券市场不仅要为地方政府以及地方公用事业建设服务，同时也要为中央政府直属机构中从事公用事业建设的机构、为全国性的公用事业建设服务。在我国资本市场，市政债券应当作为风险极小、收益适中的金融资产而拥有自己的投资群体。

（二）发行人及品种

由服务于公用事业建设（包括全国性公用事业建设项目和地方性公用事业建设项目）的功能定位所决定，市政债券的发行人应当界定为从事公用事业建设的中央机构（如铁道部、交通部、国家电力公司、三峡总公司等）、地方政府、地方政府中从事公用事业建设的机构（如各省交通厅、公用事业局、电信局）、从事地方市政建设的公司。其中只有有财政税收收入的地方政府可以发行一般责任债券，其他主体只能发行收入债券。为控制风险，在创建的初期可以考虑以下手段：严格限定发行主体，如地方政府限于省、市两级，地方政府机构限于省级；为控制地方政府的债务规模，可以严格限定一般责任债券的数量，甚至可以暂时不发展一般责任债券这一品种，而着重收入债券的培育，直接为公用事业项目建设服务；在收入债券的培育初期，可以考虑优先发展双重保证债券的方式（即首先由项目的收益作为偿债资金的来源，在项目的收益不足的情况下再由地方政府及其相关机构补足），以塑造市政债券的良好形象。

（三）投资者及税收政策

一个成熟的资本市场应当有大量机构投资者参与其中，因此要培育市政债券市场，必须引进机构投资者。基于市政债券的优良资质，应当允许政府、银行、保险、基金等机构购买，并让上述机构成为市政债券市场的主要投资者之一，同时允许市政债券对上述机构进行定向发行。当然，广大居民特别是当地居民应当是市政债券的主要投资者，从而使市政债券发挥利用民间投资为公用事业建设服务的功能。基于公用事业对经济发展以及人民生活的重要意义，市政债券的利息所得免缴所得税是各国通行的做法。我国市政债券的利息也应当免缴所得税：个人投资者免缴个人利息所得税，机构投资者在计算应税收入时允许扣除市政债券利息所得。

（四）监管部门

在美国注册制的管理体系中，市政债券属于豁免注册的证券品种，因此市政债券的监管主要是二级交易市场的监管。市政债券的监管机构是美国证监会（SEC）及其下属的市政债券规则制定委员会（MSRB）。由于市政债券属于豁免证券，美国证监会极少直接干预市政债券市场，而主要通过市政债券规则制定委员会来实施监管。市政债券规则制定委员会是根据《1975年证券补充法》组建的，从事规范市政债券承销商、经纪人活动的自律团体。委员会由5个证券公司代表、5个银行代表、5个公众代表组成，负责起草行业行为规则提交美国证监会审核批准。在我国，审核制将持续较长的一段时间，因此市政债券的监管体系将完全有别于注册制。基于国家发改委在我国基本建设安排中的关键作用以及多年债券监管的经验，笔者认为，我国市政债券发行的监管主体应为国家发改委；而市政债券交易监管应由证监会通过对券商和交易所的管理来进行。长远来看，以国家发改委为主体，吸收证监会在证券交易监管方面的经验，联合组建市政债券监管委员会是一个合理的选择。根本上，透明公开是最有效的监管手段，涉及债务用途、使用、还款来源、程序以及该政府财务的透明。

（五）二级交易市场

没有二级交易市场的支撑，市政债券无法快速健康地发展。在美国，债券交易有交易所交易和场外交易两种，但主要通过场外柜台交易市场（OTC）来进行。我国目前企业债券的二级交易市场极为薄弱，少数债券在交易所上市交易，而柜台交易市场几乎没有，企业债券几乎成为了储蓄债券。我国市政债券市场的创建，应当包括发行市场的创建和交易市场的筹建两大块。市政债券的交易市场应当交易所交易和场外交易两种并举，在明确信息披露责任的基础上，尽可能地安排市政债券在交易所挂牌交易；同时利用当前网络发展的大好时机，鼓励市政债券交易商开展网上交易、逐步创建全国统一的市政债券交易网络。

四、市政债券配套的法律依据及约束机制

《贷款通则》规定："借款人应当是工商行政管理机关（或主管机关）核准登记的企（事）业法人、其他经济组织、个体工商户或具有中华人民共和国国籍的具有完全民事行为能力的自然人。"地方政府不符合借款人定义，直接向银行借贷是行不通的。

《预算法》规定："中央政府公共预算不列赤字"；"地方各级预算按照量入为出、收支平衡的原则编制，不列赤字"；"除法律和国务院另有规定外，地方政府不得发行地方政府债券。"从字面分析，法律只限制了市政债券的形式，并没有禁止地方政府负债的内容。地方政府预算如果是指总预算，那么市政债券也就无从谈起；如果仅指公共预算，那么就为市政债券预留了空间。

《担保法》规定："国家机关不得为保证人，但经国务院批准为使用外国政府或者国际经济组织贷款进行转贷的除外。"地方财政对债务提供担保也是被禁止的。因此，我国一些公用事业建设项目在得到债券发行额度以后，因为没有合适的担保而无法成功发行，这种情况占国家计委批准额度的1/5左右。如果地方政府或政府部门可以为公用事业项目发行债券提供担保，就可以成功地促进这类公用事业债券的发行。

《破产法》规定，可以申请破产的只有企业法人。因此，对于企业的债务，国家有足够的理由，让投资者自己承担其风险。但是对地方政府，既然不允许其破产，那么中央政府必然要在适当的时候对其进行悉心的"照顾"。

我国至今仍没有确定的市政公债制度体系，其发行、流通、运营和偿还政策均是借用国债、信托产品等的法律法规。我国现行法律的相关规定对发行市政债券都缺乏法律依据，目前，地方自行发债试点办法在各个环节上对风险进行了限制，也从事前防范的角度作了安排，但防范完全依赖于中央政府的权威，对借款人的财政纪律、法律保护、投资者利益的保护、预算透明度的提高、人大的作用、违约后的责任分担都没有明确的规定。因此，可以说现在试点所依靠的实质是中央政府的公信力推动。可以考虑尽快制定和出台我国的《公债法》，首先允许地方政府发行市政债券，

为地方政府增加财政收入来源，缓解地方政府城市建设发展资金短缺的矛盾；还应包括赋予地方政府发债融资权、规定资金用途、限制发债规模、信息披露和信用评级要求等方面。

（一）限制发债规模，规定资金用途

市政收益债券以特定项目收益作为偿还债券本息的保证，但投资项目的现金流，在未来时期的不确定性相当大，与多种因素相关，如宏观经济（或全球经济）波动、地方经济状况变化、宏观体制和政策调整、投资项目的管理以及自然和社会因素等，都可能给项目现金流带来难以预料的影响。一旦出现市政收益债券违约的情况，地方政府难以置身事外。因此，对地方财政而言，市政收益债券构成地方政府的"或有负债"，地方财政负有承担全部或部分风险的连带责任。这种连带责任是否真正需要履行，取决于市政收益债券在发行、使用和管理等各个环节的风险大小，这些环节的风险与地方财政风险是密切相关的，实际上构成发行市政收益债券引致地方财政风险的来源。发行时必须严格测算融资缺口，按照"缺口补给式"的原则来确定债券的发行量。同时，对于发债后资金的分配、使用以及项目运营收支等国家必须进行严密的监督，以确保筹集的资金都能真实地运用到保障性住房建设中去。

（二）编制债务预算

每年地方政府财政部门都要按时编制地方债务预算，对当年公债发行总额、用途、期限、利率、推销方式等作出详细的说明，经本级人代会批准后，报中央政府，接受监督管理。同时要建立风险预警机制，指定风险控制指标，一旦超出安全范围，立即采取有效措施排除或降低风险，当然要使得各种风险控制指标具有可信度，前提必须保证财政预算管理制度的透明度。另外，要协调好市政公债与国债的关系，实行中央政府发债优先制：一是发行时间优先（每年在大批量的国债发行之后，发行市政公债）；二是发行条件的优先（市政公债利率只是略高于国债利率），以保证国债的顺利发行，不影响国家宏观政策目标的实现。最后，为防止滥用市政债的行为，市政债券收入应纳入地方预算体系进行管理。

（三）信用评级制度

地方政府自发债券是一把"双刃剑"，有优点也有风险，尽管市政债券部门存在许多不同种类的信贷，其支撑形式也多种多样，市政债券市场爆发系统性风险的可能性非常小。随着投资者对曾被视为"安全"的公共部门的风险予以更全面的关注，对市政债券市场的审视力度也有所增强。欧元区的债务危机突显出，即便是政府债务也存在信用风险，而且政府的信用对于市场信心至关重要。信用问题在"通常被视为避风港"的债券市场浮现，有可能引发信心危机，其影响或将波及更大范围的体系。地方政府举债水平如果与经济发展、财政收入不相匹配，导致信用损失，将会造成巨大风险。因此，按照规范的证券市场运作方式，发行债券必须进行信用评级，以评估债券的投资风险和信用水平。地方政府自行发债也应建立一定约束机制，考虑培育有资质的权威机构给地方债做信用评级，防止过度负债等问题，具体包括：（1）聘用权威性资信评估机构。债券市场的有序发展依赖于权威性商业评级机构的资信评级，更为重要的是，资信评级是一种"信号甄别"与"信号传递"机制，投资者的信息不对称，可以借助债券评级大大改善，从而根据风险与收益比较进行投资决策。而我国大部分评级机构是以银行为主体，或以银行为依托建立起来的，这样容易造成资信评级的信息扭曲，影响投资者与交易者的决策行为，造成债券市场价值与真实价值的偏离，将削弱债券市场有效性。因此，市政公债市场建立之初，可以考虑引入国外评级中介，以适应中国债券市场国际化问题。（2）评价市政公债时，要结合当地人均债务、债务收入占地方财政预算的比例等指标，分析市政部门当期财务状况和税收增加能力。同时，还要考虑担保对债券级别的影响。（3）应逐步建立债券动态评级跟踪机制。我国债券发行常常是一评定终身，没有重视资信评级的"持续信号传递与显示"机制。债券动态评级具有信息增加的作用，特别是在我国债券市场发展初期，债券资信动态评级制度是非国债市场规范发展的重要前提，可以为政府监管债券市场提供监管中介指标，通过调控债券资信等级结构的调整，有利于债券市场基准利率的形成；为投资者提供一种"信号显示"机制，减少信息不对称情况。

（四）信息披露制度

在市政公债方面，信息收集和整合，以及持续的披露信息和连续的分析报告，对于专业投资者至关重要。加强市政公债运用的透明度和规范性，应成为我国防范市政公债信用风险的基本原则。在市政公债发行过程中和发行后，对于要披露什么信息、披露的时机等，我国监管部门应有合理的规定，如果地方政府不遵守信息披露规定，监管部门应有足够的权力和手段去纠正地方政府的行为。以美国市政公债监管规定为例，公开发行的市政公债一般要通过正式的官方声明来公布地方政府的责任和义务。市政公债上市前后要经有资格的审计机构对发行人的财务状况、债务负担、偿债能力等出具意见。对于收益债券，需要对项目的盈利能力进行考察，预测现金流和偿债能力。同时，所有公开发行的市政公债都要聘请一名国家认可的"债券律师"或"独立律师"，由其对发行的合法性、免税待遇等出具法律意见，以保证市政公债有关合同的可执行性。

（五）实行债券保险制度

债券保险能够大大降低市政公债购买者的风险，而且债券保险不会产生负面的效率激励效应。在引入债券保险时，市政当局必须为保险付费，保险公司有专门人才去判断地方政府债券所对应的项目中的风险状况，风险越大，市政当局为获得保险所支付的费用越高。经常地，保险公司会告诉市政当局如何进行项目重组以减少经济风险。我国可以单独建立国有、合资的债券保险公司，也可以在现有的财产保险公司下开展债券保险业务。在承保方式上，由于我国保险业发展较晚，运作经验还不够充分，所以可以首先开展市政公债一级市场的承保，也就是市政公债发行之前对市政公债进行承保。通过这些保险公司的介入，进一步降低市政公债的风险。

第三节　启动政策性金融杠杆，增强政府多元化融资能力

要避免由于土地金融杠杆所带来的财政金融风险，必须解决好地方政府的融资渠道建设问题，启动政策性金融杠杆。以保障房建设为例，与我国多

数城市较低的租金房价比,在公共租赁房或廉租房市场投入的资本难以达到合理收益率。加之中低收入群体偿付能力有限,即使出现信贷违约,银行也面临资产处置方面限制,这使得金融机构同样缺乏参与保障性住房建设积极性。国际上,保障性住房建设主要通过政策性金融创新推动市场化资金参与。政府并不充当保障性住房建设投资主体,而是通过税收优惠、税收返还、利息补贴、增信担保等方式提高保障性住房开发和运营收益率,使其达到市场化运营下的合理风险收益水平,从而吸引民间资本进入,最终投融资主体仍由地产企业和金融机构充当。政策性金融杠杆的启动,有利于建立适合国情的保障房融资及流动体系,实现保障性住房市场可持续性发展。

一、资 产 证 券 化

所谓资产证券化,根据美国证券交易委员会定义,是"将企业(卖方)不流通的存量资产或可预见的未来收入构造和转变成为资本市场上可销售和流通的金融产品的过程。在该过程中存量资产被卖给一个特设交易载体(Special Purpose Vehicle,SPV)或中介机构,然后 SPV 或中介机构通过向投资者发行资产支持证券(asset-backed securitization)以获取资金。"众所周知,政府一些公共产品和服务的提供,例如保障性住房在建设期间占用资金量大,投资回收期长,但同时建成后却能够形成相对稳定和连续的现金流。这种风险的集中性和收益的分散性为财政紧张的地方政府带来了很大的资金压力。为缓解压力,政府可以考虑通过资产证券化的方法,将保障性住房未来若干年内的租金收入的收益权作为基础资产,发行资产支持证券,将数量庞大的沉淀资本转化为具有流动性的资金,从而缓解地方财政紧张与保障住房供给压力重之间的矛盾。资产证券化是一个涉及面广、参与主体众多、交易关系复杂的结构型融资业务。作为一种创新的金融工具,已经广泛地用于基础设施项目建设的融资方案中。2005 年,我国出台了《信贷资产证券化试点管理办法》以及《金融机构信贷资产证券化监督管理办法》来规范我国资产证券化的发展,但现有的法规也仅限于信贷资产证券化,对于不动产证券化则没有相关的法律条文。在实践中进行不动产证券化的尝试可能将面临着税收、产权、监管等多方面的难题。

从 1992 年的三亚地产投资券开始,我国大陆已陆续出现效仿证券化原理进行的结构性融资设计。① 由于银行"短存长贷"的经营特点和满足资本充足率的监管要求,信贷资产是最早进行证券化运作的资产类型。为贯彻落实《国务院关于推进资本市场改革开放和稳定发展的若干意见》,扩大直接融资比重,改善商业银行资产负债结构,促进金融创新,2005 年 3 月 21 日经国务院批准,国家开发银行和中国建设银行信贷资产证券化试点正式启动,由信托公司组建信托型 SPV 并在银行间债券市场发行资产支持证券(ABS)。根据 2005 年 4 月中国人民银行和银监会公布的《信贷资产证券化试点管理办法》,② 笔者将其运作流程简化为图 11 – 1。证券化使得融资方式从传统的借款人信用向资产信用转移,融资者可以直接将被证券化的金融资产的未来现金流收益权转让给投资者,但被证券化资产的所有权则不一定完全转让。

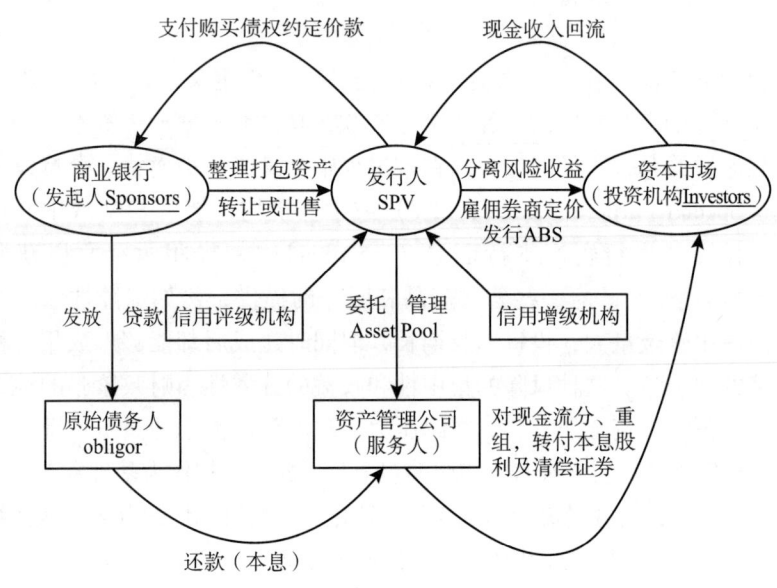

图 11 – 1 资产证券化流程示意图

---

① 详见北大经济学院何小峰《资产证券化理论及其在中国实践——对中国一个早期案例的研究》;以及北大法学院洪艳蓉《国内资产证券化实践述评与未来发展》,以 1992 年三亚地产投资券和 2003 年华融资产管理公司不良资产信托项目为例,归纳、评述国内十几年来证券化的实践探索。

② 《信贷资产证券化试点管理办法》指出:"银行业金融机构作为发起机构,将信贷资产信托给受托机构 SPV,由受托机构以资产支持证券的形式向投资机构发起受益证券,并以该财产所产生的现金支付资产支持证券的收益。在此基础上,受托机构又将其处理信托事务的职责分别委托给贷款服务机构、资金保管机构等,从而保证妥善管理贷款并按约定分配贷款本息。"

实现政府特定经济社会目标，应当考虑适时的税收优惠政策。对于金融资产支持证券，这种新型的结构化金融产品，培育起成熟的投资群体是相当重要的。中国自信贷资产证券化试点以来一直面临尴尬的境地：一方面国务院及央行、银监会、证监会等监管部门积极推进金融资产证券化试点，而从证券化产品的需求方来看反应却十分冷淡，已发行的 MBS、ABS 等产品在二级市场的流动性普遍较差，交投不活跃。再加上美国由于大量证券化高违约风险的住房抵押贷款，一连串金融危机所引发的"蝴蝶效应"给证券化在中国的推行蒙上了又一层疑云。

基于中国金融业发展的形势和国家社会经济总体发展战略，可以考虑区别地给予投资者税收优惠激励，根据拉弗曲线所解释的税率与税收收入的倒"U"形关系，对金融部门和其创新的金融产品课以低税不仅可以提高资本市场的运行效率、优化我国金融资产结构，还可以进一步扩大税基，带来税收收入的"希克斯改进"，即以较小的损失换取较大的收益。比如政府对经济发展有重要的外部正效应的公共设施投入方面的资产证券化，受托机构从其受托管理的信贷资产信托项目中取得的贷款利息收入，在一定期限内，可给予暂免征收营业税的优惠。然而，对于商业银行因自身监管运营不利而产生的不良债权，显然不能用纳税人的钱为商业银行自身的风险买单，进行证券化时不宜给予过多优惠。以 MBS（住房抵押贷款证券化）和特定 ABS 为切入点予以税收支持，各国政府最初推进 MBS 大体都是基于解决社会低收入群体的住房问题这一公共政策目标。我国也可以结合国家近期推出的针对中低收入者的保障性住房体系建设，通过 MBS 的创新与制度安排，使得低收入人群能够更容易获得居住的基本权利。从另一方面讲，对 MBS 过程中所涉及纳税主体进行税收优惠，实际上间接表现出税收的公平原则。

二、专项资产管理计划

根据 2003 年 12 月 18 日中国证监会第 17 号令《证券公司客户资产管理业务试行办法》的规定，符合条件的证券公司可以募集、设立及管理专项资产管理计划（以下简称专项计划），通过该计划募集到的资金可以用于购买不超过基础资产预期收益的收益权，计划份额持有人可以按照持有的份额比例获得收益权产生的现金流。专项计划符合一定条件的可以申请在上海或者深圳证券交易所的大宗交易系统办理计划份额的转让业务。实际上，专项计划也是一种特殊的资产证券化，它同样能够使原始权益人把固定资产变成流动的资金，加快资金回笼的速度，从而用有限的资金来建设更多的项目。因此在保障性住房建设中，考虑通过专项计划来融资也具有重要的现实意义。事实上，国内有些地方政府已经通过专项计划来为基础设施建设融资，包括在深圳交易所挂牌转让的莞深高速公路收费收益权专项计划以及华能澜沧江水电收益专项计划。值得注意的是，专项计划与资产证券化的差别在于专项计划的基础资产并未做到完全的风险隔离，当原始权益人进入破产程序时，或者被兼并收购而丧失独立的法律实体地位时，专项计划的收益分配可能也会受到影响。因此通过专项计划融资的成本可能会高于资产支持证券，从而加重地方财政的负担。但鉴于专项计划在国内已有可循的成功案例，在目前不动产证券化相关法律法规以及税收安排还不完善的情况下，通过专项计划来为保障性住房融资不失为缓解地方政府财政压力的一个很好的选择。

三、"建设—经营—移交"（BOT）制度创新

BOT（Build-Operate-Transfer）是指政府通过契约的形式允许民间资本承担某项基础设施或工程项目的设计、融资、建设和维护，并获得在一定时期内的特许专营权，准许其通过向用户收取费用或出售商品来清偿建设贷款，回收投资并获取一定的利润；在特许期届满时，民间资本应将其经营的基础设施或工程项目的所有权无偿地移交给政府。BOT是近几十年来国际上较为流行的一种吸引民间资本直接投资的融资方式，其最大的优点就是改变了传统的依靠政府自有财政资金全权负责基础设施建设的模式，使得政府在财力有限的情况下，通过借助民间资本的力量，依然可以为社会提供需要的公共产品。BOT的这个特点可能会有助于解决大型公共基础设施建设资金匮乏的问题。一方面，由民间资本来建设保障性住房可以解决政府一次占用大量资金的难题；另一方面，政府每年只需支出相当于租金与市场收益率之间缺口的现金流，而在特许期结束后就能获得所有权。同时公共基础设施在建成后能够提供较为稳定的现金流，而其中政府补贴

所占比重较大，现金流波动的风险很小。因此，通过适当的政策安排，完全有可能吸引民间资本通过 BOT 的模式参与到建设中去。当然在使用 BOT 融资方式中，还需要考虑到民间资本自身的财务风险，以及项目建成后所有权归属等问题。以政府保障性住房建设为例，由于保障性住房的保障性，在项目的运营阶段，应由政府承担保障性住房入住资格认定、租金标准确定、租金物业管理费缴纳等方面的责任，而民间资本则负责保障性住房的物业管理、设备维修以及配套商业设施的运营。地方政府在使用 BOT 方式时，应注意为民间资本提供的优惠措施，以吸引民间资本的参与。同时为了减小项目的风险，政府也可以考虑以土地入股的方式，对 BOT 融资方式进行灵活运用。

四、房地产投资信托基金（REITs）

近年来，随着居民住宅消费需求的快速上升，我国的房地产行业进入了一个高速发展时期。但我国房地产企业的主要业务还集中在房地产开发阶段，而国外房地产业已成为标准的第三产业，房地产金融和服务业务大大超过建筑业务。我国房地产业与银行业高度依存，从严格意义上说，我国目前只有房地产信贷，没有专门针对房地产的多元化房地产金融。以银行贷款为主的房地产融资结构向多元化发展，这不仅可以防止房地产业对银行资金的过度依赖，还将防止房地产市场风险向银行系统转移。在"后危机"世界经济进入深度调整的大环境下，我国国务院金融"国九条"和"金融30条"，都强调加快建设我国多层次资本市场体系的步伐。然而，到目前为止，我国尚未有真正意义的信托形式房地产投资信托基金（Real Estate Investment Trusts，REITs）[①] 出现，而高度集中的贷款投向都使房地产融资风险集中于商业银行。相对而言，我国房地产相关金融产品开发较为滞后，必须先期研究以房地产投资信托基金 REITs 为代表的房地

---

① 第1960 年《美国国内税收法案》第 856～859 条将 REITs 界定为"有多个受托人担任管理者，并拥有可转让受益权益份额的非公司型组织（unincorporated association with multiple trustees as managers and having transferable shares of beneficial interest）"，见 US 1960 Internal Revenue Code，See. 856（a）。规定满足一定条件的房地产信托投资基金可以免征所得税和资本利得税，通常所谓美国不动产投资信托法就是指这些条款及其陆续修订。

产证券化金融产品的制度安排和税收政策，从而提高其收益性成长性和流动性。

国际金融危机后我国决策层正在整顿完善金融监管体系，对房地产相关的金融产品的推进比较谨慎；同时也存在看基金运作过程中的双重征税问题。笔者认为，在未来 REITs 试点中，可以充分借鉴我国信贷资产证券化的试点经验，在以信托模式为主构建的 REITs 交易结构中，受托人和投资管理人等不同参与主体，应尽量避免由于部门利益分割而导致 REITs 产品交易结构的不完善。

美国拥有发达的全球资产信托市场，无论在资产规模、收益率以及市场占有率等多方面均遥遥领先，具有明显的示范效应。美国 REITs 的设立首先必须符合美国 1933 年的《证券投资法》和各州的相关法律，税法是规定着 REITs 能够享受税收优惠的一些主要条件。1960 年，美国创设 RE-ITs 的最初动机是借助信托作为利润传递实体，规避当时州法禁止公司以投资为目的持有不动产。随后这种做法就逐渐成为公司规避企业所得税的重要手段。根据美国 1960 年《国内税收法案》和《房地产信托投资法》，REITs 实行被动式管理，即委托独立第三方机构管理，且只能以商业信托或协会形式注册。REITs 实际上仅仅是一个持有物业的资产组合；并且将REITs 严格界定为封闭式投资实体。因此，在美国 REITs 发展的最初 30 年相当缓慢。据上述，笔者认为，一是 REITs 仅限于持有房地产，而其运营或管理则需要委托独立的第三方，这其中就隐含着第三方管理者的利益与REITs 持有者的不一致，从而产生较高的代理成本；二是早期美国税法条款有利于避税，例如，允许业主利用房地产折旧来合理避税，使得 REITs政策优势没有凸显。

美国 1986 年《税收改革法案》（Tax Reform Act of 1986），根本改变了 REITs 的投资视角。首先，法案取消了投资者可以将 REITs 的损失直接冲抵其应纳税所得的规定，还包括限制利息扣除、延长房地产折旧年限和限制"账面损失"，降低了 REITs 的抵税作用，彻底减少了传统房地产企业谋求避税的可能，使得 REITs 房地产投资的目标必须具有良好的经济效益。另外，美国还改革独立承包条例，不但允许 REITs 持有房地产，还允许其直接经营和管理收益型商业地产，为其拥有项目的客户（租户）提供服务，这种内部资产管理使得 REITs 持有人和管理人利益趋向一致。美国

1990 年后 REITs 迅猛发展最重要的原因是，UPREITs① 等模式创新以及法律允许 REITs 通过纳税子公司经营非收租类业务，规避了普通资产转让需要缴纳的高额所得税，为投资者提供了最低成本的退出渠道，使得 REITs 的成长性进一步提升。1993 年，美国国会又开放了养老金对 REITs 的投资限制②，赋予养老金，外国投资者等税收优惠这样拥有巨额资金的机构投资者得以进入 REITs。综上，从美国 REITs 创立和演变来看，税收优惠是主要驱动力，而相关税法演变是决定 REITs 结构、组织、投资范围、收益分配等发展和演变的主要因素。

政府的政策鼓励，使得 REITs 能吸引到更多的投资者。房地产业作为 REITs 发展的"基础"行业，随着我国国民经济发展和人民生活改善，已成为经济的主导产业之一。它对我国未来房地产投资建设的资金需求量是非常大的。看来，用公开发行受益凭证的方式设立房地产信托投资基金，是我国房地产直接融资的方向和可持续发展的模式，也是解决房屋租赁市场投资来源的重要融资方式。John l. Dlascock，David Michayluk，Karyn Neuhauser（2004）经过对 1997 年 10 月美国股市大跌的研究发现，REITs 具有低风险（低 beta 系数）特点。③ 基于 REITs 产品本身的派息稳定、风险较低的特征，以及机构投资者取得投资收益环节不存在重复纳税问题，我国政府有关部门可逐步允许社保资金、保险资金、企业年金、证券投资基金、银行理财产品等大的机构投资者参与投资 REITs 产品。

政府主导设立的 REITs，通常是为了实现国家和社会的公共利益，营利性相对较弱。在各国税法中，大都给予这些 REITs 存续环节及其收益的特殊税收优惠或减免政策，鼓励广大投资者积极投资，从而扶持和促进社会公益事业发展。另外，大国政府一般都持有庞大的物业，可以通过 RE-

---

① 上市 REIT 通过下属合伙制实体（伞形有限合伙制实体）拥有物业，出租并收取租金。REIT 先发行 UPREIT 合伙权益来交换拟收购资产，这种合伙权益可按比例转换为上市 REITs 的股份，并在公开市场上套现。即原物业持有方规避高额的资产转让所得税，并与 REIT 分享这一利益，可以降低物业出让价。另外，REITs 可以成立一个或多个纳税子公司，从事房地产开发、维护、管理等增值服务，还可能从事有线电视等服务。

② 由于原先存在 5/50 规则的人数要求，限制了养老金对 REITs 的投资，《1993 年综合预算调整法》（Omnibus Budget Reconciliation Act of 1993）允许按退休金持有人来计算投资人数，只要求满足股东人数在 100 个以上的规定。

③ 实证数据证明 1997 年 10 月 27 日美国股市大跌中，REITs 证券下跌的幅度仅是其他证券下跌幅度的一半。

ITs 改持有为租赁，帮助政府融资，提高管理效率。以作为美国最大的写字楼持有者之一的波士顿地产公司为例，其最大承租方就是美国政府。我国政府有巨大的不动产，由于不能抵押、经营，使用效率低，可以考虑将这些作为 REITs 的基础资产加以运用。这可以缓解目前一些在建项目的融资问题，首当其冲的就是保障房资金投入。目前，我国政府正在进行大规模的保障性住房建设，可以设立公益 REITs，试点收购和持有中低收入居民经济性租赁住房。由于将收益率相对较低的政府保障性租赁住房纳入到 REITs 试点中，此时需要把政府用于解决中低收入居民住房问题的资金（土地出让金、保障性住房"补砖头"的优惠政策等）整合起来，并辅以一定比例高租金收入的社会投资和经营性公建项目，以便平衡租金收入，达到一定的社会政策目标。我国香港于 2004 年 12 月推出的领汇基金（Link REIT）就是一个很好的先例，其基础资产为香港公营机构房屋委员会下属的商业物业，领汇的设计结构和程序都是国际化的标准的契约型封闭 REITs，以信托计划（或房地产地产公司）为投资实体，由房地产管理公司和信托管理人提供专业服务，是中国内地未来以基金公司发起 REITs 路径的重要参照。因此，我国税法应体现税收政策意图，对信托公司公益或社会保障性质的 REITs 品种作出详细规定，在公益信托运营中免征印花税、营业税、房产税、契税，并给予土地增值税、所得税优惠等政策。

参 考 文 献

[1] Allen, Thomas F. 1977. REIT Provisions Substantially Changed by TRA. Journal of Taxation 46 (Feb.): 114 – 20.

[2] Bahl, R. and J. Linn. Urban Public Finance in Developing Countries, Oxford University Press, New York. BIRD, R. (1992), Tax Policy and Economic.

[3] Barro, R. 1990. Government Spending in a Simple Model of Endogenous Growth. Journal of Political Economy, (98): 103 – 125.

[4] Besley, T. and A. Case. Incumbent Behavior: Vote-seeking, tax-setting, and Yard Stick Competition. American Economic Review, 1995, (85): 25 – 45.

[5] Bird, Richard M. and Robert D. Ebel and Christine I. Wallich (eds.). 1995. Decentralization of the Socialist State: Intergovernmental Finance in Transition Economics, chapter 1, Washington, DC: The World Bank.

[6] Blanchard, Oliver and Andrei Shleifer, Federalism with and without Political Centralization: China versus Russia. IM F Staff Papers, 2001, Vol. 48: 171 – 179.

[7] Breton, Albert. Competitive Governments: An Economic Theory of Politics and Public Finance. Cambridge. Cambridge University Press, 1996.

[8] Cao, Yuanzheng, Yingyi Qian &B. Wingast, 1999, From Federalism, Chinese Style, to Privatization Chinese Style, Economics of Tmmition (10): 12 – 23.

[9] Case, A. C. , H. S. Rosen and J. C. Hines. Budget Spillovers and Fiscal Policy Interdependence: Evidence from the States. Journal of Public Economics, 1993, (52): 285 – 307.

[10] Charles M. Adelman. New FASIT Regulations Pose Hurdles for Securitization Industry. International Financial Law Review. London: May 2000.

Vol. 19, (5): 13 - 15.

[11] Conlon, Steven D; Kennard, Alan L. FASITS: New Tax Rules for Asset Securitization. Tax Management Memorandum; Dec 23, 1996; 37, 26; Academic Research Library pg. S381.

[12] Damodaran, Aswath, Kose John, Crocker Liu. The Determinants of Organization from Changes: Evidence and Implication from Real Estate. Journal of Financial Economics, 1997, (45): 169 - 192.

[13] De Alessi, Louis, Implications of Property Rights for Government Investment Choices, American Economic Review, Volume59, 13 - 24, 1969.

[14] Feldstein, M. S. The Surprising Incidence of A Tax on Pure Rent: A New Answer to An Old Question. Journal of Political Economy, 1977 (85): 349 - 360.

[15] Follain, James, and Jan K. Brueckner. 1986. Federal Income Taxation and Real Estate: A Survey of Tax Distortions and Their Impacts. Working Paper, Office of Real Estate Research, University of Illinois.

[16] Gary C. Sanger, C. F. Sirmans, Geoffrey K. Turnbull. Land Economics, Vol. 66, No. 4 (Nov. , 1990), pp. 409 - 424. The Effects of Tax Reform on Real Estate: Some Empirical Results.

[17] Gyourko, Joseph, and Todd Sinai. 1999. The REIT Vehicle: Its Value Today and in the Future. Journal of Real Estate Research 18.

[18] Howe J, Shilling J. Capital Structure Theory and REIT Security Offerings. Journal of Real Estate Research, 1988, (8): 279 - 286.

[19] J. Richard Imperiale, Real Estate Investment Trusts: New Strategies for Portfolio Management, New York: Wiley, June 2002: 23.

[20] Jaffe J. F. Taxes and the Capital Structure of Partnerships, REITs and Related Entities. Journal of Finance, 1991, (46): 911 - 922.

[21] Jin, Jing and Hengfu Zou, Fiscal Decentralization and Economic Growth in China. The World Bank Working Paper, 2005.

[22] Johnson, M. B. , Takings and the Private Market, in Planning without Prices, B. H. Siegan, ed. lexington, MA: D. C. Heath, 1977.

[23] Keen, M. and M. Marchand. Fiscal Competition and the Pattern of Public Spending. Journal of Public Economics, 1997, (66): 33 - 53.

［24］ Kevin T. S. Kong. Prospects for Asset Securitization within China's Legal Framework: The Two-Tiered Model.

［25］ Li Yong le and Wu Qun, Decentralization, Competition and Farmland Conversion, International Conference on Greening Asian Grow th, 29 – 30 October 2008.

［26］ Li, Hong bin and Li An Zhou, Political Turnover and Economic Performance: the Incentive Role of Personnel Control in China. Journal of Public Economics, 2005, Vol. 89, No. 9 – 10, : 1743 – 1762.

［27］ Ma Jun, Intergovernmental Relation and Economic Management in China. Macmillan Press, 1997.

［28］ Martinez Vazquez, Jorge and R. M. McNab, Fiscal Decentralization and Economic Growth. World Development, 2003, Vol. 31, （9）: 1597 – 1616.

［29］ Miceli, T. J. , K. Segerson, Compensation for Regulatory Takings: An Economic Analysis with Applications, JAI Press, London, 1996, : 22 – 23.

［30］ Michelman, F. I. , Property, Utility, and Fairness: Comments on the Ethical Foundations of "just compensation" law. Harcard Law Review, 1967 （80）: 1165 – 1258.

［31］ Miller, Merton H. , 1986, Financial Innovation: The Last Twenty Years and the Next, Journal of Financial and Quantitative Analysis 21 , 459 – 471.

［32］ Musgrave, R. A. The Theory of Public Finance. New York: Mc Graw Hill, 1959.

［33］ Nourse, Hugh O. 1987. "The 'Cap Rate,' 1966 – 1984: A Test of the Impact of Income Tax Changes on Income Property. " Land Economics 63 （May）: 147 – 52.

［34］ Oates W. E, 2001, "Fiscal Competition and European Union Contrasting Perspectives", Regional Science &Urban Economics （33）: 133 – 145.

［35］ Oates, W. E. , Fiscal Federalism. New York: Harcourt Brace J ovanovich, 1972.

［36］ Oates, Wallace. 1993. The Role of Fiscal Decentralization in Economic Growth. Working Paper.

［37］ Qian, Yingyi&G. Roland, 1998, "Federalism and the Soft Budget

Constraint", American Economic Review (88): 1145 – 1162.

[38] Renato Reside, S. Ghon Rhee, and Yutaka Shimomoto The Feasibility of Creating Mortgage-Backed Securities Markets in Asian Countries.

[39] Ricard W. Tresch. 1981. Public Finance. Business Publication. Inc, 11: 45 – 70.

[40] Richard L. Ott, Robert A. Van Ness. An Analysis of the Impact of the Taxpayer Relief Act of 1997 on the Valuation of REITs and the Adverse Selection Component of the Bid/Ask Spread. Journal of Real Estate Portfolio Management, 2002,: 55 – 65.

[41] Shapiro, Ira H. , Sigmund Kuhuen, and D. L. Millstein. 1977. " An Industry by Industry Review of the Tax Reform Act of 1976. " Financial Executive 45 (Feb.): 24 – 32.

[42] Veerinderjeet Singh. "Securitization: An Overview of Accounting and Tax Issues. " Paper presented at the International Conference on Asset Securitization, sponsored by Arthur Andersen Malaysia, 1997.

[43] Steven C. Bourassa, Yu-Hung Hong. Leasing Public Land: Policy Debates and International Experiences. Lincoln Institute of Land Policy, 2003: 283 – 293.

[44] Terence B. Meyers. A Primer on Select U. S. Tax Considerations for ABS Sponsors and Investors. Journal of Structured Finance. New York: Winter 2005. Vol. 10, Iss. 4: 7 – 20.

[45] Tiebout, Charles M. : A Pure Theory of Local Expenditures. Journal of Political Economy, Vol. 64, No. 5, 1956: 416 – 424.

[46] Timothy J. Riddiough, Risharng Chiang. Commercial Mortgage-Backed Securities: An Exploration into Agency, Innovation, Information, and Learning in Financial Markets.

[47] Wilson, J. , 1986, "A Theory of Interregional Tax Competition", Journal of Urban Economics 19: 296 – 315.

[48] Zhang Tao. , Hengfu Zou, : Fiscal Decentralization, Public Spending and Economic Growth in China. Journal of Public Economics, Vol. 67, Iss. 2, 1998: 221 – 240.

［49］Zodrow G. R. , Mieszkowski Pigou and Tiebout, Property Taxation, and the Under-provision of Local Public Goods. Journal of Urban Economics, 1986, (19): 356 – 370.

［50］安体富、李青云:《信托税收政策与制度研究》,中国税务出版社 2006 年版。

［51］巴泽尔著,费方域等译:《产权的经济分析》,上海人民出版社 1997 年版。

［52］曹广忠等:《关注土地财政与产业结构演变、税收超常规增长之间的关系》,2007 年。

［53］曹天佑、杜英杰:《土地垂直管理体制的局限性分析》,载《科技论坛》2010 年第 4 期。

［54］张曙光编著:《中国制度变迁的案例研究(第六集)》,中国财政经济出版社 2008 年版。

［55］车裕斌:《中国农地产权的利益集团及其形成》,载《农业经济问题》2004 年第 2 期。

［56］陈多长:《土地税收理论发展——从威廉·配第到费尔德斯坦》,载《哈尔滨工业大学学报》2002 年第 9 期。

［57］陈多长:《土地税制的实践——国际比较与中国的借鉴》,载《中州学刊》2002 年第 1 期。

［58］陈和武:《土地征用补偿制度的国际比较及借鉴》,载《世界农业》2004 年第 8 期。

［59］陈抗、A. L. Hillman、顾清扬:《财政集权与地方政府行为变化从援助之手到攫取之手》,载《经济学》2002 年第 1 期。

［60］陈美华:《中英土地制度的比较及借鉴》,载《行业研究》2009 年第 7 期。

［61］陈志勇、陈莉莉:《"土地财政":缘由与出路》,载《财政研究》2010 年第 1 期。

［62］陈志勇、陈莉莉:《财政体制与地方政府财政行为探讨——基于治理"土地财政"的视角》,载《中南财经政法大学学报》2009 年第 2 期。

［63］戴海先:《土地课税的国际比较及借鉴》,载《涉外服务》1996 年第 6 期。

[64] 戴双兴：《香港土地批租制度及其对大陆土地储备制度的启示》，载《亚太经济》2009年第2期。

[65] 戴卫平、顾海英：《试述我国的土地批租制度及其改革》，载《新疆大学学报》2004年第12期。

[66] 党国英：《"土地入股"是"第三次土地革命"吗?》，载《党政干部文摘》2007年第8期。

[67] 党国英：《让农民真正成为土地的主人》，载《科学决策月刊》2006年第8期。

[68] 邓子基、唐文倩：《我国地方政府间税收横向竞争策略研究——来自中国1978~2009年省际面板数据的经验证据》，载《税务研究》2012年第1期。

[69] 邓子基、唐文倩：《从新中国60年财政体制变迁看分税制财政管理体制的完善》，载《东南学术》2011年第5期。

[70] 邓子基、唐文倩：《关于我国发展房地产投资信托的税收政策研究》，载《福建论坛》2011年第4期。

[71] 丁健、胡乃红：《房地产金融》，上海译文出版社2003年版。

[72] 丁芸：《不动产保有环节税收的国际及我国香港地区借鉴》，载《中央财经大学学报》2009年第1期。

[73] 冯兴元：《中国辖区政府间竞争理论分析框架》，载《北京天则经济研究所：天则内部文稿系列》2001年第2期。

[74] 佛山市国土资源局南海分局：《南海市国土资源志》，2008年。

[75] 付颖哲：《批租还是年租——以德国地上权制度为鉴》，载《德国经济研究》2011年第1期。

[76] 傅勇、张晏：《中国式分权与财政支出结构偏向：为增长而竞争的代价》，载《管理世界》2007年第3期。

[77] 高培勇：《"税改费"：经济学界如是说》，经济科学出版社1999年版。

[78] 郭驰：《英国地方税收管理的启示》，载《各国税收纵横》2006年第6期。

[79] 郭文华：《英国土地管理体制、土地财税政策及对我国的借鉴意义》，载《税务研究》2005年第11期。

［80］郭艳茹：《中央与地方财政竞争下的土地问题：基于经济学文献的分析》，载《经济社会体制比较》2008 年第 2 期。

［81］郭颖真：《资产证券化下税收问题的比较研究》，载《特区经济》2006 年第 11 期。

［82］国务院发展中心课题组：《"土地财政"的缘由与风险》，载《中国产业经济动态》2006 年第 16 期。

［83］韩俊：《土地农民集体所有应界定为按份共有制》，载《政策瞭望》2003 年第 12 期。

［84］何梦笔（Canten Hermann-math）著，陈凌译：《政府竞争：大国体制转型理论分析范式》，载《德国维滕大学讨论文稿》1999 年第 9 期。

［85］何正荣：《美澳加法四国不动产投资信托税收政策介绍》，载《税务研究》2006 年第 2 期。

［86］［秘鲁］赫尔南多·德·索托著，王晓东译：《资本的秘密》，江苏人民出版社 2005 年版。

［87］洪艳蓉：《资产证券化监管——巴塞尔委员会的经验与启示》，载《证券市场导报》2005 年第 1 期。

［88］洪艳蓉：《资产证券化法律问题研究》，北京大学出版社 2004 年版。

［89］胡春秀：《日本近现代土地立法的演进及其对我国的启示》，载《安徽农业科学》2011 年第 7 期。

［90］胡军：《中国引入 REITs 之可行性分析》，载《商场现代化》2007 年第 1 期。

［91］胡元坤：《影响农村土地制度变迁的外部环境》，载《农村经营管理》2003 年第 8 期。

［92］［英］霍华德著，金经元译：《明日的田园城市》，商务印书馆 2010 年版。

［93］姜爱林：《中外土地政策研究概述》，载《国土经济》1998 年第 4 期。

［94］蒋省三、刘守英：《土地资本化与农村工业化》，载《管理世界》2003 年第 11 期。

［95］解学智译：《美国联邦税制》，东北财经大学出版社 2002 年版。

［96］李涛、周业安：《中国地方政府间支出竞争研究》，载《管理世界》2009 年第 2 期。

［97］李仙：《外国是怎样管理城市土地的》，载《国际视野》2005 年第 8 期。

［98］李彦敏：《"龙头企业＋农户模式"：类型、问题与对策》，载《中国合作经济》2005 年第 7 期。

［99］李永友、沈坤荣：《辖区间竞争、策略性财政政策与 FDI 增长绩效的区域特征》，载《经济研究》2008 年第 5 期。

［100］李珍贵：《美国土地征用制度》，载《域外土地》2001 年第 4 期。

［101］梁萍：《基于国外先进经验构建我国土地税收制度》，载《创新论坛》2011 年第 6 期。

［102］林毅夫、刘志强：《中国的财政分权与经济增长》，载《北京大学学报》2000 年第 4 期。

［103］林毅夫：《制度、技术与中国农业发展》，上海人民出版社 2000 年版。

［104］刘畅：《中外土地征用补偿标准比较》，载《国外房地产博览》2005 年第 6 期。

［105］刘乘礼：《当代中国的中央与地方关系：一个文献综述》，载《中国地方公共财政改革国际研讨会》2008 年第 4 期。

［106］刘锦：《"土地财政"问题研究：成因与治理——基于地方政府行为的视角》，载《广东金融学院学报》2010 年第 11 期。

［107］刘丽：《国际地政管理体制的主要模式及其发展趋势简析》，载《国土资源情报》2007 年第 7 期。

［108］刘尚希、邢丽：《中国财政改革 30 年：历史与逻辑的勾画》，载《中央财经大学学报》2008 年第 3 期。

［109］刘守英、蒋省三：《土地融资与财政和金融风险——来自东部一个发达地区的个案》，载《中国土地科学》2005 年第 10 期。

［110］刘燕：《我国资产证券化中 SPV 税收政策评析》，载《税务研究》2007 年第 4 期。

［111］刘正山、戚名琛：《对土地批租制度批判意见的批判》，载《学术争鸣》2006 年第 1 期。

［112］刘遵义、王桂娟：《构建促进中国金融系统稳定发展的税收政策》，中信出版社 2004 年版。

［113］卢丽华：《加拿大土地征用制度及其借鉴》，载《中国土地》2000 年第 8 期。

［114］陆铭、陈钊：《城市化、城市倾向的经济政策与城乡收入差距》，载《经济研究》2004 年第 6 期。

［115］陆铭、严冀：《分权与区域经济发展：面向一个最优分权程度的理论》，载《世界经济文汇》2003 年第 3 期。

［116］鹿心社：《研究征地问题，探索改革之路》，中国大地出版社 2003 年版。

［117］马保庆等：《非农业建设土地使用制度改革研究及应用》，载《中国土地科学》1998 年第 7 期。

［118］马歇尔：《经济学原理（下）》，商务印书馆 1964 年版。

［119］南海区农业局：《南海市农业志》，载《内部资料》2008 年。

［120］倪维一：《中国地方政府"土地财政"问题研究》，辽宁师范大学硕士毕业论文 2010 年。

［121］钱忠好、曲福田：《中国土地征用制度：反思与改革》，载《中国土地科学》2004 年第 5 期。

［122］钱忠好：《中国农村土地制度历史变迁的经济学分析》，载《江苏社会科学》2000 年第 3 期。

［123］钱忠好等：《农地股份合作制的制度经济解析》，载《管理世界》2006 年第 8 期。

［124］秦晖：《农民地权六论》，载《社会科学论坛》2007 年第 5 期。

［125］秦晖：《中国农村土地制度与农民权利保障》，载《探索与争鸣》2002 年第 7 期。

［126］阮家福：《中外土地税收制度的比较与借鉴》，载《宏观经济研究》2009 年第 9 期。

［127］沈坤荣、付文林：《税收竞争、地区博弈及其增长绩效》，载《经济研究》2006 年第 6 期。

［128］沈晓敏、张娟、贺雪梅：《中外土地征收制度的比较与借鉴》，载《经济研究导刊》2007 年第 6 期。

[129] 盛琳：《推进我国农村土地产权的制度创新》，载《湖南行政学院学报》2010 年第 1 期。

[130] 史忠良、刘汉屏、钱淑萍、董福荣：《地方财税体制改革研究》，中国财政经济出版社 1998 年版。

[131] 宋芳秀、何小峰：《我国开展资产证券化的税收问题分析》，载《税务与经济》2002 年第 5 期。

[132] 宋国明：《加拿大土地税收管理》，载《国土资源情报》2006 年第 2 期。

[133] 宋小宁、杨治国：《农地征用、财政分权与制造业发展》，载《经济社会体制比较》2008 年第 6 期。

[134] 谭峻、戴银萍：《浙江省基本农田一滴油厂代保制度个案分析》，载《管理世界》2004 年第 3 期。

[135] 汤玉刚：《财政竞争、土地要素资本化与经济改革——以国企改制过程为例》，载《财贸经济》2011 年第 4 期。

[136] 唐文倩：《完善分税制增强县级财政实力》，载《中国税务报理论刊》2009 年 8 月 19 日。

[137] 陶然、陆曦、苏福兵、汪晖：《地区竞争格局演变下的中国转轨：财政激励和发展模式反思》，载《经济研究》2009 年第 7 期。

[138] 陶然、徐志刚：《城市化、农地制度与迁移人口社会保障——一个转轨中发展的大国视角与政策选择》，载《经济研究》2005 年第 12 期。

[139] 陶然、袁飞、曹广忠：《区域竞争、土地出让与地方财政效应：基于 1999~2003 年中国地级城市面板数据的分析》，载《世界经济》2007 年第 10 期。

[140] 田野、周梦娇：《发达国家土地税制的比较研究》，载《他山之石》2007 年第 10 期。

[141] 田莉：《土地有偿使用改革与中国的城市发展——来自香港特别行政区公共土地批租制度的启示》，载《中国土地科学》18 卷第 6 期。

[142] 王国华：《金融课税问题研究》，中国税务出版社 2006 年版。

[143] 王宁：《地方财政改革研究》，西南财经大学出版社 2004 年版。

[144] 王平：《土地要素市场化与收益分享》，载《中国改革》2005 年第 7 期。

［145］王太高：《土地征收制度比较研究》，载《比较法研究》2004年第6期。

［146］王卫国：《中国土地权利研究》，中国政法大学出版社1997年版。

［147］王文剑、覃成林：《地方政府行为与财政分权增长效应的地区性差异》，载《管理世界》2008年第1期。

［148］王文剑、仉建涛、覃成林：《财政分权、地方政府竞争与FDI的增长效应》，载《管理世界》2007年第3期。

［149］王永钦、丁菊红：《公共部门内部的激励机制：一个文献述评》，载《世界经济文汇》2007年第1期。

［150］王永钦、张晏、章元、陈钊、陆铭：《中国的大国发展道路：论分权式改革的得失》，载《经济研究》2007年第1期。

［151］威廉·配第：《赋税论、献给英明人士、货币略论》，商务印书馆1978年版。

［152］温铁军等：《土地资本的增殖收益及其分配》，载《调研世界》2002年第1期。

［153］文贯中：《农地私有化势在必行》，载《财经时报》2005年10月10日。

［154］吴春燕：《中外土地国家管理制度对比分析》，载《南方农业》2007年第3期。

［155］吴次芳、谭荣、靳相木：《中国土地产权制度的性质和改革路径分析》，载《浙江大学学报》2010年第6期。

［156］吴群、李永乐：《财政分权、地方政府竞争与土地财政》，载《财贸经济》2010年第7期。

［157］吴一平：《财政分权腐败与治理》，载《经济学季刊》2008年第3期。

［158］邢海虹、刘科伟：《征地补偿标准研究综述》，载《国土资源科技管理》2007年第3期。

［159］徐孟洲、席月民：《论我国信托税制构建的原则和设计》，载《税务研究》2003年第11期。

［160］许多奇：《我国金融资产证券化的税收理念与税收制度》，载《法学评论》2007年第2期。

[161] 薛白、赤旭:《土地财政、寻租与经济增长》,载《财政研究》2010 年第 2 期。

[162] 薛永祥:《制度变迁中农业产权创新的理性选择》,载《宁波党校学报》2002 年第 3 期。

[163] 亚当·斯密:《国民财富的性质和原因的研究(下)》,商务印书馆 1974 年版。

[164] 阎坤、张立承:《中国县乡财政困境分析与对策研究》,载《经济研究参考》2003 年第 90 期。

[165] 杨浩:《住房抵押贷款证券化中的税务问题》,载《涉外税务》2005 年第 9 期。

[166] 杨其静:《合同与企业理论前沿综述》,载《经济研究》2002 年第 1 期。

[167] 杨小凯:《城乡土地制度应尽早并轨》,载《中外房地产导报》2001 年第 15 期。

[168] 杨小凯:《中国改革面临的深层次问题——关于土地制度改革》,载《战略与管理》2002 年第 5 期。

[169] 杨志荣、姚秋萍、姚岚:《中国征地补偿模式存在的缺陷及其完善路径的探究》,载《科技信息》2011 年第 19 期。

[170] 杨志勇:《国内税收竞争理论:结合我国现实的分析》,载《税务研究》2003 年第 6 期。

[171] 杨志勇:《1978 年以来地方政府可支配财力来源的演变》,载《中国地方财政改革:新视野新思维》,中国财政经济出版社 2009 年版。

[172] 杨志勇:《省直管县财政体制改革研究——从财政的省直管县到重建政府间财政关系》,载《财贸经济》2009 年第 11 期。

[173] 姚树洁、冯根福、韦开蕾:《外商直接投资和经济增长的关系研究》,载《经济研究》2006 年第 12 期。

[174] 银莉、马超群:《资产证券化交易过程中的会计和税务问题探讨》,载《湖南大学学报》2002 年第 9 期。

[175] 张红宇:《对当前农地制度创新的几点看法》,《中国经济时报》,2005 年 7 月 8 日。

[176] 张焕明:《我国经济增长地区趋同性的短期性与长期性的实证

分析》，载《经济科学》2005年第5期。

[177] 张建棣：《信托收益所得税法律制度研究》，中国政法大学博士论文，2002年。

[178] 张军、傅勇、高远、张宏：《中国为什么拥有了良好的基础设施》，载《经济研究》2007年第3期。

[179] 张军、周黎安编：《为增长而竞争——中国增长的政治经济学》，格致出版社、上海人民出版社2008年版。

[180] 张军：《中国经济发展：为增长而竞争》，载《世界经济文汇》2005年第3期。

[181] 张鹏越：《借鉴国际经验改革我国不动产登记制度》，载《改革与战略》1999年第1期。

[182] 张双长、李稻葵：《"二次房改"的财政基础分析——基于"土地财政"与房地产价格关系的视角》，载《财政研究》2010年第7期。

[183] 张同青、苑新丽：《土地课税的国际比较》，载《税收国际比较》2000年第1期。

[184] 张五常：《佃农理论》，商务印书馆2001年版。

[185] 张五常：《中国的经济制度》，花千树出版公司2008年版。

[186] 张闫龙：《财政分权与省以下政府间关系的演变》，载《社会学研究》2006年第3期。

[187] 张晏、龚六堂：《分税制改革、财政分权与中国经济增长》，载《经济学（季刊）》2005年第4期。

[188] 张晏等：《标尺竞争在中国存在吗——对我国地方政府公共支出相关性的研究》，复旦大学中国社会主义市场经济研究中心工作论文，2005年。

[189] 赵涛：《中外土地产权政策比较分析》，载《国际经济合作》2011年第4期。

[190] 中国土地勘测规划院地政研究中心：《从体制上消除地方过度依赖"土地财政"》，载《中国土地》2006年第7期。

[191] 钟太洋、黄贤金、张丽君、谭丹：《土地税收与城市土地利用关系的理论分析》，载《中国地质大学学报》2007年第11期。

[192] 周飞舟：《分税制十年：制度及其影响》，载《中国社会科学》

2006 年第 6 期。

[193] 周飞舟：《生财有道：土地开发和转让中的政府和农民》，载《社会学研究》2007 年第 1 期。

[194] 周黎安：《晋升博弈中政府官员的激励与合作》，载《经济研究》2004 年第 6 期。

[195] 周黎安：《中国地方官员的晋升锦标赛模式研究》，载《经济研究》2007 年第 7 期。

[196] 周黎安：《转型中的地方政府》，格致出版社、上海人民出版社 2008 年版。

[197] 周其仁：《产权与制度变迁——中国改革的经验研究》，北京大学出版社 2004 年版。

[198] 周业安、冯兴元、赵坚毅：《地方政府竞争与市场秩序的重构》，载《中国社会科学》2004 年第 1 期。

[199] 周业安、章泉：《财政分权、经济增长和波动》，载《管理世界》2008 年第 3 期。

[200] 朱林兴：《关于土地批租的若干理论问题》，载《财经研究》1994 年第 9 期。

[201] 朱秋霞：《中国土地财政制度改革研究》，立信会计出版社 2007 年版。